STUDIA
HUMANITATIS
문명지평

STUDIA HUMANITATIS
문명지평
2

헤겔 미학 개요

『미학강의』 서론 해설

박배형 지음

서울대학교출판문화원

STUDIA
HUMANITATIS
문명지평
2

헤겔 미학 개요
『미학강의』 서론 해설

초판 1쇄 발행 2014년 11월 20일
초판 2쇄 발행 2022년 6월 20일

지은이 박배형

펴낸곳 서울대학교출판문화원
주소 08826 서울 관악구 관악로 1
도서주문 02-889-4424, 02-880-7995
홈페이지 www.snupress.com
페이스북 @snupress1947
인스타그램 @snupress
이메일 snubook@snu.ac.kr
출판등록 제15-3호

ISBN 978-89-521-1653-6 94600
978-89-521-1576-8 세트

이 저서는 2007년 정부(교육과학기술부)의 재원으로
한국연구재단의 지원을 받아 수행된 연구임(NRF-2007-361-AL0016).

머리말

헤겔의 미학은 칸트의 미학과 더불어 근대 이후 서양 미학사의 양대 산맥을 형성한다고 할 수 있다. 이러한 맥을 타고 근대 이후의 미학사가 전개된 까닭에 이 둘의 미학적 사상을 연구하지 않은 채 여타의 이론만 섭렵해서는 이른바 맥락 없는 공부가 될 가능성이 다분하다. 이러한 근본적인 중요성 때문에 그 영향력에서나 오늘날의 의의에서도 이 둘의 미학은 타의 추종을 불허한다. 그러나 칸트 미학에 대한 연구서나 해설서는 어렵지 않게 찾을 수 있는 반면에, 헤겔 미학에 대해서는 국내외를 막론하고 그다지 많은 책이 출판되지 않았다. 이에 대해서는 다양한 이유가 있을 수 있겠으나 무엇보다도 헤겔의 사상 자체가 극히 난해하고 연구자가 다루어야 할 분량 또한 매우 많다는 것이 주된 이유일 것이다. 분량에 대해 말하자면 칸트 미학의 완결판인 『판단력비판』(*Kritik der Urteilskraft*)에서 순수하게 미학에 해당하는 것은 그 절반으로서 약 200쪽에 달하지만, 헤겔 미학의 집대성이라고 할 수 있는 『미학강의』(*Vorlesungen über die Ästhetik*)는 필자가 번역과 해설의 저본으로 사용한 주어캄프(Suhrkamp)사 판으로 치면 총 3권 1,500여 쪽에 달한다. 또한 헤겔 사상 전반을 어느 정도 이해하고 있어야만 헤겔 미학에 대한 본격적인 연구가 가능하다는 사정도 헤겔 미학에 대한 해설서 내지는 연구서의 순조로운 출현을 가로막는 원인으로 작용했을 것이다.

헤겔 미학의 전모가 담겨 있는 『미학강의』는 순전히 미학적 이론서인 칸트의 『판단력비판』과 달리 체계적인 이론서의 면모와 체계적인 예술사의 면모를 동시에 지니고 있다. 그리하여 20세기의 미학적 거장인 아도르노가 이론적 측면에서 헤겔이 칸트와 더불어 가장 강력한 체계적 미학을 만들어낼 수 있었다고 썼다면,[1] 예술사가 곰브리치는 헤겔을 "예술사의 아버지"로 부르기를 주저하지 않았다.[2] 게다가 오늘날 미학자이자 미술비평가로도 널리 알려진 단토는 헤겔 미학을 현대적으로 해석하여 자신의 미학 이론과 비평 활동을 위한 사상적 토대로 삼고 있음을 고백하고 있다.[3] 이러한 사정을 반추해 보면 헤겔 미학은 체계적 이론의 면에서나 예술사적인 면에서 그리고 예술비평의 측면에서 단순히 미학사의 한 자리를 차지하는 고전으로 그치는 것이 아니라, 오늘날의 예술현상을 설명하는 데에도 충분히 유용한 시의적 가치까지 지닌다고 할 수 있다. 그런 까닭에 서양 미학사와 예술사 및 현대의 예술현상에 대해 관심을 지니고 진지하게 공부해보고자 하는 독자라면 아마 당연하게도 헤겔 미학에 접

1 T. W. Adorno, *Ästhetische Theorie*, hrsg. v. R. Tiedermann, Frankfurt a. M.: Suhrkamp, 2003, p. 524.

2 E. H. Gombrich, "'The Father of art History'. A Reading of the Lectures on Aesthetics of G. W. Hegel(1770-1831)", *Tributes: Interpretations of our cultural tradition*, Ithaca, New York: Cornell University Press, 1984, pp. 51-69 참조.

3 A. C. Danto, *After the End of Art: Contemporary Art and Pale of History*, Princeton, N.J.: Prinston University Press, 1997, pp. 13-14, 97-80, 194.

근하여 이를 이해하고자 하는 의욕을 갖게 될 것이다.

그러나 독자들은 헤겔 텍스트의 일반적인 난해성뿐만 아니라 그의 미학 텍스트가 갖는 특유한 어려움 때문에 곤란을 겪기 십상이다. 그 어려움이란 이미 언급했던 것처럼 헤겔 철학 전반에 대한 이해가 전혀 없이, 또는 적어도 헤겔의 논리학적 저술에 대한 이해가 전혀 없이 헤겔 미학을 읽고 이해한다는 것은 거의 불가능하다는 점이다. 그러니까 단지 헤겔 미학에 대한 관심을 가지고 미학 텍스트를 읽는다고 해도 앞서 말한 전제조건을 어느 정도 충족하지 못하면 이해의 장벽을 넘지 못하고 좌절하게 될 공산이 크다는 것이다.

이 책은 독자들이 이러한 장벽을 좀 더 수월하게 넘어설 수 있도록 하는 받침대의 구실을 해주기를 기대하면서 저술되었다. 일단 그 장벽을 넘어서면 그 이후에 펼쳐질 광대하고도 장려한 헤겔 미학의 세계를 독자들은 자신의 힘과 노력으로 헤쳐갈 수 있을 것이라는 기대와 함께 말이다.

이 책의 성격을 규정해 보라는 질문을 받는다면, 필자는 이에 대해 주해서의 형식을 지니는 헤겔 미학 입문서이자 요점을 간추린 해설서라고 대답해야 할 것 같다. 물론 제목만을 놓고 보자면, 이 책은 헤겔의 『미학강의』 전체가 아니라 〈서론〉만을 대상으로 삼고 있기는 하다. 그리고 사실상 이 〈서론〉은 헤겔 미학 전체 중 일부에 해당하며, 당연하게도 헤겔 미학이 담고 있는 광범한 내용을 다 포괄할 수는 없다. 그렇지만 이 〈서론〉이 지니는 특수한 성격을 고려해 보면 왜 이 주해서가 독자에게 헤겔 미학의 이해를 위한 길잡이가 될 수 있는지 분명히 드러난다. 이 〈서론〉은 우리가 흔히 보는 서론들보다 훨씬 포괄적이고 상세하다. 또 여기에는 헤겔이 예술의 본질과 미에 대해 그리고 예술의 역사에 대해 어떤 기본적인 입장을 지니고 있으며 당대의 주된 미학적 사상가들과 어떤 이론적 관계를 지니고 있는지가 잘 나타나 있다. 게다가 여기에는 그의 철학 체계에서 미학 이론과 여타 철학적 분과들 사이의 연관성을 잘 보여주는 대목들이 상당 부분 들어 있다. 그러므로 〈서론〉의 분량 자체는 『미학강의』 전체와 비교해 보면 십 분의 일도 채 되지 않을 정도로 적지만, 그 내용과 포괄 범위로 친다면 결코 적은 것이 아니다. 물론 헤겔 미학 전체를 대상으로 삼는 주해서나 연구서가 출판된다면 더욱 바람직하겠지만 그러한 작업은 다음에나 이루어질 수 있을 것이고, 우선은 헤겔 미학에 입문하는 독자들에게 직접적인 도움을 줄 수 있는 저술이 시급하다는 것이 필자의 판단이었다. 그렇기는 해도 필자는 이 책이 결코 누구에게나 처음부터 평이하게 읽힐 수 있는 책이 될 것으로 생각하지는 않는다. 왜냐하면 이 책은 입문서이자 해설서의 성격을 지닌다고는 하지만 텍스트를 자세히 해석하고 그 해석의 맥락을 짚어내는 전문적인 주해작업과 세세한 고찰들을 포함하고 있기 때문이다. 게다가 필자의 능력이 지닌 한계를 절감케 하는 대목들과 씨름하면서 나온 이 결과물이 과연 독자들의 필요와 요구를 제대로 충족시킬 수 있을지도 필자로서는 일단 확신이 서지 않는다.

그렇지만 다른 한편 필자는 독자들이 이 책의 편제를 잘 활용하여 그 목적에 따라 독서의 이점을 최대화하기를 기대한다. 이 책의 구조는 전체적으로 보아 해제, 필자의 번역과 주, 장별 해설 그리고 용어설명으로 이루어져 있다. 헤겔 미학에 입문하는 독자는 우선 해제를 읽어 헤겔 미학 전반을 조망해 봄이 좋을 것이며 그런 후에 장별 해설을 읽는다면 〈서론〉의 내용에 대해 더욱 상세한 설명을 듣게 될 것이다. 장별 해설은 자구 하나하나에 얽매이기보다는 핵심적인 내용이 잘 드러나도록 하는 방식으로 서론의 각 장을 비교적 자세하게 해설한 것이다. 만약 헤겔 철학 전반과 미학에서 사용되는 헤겔 특유의 개념들을 먼저 이해하고 싶다면, 우선 책의 뒷부분에 마련된 용어설명란을 일독하기를 권한다. 여기에서 용어의 선정 및 그 설명이 얼마나 충실한지는 독자가 판단할 일이지만, 헤겔 미학이 주는 난점들을 극복하는 데에 이 용어 설명 부분이 적지 않은 도움을 줄 것이라고 필자는 생각한다. 헤겔 텍스트 자체에 관심이 있는 독자라면 물론 번역 텍스트를 먼저 들춰보게 될 것이고, 그런 후에 장별 해설을 읽게 될 것이다. 필자의 주는 서지적인 사항과 좀 더 전문적인 내용, 그리고 참고할 자료들이 여럿 포함되어 있어 본격적으로 헤겔 미학에 접근하는 독자들에게 더욱 많은 관심의 대상이 될 것이다. 그러나 이 모든 것은 필자가 제안하는 참고사항일 뿐, 독자에게는 이 책을 든 순간부터 자기 나름의 방식을 택할 자유가 있다.

끝으로 이 책의 필자로서 독자에게 하고 싶은 말은, 필자가 헤겔의 미학적 사상을 철두철미 옹호하려는 목적이 있는 것은 아니라는 점이다. 그의 미학적 사상의 중요성이야 의심할 바 없지만, 그의 모든 주장이 다 정당화될 수 있고 또 옹호되어야만 하는 것은 아니다. 당연히 그의 사상에도 비판받을 부분이 있고, 오늘날 우리에게 커다란 의의가 있는 측면과 구시대적 유물에 불과한 측면 모두가 존재한다. 그러나 이러한 것을 구분하고 그를 정당하게 비판하기 위해서는 우선 그의 사상을 이해해야 한다. 필자는 그저 이 책이 그러한 이해에 이바지하기를 바랄 뿐이다.

이 책이 완성되기까지 필자는 많은 분의 도움을 받았다. 우선 오랜 시간에 걸쳐 헤겔의 『미학강의』 완역을 목표로 헤겔의 난해한 문장을 매끄럽게 다듬어 오신 헤겔 미학 번역팀의 여러 선생님께 감사를 드린다. 특히 서울대학교 미학과의 이창환, 이진석 선생님, 계명대학교 철학과의 권대중 선생님은 전문가다운 식견과 안목으로 이 책의 완성도를 한층 높여 주셨는데, 이분들의 번역작업은 이 책에 포함된 필자의 번역에도 많은 참고가 되었다. 또 한국헤겔학회의 정기행사인 월례발표회에 참여해 주셨던 많은 연구자들께도 감사의 말씀을 드리지 않을 수 없다. 헤겔 연구에 대한 변함없는 열정을 지닌 그분들에게 필자가 배운 바는 손꼽기 어려울 정도로 많은데, 굳이 예를 들자면 필자는 무엇보다도 정확하고 면밀한 텍스트 해석, 예리하고도 철저한 질문과 답변, 활기차고도 격조 있는 토론이 무엇인지를 배울 수 있었다. 필자가 재직하는 서울대학교 인문학연구원에서 운영하는 직하서당의 〈헤겔 철학 원전 강독〉 팀에서 함께한 학생들에게도 고마운 마음을 전하고 싶다. 그들과 함께한 수년간의 만남은 가르침과 배움이 결코 일방적인 게 아니라는 것을 실감하게 해준 귀한 시간이었다. 서울대학교 인문학연구원 HK문명연구사업단에서 정기적으로 열렸던 콜로키엄 — 여기서 필자는 이 책에 포함된 내용을 여러 차례 발표하고 토론하는 시간을 가졌는데 — 도 필자가 언급하지 않을 수 없는 특별한 학술 행사였다. 전공이 다른 연구자들끼리, 그것도 다른 학문의 전공자들끼리 함께한 토론의 장이었던 이 콜로키엄에서 필자는 학문적 자극뿐만 아니라, 평소에는 미처 생각할 수 없었던 점들에서 많은 시사를 받았다.

책을 읽고 생각하고 글을 쓰는 일은 언제나 고독한 작업이지만, 나 혼자만 연구하는 것이 아니며 나의 연구주제를 놓고 서로 대화할 수 있는 연구자가 있다는 사실을 발견하는 것은 언제나 즐거운 일이다. 필자는 이 책의 후반부 작업과 자료 수집을 위해 2013년 초에 한동안 독일 프라이부르크에 머물렀는데, 그때 마침 예술의 미메시스 이론을 연구하고 있던 권혁성 박사와 토론하면서 많은 영감과 도움을 받았음을 이 자리를 빌려 고백하고 싶다. 도서관에서 그리고 숙소에서 함께 책과 씨름하던 기억이 지금도 눈에 선하다. 끝으로 이 책 초고의 오자, 탈자를 바로잡고 독자들에게 좀 더 친숙할 수 있는 문장들로 바꾸는 데 도움을 준 서울대학교 미학과 박사과정 윤화숙 선생과 석사과정의 황현동, 이창훈 군에게 깊은 감사의 뜻을 표하며, 아울러 더 좋은 책을 내기 위해 수고를 아끼지 않은 서울대학교출판문화원 관계자 여러분께도 심심한 감사의 말씀을 드리고자 한다.

2014년 10월
가을빛에 물든 관악산을 마주하며
박 배 형

차례

번역 헤겔의 『미학강의』 서론

장별 해설

약어표

TWA = G. W. F. Hegel, *Werke in zwanzig Bänden*. Auf der Grundlage der Werke von 1832-1845 neu ediert v. E. Moldenhauer und K. M. Michel, Suhrkamp, Frankfurt, am Main, 1969ff. [Theorie-Werkausgabe]

Ä I = G. W. F. Hegel, *Vorlesungen über die Ästhetik I*, TWA 제13권

Ä II = G. W. F. Hegel, *Vorlesungen über die Ästhetik II*, TWA 제14권

Ä III = G. W. F. Hegel, *Vorlesungen über die Ästhetik III*, TWA 제15권

BS = G. W. F. Hegel, *Berliner Schriften 1818-1831*, TWA 제11권

Enz I = G. W. F. Hegel, *Enzyklopädie der philosophischen Wissenschaften im Grundrisse(1830) I*, TWA 제8권

Enz Ⅱ = G. W. F. Hegel, *Enzyklopädie der philosophischen Wissenschaften im Grundrisse(1830) II*, TWA 제9권

Enz Ⅲ = G. W. F. Hegel, *Enzyklopädie der philosophischen Wissenschaften im Grundrisse(1830) III*, TWA 제10권

GP I = G. W. F. Hegel, *Vorlesungen über die Geschichte der Philosophie I*, TWA 제18권

GP Ⅱ = G. W. F. Hegel, *Vorlesungen über die Geschichte der Philosophie II*, TWA 제19권

GP Ⅲ = G. W. F. Hegel, *Vorlesungen über die Geschichte der Philosophie III*, TWA 제20권

GPR = G. W. F. Hegel, *Grundlinien der Philosophie des Rechts*, TWA 제7권

JS = G. W. F. Hegel, *Jenaer Schriften*, TWA 제2권

WL Ⅰ = G. W. F. Hegel, *Wissenschaft der Logik I*, TWA 제5권

WL Ⅱ = G. W. F. Hegel, *Wissenschaft der Logik II*, TWA 제6권

헤겔 미학에 대하여

■ 해제

1. 헤겔의 『미학강의』와 헤겔 미학의 체계적 위치

1.1. 헤겔의 『미학강의』

헤겔(Georg Wilhelm Friedrich Hegel, 1770-1831)은 그가 철학자로서 최고의 명성을 누렸던 베를린 대학 교수 시절(1818-1831)에 모두 네 차례에 걸쳐 미학을 강의하였다(1820-1821, 1823, 1826, 1828-1829). 대개 "미학 또는 예술철학"(Ästhetik oder Philosophie der Kunst)이라는 이름으로 개설된 그의 미학 강의는[1] 자신의 하이델베르크 시절(1816-1818)부터 시작되었으나 베를린 시절의 강의를 거치면서 내용의 풍부함과 깊이가 더해졌다. 오늘날 우리가 헤겔의 미학이라고 부르는 것은 대

1 일반적으로 보자면 미학과 예술철학이 꼭 동일한 것은 아니지만, 헤겔은 『미학강의』 〈서론〉의 앞머리에서 그가 직접 밝히고 있듯이 미학이라는 이름을 예술철학과 같은 뜻으로 사용한다.

체로 이 강의에 담긴 그의 미학적 사상을 뜻하는 것인데, 이 사상이 체계를 갖춘 텍스트로서 우리에게 전해질 수 있도록 해준 것은 헤겔의 제자 호토(Heinlich Gustav Hotho, 1802-1873)의 공적이다. 호토는 헤겔 사후 헤겔의 강의 노트와 헤겔의 미학 강의를 들었던 학생들의 필기 노트 및 자신의 노트를 모아 편집하여 모두 세 권으로 된 『미학강의』(*Vorlesungen über die Ästhetik*)를 출판하기에 이른다. 1835년에 처음으로 빛을 보게 된 헤겔의 『미학강의』는 1842년에는 개정된 형태로 한 번 더 간행된다. 그리고 이 개정된 재판이 오늘날 우리가 헤겔의 미학 텍스트를 말할 때 대표적으로 가리키게 되는 표준 판본이라 할 수 있다.[2] 다시 말해서 헤겔은 그의 갑작스런 죽음으로 말미암아 '미학'

2 호토가 편집하여 출판한 이 판본은 출간된 이후 줄곧 헤겔 미학이 집대성된 "표준" 판본의 구실을 해왔으며, 이 주해서 역시 이 판본(제2판)을 저본으로 하여 주어캄프(Suhrkamp)사에서 출판한 『미학강의』(*Vorlesungen über die Ästhetik*)를 번역과 해설을 위한 텍스트로 삼고 있다. 이 주어캄프사의 판본은 Theorie-Werkausgabe라는 이름을 지닌 헤겔 전집에 포함된 것이다. 이 전집은 몰덴하우어(E. Moldenhauer)와 미헬(K. M. Michel)이 책임 편집하여 1969년 이후로 출판되기 시작했는데, 『미학강의』(*Vorlesungen über die Ästhetik*)는 이 전집의 13권부터 15권에 해당한다. 이 중 이 주해서가 대상으로 삼는 〈서론〉(Einleitung)은 13권의 앞부분에 포함되어 있다. 모두 세 권에 달하는 이 책(*Vorlesungen über die Ästhetik*)이 앞으로 인용될 때에는 본문에서 쪽수와 함께 Ä I, Ä II, 그리고 Ä III로 표시될 것이다. 호토가 『미학강의』를 출판한 이후로 몇몇 학자들은 이 판본에 대해 비판적 견해를 피력하기도 했다. 특히 근래에 들어서는 게트만-지퍼르트(Annemarie Gethmann-Siefert)가 헤겔 생전에 학생들이 필기한 노트 및 호토 자신의 필기 노트와 호토가 편집한 『미학강의』 양자 간에 내용상의 차이가 발견된다는 점을 들어 이 편집본이 헤겔의 미학 사상을 정확히 반영하고 있는지에 대해 강한 의문을 제기한 바 있다. 그러나 이 주해서에서 필자는 첫째, 그간의 비판적 견해들에도 불구하고 호토의 판본이 오랫동안 "표준" 판본의 구실을 해온 점, 둘째, 호토의 편집본과 당시 강의를 필기했던 학생들의 노트 그리고 호토 자신의 노트에 어느 정도 차이가 발견된다고 하더라도 그것이 『미학강의』 전체의 기본적인 사상을 바꿀 정도로 심각하지는 않다는 점, 셋째, 학생들의 필기 노트가 『미학강의』의 내용

이라는 이름의 책을 직접 출판할 수 없었다. 그렇기에 우리는 그가 저술한 텍스트들에 비해 『미학강의』를 좀 더 조심스럽게 다룰 수밖에 없으며, 더 많은 해석의 가능성을 열어 둘 필요가 있다.

다른 한편, 헤겔은 그가 출판한 『철학 대계』(*Enzyklopädie der philosophischen Wissenschaften*, 1830)의 제3부 정신철학 편에서 절대 정신의[3] 한 형식으로서 예술을 다루고 있다(§§ 556-564). 이 부분이 그의 철학 체계 전체에서 미학 또는 예술철학이 차지하는 위치를 알려주는 장소가 되는 것이며, 동시에 『미학강의』 외에 그의 미학적 사상이 체계적으로 서술되어 있는 곳이라고 할 수 있다. 게다가 『철학 대계』에서 헤겔이 미학을 다룬 이 부분은 그 자신이 저술하고 출판한 것으로서 전적으로 신뢰할 수 있다는 장점도 지니고 있다. 그러나 이 텍스트는 『미학강의』를 읽으면서 생길 수 있는 우리의 오해를 교정하는 역할을 할 수는 있을지언정, 그의 미학적 사상을 온전하고도 풍부하게 전달해 주기에는 턱없이 부족하다. 헤겔은 이 『철학 대계』를 간명하고 축약적인 문장으로 서술하고 이를 자신이 구두로 진행하는 강의들의 교재로 사용하면서 이 강의들에서 상세한 설명을 곁들여

적 풍부함과 체계성을 걸고 대체할 수는 없다는 점, 넷째, 게트만-지퍼르트가 제시한 이견 및 이와 관련된 문제에 대해서는 아직도 논란이 계속되고 있다는 점에 입각하여 판본의 정확성 여부에 관련된 논의를 더 이상 전개하지 않을 것이다. 게트만-지퍼르트가 내놓고 있는 주장에 대해서는 다음과 같이 그 자신이 편집하여 출판한 호토의 필기 노트 및 헤겔 미학 연구서를 참조하시오. *G. W. Hegel: Vorlesungen über die Philosophie der Kunst. Berlin 1823. Nachgeschrieben von Heinrich Gustav Hotho*, hrsg. v. Annemarie Gethmann-Siefert, Hamburg, F. Meiner, 1997; Annemarie Gethmann-Siefert, *Einführung in Hegels Ästhetik*, Munich: Wilhelm Fink, 2005.

3 헤겔의 "정신" 개념에 대해서는 이 책 말미의 〈용어 설명〉란을 참고하시오.

가며 그 내용을 보충하고자 했었다. 그런데 『철학 대계』에 포함된 논리학이나 법철학 등과 같은 분야들에 비해 미학에 해당하는 부분은 그 간명함과 압축성으로 치자면 그 정도가 너무 심해서 『철학 대계』의 10쪽 분량도 채 되지 않는다. 1,500쪽이 넘는 『미학강의』와 비교하는 것 자체가 무색할 정도로 그 차이가 너무 크다고 하지 않을 수 없다. 이러한 사정으로 인해 우리가 헤겔 미학의 전모를 충분히 파악하려면 『철학 대계』의 해당 부분은 참고로 삼고 『미학강의』를 독파해야만 하며, 실제로 그의 미학에 대한 대부분의 연구들은 『미학강의』를 바탕으로 해왔다.

1.2. 헤겔 철학 체계에서 미학이 갖는 위상

우리는 이미 헤겔의 철학 체계에서 예술이 절대 정신의 한 영역을 이루는 것으로 고찰되고 있음을 언급한 바 있다. 예술을 대상으로 하는 미학 또는 예술철학은 말하자면 헤겔의 정신철학의 한 부분을 이루고 있는 것이다. 그의 철학 체계 전체가 기술되어 있는 『철학 대계』는 크게 보아 논리학, 자연철학, 정신철학의 삼분 구조로 이루어져 있으며, 정신철학에서 정신 역시 주관 정신, 객관 정신, 절대 정신으로 삼분되어 다루어진다. 주관 정신의 철학이 영혼이나 의식과 같은 정신의 주관적 측면을 대상으로 삼는다면, 객관 정신의 철학은 대상화된 정신, 다시 말해서 정신이 객관화된 것으로서의 법, 사회제도, 국가 등을 그 대상으로 삼는다. 그리고 절대 정신의 철학이 대상으로 삼는 것은 바로 예술, 종교, 철학이다. 예술이 절대 정신의 한 영역 내지는 형식으로 다루어진다는 것은 헤겔에게서 예술이 객관 정신에 해당하는 법, 윤리 또는 국가보다도 높은 차원에 속하는 것인 동시에, 종교 그리고 철학과 함께 가장 고차적인 진리 내용을 드러내는 영역이 되고 있음을 의미한다. 그렇기에 헤겔은 "진리에 몰두한다는 점에서 [...] 예술은 [...] 종교 및 철학과 더불어 그 내용에 있어 동일한 지반(Boden) 위에 있다"고 말하고 있다(Ä I, 139). 이것은 다시 말하자면 예술이 종교 및 철학과 동일한 소임을 갖는다는 말이기도 한데, 이러한 소임이란 곧 진리의 표현 또는 제시이다. 그래서 헤겔은 또 다음과 같이 말하기도 한다. "예술이 종교 및 철학과 공통의 영역 속으로 자신을 위치시켜 오직 신적인 것(das *Göttliche*), 인간의 가장 심오한 관심사, 정신의 가장 포괄적인 진리들을 의식케 하고 표명하는 하나의 방식으로 존재할 때, 이때 비로소 예술은 자신의 최고의 과제를 해결하게 된다"(Ä I, 20f.). 그리하여 예술, 종교, 철학이라는 세 가지 형식은 각기 다른 방식으로 진리를 드러내며, 또 이러한 방식에 따라 서로 구별된다. 헤겔에 따르면 예술은 진리를 직접적이고 감각(감성)적인 방식으로 드러내며, 종교가 "표상하는 의식" 속에서 진리를 제시한다면, 철학은 이를 "자유로운 사유"라는 방식을 통해 드러낸다(Ä I, 139).

2. 헤겔 미학의 특성

2.1. 미와 진리의 결합

근대 이래로 미를 예술의 원리 내지는 예술의 목적으로 간주하는 견해는 매우 널리 인정되어 왔으며, 이 견해는 사실상 예술에 대한 오늘날의 관념에서도 여전히 중요한 자리를 차지하고 있다. 서양에서 18세기에 시, 회화, 조각, 음악, 무용 등을 아우르는 순수 예술 개념의 성립과 더불어 그 외의 기술적 활동이 예술의 체계에서 배제될 때에도 미는 이러한 예술 개념의 성립에 결정적인 역할을 했다.[4] 게다가 18세기에 들어와 근대적 학문으로서의 미학이 성립하고[5] 이와 함께 예술의 자율성이 주장되기 시작했을 때에도 이러한 현상의 근저에는 바로 미 개념이 자리하고 있었다고 보아야 한다. 왜냐하면 미의 영역이 독자적인 것으로 설정되지 않을 경우라면 굳이 그 영역을 대상으로 삼는 미학이라는 학문이 별도로 요청될 필요가 없기 때문이다. 또한 예술의 경우에도 그것이 목적으로 삼는 미가 독자적인 것이 아니라면, 예술은 독립적이고 자율적인 활동으로 간주되기 어려울 것이기 때문이다. 다시 말해서 미가 진리나 선과 같은 가치와 원리적으로 구분되는 것으로 생각되지 않는다면, 예술 역시 진리나 선을 추구하는 활동과 원리적으로 다른 활동임을 주장하기 어려울 것이기 때문이다.

---

4 순수 예술 개념과 근대적 예술 체계의 성립에 대해서는 다음의 논문을 참조하시오. Paul Oskar Kristeller, "The Modern System of the Arts: A Study in the History of Aesthetics (I)", *Journal of the History of Ideas* 12, 1951, pp. 497-527; "The Modern System of the Arts: A Study in the History of Aesthetics (II)", *Journal of the History of Ideas* 13, 1952, pp. 17-46.

5 근대적 학문으로서의 미학의 발생근거에 대한 논의에 대해서는 다음의 논문을 참조하시오. 이창환, 「근대미학의 발생론적 근거에 대한 고찰 (1): A. G, 바움가르텐의 미학사상을 중심으로」, 『미학』 제20집, 1995. 263-309쪽. 이 논문의 개정판이라고 할 수 있는 논문도 다음과 같은 제목으로 출판되었다. 「바움가르텐 미학의 성립 배경과 영향」, 김진엽, 하선규 (편), 『미학』, 서울: 책세상, 2007, 113-156쪽.

예술이라는 활동과 미의 독자성 및 자율성을 학문적으로 확립시킨 업적은 그 누구보다도 칸트에게 돌아가야 할 것이다. 그는 자신의 미학적 주저인 『판단력비판』(*Kritik der Urteilskraft*, 1790)에서[6] 미의 판단으로서의 취미판단이 인식판단과 무관하며 또 미가 도덕적 선과 원리적으로 구분됨을 밝힘으로써 예술을 포함하는 미의 영역의 독자성을 이론적으로 정당화하고 있다. 그리하여 『판단력비판』은 이후 19세기와 20세기에 걸쳐 예술의 자율성을 수호하기 위한 그리고 예술가의 자유를 위한 투쟁들이 발생했을 때 그것들을 위한 주된 이론적 기반의 역할을 하게 된다.

그런데 헤겔은 미의 개념 및 예술의 자율성에 대한 칸트의 공적을 십분 인정하면서도[7] 칸트와는 다른 길을 간다.[8] 그의 입장이 칸트의 그것과 전면적으로 불일치하는 것은 아닐지라도, 어쨌든 그는 칸트가 분리해 놓았던 미와 진리를 다시금 연결하고 있다. 즉 그에게서 미란 진리가 감성적인 또는 감각적인 방식으로 드러나고 표현된 것

---

6 인식판단과 취미판단의 원리적 상이성, 미와 선의 원리적 구분에 대한 칸트의 주장은 다음과 같이 『판단력비판』의 곳곳에서 나타난다. I. Kant, *Kritik der Urteilskraft*, hrsg. von Karl Vorländer, Hamburg, 1974. pp. XLIII, 4, 14-15, 20-21, 34. 앞으로 이 책을 인용할 때에는 KU로 약칭할 것이며, 쪽수의 표기는 관례에 따라 1799년 베를린에서 출판된 제3판에 따른다.

7 헤겔은 그의 『철학사강의』에서 미와 미의 판단에 대한 칸트의 서술을 인용하고 이를 "미에 대한 최초의 이성적인 발언"이라고 칭하면서 칸트의 미 개념을 상찬한다. GP III, p. 377. 또 헤겔은 "그 목적과 수단에서 **자유로운** 예술"이 자신의 미학의 진정한 고찰 대상임을 천명함으로써 자신의 견해가 일면 칸트를 계승하고 있음을 숨기지 않는다. Ä I, 20 참조.

8 근대 미학의 성립이라는 맥락과 관련하여 칸트와 헤겔의 미학적 입장 간의 차이 및 연관성에 대해서는 졸고, 「이성과 감성의 조화 또는 통일이라는 관점에서 본 근대 미학: 칸트와 헤겔의 경우」, 『미학』 제62집, 2010, 81-123쪽 참조.

이다(Ä I, 129, 151). 그런데 이 점에서 칸트와 헤겔 간의 미학적 입장이 서로 다르다는 것은 분명하지만 헤겔의 이론이 칸트가 애써 이론적으로 정당화해 놓은 미와 예술의 자율성을 일거에 무너뜨린다는 결론이 도출되어야만 하는 것은 아니다. 왜냐하면 이 두 철학자는 인식과 진리에 대해 서로 다른 개념을 가지고 있기 때문이다. 이러한 개념적 차이는 이들의 철학 전반의 차이를 규정할 정도로 근본적인 것이어서 이 자리에서 상세히 다룰 수는 없으나, 분명히 지적할 수 있는 것은 칸트가 헤겔보다 더 좁고 엄격하며 수학과 자연과학을 모델로 삼는 진리 및 인식 개념을 지니고 있다는 점이다. 그리하여 헤겔이라면 종교적 가르침의 내용에 대해 진리라는 말을 사용하지 못할 이유가 없으나, 칸트에게 그런 가르침들이란 대부분 인간의 인식능력을 벗어나는 것에 대한 주장들이어서 이것들은 인식 가능한 것으로서의 진리로 지칭될 수 없거나 진리가 아닌 것이 된다. 그러니까 헤겔은 진리라는 것을 칸트보다 훨씬 포괄적이고도 넓은 관점에서 이해하고 있는 것이다.[9] 따라서 헤겔에 따르면 예술이나 종교 모두 (그 정도와 방식상의 차이는 있지만) 진리를 표현하고 있으며, 또 우리

9 예컨대 종교의 내용이 우리에게 인식 가능한 것으로서의 진리라고 불릴 수 있느냐 하는 것이야말로 진정으로 철학적인 문제들 중 하나일 것이다. 그리고 이것은 우리의 문맥에서는 칸트와 헤겔의 입장 차이와 깊이 연관된 문제이기도 하다. 그렇지만 이러한 문제에 몰두하여 이 두 철학자의 입장에 대한 시비를 가리는 일은 그야말로 지대하고도 고도로 복합적인 작업이 될 것이므로 여기서 그에 대해 상론할 수는 없다. 참고 삼아 말하면 칸트의 입장을 따라 종교적 주장들에서, 또는 시·공간상에 감성적인 대상으로 존재하지 않는 것에 대한 온갖 주장들에서 모든 인식적 가치를 박탈해 버린다면 인식과 진리의 영역이 협소해질 것이며, 헤겔처럼 종교적 가르침에 대해 기본적으로 진리와 인식의 차원을 부여한다면 진리와 인식 개념의 엄밀함이 훼손될 수 있다는 것은 우리가 충분히 예상할 수 있는 점일 것이다.

는 그 속에서 진리를 인식하게 되는 것이다. 그런 까닭에 그는 심지어 예술을 앎의, 인식의 한 방식으로 지칭하기도 한다.[10]

여하튼 이러한 헤겔의 파악방식에서 문제될 수 있는 것은 미와 진리를 통합하여 생각할 경우에 미나 예술의 자율성이 훼손되지 않을까 하는 점, 다시 말해서 예술이 혹 진리를 표현하는 도구 내지는 수단의 지위로 전락하는 결과가 빚어지지 않을까 하는 점이다. 이것은 헤겔의 파악방식이 혹 수세기에 걸친, 예술과 예술가의 자유를 향한 노력을 무의미해 보이도록 하지는 않을까 하는 우려를 낳을 수 있기에 중요한 논점이 될 수 있다. 게다가 오늘날 우리에게 예술가와 예술 활동을 자유와 연관시키는 것은 사실상 거의 상식적인 견해가 되다시피 했으니 말이다. 그런데 헤겔은 그러한 자유 내지는 자율성을 결코 부정하지 않으며, 이런 점에서 보면 오히려 칸트의 유산을 이어받고 있다고 할 수 있다. 왜냐하면 그의 주장은 진리가 예술적 표현 이전에 이미 발견되고 완전히 파악되어 존재하며 그다음 예술이 이를 감성적으로 표현하게 된다고 주장하는 것이 아니라, 예술을 통해서 또 예술 속에서 진리가 드러나게 된다는 것이기 때문이다. 예컨대 고대 그리스인들에게 세계와 인간에 대한 이해와 인식은 그들의 철학이나 종교에 이미 존재하고 예술은 단지 이를 표현하는 수단으로 기능했던 것이 아니라, 오히려 예술 속에서 그리고 예술을 통해서 그런 이해와 인식이 더 강력하고 생생하게 이루어졌다는 것이 헤

10 그는 예술을 가리켜 "직접적"이고 "감각(감성)적인 앎(Wissen)"이라고 칭하기도 한다. Ä I, 139.

겔의 주장이다.[11] 물론 중세를 거쳐 근대에 이르면서 이러한 예술의 역할은 점점 더 축소된다고 헤겔은 주장하지만,[12] 미와 진리를 결합하는 헤겔의 입장이 예술의 자유와 자율성을 훼손할 것이라는 우려는 불식될 수 있을 것이다.

2.2. 헤겔미학의 표현주의적 성격

미란 진리가 특정한 방식으로, 다시 말해서 직접적이고 감성적인 방식으로 제시되고 표현된 것이며, 바로 그러한 방식의 제시와 표현이 예술의 소임이라는 헤겔 미학의 기본 입장은 일종의 표현주의적 성격을 지닌다고 할 수 있다.[13] 그는 서양의 예술 이론에서 오랫동안 그 권위를 인정받아온 모방론에 반대하는 입장을 분명히 하고 있다.[14]

---

11 헤겔은 고대 그리스인들에게서 예술이 진리에 대한 이해와 인식을 주었다는 점을 다음과 같이 지적한다. "고대 그리스인들에게 예술은 이 민족이 여러 신들을 표상하고 진리를 의식하게 하는 최고의 형식이었다." Ä I, 141.

12 이러한 의미의 축소와 관련된 헤겔의 주장들에 대해서는 이 해제의 3장 "예술의 과거성 테제와 헤겔 미학의 현대적 의의"에서 좀 더 자세히 논할 것이다.

13 헤겔 미학을 이렇듯 "표현주의"로 칭하는 것의 근거와 이 표현주의의 성격에 대한 더 상세한 설명을 위해서는 다음의 논문을 참조하시오. 졸고, 「이성적인 것의 감성적 표현: 헤겔미학의 '표현주의'」, 『인문논총』 제66집, 서울대학교 인문학연구원(편), 2011, 33-66쪽. 아울러 필자는 이 해제에 이 논문의 내용 일부를 수정 없이 포함시키고 있음을 밝힌다.

14 사실상 헤겔은 『미학강의』에서 모방론이 자연적 대상의 외적 모방을 주장하는 것으로 상정하고 있다. 모방론은 그 역사가 오래된 만큼 복합적인 의미를 지니면서 발전해 왔다. 그렇기에 있는 그대로의 자연의 모사가 아닌 교정된 것으로서의 자연을 모방한다는 관념이나, 자연의 보편적이고 완전한 면을 모방한다는 관념들도 넓은 의미의 모방론에 포함된다고 할 수 있다. 이런 면에서 보면 헤겔은 모방론을 너무 협소하게 규정하고 있다는 비판을 받을 만하다. 이러한 사정에 관한 더 상세

물론 그렇다고 해서 헤겔 미학을 일종의 표현주의로 지칭해도 좋다는 결론이 곧바로 도출되는 것은 아니다. 또 헤겔이 자신의 미학적 입장을 "표현주의"로 지칭하고 있는 것도 아니다. 그럼에도 그의 미학을 이런 식으로 규정하는 것은 충분히 정당성을 지니는데, 이제 우리는 이것이 왜 그러한지 그리고 헤겔적 표현주의가 어떤 특징을 지니는지 간략히 고찰해 볼 것이다.

우리가 흔히 표현주의로 칭하는 것은 칸딘스키, 키르히너, 놀데 등이 그 중심인물이었던 20세기 초의 예술운동이거나 크로체와 콜링우드 등으로 대표되는 예술론으로서의 표현주의이다.[15] 그래서 헤겔 미학에 표현주의라는 명칭을 쓰는 것이 혼동을 일으킬 수도 있지만, 이 세 가지 유형의 표현주의에는 사실상 공통적인 측면이 존재한다. 즉 이 세 가지는 모두 예술을 외재적인 것의 재현으로 보는 것이 아니라 인간의 내적이고 정신적인 것의 표명으로 보며, 또 그런 의미에서 예술을 일종의 모방활동으로 보는 이론과 근본적으로 갈라선다. 그러나 헤겔적 표현주의는 다른 면에서 보면 앞서 언급한 예술운동으로서의 표현주의 및 예술론으로서의 표현주의와는 확연히 구분된다. 후자의 경우, 그것이 예술운동이든 이론이든 간에 인간의 감정을 중심적 위치에 올려놓는다. 즉 표현주의 예술에서 중요한 것은 무엇보다도

한 설명을 위해서는 이 책에 포함된 〈3장 해설〉에서 "예술의 목적"에 관한 부분을 참조하시오

15 크로체와 콜링우드의 표현주의적 예술론에 대한 요약적인 설명을 위해서는 다음을 참조하시오. G. Dickie, 『미학입문: 분석철학과 미학』, 오병남, 황유경 공역, 서울: 서광사, 1983. 119-134쪽; M. C. Beardsley, 『미학사』, 이성훈, 안원현 공역, 서울: 이론과 실천, 1989, 375-386쪽.

감정의 표현이며, 표현주의적 예술론에서도 예술이란 인간의 감정과 내적 이미지를 표현하는 방식에 다름 아니다. 그러나 헤겔적 표현주의에서 표현되는 내용의 중심은 한갓 감정이 아니라 헤겔이 "진리"나 "이념", "이성적인 것"(das Vernünftige) 또는 "최고의 것"(das Höchste)이라고 말하는 것이다.[16] 그런데 헤겔은 "이성적인 것"을 바로 "진리"나 "이념"과 동일시하고 진리의 표현이 예술의 과제라고 주장하는 한편, 감성적인 것 내지는 감각적인 것을 예술적 표현의 부차적인 요소로 취급하지 않는다. 그는 예술에서 표현되는 내용이 "이성적인 것" 또는 "진리"이며, 예술의 표현 방식은 감성적, 감각적이라고 주장하고 있다. 그렇기에 헤겔에게서 예술이란 이성적인 것을 감성적인 방식으로 표현하는, 그런 의미에서 이성적인 것과 감성적인 것이 통일되어 있는 하나의 고차적인 문화 형식인 것이다.

2.2.1. 예술의 내용으로서의 '이성적인 것' 또는 '진리'의 표현

앞에서 말했듯이 헤겔은 예술에서 표현되는 것, 또는 표현되어야 할 것이 "이성적인 것" 또는 "진리"라고 주장한다. 그가 "진리"를 "이성적인 것"과 동일시할 때, 그는 결국 진리가 궁극적으로 사유를 통해서 파악될 수 있는 것이며 동시에 이러한 진리는 보편적인 것임을 주장하고 있는 것이다. 그리고 여기서 보편적이라는 말은 이렇듯 사유를 통해 파악되는 진리가 좁은 의미에서 이성적이라고 여겨지는 것에 국한되지 않고 감성적인 영역에도 두루두루 미치고 통한다는 것

16 헤겔은 진리에 상응하는 표현으로서 이것 외에도 "절대적인 것", "정신", "신적인 것"이란 용어를 사용한다. Enz I § 213; WL II, pp. 462-465; Ä I, 21, 100.

이다. 헤겔이 "이성적인 것" 또는 "이성"을 말할 때 그것이 뜻하는 바가 통상적인 용법과는 어느 정도 차이가 있기 때문에, 이에 대해서 더 상세한 설명이 필요할 것이다.

흔히 이성적인 것, 또는 이성이란 말을 할 때, 우리는 우선 그것을 감성 내지는 감성적인 것과 분리한다. 그리고 이성과 감성 또는 이성적인 것과 감성적인 것 양자를 대립시킨다. 대체로 우리는 감성적인 것에 감정이나, 감각, 상상력, 직관, 충동이나 욕구 등을 귀속시키며, 이성적인 것에 대해 말할 때에는 사유와 논리, 규칙성, 추상성 등을 연상한다. 그러나 헤겔의 어법과 이해방식에 따르면 이성적인 것과 감성적인 것은 그저 대립되는 것이 아니다. 그는 이성적인 것에는 감성적인 것이 통합될 수 있으며,[17] 또 그런 한에서만 이성적인 것은 참다운 이성적인 것이 된다고 주장한다. 물론 그는 이성적인 것을 기본적으로 사유와 연관시키고 있는데, 이는 이성적인 것이 위에서 이미 언급한 대로 궁극적으로 사유에 의해서 파악되는 것이며 사유의 내용 속에 존재하기 때문이다. 그런데 헤겔은 감성적인 것의 근본에도 이성적인 것이 놓여 있으며, 만약 이성적인 것과 아무 상관이 없는 감성적인 것이 있다면 그것은 진리와 무관한 것으로서 별 가치가 없다고 주장한다.

또 그는 우리가 이성적인 것을 보편적이라고 부르는 까닭은, 위에서 말했듯이, 그것이 감성적인 차원에서도 통하고 관철되기 때문이라고 주장한다. 만약 이성적인 차원이 감성적인 영역과 상관없이

17 헤겔이 이성적인 것과 감성적인 것의 통합 또는 통일이라는 것을 어떻게 설명하는지는 대해서는 이 글 제3장의 3절에서 더 상세히 다루어질 것이다.

별도로 존재할 뿐이라거나 감성적인 영역과 대립하기만 하여 이러한 영역에 대해서는 전혀 그 유효성을 보장받을 수 없다면, 이성적인 것은 보편적이라 불릴 수 없고 상대적이거나 제한적일 뿐이라는 것이다. 예컨대 우리를 감성적으로 사로잡고 우리의 심정에 깊은 울림을 주는 드라마가 있다면, 이는 그것이 오로지 감성적이기 때문이 아니라, 그 깊은 곳에 보편성이 존재하고, 이러한 보편성이 궁극적으로는 사유를 통해 파악될 수 있으며, 그런 의미에서 이성적이기 때문이다.[18] 이러한 헤겔의 어법과 이해방식은 일견 매우 특이해 보이기도 하지만, 우리가 끝까지 진리를 감성적이거나 오직 느껴지는 것이며 그저 상대적일 뿐이라고 고집하지 않는다면, 그리하여 진리가 보편적이면서 사유를 통해서 파악되는 것이라고 생각한다면 헤겔의 입장이 지니는 타당성도 인정될 수 있을 것이다.

그런데 예술의 내용을 이성적인 것으로서의 진리라고 하면 이는 매우 거창하게 들리기도 하고, 진리가 매우 포괄적인 의미를 지닐 수 있기에 구체적인 예술작품과 어떤 식으로 연관되는 것인지 이해하기 어려울 수도 있다. 그러나 우리가 다음의 예를 들어 본다면 예술의 내용으로서의 진리라는 것이 좀 더 쉽게 이해될 수 있다. 헤겔 식으로 말하면, 한 드라마 작가가 특정한 시대와 장소에서 어떤 사람들 간에 벌어지는 사건과 사태로 우정을 묘사한다고 할 때 바로 이 드라마는 우정이 무엇인지를 표현하고 있다. 말하자면 이 드라마

18 이성적 차원 및 감성적 차원의 구분 및 양자의 본원적 통일과 관련하여 사유의 보편성을 언급하는 헤겔의 입장에 대해서는 다음을 참조하시오. Enz I, § 2, 20 그리고 § 24, Zus. 1.

는 우정이 무엇인가 하는 것, 우정의 개념, 우정의 진리를 드러내 보여주고 있는 것이다. 그러나 다른 한편 이 드라마는 그러면서도 또한 생동적으로 우리의 감각과 감정에 직접적으로 우정이 무엇인지를 그 개념에 맞게 제시한다. 그리고 헤겔에 따르면 이러한 진리를 어느 정도로 적실하고 깊이 있게 그리고 또한 철저히 감성적 방식으로 드러내느냐 하는 것이 이 드라마의 완성도를 평가하는 기준도 된다는 것이다. 그리하여 이를 좀 더 확대해서 말하자면 우정이 무엇인지를 예술만큼 감성적이고 직접적으로 생생하게 제시해주는 문화적 형식은 존재하지 않는다는 것이다.

그런데 우정이란 주제에 국한할 것이 아니라 그 어떤 주제를 지니는 작품이든 우리가 흔히 '우리의 영혼에 깊은 울림을 준다'거나 '새로운 시각을 열어준다'거나 '우리의 전 존재를 사로잡는다'라는 식으로 위대한 작품을 상찬할 때, 그 이유는 이 작품이 인간과 세계에 대한 참된 통찰을 제공하고 그리하여 이 작품을 경험할 때의 그 강렬한 느낌이 그 순간으로 끝나는 것이 아니라 지속적으로 우리에게 작용하기 때문이다. 말하자면 그러한 경험을 통해 우리는 순간의 감동을 넘어서서, 우리 자신과 세계를 더 잘 알게 된다. 말하자면 이러한 예술의 경험은 우리에게 우리는 어떤 존재이며, 세계란 어떤 것인지를, 즉 우리와 세계의 진리를 전해 준다. 바로 이러한 의미로 헤겔은 예술이 진리를 표현한다고 말하고 있는 것이다.

2.2.2. 예술의 직관적이고 감성적인 표현방식

예술의 본질 또는 사명이 진리를 드러내는 데에 있다는 헤겔의 주장을 우리가 어느 정도 이해한다고 하더라도, 여전히 우리는 예술이 지닐 수 있는 풍부하고도 다채로운 감성적 측면과 매력을 자아내는 감각적 성격이 얼마나 강력한 것인지를 내세우면서 헤겔의 주장에 의구심을 표명할 수도 있다. 즉 그가 결국은 예술에서 감각적이고 감성적인 측면을 과소평가하지는 않는가 하는 의구심 말이다. 그런데 헤겔에 따르면 예술은 보편적인 진리내용을 철저히 개별화하고 또 이를 감성적인 방식을 통해 직관적 대상으로 구현해내야 한다(Ä I, 77). 그리고 바로 이러한 방식이야말로 예술에 고유한 것이며, 이를 통해서 예술은 진리를 드러내는 것을 공통의 과제로 삼는 종교나 철학과 구분되는 것이다. 그런데 여기서 표현의 내용이 '무엇을'이라는 문제에 해당한다면, 표현의 방식은 '어떻게'에 해당한다고 할 수 있다. 위의 의구심은 헤겔이 이러한 '어떻게'보다는 '무엇을'에 중점을 두는 것이 아닌가 하는 인상에 기인한다고도 할 수 있다. 그러나 이러한 인상에만 집착한다면, 우리는 그의 기본적 입장을 오해하게 되는 것이다. 그는 예술작품이 지니는 구체적이고도 감성적인 측면이 진리내용을 드러내기 위해 단지 외적으로 부가된 장식에 불과하다는 생각에 반대한다. 헤겔이 여기에서 감성적 표현방식에 대해 말할 때 그것은 기본적으로 두 가지 의미를 갖는다. 하나는 일종의 외적인 감성적 표현으로서, 예술작품은 언제나 시공간 속에서 개별적 형상이나 사태로 우리의 감각에 직접 작용하도록 표현된다. 다른 하나는 내적인 감성적 표현으로서, 예술가는 자신의 상상력을 발휘하여 우리의 심정과 감정에 내밀하고도 다양한 정서적 효과를 불러일으키도록 풍부하고도 자유로운 표현을 구사한다. 이렇듯 헤겔은 감성적으로 개별화된 표현과 더불어 이와 결부된 감성적 효과 즉 쾌감이나 즐거움 등의 요소들 역시 예술작품을 이루는 데에 본질적이라고 주장하고 있다.

결국 그는 이러한 감성적인 방식의 표현, 즉 '어떻게'와 진리 내용, 즉 '무엇을'의 통일, 그런 의미에서 형식과 내용의 통일이라는 말로 예술을 규정하고 있다. 그리고 바로 여기에 헤겔 미학의 표현주의가 갖는 독특한 점이 있는 것이다.

2.3. 예술의 역사성

헤겔 미학에서 '예술의 역사성'이란 예술이 그것의 초기 상태를 거쳐 정점에 이른 후 일종의 쇠퇴의 길을 간다는 것을 의미한다. 헤겔은 예술의 역사를 이렇듯 세 단계로 구분하여 파악하며, 이렇게 구분된 각 단계를 각각 예술의 특정한 형식으로 명명하고 있다. 즉, 그는 초기 상태의 예술을 상징적 형식으로, 정점에 다다른 예술 형식을 고전적 형식, 일종의 쇠퇴의 과정에 있는 예술 형식을 낭만적 형식으로 부른다. 여기서 '일종의' 쇠퇴라고 한 것은 그가 말하는 쇠퇴가 결코 예술제작의 수량과 다양성 그리고 그 질적 우수성 자체의 쇠퇴를 의미하는 것이 아니기 때문이다. 그가 말하는 쇠퇴라는 것은 우리가 다음 장에서 다루게 될, 이른바 그의 "예술의 과거성 테제"와 직접 맞닿아 있는 것인데, 더 정확히 말하자면 그것은 문화 전반에서 예술의 역할과 지위가 쇠퇴했다는 것 또는 이전에 누렸던 중요성과 지위를 상실하게 되었다는 것을 의미한다. 따라서 헤겔 당대 예술의 융성이라는 현상 그리고 그 이후로도 이어진 혁신적이고 뛰어난 예술작품들의 출현 및 양적 증대라는 현상이 헤겔의 주장을 반박하는 충분한 근거가 되는 것은 아니다. 왜냐하면 헤겔 역시 자신의 과거성 테제와 무관하게 예술제작과 예술가가 처하게 된 새로운 상황을 설명하면서 오히려 예술제작의 다양화와 예술가가 누리게 된 더 많은 자유를 언명하고 있으니 말이다(Ä II, 235-236).

예술의 역사성과 관련하여 헤겔은 예술형식의 세 단계에 대해 다음과 같이 설명하고 있다. 우선 이 세 단계 모두에서 표현되는 내용은 앞서 언급한 대로 헤겔이 이성적인 것, 절대적인 것, 이념 또는 신적인 것이라고 칭하기도 하는 진리이다. 그런데 그가 말하는 진리라는 것은 늘 고정된 상태로 인간의 정신에 알려지는 것이 아니라 역사의 진행에 따라 더 발전되고 심화된 형태로 알려지고 이해되는 것이다. 그리고 이러한 진리 또는 이념을 포착하고 형태화하는, 다시 말해서 표현하는 방식에 따라 이 세 단계의 예술이 구별되고 있는 것이다. 이 세 단계들 중 둘째 단계인 고전적 예술이 바로 헤겔이 압축적으로 표명하는 예술의 규정, 즉 "이념의 감각적 드러남"(Ä I, 151)이라는 규정에 가장 잘 어울리는 예술인데, 왜냐하면 그는 고전적 예술에서 이념과 그것의 외적 형상화가 완벽한 통일을 이룬다고 보기 때문이다. 이러한 완벽한 통일을 헤겔은 이상(Ideal)이라고 부르는데, 이것이 실현된 적절한 예는 헤겔에 따르면 고대 그리스 시대의 예술에서 발견된다. 그에 따르면 개별적인 인간적 형상 속에 표현된 그리스 신들은 당시의 세계와 인간에 대한 이해를 반영할 뿐 아니라 그 자체가 당시의 세계관과 정신성의 가장 적합한 구현이기도 하다. 즉 그리스인들이 그들의 신들과 세계 그리고 그 자신들을 인식하고 이해한 것은 그 어떤 방식보다도 예술을 통해서 또 예술 속에서였다는 것이다. 이러한 고전적 예술은 헤겔에 따르면 또한 가장 아름다운 예술형식이며,[19] 그런 의미에서 고전적 예술이야말로 최고점에 이른 예술이라고 할 수 있다. 그에 따르면 이러한 예술형식을 대표하는 것은 조각이다.

예술의 첫째 단계이자 헤겔이 예술의 "시작"단계로 칭하는(Ä I, 393) 상징적 예술형식은 그에 따르면 고대 그리스 예술보다 이른 시기에 이집트를 비롯한 고대 동방 세계에서 등장하는 예술형식인데, 이러한 형식은 범신론적 세계관이라는 기반 속에서 나타난다. 이러한 예술에서는 표현 내용으로서의 이념이 아직 충분히 규정되지 않고 명료하게 발전되지 않아 그것의 외적 형상화도 충분히 규정되거나 구체적이지 못하다. 그리하여 여기서의 전형적 예술들은 절대적인 이념, 신적인 것을 표현하기 위해 과장되거나 왜곡되고 기괴한 또는 거대하고 부자연스런 형상으로 나타난다. 예를 들어 힌두교의 신들이 다수의 팔을 가진 형상으로 표현되거나, 이집트의 스핑크스가 거대하고 수수께끼와 같은 형상으로 등장하는 것처럼 말이다. 또 이 형상들이 이념, 또는 정신성에 대한 적합한 표현이 아니며 아직 그러한 표현에 도달하지 못했기 때문에, 예술로서의 이 형상들은 일종의 상징으로 존재한다. 즉 이 형상들은 이념에 대한 상징으로서 해석을 필요로 한다. 헤겔이 직접 드는 예를 가지고 말하자면, '사자'가 강인함을 의미하는 것으로 해석되어야 하는 것처럼 말이다. 그러나 강인함이란 사자만의 속성도 아니고 사자의 속성이 꼭 강인함에만 한정되지도 않기에 이러한 내용과 그 표현적 형상 사이에는 우연성이 개

19 헤겔은 고전적 예술을 지칭하면서 그보다 "더 아름다운 것은 있을 수도 없고 생겨날 수도 없다"고 말한다. Ä II, 128.

입될 수밖에 없다. 이처럼 상징적 예술형식은 내용과 그 외적 형상화의 통일로서의 미에 도달하지 못하고 그 내용으로서의 이념의 의미 역시 개별적인 형상으로 충분히 구체화되지 못한 채 남아 있는, 그런 의미에서 내용과 형식상의 불일치로 특징지어지는 예술의 단계가 된다. 헤겔에 따르면 상징적 예술형식을 대표하는 것은 건축인데, 이는 건축이라는 장르를 통해서 이념 또는 정신성은 아직 추상적이고 충분히 구체화되지 못한 채 물질적이고 공간적인 질료 속에서 간접적으로 드러나기 때문이다.

헤겔에 따르면 셋째 단계인 낭만적 예술형식 — 이를 대표하는 장르들은 회화, 음악, 시문학인데 — 에서도 그 외적 형상화와 이념의, 형식과 내용의 불일치가 발견되는데, 이 불일치는 이미 그 내용으로서의 이념이 더욱 고도로 발전하고 깊어져서 이제 예술이 더 이상 이러한 심오하고도 내면적인 이념을 적절히 표현할 수 없게 되는 단계에 이르렀다는 의미에서의 불일치이다. 헤겔은 서양의 기독교 시대 이후의 예술 전체를 통칭하여 낭만적 예술형식의 단계로 부르고 있다.[20] 말하자면 이 단계에서 예술은 점점 더 고도로 복합적이고 심

---

20 여기서 유의할 것은 헤겔이 말하는 "낭만적 예술형식"과 우리가 흔히 "낭만주의 예술"로 칭하는 것이 동일한 대상을 뜻하지 않는다는 점이다. 전자는 기독교적 세계관에 기반하고 있는 예술 전반을 가리키는 것으로서 시대적으로 보자면 고대 그리스와 로마 제국의 몰락 이후의 모든 예술을 포괄한다. 그리고 후자는 18세기 말에서 19세기 중엽에 걸쳐 나타난 예술사조 또는 예술운동을 뜻한다. 이 사조 또는 운동은 기존의 예술적 규범들에 반대하고 인간의 비합리적인 측면과 창조성, 개성, 상상력 등을 강조하는 특성을 지닌다. 헤겔 자신이 생전에 낭만주의 예술운동의 만개를 직접 경험하였으며, 이에 대해 잘 알고 있기도 했다. 이러한 예술운동으로서의 낭만주의가 헤겔 당대에서 가장 진전된 예술적 경향을 대표한다고 할 수는 있으나, 헤겔의 분류에 따르면 이 예술운동 또는 사조로서의 낭만주의는 낭만적

원해진 사상으로서의 진리를 표현하기 위해 그 자체로 더욱더 내면적인 측면에 몰두하게 되는데, 이러한 사태는 감각적인 방식으로 진리를 표현해야 하는, 또 그런 방식으로 미를 구현해야 하는 예술의 사명이 점점 더 실현되기 어려워진다는 것을 뜻하는 것이다. 그래서 이미 헤겔 당대에 오면 예술은 외적인 감각적, 감성적 방식으로 적절히 표현되기 어려운 내면적이고 성찰적인 요소가 많아진다. 이를 헤겔은 다음과 같이 말한다.

> [...] 고전적 예술은 [...] 미의 왕국의 완성이 되었다. 더 아름다운 것은 있을 수도 없고 생겨날 수도 없다. 그렇기는 하지만 직접적인 감각적 형상화 — 정신에 의해 그것에 적합하도록 만들어진 형상화이기는 하지만 — 속에서 구현된 아름다운 현상보다 더 높은 것이 존재한다. [...] 자기 자신과의 일치를, 자신의 개념과 자신의 현실성을 원리로 삼는 정신은 자신에게 적합한 현존재를 오직 느낌과 심정이라는, 내면성 일반이라는, 자신에게 친숙하고도 고유한 정신적 세계 속에서 발견한다. [...] 이 최종적 예술단계에서[낭만적 예술단계에서] 고전적 이상의 미는 또 그리하여 그것의 고유한 형상과 그에 가장 걸맞은 내용 속에서 드러나는 미는 더 이상 궁극적인 것이 아니다. 왜냐하면 낭만적 예술의 단계에서 정신은 자신의 진리가 육체성[물질성] 속으로 침잠하는 것에 놓여 있지 않음을 알기 때문이다.(Ä II, 127–129)

여기서 헤겔은 낭만적 예술(형식)이 고전적 예술(형식)에 비해 더 높은, 더 발전된 예술이라는 것과 더불어 고전적 예술이 가장 아름다운

예술형식의 일부에 해당할 뿐 이 형식과 일치하는 것이 아니다.

예술임을 말하고 있다. 낭만적 예술이 더 높다는 것은 이 예술형식이 보다 더 내면적이고 정신에 걸맞은 것을 내용으로 삼고 있음을 뜻하며, 이런 내용을 표현하는 데 있어 예술은 더 이상 가장 적합한 방식이 아니다. 헤겔 당대에 해당하는 근대는 더 이상 신적이고 내면적인 진리를 예술 속에서 그리고 예술을 통해 확인할 수 있는 시대가 아니며, 그런 진리를 드러내는 소임은 이제 종교와 철학, 특히 철학에 맡겨진다. 그렇기에 내면적인 깊이를 표현하게 되는 낭만적 예술은 종교와 철학에 고유한 표현방식을 더욱 수용하려 하는 측면도 지니게 된다. 그러나 다른 한편 예술이 더 이상 고도화되고 심원해진 정신성을 표현할 수 없게 되는 까닭에, 그것이 지니는 중요성과 의미도 축소되며 그리스 시대에서 담당했던 역할과 지위를 예술은 더 이상 누릴 수 없게 된다. 이를 헤겔은 다음과 같이 말한다.

> 그리스 예술의 아름다운 시절과 중세 후기의 황금시대는 지나갔다. 오늘날 우리 삶의 반성문화는 의지뿐만 아니라 판단과 관련해서도 보편적 관점을 견지하고 이에 따라 특수자를 규제할 것을 요구하는데, 그리하여 보편적 형식, 법칙, 의무, 권리, 격률들이 규정 근거로서 통용되고 또 주된 지배자로 군림하게 된다. 그러나 예술적 관심 및 예술 생산에 대해 우리가 더욱 요구하는 것은 생명성인데, 여기서는, 마치 판타지에 보편적인 것과 이성적인 것이 구체적이고 감각적인 현상과 통일되어 들어 있듯, 보편자가 법칙과 격률로서 현전하는 것이 아니라 심정이나 느낌과 일치하게 작용해야 하는 것이다. 그러므로 우리 시대는 그 일반적 상황에서 보아 예술에 호의적이지 않다.(Ä I, 24–25)

이 인용문에는 헤겔의 이른바 "예술의 종언 테제" 내지는 "예술의 과거성 테제"를 표현하는 구절들이 포함되어 있다. 이 테제는 헤겔 미학이 표방하는 주장들 중에서 아마도 가장 큰 관심과 논란의 대상이 되었다고 할 수 있을 것이다. 이제 헤겔 미학이 가질 수 있는 현대적 의의와 연관하여 이에 대해 좀 더 상세히 고찰하고자 한다.

3. 예술의 과거성 테제와 헤겔 미학의 현대적 의의

헤겔의 이른바 "예술의 과거성 테제"가 논의될 때 흔히 인용되는 문장들은 우선 다음과 같다.

> 이러한 모든 연관성 속에서, 예술은 그 최고의 사명이란 측면에서 보면 우리에겐 과거의 것이며 또 그렇게 남아 있다.(Ä I, 25)

> 우리에게 예술은 더 이상 진리가 실존하는 최고의 방식으로 간주되지 않는다. [...] 물론 우리는 예술이 점점 더 향상되고 완전하게 되기를 희망할 수 있다. 그러나 그것이 지니는 형식은 이미 정신이 욕구하는 최상의 것이 되기를 그쳐 버렸다. 우리가 그리스의 신상들을 여전히 아주 탁월한 것으로 여길 수도 있고, 또 우리는 성부, 성자 그리스도, 성모 마리아가 여전히 아주 기품 있고 완벽하게 표현되어 있다고 간주할 수도 있다. 하지만 이것은 아무 소용없는 일이다. 우리는 더 이상 우리의 무릎을 꿇지 않는다.(Ä I, 141–142)

예술의 과거성 테제는 흔히 헤겔이 예술의 종말 또는 죽음을 선언한 것으로 해석되어 오기도 했는데, 그리하여 이 테제를 예술에 대한

"추도사"라고 칭한 미학자도 있었다.[21] 그러나 위의 인용문들에서 보듯이 헤겔이 글자 그대로 예술이 끝났음을 선포한 것은 아니다. 실제로 헤겔이 베를린에서 자신의 미학을 강의하던 1820년대에 당대의 유럽, 특히 독일은 예술이 만개하던 시점이었다. 괴테가 아직 생존해 있었으며, 베토벤은 〈합창교향곡〉 같은 명작을 선보이고 있었다. 그리고 베를린 시절에 헤겔은 이러한 당대 예술의 열매를 누구 못지않게 향유하고 있었다. 게다가 헤겔 당대 이후로 예술은 더 자율적이고 다양한 방식으로 발전해 갔고, 예술가들의 작업 또한 과거보다 훨씬 자유로운 표현을 구사하는 방향으로 나아갔다. 헤겔은 이러한 상황을 누구보다 잘 알고 있었으며 그렇기에 그의 이른바 예술의 과거성 테제는 헤겔 당대의 예술적 성취와 발전 방향과도 부합할 수 있는 주장으로 해석되어야 한다.

여기서 우리가 주목해야 할 것은 헤겔이 그 "최고의 사명"이라는 관점에서 보았을 때 예술이 "과거의 것"이 되었다고 말한다는 점이다. 이 최고의 사명이란 다름 아니라 이미 언급했던 것처럼 "**신적인 것**(das *Göttliche*), 인간의 가장 심오한 관심사, 정신의 가장 포괄적인 진리들을 의식케 하고 표명하는" 일이다(Ä I, 21). 그러니까 헤겔은 바로 이러한 사명 또는 과제를 예술이 오늘날 더 이상 적절히 수행하지 못한다고 주장하는 것이다. 헤겔에 따르면 예술은 자신의 형식, 즉 감성적이고 감각적인 형식에 걸맞은 진리의 내용만을 적절히 표현할 수 있는데, 그러한 진리의 내용을 정신의 최고의 관심사로서 지녔던

---

21 B. Croce, *Aesthetic*, trans. by D. Ainslie, New York: The Noonday Press, 1965, p. 302.

시대는 지나갔다는 것이다. 바로 그 시대가 헤겔에게는 고대 그리스 시대였고 여기서 예술은 그 최고치에 도달했으나 그 시대가 이해한 진리는 바로 예술이라는 감각적인 현상 방식 속에서 드러날 수 있는 한에서의 진리였다는 것이다. 그러나 그 시대 이후의 그리고 특히 근대의 진리 이해는 이와는 다르다는 것이다. 헤겔은 이와 관련하여 다음과 같이 말한다.

> 이에 반해 진리에 대한 보다 깊은 이해가 존재하는데, 여기에서 진리는 더 이상 그다지 감각성에 근접해 있지도 또 친근하지도 않아서 이러한 질료에 의해 적절히 수용, 표현될 수가 없다. 기독교적인 진리 이해가 바로 이런 유형인데, 무엇보다도 우리의 오늘날의 세계정신은, 더 자세히 말해 우리의 종교와 이성문화의 정신은 예술이 [그 표현을 위한] 최고의 방식이 되는 그러한 단계를 넘어서서 절대자를 의식하는 것으로 보인다. 예술생산과 그 산물들에 고유한 방식은 더 이상 우리의 가장 높은 욕구를 충족시키지 못한다. 우리는 예술작품들을 신과 같이 공경하고 숭배할 수 있는 단계를 넘어서 있다.(Ä I, 23f.)

헤겔은 여기서 우리의 가장 깊은 욕구인, 진리에 대한 인식과 파악 그리고 이를 통한 정신의 만족이 오늘날에는 철학을 통해서 가능한 것이지 예술은 이러한 욕구를 충족시키지 못한다고 말하는 것이다. 그렇기에 헤겔은 예술이 사라진다는 것을 주장한 바가 없으며, 오히려 그가 『미학강의』를 통해 설파하고 있는 것은 보다 깊은 진리를 포착하려는, 외적인 감각성을 통해서 드러나기 어려운 내면적인 세계를 표현하려는, 그러나 궁극적으로는 성공적일 수 없는 예술의 노력과 그것의 양상이다. 그러므로 바로 이런 더욱 깊은 진리의 표현을 시도한다는 점에서 보면 고전적 예술형식 이후의 예술형식은, 즉 낭만적 예술형식은 그 내용에서 보아 더 발전된 예술, 더 고차적인 예술이 된다. 그러나 고전적 예술은 가장 아름다운 예술로, "미의 왕국의 완성"으로 존재한다. 그렇기에 낭만적 예술은 고전적 예술이 지녔던 이상적 미로부터 벗어나게 되고 따라서 더 이상 아름답지 않은 예술도 존재하게 되며 고전적 예술의 규범에도 매이지 않게 된다.

고전적 예술 또는 고전적 예술형식의 규범에 매이지 않고, 참된 정신적 진리의 표명이라는 사명을 철학에게 넘겨주었다는 점에서, 더 이상 이 최고의 사명에 종사할 수도 없고 또 그래야만 하는 것도 아닌 예술과 예술가에게 주어지는 것은 그 표현의 내용과 형식에서의 확장된 자유이다. 우리는 서양 예술의 역사에서 낭만주의적 흐름 이후로 예술적 표현의 자유가 확장일로에 있어 왔음을 알고 있다. 헤겔은 이미 당대의 예술과 예술가가 처한 상황에 대해 다음과 같이 말하고 있다.

> 하나의 특정한 의미내용에만 얽매인다는 것과 또 오로지 그러한 [특정한] 소재에만 적합한 어떤 특정한 표현방식에 구속된다는 것은 오늘날의 예술가에게는 과거지사이다. 따라서 예술은 예술가가 그 어떤 종류의 내용에 대해서건 간에 동등하게 자신의 주관적인 솜씨에 따라 마음대로 조작할 수 있는 자유로운 도구가 되었다. [...] 오늘날 즉자 대자적으로 이러한 상대성을 초월해 있는 소재란 없다. [...] 이제 예술가는 실제로 모든 형식과 모든 소재를 마음껏 사용하고 지배하게 되었으며, 그의 재능과 창조성은 어떤 특정한 예술형식에 국한되는 제약으로부터 자유로워졌다.(Ä II, 235–236)

이러한 헤겔의 언명들은 헤겔 당대뿐 아니라 근대 이후 오늘날에도 전개되고 있는 예술의 상황에 대한 헤겔의 예견으로 읽힐 수 있고, 바로 이 점이 헤겔 미학이 갖는 일종의 현대적 의의가 될 수 있다. 오늘날의 미학자이자 예술비평가이기도 한 아서 단토는 그 자신 헤겔주의자임을 고백하면서 헤겔의 이른바 예술의 과거성 테제에 착안하여 현대 예술에 대한 자신의 이론을 펼친 대표적 인물이다. 그는 헤겔이 지녔던 그리고 『미학강의』를 통해 보여준 예술사에 대한 통찰과 예견을 토대로 오늘날의 예술을 진단하고 또 전망하고 있다. 우리는 단토의 미학 이론 및 비평 활동을 지켜보면서 헤겔의 미학이 여전히 그 위력을 발휘하고 있음을 확인하게 된다.[22]

위의 인용문에서처럼 이제 예술이 "예술가가 그 어떤 종류의 내용에 대해서건 간에 동등하게 자신의 주관적인 솜씨에 따라 마음대로 조작할 수 있는 자유로운 도구가" 되었다면, 이와 관련하여 우리는 예술에 대한 부정적인 전망 역시 가질 수 있다. 그 전망이란 이제 예술이 단순히 오락이나 유희 또 누구나 할 수 있는 심심풀이의 하찮은 것으로 전락할 위험이다. 이러한 부정적 전망은 혹시 헤겔의 이론이 현대 예술의 상태, 즉 다종다양하게 발전되고 또 지나간 시대에 비해 현대인에게는 덜 중요하게 된 현대예술의 이러한 '전락의 상태'를 정당화하는 이론이 되는 게 아닌가 하는 의구심을 낳을 수 있다.

그러나 헤겔에게서 예술이 그 최고의 소임을 철학에게 넘겨주었다고는 해도 여전히 종교, 철학과 더불어 절대 정신의 영역에 속하

22 단토와 헤겔의 미학적 연관성에 대한 연구로는 다음을 참조하시오. 졸고, 「단토의 헤겔주의와 헤겔 미학의 현대성」, 『현대미술학 논문집』 제14집, 2010, 82-118쪽.

는 것으로 인정되는 한, 예술이 자신의 사명으로부터 전적으로 벗어날 수는 없는 것이다. 또 그러한 사명과 아예 무관한 예술이란 그에게는 전혀 철학적 고찰의 가치가 없는 활동에 불과할 것이다. 그렇지만 그가 내놓은 진단과 전망에 따르면 자신의 당대는 이미 사유와 반성의 시대로 돌입하였으며, 바로 이 "사유와 반성이 아름다운 예술을 능가해 버렸다."(Ä I, 24) 그리하여 예술 속에도 사유와 반성적 요소가 다분히 포함되게 되었다. 그렇기에 예술에 대한 철학적 고찰은 과거보다 더욱더 요청되는 일이 되었다. 헤겔은 다음과 같이 말한다.

> 이제 예술작품들이 우리 안에서 불러일으키는 것은 직접적인 향유(Genuß) 외에도 우리의 판단인데, 이때 우리는 예술작품의 내용과 표현수단을 그리고 이 양자가 적합한지 부적합한지를 이론적으로 고찰하는 것이다. 그러므로 예술에 대한 **학문**은 예술이 독립적으로 예술로서 이미 충분한 만족을 보장해 주었던 시대보다 우리 시대에 훨씬 더 필요하게 되었다. 예술은 우리를 이론적인 고찰로 초대한다.(Ä I, 25–26)

예술철학이 더욱더 필요한 시대가 되었다는 그의 언명은 곧 그가 자신의 시대를 철학의 시대로 보는 것과 잘 부합한다. 그렇지만, 그의 말처럼 철학적 고찰로 초대하는 것이 예술인 한에서, 예술은 종말을 고하는 것이 아니라 존속하며, 그것도 더욱 자유로워진 조건에서 여전히 진리를 감성적인 방식으로 구현하려는 노력과 더불어 존속해야 하는 것이다. 우리는 헤겔의 당대 이후로 새롭고 실험적인 다종다양한 예술적 시도들의 역사를 알고 있으며 점점 난해해져간 예술적 흐름도 알고 있다. 그리하여 이렇듯 난해한 그리고 진지한 분석을 요구하는 예술작품들이 우리를 계속해서 이론적, 철학적 고찰로 인도한다고 할 때, 우리는 여기에서도 헤겔의 예견을 확인하고 있는 셈이 되는 것이다.

4. 헤겔의 『미학강의』 〈서론〉의 구조

이제 이 책이 주해의 대상으로 삼고 있는 『미학강의』 〈서론〉의 구조를 간략히 살펴볼 때가 되었다. 앞에서 이미 언급했듯이 『미학강의』는 헤겔이 직접 출판한 책이 아니라 헤겔 사후 그의 제자인 호토가 여러 자료를 모아 편집한 것으로서 그 체계 면에서 편집본이 가질 수 있는 구조적인 결함이 발견되기도 한다. 이러한 점은 이 책의 주해 대상인 〈서론〉에도 어느 정도 적용될 수 있는데, 장과 절의 구분 및 그에 따른 일련번호들이 정연하게 매겨져 있지 않다. 그렇지만 이 때문에 전체 내용을 파악하는 데 큰 장애가 있는 것은 아니다.

〈서론〉은 내용상 크게 보아 두 부분으로 나뉘어 있다. 이를 편의상 제1부와 2부라고 칭한다면, 제1부는 로마숫자로 일련번호가 붙은 3개의 장으로 구성되어 있다. 그리고 제2부는 제4장에 해당될 것인데 여기에는 번호가 붙어 있지 않다. 그래서 필자는 편의상 여기에 번호를 매기고 [IV]장으로 표시하여 전체 구성을 파악하기 쉽게 하는 한편 이 번호가 원전에는 없는 것임을 표시하였다.

제1부의 1장은 미학이라는 학문의 기본적인 성격과 그 대상을 명시하고, 예술철학으로서의 미학에 반대하는 견해들을 논박하고 있다. 제2장에서는 미와 예술을 학문적으로 고찰하는 방식들을 서술하

고 있다. 제3장은 〈서론〉에서 가장 분량이 많은 장이며 그 제목에서처럼 "예술미의 개념"을 논하고 있는데, 이는 내용상 다시 두 부분으로 나뉜다. 여기에는 각각 별도의 제목이 붙어 있으나 역시 번호가 매겨져 있지 않다. 그래서 필자는 이 3장의 두 부분을 각각 [III-1]과 [III-2]로 표시하여 알아보기 쉽게 하였다. [III-1]은 "예술에 대한 통념들"이라는 제목을 달고 있는데, 여기서 헤겔은 사람들이 대개 예술의 개념에 대해 가지고 있는 막연한 생각, 관념들을 세 가지 유형으로 분류하여 소개하고 설명하며 또 비판하는 과정을 거쳐 우리를 진정한 예술 개념으로 이끌어간다. [III-2]는 "참된 예술 개념의 역사적 연역"이라는 제목을 달고 있는데, 여기서 헤겔은 자신이 말하는 진정한 예술 개념이 어떻게 역사적으로 도출되고 있는가를 서술하면서 선행하는 예술철학적인 입장들을 비판적으로 검토한다.

제1부가 미학이라는 학문과 미 개념을 둘러싼 전반적인 논의, 이에 대한 역사적 고찰 및 헤겔 자신이 생각하는 미와 예술 개념에 대한 서술을 내용으로 삼고 있다면, 제2부는 이러한 미와 예술의 개념에 따라 『미학강의』 전체의 구조를 요약해서 제시하고 있다. 즉 지금 우리가 제2부로 칭하는 4장은 그의 미학 전체의 설계도를 제시한 것으로 볼 수 있다. 헤겔은 예술미의 개념 또는 이념으로부터 어떻게 특수한 예술형식들이 전개되며 그것이 또 어떻게 개개의 예술장르들을 규정하는 근거로서 작용하는지를 보임으로써, 자신의 미학의 대상이자 주제가 결국 예술미의 이념이며 그의 『미학강의』가 통일적이고 체계적인 성격을 갖고 있음을 밝히고 있다.

〈서론〉은 헤겔의 『미학강의』의 도입부이기도 하면서 동시에 전체에 대한 비교적 상세한 밑그림을 제시하고 있다는 점에서 특별한 의미와 중요성을 지니고 있다. 독자들은 이 〈서론〉의 내용을 잘 파악함으로써 헤겔 미학 전체에 대한 탐구와 이해를 향한 탄탄한 길 위에 설 수 있을 것이다.

일러두기

1. 번역문에서 각주는 원전의 주로서 1, 2, 3 ...으로 표시한다.
2. 번역문에서 미주는 필자의 주로서 1), 2), 3) ...으로 표시한다.
3. 번역문에서 굵은 글씨체는 원전에는 이탤릭체로 강조된 것이다.
4. 번역문에서 대괄호 [ ] 속의 내용은 특별한 설명이 없는 한 필자가 첨가한 것이다.
5. 본문의 인용문헌 쪽수 표기는 번호순이 아니라 중요도순으로 배열하기도 하였다.

번역

헤겔의 『미학강의』 서론

이 강의들은 **미학**(*Ästhetik*)[1]에 대한 것으로서 그 대상은 저 광활한 미의 왕국이며, 더 구체적으로 말하자면 **기예**(*Kunst*)인데, 그중에서도 **아름다운 기예**(*schöne Kunst*, **예술**)[2]가 이 학문이 대상으로 삼는 영역이다.

물론 이런 대상에 대한 학문으로서 미학이라는 이름이 사실상 전적으로 적합하지는 않다. 왜냐하면 "미학"(Ästhetik)이란 이름은 보다 정확히 말하자면 감각(Sinne) 또는 **느낌**(*Empfinden*)의 학을 가리키는 것이기 때문이다. 또한 "미학"은 이러한 의미를 지닌 새로운 학문으로서, 혹은 차라리 바야흐로 하나의 철학 교과로 자리 잡아야 할 학문으로서 볼프[3]학파에서 비롯되었던 것인데, 당시에 독일에서는 예술작품을 이것이 야기하는 내면의 느낌들, 예컨대 즐거움, 경이로움, 공포, 연민 등과 같은 느낌들의 관점에서 고찰하였던 사정이 있었기 때문이다. 그래서 이 이름의 부적합성, 또는 더욱 엄밀하게 말하자면 그 피상성으로 인해 사람들은 또 다른 이름들, 예컨대 **미론**(*Kallistik*)[4]과 같은 다른 이름을 붙이려고도 했다. 그러나 이 이름 역시 불충분한 것으로 드러나는데, 그것은 우리가 뜻하고 있는 이 학문이 미 일반이 아니라 순전히 **예술**의 미만을 고찰하기 때문이다. 따라서 우리는 이 미학이라는 이름을 그냥 그대로 두고자 하는데, 왜냐하면 이 이름 자체는 단지 이름으로서 우리에게 별반 중요한 것이 아니며, 게다가 어느덧 관례적인 용어가 되어버려 그대로 이름으로 쓰일 수 있을 것이기 때문이다. 그렇기는 하지만 우리의 학문에 대한 진정한 표현은 "**기예의 철학**", 더 구체적으로는 "**아름다운 기예[예술]의 철학**"이다.

I. 미학의 범위 설정 및 예술철학에 반대하는 몇 가지 반론들에 대한 반박

이러한 표현을[예술철학이라는 표현을] 도입함으로써 이제 우리는 즉시로 **자연미**를 배제한다. 우리가 다루는 대상의 범위를 이렇게 한정하는 것은, 마치 각 학문들이 그 범위를 임의로 구획할 수 있는 권한을 갖는 양, 일면 자의적인 규정으로 비칠 수 있겠다. 그러나 미학을 예술미에 국한하는 것을 이런 의미로 이해해서는 안 된다. 우리는 일상생활에서 **아름다운** 색, **아름다운** 하늘, **아름다운** 강에 대해, 또한 물론 **아름다운** 꽃과 **아름다운** 동물들에 대해 이야기하고, 게다가 **아름다운** 사람에 대해서는 더욱 자주 이야기하곤 한다. 그러나 우리가 이런 대상들에 어느 정도까지 정당하게 미라는 특질을 부여해도 좋을지에 대해, 또한 그리하여 도대체 어느 정도까지 자연미가 예술미와 나란히 설 수 있는지에 대해 여기서 논쟁을 벌이고자 하는 것은 아니지만, 예술미가 자연과 비교하여 볼 때 **우위**에 있다는 점만은 우선 주장할 수 있다. 왜냐하면 예술미는 **정신**[5]**으로부터 태어나고 다시 태어난** 미이며, 정신과 그것의 산물들은 그만큼 자연과 그것의 현상보다 고차적이고, 또 그만큼 예술미는 자연미보다 우월하기 때문이다. 사실 **형식적**으로 보자면, 인간의 머리를 스쳐가는 별것 아닌 착상조차도 그 어떤 자연산물보다 **고차적**이다. 왜냐하면 이러한 착상에는 언제나 정신성과 자유[6]가 현전하기 때문이다. 물론 **내용적으로** 보자면, 예컨대 태양은 **절대적으로 필연적인** 계기로서 나타나고, 반면에 그릇된 착상은 **우연적이고** 일시적인 것으로서 사라져 버린다. 그러나 태양과 같은 자연적 존재는 그 자체로 보면 의식과 무관한 것으로서, 내적으로 자유롭거나 자기의식적이지 않으며, 우리가 태양을 그것이 다른 것들과 갖는 필연성의 연관 속에서 고찰할 때, 우리는 그것을 독자적인 것으로 보지 않으며 또 아름다운 것으로 간주하지도 않는다.

지금껏 우리는 정신과 그것의 예술미가 자연미보다 **우월하다는** 점을 대략 말하긴 했지만, 여전히 아무것도 확정된 것은 없다. 왜냐하면 이 우월하다는 말은 전적으로 모호한 표현으로서 자연미와 예술미를 표상의 공간에 나란히 서 있는[7] 것으로 나타내고 오직 어떤 양적인, 그리하여 외적인 차이만을 지시하기 때문이다. 그러나 자연에 대하여 정신이 갖는 그리고 그것의 예술미가 갖는 **우월성**은 단지 상대적인 의미를 지니는 것이 아니다. 정신이야말로 **참된 것**(das *Wahrhaftige*)[8]이며 모든 것을 그 안에 포괄하는 것인 까닭에, 일체의 아름다운 것은 이러한 정신의 우월성을 나누어 갖고 이것[정신]에 의해 산출되는 것으로서만 진정으로 아름답다. 이러한 의미에서 자연미는 정신에 속하는 미의 반영으로서만, 하나의 불완전하고 불충분한 양태로서만 나타나며, 이 양태의 **실체**는 정신 자체 속에 들어 있다. — 그 외에도 우리가 [고찰의 대상을] 예술로 제한하는 것은 매우 자연스럽게 여겨진다. 왜냐하면 자연미에 대해 제아무리 많은 이야기가 — 고대인들에게서보다는 우리에게서 더욱더 — 있었다 하더라도, 지금껏 그 누구도 자연적 사물의 미라는 관점을 부각하여 하나의 학문을, 즉 이렇게 미를 체계적으로 서술하고자 하는 생각에는 미처 이르지 못했던 것 같기 때문이다. 사람들은 **유용성**의 관점을 채택하여, 예컨대 병에 효험이 있는 자연물들에 관한 학문, 즉 치료에 효과적인 광물이나 화학물질, 식물, 동물 등에 관한 서술인 **약물학** 같은 것을 정립하긴 했으나, 미의 관점에서 자연의 영역들을 분류하여 판단하지는 않았다. 자연미의 경우에는 **판단기준**이 없어서 우리는 너무도 **불확정적인** 상태에 처해 있다고 느끼기 십상인데, 이 때문에 그런 분류가 있었다 해도 그것은 거의 흥미를 주지 못했을 것이다.

자연미와 예술미에 대한, 그리고 양자의 관계 및 우리의 본래적인 대상영역에서 자연미를 배제하는 것에 대한 이와 같은 예비적 언급들은 우리 학문의 범위를 이런 식으로 설정한 것이 그저 자의적이고 임의적인 것에 불과한 듯이 여기는 생각을 불식시킬 것이다. 이러한 관계에 대한 고찰은 우리의 학문 자체 내에서 이루어지고 또 그런 까닭에 뒤에 가서야 비로소 상세히 논구되고 증명될 것이기에, 아직 여기서 그것을 증명해야 할 필요는 없을 것이다.

그런데 우리가 이 학문의 대상을 잠정적으로는 이미 예술미로 한정하고 있지만, 벌써 첫걸음부터 우리는 즉시 새로운 난관들에 봉착한다.

첫 번째로 생각할 수 있는 것은 예술도 과연 학문적으로 취급할 **가치가 있는가** 하는 의구심이다. 미와 예술은 삶의 여러 관계들의 심각성과 현실의 어지럽게 얽힌 사정을 완화하고, 유쾌한 방식으로 무료함을 없애주며, 그 어떤 좋은 것도 없는 곳에서는 적어도 나쁜 것이 있는 것보다는 나은 영향을 끼친다. 이를 통해서 미와 예술은 마치 친근한 수호신마냥 삶의 제반사에 두루 관여되어 있으면서 모든 내적이고 외적인 환경들을 더욱 밝게 꾸며준다. 그렇긴 하지만 예술이 제아무리 그 즐거운 형식들로써 야만인의 조잡한 치장에서부터 갖가지 부로 장식된 사원의 화려함에 이르기까지 온갖 곳에 개입한다고 해도, 이 형식들 자체는 삶의 진정한 궁극적 목적에서 벗어나 있는 것처럼 보인다는 사실이 위에서 말한 의구심의 이유이다. 게다가 예술형상들이 이러한 진지한 목적에 해가 되지는 않을지라도, 아니 심지어 악을 멀리 함으로써 때로는 이러한 목적을 촉진하는 듯 보일지라도, 예술은 차라리 정신의 **완화**나 **이완**과 관련된 것이다. 반면, 본질적인 관심사들은 정신의 노고를 필요로 한다. 이 때문에 그 자체로 보아 진지한 본성을 지니지 않은 것을 학적으로 진지하게 다루려고 함은 부적절하며 현학적인 듯이 보일 수 있다. 이러한 견해에 따르면, 미에 몰입함으로써 생겨날 수 있는 심정의 **유화**(**柔化**)가 꼭 **유약화**(**柔弱化**)로서 해를 끼치는 데까지는 이르지 않을지라도, 예술은 어쨌든 간에 필수적이지 않은 **잉여물**로 나타난다. 이런 사정으로 인해 일종의 사치처럼 간주되는 예술을 일반적으로 **실천적인** 필요성이라는 측면에서, 더 구체적으로 말하면 도덕성과 경건성이라는 측면에서 옹호하고, — 예술이 무해하다는 것을 입증할 수는 없을지라도 — 최소한 정신의 이러한 사치가 **단점**보다는 **장점**을 더 많이 지니고 있음을 믿게 할 필요가 있었다. 이러한 관점에서 예술 자체에 진지한 목적들이 부여되었고, 예술은 누차 이성[9]과 감성, 자연적 성향과 의무 사이의 매개자로, 그토록 격렬한 투쟁과 반목 속에서 상충하는 요소들의 중재자로 추천되었다. 그러나 그 같은 한층 진지한 예술의 목적들에도 불구하고, 사람들은 그런 식의 매개의 시도를 통해서 이성과 의무가 얻는 바는 아무 것도 없다는 입장을 지닐 수 있다. 그리고 사람들은 이성과 의무가 바로 그 본성상 다른 것과[감성이나 자연적 성향과] 뒤섞일 수 없는 것으로서 그런 식의 합작을 허용하지 않으며, 또한 전자[이성과 의무]는 그것들이 내적으로 지니는 순수성과 꼭 같은 순수성을 요구한다는 것을 자신들이 지니는 입장의 이유로 제시한다. 게다가 사람들은 또한 그러한 매개의 시도를 통해 예술이 학적인 논구에 조금도 더 걸맞게 된 것은 아니라고 한다. 그 이유인즉, 그렇게 될 때 예술은 항상 두 가지 측면에 소용되어 더 높은 목적들을 촉진할 뿐만 아니라 무위(無爲)와 경박함도 마찬가지로 조장하며, 실제로 대개 이런 용도로 인해 예술이 그 자체로서 목적으로 있기보다는 단지 수단으로서 나타날 수 있기 때문이란 것이다. — 마지막으로 이 수단의 형식에 관해서 보자면, 예술이 실제로 한층 진지한 목적들에 자신을 맡기고(목적들을 추구하고) 한층 진지한 효과들을 야기한다고 해도, 예술 자신이 이를 위해 사용하는 수단이 **기만**이라는 사실은 항상 불리한 측면으로 남아 있는 듯 보인다. 왜냐하면 미는 자신의 삶을 **가상** 속에 갖기 때문이다. 그런데 사람들이 쉽게 수긍하겠지만, 내적으로 참된 궁극목적은 기만을 통해 실현될 수 없으며, 또한 설령 그 목적이 때때로 기만을 통해 촉진될 수는 있어도 이는 단지 제한적으로만 그럴 뿐이고, 그때조차도 기만이 정당한 수단으로 간주될 수는 없을 것이다. 왜냐하면 수단은 응당 목적의 존엄에 상응해야 하며, 오로지 참된 것만이 참된 것을 산출할 수 있을 뿐, 가상이나 기만은 그럴 수 없기 때문이다. 마치 학문도 역시 정신의 참된 관심사를 고찰함에 있어 현실 및 그 표상의 참된 방식을 따라야만

하듯이 말이다.

이러한 연관성 속에서 보면 예술은 단지 하나의 즐거운 유희에 그친다거나, 아무리 진지한 목적을 추구할지라도 이러한 목적의 본성에 모순된다거나, 대체로 이러저러한 유희나 진지함에 그저 봉사만 할 뿐이라거나, 자신의 현존재의 요소 및 그 작용의 수단으로 기만과 가상만을 사용할 수 있다는 식의 이유가 제시되어, 예술은 학문적으로 고찰할 만한 **가치가 없는** 듯이 보일 수 있다.

그러나 더욱이 **둘째로** 예술 일반이 아무리 철학적 성찰들을 제공한다 할지라도 **본래의** 학문적 고찰이라는 면에서는 **적합한** 대상이 아닌 듯이 보일 수 있다. 왜냐하면 예술미는 **감관**, 느낌, 직관, 상상력에 제시되고 사상과는 다른 영역을 가지고 있어, 그 활동 및 산물의 이해가 학문적 사유와는 다른 기관(Organ)을 요구하기 때문이다. 나아가 우리가 예술미에서 향유하는 것은 바로 제작과 형상화의 **자유**이다. 우리는 예술미의 형상을 산출하고 관조함에 있어 규칙과 규제의 모든 사슬에서 벗어나는 것처럼 보인다. 우리는 법칙성의 엄격함과 사상의 어두운 내면성에 앞서 예술의 형상들에서 평안과 활기를, 그리고 이념의 그림자 왕국과는 대조적인 밝고 힘찬 현실성을 추구한다. 끝으로 예술작품의 근원은 판타지[10]의 자유로운 활동인데, 이는 그것의 상상작용 속에서 그 자체로 자연보다 더욱 자유로운 것이다. 예술에게는 풍부한 자연 형상들 전체가 아주 다채로운 가상 속에서 제공되며, 그뿐만 아니라 창조적 상상력은 이를 넘어서서 자신의 고유한 생산 활동에 무한정 몰두할 수 있다. 판타지와 그것의 자유로운 산물들이 지니는 이렇듯 가늠할 수 없는 충만함 앞에서, 사상은 이것들을 **완전히** 자신의 대상으로 삼고, 판단을 행하며 또 자신의 보편적인 공식 아래에 편입시키려는 용기를 상실할 수밖에 없는 듯 보인다.

반면에 학문이란, 대개 인정되는 바와 같이, **그 형식상** 일체의 개별적인 것들을 도외시하고 추상화하는 사유와 관련된 것이고, 이로써 한편으로 예술 활동과 예술 향유의 기관(das Organ)으로서의 상상력 및 그것의 우연 및 자의는 학문으로부터 배제된다고들 한다. 다른 한편, 개념이 갖는 어둡고 메마른 건조함에 밝은 생기를 부여하고 그 추상과 이분화를 현실과 화해시키며 개념을 현실에 따라 보완하는 것이 바로 예술이라면, **오직** 사유적일 뿐이기만 한 고찰은 이러한 보완 수단 자체를 다시금 폐기하며, 개념적 파악을 현실성이 결여된 단순함과 그림자 같은 추상으로 환원시키는 것이라고들 한다. 나아가 학문은 **내용 면에서 보면** 내적으로 그 자체 **필연적인 것**과 관계한다고들 한다. 이 점을 고려할 때, 이제 미학이 자연미를 제외한다면, 우리는 얼핏 보기에 아무 것도 얻은 바가(획득한 바가) 없으며, 오히려 필연적인 것으로부터 더욱 멀리 떨어져 버린 듯하다. 왜냐하면 **자연**이란 표현은 이미 우리에게 **필연성**과 **법칙성**을, 그러니까 학문적 고찰에 한층 가까이 있는, 그리고 이 고찰에서 드러날 법한 사태를 생각나게 하기 때문이다. 그러나 대체로 **정신** 속에는, 특히 상상력 속에는, 자연과 비교하여 본래 자의와 무법칙성이 자리 잡고 있는 듯 보이며, 이것은 자동적으로 여하한 학문적 설명으로부터도 벗어나는 것이다.

따라서 이 모든 측면에 비춰볼 때 예술은 근원의 면에서나 효과와 범위의 면에서나 학문적 노고에 적합한 것으로 보이기보다는, 오히려 독자적인 것으로서 사유의 규제에 저항하면서 본연의 학문적 논구에는 **적절치 않은** 것으로 보인다.

예술을 진정 학문적으로 취급하려는 시도에 반대하는, 이와 같은 그리고 이와 유사한 의구심들은 일군의 통상적인 생각, 관점, 고찰들에서 유래하는데, 이런 것들을 담은 비교적 장황한 상론들을 우리는 미와 예술에 관한 조금 앞선 시대의, 특히 프랑스의 저술들에서 신물나게 읽을 수 있다. 그런데 부분적으로는 그 안에 나름대로 올바른 사실들이 포함되어 있으며, 또 부분적으로는 일단 그럴듯해 보이는, 그저 형식적일 뿐인 추론들이[11] 그로부터 도출되어 있기도 하다. 그리하여 예컨대 미의 형상이 미의 현상만큼이나 다양하게 편재(遍在)해 있다는 사실을 들어, 이로부터 인간의 본성에 속하는 보편적인 **미의 충동**이라는 것이 멋대로 추론될 수도 있고, 또한 미의 표상들은 무한히 다양하며, 또 이와 더불어 우선은 뭔가 **특수한 것들**인 까닭에 미와 취미의 **보편적** 법칙이란 있을 수 없다는 귀결이 도출될 수도 있다.

이제 이런 부류의 고찰들에서 벗어나 우리의 본연의 대상으로 방향을 돌리기 전에, 우리는 우선 서론 격으로 앞에서 제기된 의구심과 의혹에 대해 간략하게나마 설명하고 논하고자 한다.

첫째, 예술이 학문적으로 고찰할 만한 **가치**가 있는가 하는 면에서 볼 때, 일단 인정할 수 있는 것은, 예술이 오락과 여흥에 봉사하고 우리의 환경을 치상하며 생활조건의 외면에 쾌적함을 부여하고 다른 대상들을 장식을 통해 부각시키는 일시적 유희거리로도 사용될 수 있다는 점이다. 이런 식의 예술은 사실상 독립적이거나 자유로운 예술이 아니라 다른 것에 봉사하는 예술이다. 그러나 우리가 고찰하고자 하는 것은 그 목적이나 수단에 있어 자유로운 예술이다. 예술이란 것이 모름지기 다른 목적에 봉사하기도 하며, 이 경우 한갓 부수적 유희일 수 있다는 이러한 사정을 예술은 사상과 더불어 공유한다. 왜냐하면 학문이란 유한한 목적과 우연적인 수단을 위한 봉사적 오성으로서 사용될 수 있으며, 이 경우 자신의 사명을 자신으로부터가 아니라 여타의 대상들 및 관계들을 통해 획득하기 때문이다. 그러나 다른 한편 학문은 이러한 봉사로부터 벗어나 자유로운 독자성 속에서 진리로 고양되기도 하는데, 이 진리 속에서 학문은 독립적으로 오직 그 자신의 고유한 목적들로 충만하게 된다.

예술은 이제 이러한 자유 속에서야 비로소 참된 예술로 존재하게 된다. 그리하여 예술이 종교 및 철학과 공통의 영역 속으로 자신을 위치시켜 오직 **신적인 것**(das *Göttliche*), 인간의 가장 심오한 관심사, 정신의 가장 포괄적인 진리들을 의식케 하고 표명하는 하나의 방식으로 존재할 때, 이때 비로소 예술은 자신의 **최고의** 과제를 해결하게 된다. 여러 민족들은 그들의 가장 알찬 내적 직관과 표상들을 예술작품들에 표현했으며, 예술은 종종 — 그리고 상당수의 민족들에게는 예술만이 유일하게 — 지혜와 종교를 이해하는 열쇠가 되어 왔다. 예술은 이러한 사명을 종교, 철학과 더불어 공유하지만, 그러나 지고의 것(das Höchste)조차도 감각적으로 표현하여 자연의 현상적 형태 및 우리의 감관과 느낌에 접근시키는 특유의 방식 속에서 그러한 사명을 지니는 것이다. **사상**은 **초감성적 세계**의 심연으로 뚫고 들어가 우선은 이 세계를 직접적 의식 및 현재적인 느낌의 영역과 대립하는 하나의 **피안**으로서 정립한다. 감각적 현실과 유한성이라고 불리는 차안으로부터의 이탈이 바로 사유적인 인식의 자유인 것이다. 그러나 정신은 이러한 **단절**로 나아가면서도, 또한 이를 치유할 줄도 안다. 정신은 그저 외적이고 감각적이며 일시적인 것과 순수한 사상 사이를, 자연 및 유한한 현실과 개념적 사유가 갖는 무한한 자유 사이를 화해시키는 가장 앞선 중개자로서의 예술작품들을 자기 자신으로부터 산출해낸다.

이제 예술적 요소 일반의 **무가치성**, 즉 **가상**과 그것이 지니는 **기만**의 **무가치성**이라는 문제제기에 관해 살펴보겠는데, 이런 식의 반론이 정당성을 지니려면, 가상이 도대체 있어서는 안 되는 것이라고 말할 수 있어야 할 것이다. 그러나 **가상** 자체는 **본질**에 대해 본질적이며,[12] 진리가 만일 가상적으로 드러나거나 현상하지 않는다면, 진리가 만일 어떤 하나의 **특정한 것으로서**, **대자적인** 것으로서 또한 도대체 정신에 대한 것으로서 존재하지 않는다면, 진리는 존재하지 않을 것이다. 따라서 가상작용 전반이 아니라, 특수한 방식의 가상만이 — 이러한 가상 속에서 예술은 내적으로 참된 것에 현실성을 부여하게 될 텐데 — 비난의 대상이 될 수 있을 것이다. 이와 관련하여 볼 때, 예술이 자신의 구상들을 가상이라는 형식 속에서 현실적 존재로 만들어낼 때, 이때의 가상을 **기만**으로 규정하려 든다면, 이러한 비난은 일단 현상과 그 직접적인 질료성이라는 **외적 세계**와의 비교하에서, 그리고 우리에게 고유한 느낌의 세계, 즉 **내면적인 감각적** 세계와의 관계하에서 그 의미를 지닐 것이다. 우리는 흔히 경험적 삶, 즉 우리의 현상 자체의 삶에서 이 두 세계에 현실성, 실재성, 진리라는 가치와 이름을 부여하고, 예술에는 그러한 실재성과 진리가 결여되어 있다고 보아, 이 두 세계를 예술과 대립시키곤 한다. 그러나 경험적인 내적, 외적 세계의 이러한 영역 전체야말로 참된 현실성의 세계가 아니며, 오히려 예술보다 더욱 엄밀한 의미에서 한갓 가상으로, 더욱 심한 기만으로 불릴 수 있다. 참된 현실성은 느낌과 외적 대상들의 직접성 너머에서 비로소 발견된다. 왜냐하면 오로지 즉자대자적[13)]으로 존재하는 것, 즉 자연 및 정신의 실체적인 것만이 참으로 현실적이기 때문이며, 이러한 것은 자신에게 현재성과 현존재를 부여하는 한편, 이 현존재 속에서 바로 즉자대자적인 존재자로 머무르며 그리하여 비로소 참으로 현실적으로 있는 것이다. 예술은 바로 이러한 보편적 힘들의 주재(主宰)를 부각시키고 현상하게 한다. 일상적인 외적·내적 세계에서도 본질성이 현상하긴 하나, 그것은 우연성들의 혼돈이라는 형태 속에서, 감각적인 것의 직접성에 의해, 또 상황, 사건, 성격들 등에 깃든 자의성을 통해 위축된 채로 현상한다. 예술은 이런 저열하고 덧없는 세계의 가상과 기만을 현상들의 저 참된 내용으로부터 떼어내고, 이 현상들에 정신으로부터 나온 한층 높은 현실성을 부여한다. 따라서 예술의 현상들은 일상적인 현실과는 달리 더 높은 실재성과 더 참된 현존재를 갖는 것으로 간주되어야 하며, 결코 한낱 가상에 머물러 있는 것이 아니다.

마찬가지로 역사편찬을 더 참된 서술이라고 부르면서 예술의 서술들을 기만적 가상이라고 불러서도 안 된다. 왜냐하면 역사서술 역시 직접적 현존재가 아니라, 그것의 정신적 가상을 서술의 요소로 삼으면서, 그 내용은 일상적 현실과 그 사건들, 분규들, 개별성들이라는 전적인 우연성에 매여 있는 반면에, 예술작품은 직접적이고 감각적인 현재와 그 덧없는 가상이라는 부속물을 제외시킨 채 역사 속에 주재하는 영원한 힘들을 직접 우리에게 드러내기 때문이다.[14)]

그런데 예술형상들의 현상 방식이 철학적 사유나 종교적·윤리적 명제들과 비교해서 하나의 기만으로 불린다고 할 때, 물론 한 내용이 사유의 영역에서 얻는 현상형식이 가장 참된 실재성인 것이기는 하다. 하지만 감각적인 직접적 실존의 가상이나 역사서술의 가상과 비교하면 예술의 가상은 철저하게 자신을 통해 자신을 해명하며 자신을 통해 표상되어야 할 정신성을 자신으로부터 알려주는 장점을 갖는다. 이에 반해 직접적 현상은 기만적이라기보다는 오히려 현실적이고 참된 것인 양 자신을 보여주지만, 참된 것[진리]이란 모름지기 직접적 감각성을 통해서는 불순해지고 은폐되는 것이다. 예술작품보다는 오히려 자연과 일상세계의 단단한 외피야말로 이념으로 침투해 들어가는 정신에게 더욱 어려움을 주는 것이다.

그러나 이제 우리는 한편 예술에 이렇듯 높은 지위를 부여하지만, 다른 한편 우리가 상기해야 할 것은, 예술이 그럼에도 내용상으로나 형식상으로나 정신에게 그의 참된 관심사를 의식케 하는 최고의 절대적 방식이 아니라는 점이다. 왜냐하면 예술은 바로 그 형식으로 인해 또한 특정 내용에 제한되기 때문이다. 예술작품을 이루는 요소들 속에서 표현될 수 있는 것은 오직 특정한 범위와 단계의 진리뿐이다. 진리가 예술을 위한 진정한 내용일 수 있으려면, 가령 그리스 신들의 경우에서 그러하듯이, 감각성으로 나아가 그 속에서 적합한 양식으로 존재할 수 있다는 점이 그러한 진리 본래의 규정에 여전히 들어 있어야만 한다. 이에 반해 진리에 대한 보다 깊은 이해가 존재하는데, 여기에서 진리는 더 이상 그다지 감각성에 근접해 있지도 또 친근하지도 않아서 이러한 질료에 의해 적절히 수용, 표현될 수가 없다. 기독교적인 진리 이해가 바로 이런 유형인데, 무엇보다도 우리의 오늘날의 세계정신은, 더 자세히 말해 우리의 종교와 이성문화의 정신은 예술이 [그 표현을 위한] 최고의 방식이 되는 그러한 단계를 넘어서서 절대자를 의식하는 것으로 보인다. 예술생산과 그 산물들에 고유한 방식은 더 이상 우리의 가장 높은 욕구를 충족시키지 못한다. 우리는 예술작품들을 신과 같이 공경하고 숭배할 수 있는 단계를 넘어서 있다. 예술작품들이 주는 인상은 한층 더 반성적인 성격을 갖게 되었으며, 또한 그것들을 통해 우리 안에서 촉발되는 것은 한층 고차적인 시금석을 그리고 다른 관점의 검증을 필요로 한다. 사상과 반성이 예술을 능가해 버렸다. 한탄과 질책에 빠지기를 잘 하는 사람이라면 이런 현상을 타락으로 개탄하면서, 이를 예술의 진지성과 명랑성을 몰아내는 열정 및 이기적 관심의 과잉 탓으로 돌릴 수 있다. 또 혹자는 사소한 관심사에 매인 마음이 예술의 한층 높은 목적을 향해 스스로를 해방시켜 나아가도록 허락하지 않는 오늘날의 궁핍, 시민적·정치적 삶의 복잡다단한 상태를 탓할 수도 있을 것이다. 즉 오늘날 지성(die Intelligenz) 자체가 그런 식의 목표들을 위해서만 효용성을 갖는 학문들 속에서 바로 위에 언급된 궁핍과 그것의 이해관계에 예속되어 있으며, 또 지성이 이러한 메마름 속으로 자신을 꼼짝없이 가두고 있는 까닭에 예술에게 그런 사태가 벌어졌다는 것이다.

이제 이런 저간의 사정이야 어쨌든 간에, 확실히 예술은 이전의 시대와 민족들이 그 속에서 추구하고 발견했던 정신적 요구에 대한 만족, 즉 적어도 종교적 측면에서 예술과 매우 긴밀하게 결부되었던 만족을 더 이상 보장할 수 없게 된 것이 사실이다. 그리스 예술의 아름다운 시절과 중세 후기의 황금시대는 지나갔다. 오늘날 우리 삶의 반성문화는 의지뿐만 아니라 판단과 관련해서도 보편적 관점을 견지하고 이에 따라 특수자를 규제할 것을 요구하는데, 그리하여 보편적 형식, 법칙, 의무, 권리, 격률들이 규정 근거로서 통용되고 또 주된 지배자로 군림하게 된다. 그러나 예술적 관심 및 예술 생산에 대해 우리가 더욱 요구하는 것은 생명성인데, 여기서는, 마치 판타지 속에 보편적인 것과 이성적인 것이 구체적이고 감각적인 현상과 통일되어 들어 있듯, 보편자가 법칙과 격률로서 현전하는 것이 아니라 심정이나 느낌과 동일하게 작용해야 하는 것이다. 그러므로 우리 시대는 그 일반적 상황에서 보아 예술에 호의적이지 않다. 오늘날의 예술가 자신이 예컨대 주위에서 공공연히 영향력을 행사하는 반성에 의해 그리고 통상적으로 일어나는, 예술에 관한 의견과 판단의 표명에 의해 자신의 작업에 더 많은 사상을 집어넣는 경향에 휩쓸리고 물들고 있다. 그뿐만 아니라, 전반적인 정신적 문화의 상황은 다음과 같은 양상을 띠고 있다. 즉, 오늘날 예술가는 스스로가 그러한 반성적 세계와 그 관계들 속에 있게 되어, 의지와 결단 같은 것으로 거기에서 벗어날 수는 없게 되어 있다. 또 그는 이미 상실되어 버린 것을 특수한 교육이나 삶의 여러 관계들로부터의 거리두기에 의해 보충해 줄 어떤 특수한 고독상태를 꾸며내거나 실현할 수도 없게 되어 있다.

이러한 모든 연관성 속에서, 예술은 그 최고의 사명이란 측면에서 보면 우리에겐 과거의 것이며 또 그렇게 남아 있다. 이로써 예술은 우리에 대해 진정한 진리와 생명성도 상실해 버렸으며, 예전의 필연성을 현실 속에서 주장하여 더 높은 지위를 점하기보다는 오히려 우리의 **표상** 속으로 그 자리를 옮겼다. 이제 예술작품들이 우리 안에서 불러일으키는 것은 직접적인 향유(Genuß) 외에도 우리의 판단인데, 이때 우리는 예술작품의 내용과 표현수단을 그리고 이 양자가 적합한지 부적합한지를 이론적으로 고찰하는(denkende Betrachtung) 것이다. 그러므로 예술에 대한 **학문**은 예술이 독립적으로 예술로서 이미 충분한 만족을 보장해 주었던 시대보다 우리 시대에 훨씬 더 필요하게 되었다. 예술은 우리를 이론적인 고찰로 초대한다. 그리고 이것은 예술을 예술로서 다시 회생시키려는 목적에서가 아니라, 예술이 무엇인가를 학문적으로 인식하기 위해서이다.

그런데 우리가 이러한 초대에 응하고자 할 때, 이미 앞에서 다루었던 의혹, 즉 예술이 혹 반성적인 철학적 고찰에 대해서는 적합한 대상을 제공할지 모르나, 진정한 의미에서 체계적인 학문적 고찰에 대해서는 그러지 않으리라는 의혹이 대두된다. 그러나 여기에는 우선 철학적 고찰 역시 혹 비학문적일 수 있지 않을까 하는 그릇된 생각이 깔려 있다. 이 점에 관해 여기서 간략하게나마 언급할 것은, 사람들이 철학과 철학함에 대해 보통 어떤 생각을 갖든 간에 나로서는 철학함을 결코 학문성과 분리될 수 없는 것으로 간주한다는 사실이다. 왜냐하면 철학은 대상을 그 필연성에 따라 고찰해야만 하며, 그것도 단순히 주관적 필연성이나 외적 질서, 분류 등에 따라서가 아니라, 그 고유한 내적 본성의 필연성에 따라 대상을 펼쳐 보이고 증명해야만 하기 때문이다. 모름지기 이러한 논증적 서술이 어떤 고찰의 학문성을 형성하는 것이다. 그러나 대상의 객관적 필연성은 본질적으로 그 논리적-형이상학적 본성 속에 들어 있는 만큼, 아무리 예술을 따로 떼어 고찰한다고 해도, 예술은 — 한편으로는 내용 자체의 관점에서, 다른 한편으로는 예술로 하여금 동시에 항상 우연성을 띠게 하는 그 질료와 요소들의 관점에서 — 수많은 전제들을 갖기에, 그러한 고찰의 학문적인 엄밀성은 말하자면 경감될 수 있다. 그래서 예술의 내용 및 그 표현수단의 본질적 · 내적 진행과 관련해서만 필연성의 구조가 환기될 수 있는 것이다.

그러나 예술작품이 무규칙적인 판타지와 심정에서 나오며, 또한 느낌과 상상력에 대해서만 그 효력을 무궁무진하게 발휘한다는 이유를 들어, 예술작품은 학문적인 이론적 고찰과는 거리가 멀다고 하는 반론이 있는데, 이런 문제제기는 지금도 여전히 무게를 갖는 듯하다. 왜냐하면 사실상 예술미는 사상과는 분명히 대조적인 형식, 또 사상이 자신의 방식대로 활동하기 위해서는 파기할 수밖에 없는 형식 속에서 현상하기 때문이다. 이 생각은 실재적인 것 일반, 곧 자연과 정신의 삶이 개념화를 통해서는 왜곡되고 파괴된다고들 하는 의견, 개념에 적합한 사유를 통해서는 그것이 우리에게 가까워지는 대신 한층 더 멀어진다고들 하는 의견, 그 결과 인간은 생명체를 파악하기 위한 **수단**으로서의 사유를 통해서 오히려 이러한 **목적** 자체를 상실한다고들 하는 의견과 결부되어 있다. 이에 대해 이 자리에서 모든 것을 다 말할 수는 없고, 단지 이러한 의견들에서 나타나는 난점이나 무능함 내지 미숙함을 제거할 수 있을 만한 관점만을 제시할 것이다.

우선 사람들은 다음과 같은 것 정도는 인정할 것이다. 즉, 스스로를 고찰하는 정신은 의식을, 그것도 자기 자신과 자신에게서 산출되는 모든 것에 관해 **사유하는** 의식을 소유할 수 있으리란 것 말이다. 왜냐하면 **사유**는 바로 정신의 가장 내적인 본성을 이루기 때문이다. 자신과 자신의 산물들에 대해 사유하는 이러한 의식에서 — 이 산물들이 흔히 아무리 많은 자유와 자의성을 지닌다고 해도 — 정신이 오로지 참되게 존재한다면, 정신은 자신의 본성에 적합한 상태로 있게 된다. 그런데 예술과 예술작품들은 정신으로부터 생겨나고 산출된 것으로서, 비록 그 표현이 감성의 가상을 자신 안에 취하고 정신을 감각적인 것에 배어들게 하지만, 그 자체는 정신적인 성격을 갖는다. 이런 점에서 예술은 그저 외적인, 정신이 결여된 자연보다 이미 한층 더 정신과 그것의 사유에 가까이 있다. 정신은 예술작품들에서 오로지 정신 자신의 것과 관계할 뿐이다. 그리고 비록 예술작품들이 사상과 개념이 아니라 개념의 자기 자신으로부터의 전개, 감각적인 것을 향한 소외(Entfremdung)라고 할지라도, 사유하는 정신의 힘은 **그저 스스로를** 사유로서의 자신의 고유한 형식 속에서 파악한다는 점에 있을 **뿐만 아니라**, 이에 못지않게 느낌과 감성에로 자신을 **외화하는 활동** 중에서도 역시 스스로를 재인식한다는 점, 다시 말해 자신의 타자 속에서 스스로를 개념화한다는 점에도 있는 것이다. 그리고 이때에 정신은 외화된 것을 사상으로 변환하고 또한 그것을 자기 자신에게로 환원시키는 것이다. 또 사유하는 정신은 이렇게 타자에 몰두하면서 혹 스스로에게 충실하지 못하여 스스로를 망각하거나 포기하거나 하지 않고 또한 자기 자신과 구별되는 것을 포착할 수 없을 만큼 무기력하지 않으며, 도리어 자기 자신과 자신의 대립자를 개념적으로 파악한다. 왜냐하면 개념은 자신의 특수화 속에서 자신을 보존하고, 자신과 자신의 타자를 포괄하는 보편자로서, 스스로를 소외시킴과 마찬가지로 이 소외를 다시금 지양하는 힘이자 활동이기 때문이다. 따라서 예술작품 — 여기에 사상이 외화되어 있는데 — 역시 개념적으로 파악하는 사유의 영역에 속하며, 정신은 예술작품을 학문적 고찰의 대상으로 삼음으로써 자신의 가장 고유한 본성의 욕구를 만족시킬 따름이다. 왜냐하면 사유야말로 정신의 본질이자 개념인 까닭에, 정신은 그 활동의 모든 산물들에 사상이 또한 관류케 하고 그리하여 비로소 그 산물들을 진정 자기 자신의 것으로 만들 경우에만 궁극적으로 만족하기 때문이다. 그러나 예술은 — 우리가 앞으로 더 분명하게 보게 되겠지만 — 정신의 최고 형식에는 훨씬 미치지 못하며, 학문 속에서 비로소 그것의 진정한 확증을 얻게 된다.

마찬가지로 예술은 무규칙적인 자의를 통해 산출된다는 것을 구실로 삼아 철학적 고찰의 대상이 되기를 거부하는 것도 아니다. 왜냐하면, 이미 시사된 바대로, 예술의 참된 과제는 정신의 최고의 관심사를 의식화하는 것이기 때문이다. 이로부터 **내용** 면에서 예술은 판타지의 마구잡이 날뜀 속에서 떠돌 수는 없다는 사실이 즉각 밝혀지는데, 왜냐하면 형식과 형상들이 아무리 다양하고 무궁무진할지라도 예술에게 그 내용을 위해 특정한 거점들을 확보해 주는 것은 이러한 정신적 관심들이기 때문이다. 형식들의 경우도 이와 마찬가지이다. 형식들 역시 단순한 우연에 의존하는 것은 아니다. 모든 형상들이 그러한 관심들을 표현, 서술하거나 또는 그것들을 자신 속에 받아들여 재현할 수 있는 것은 아니며, 한 내용에 적합한 형식은 또한 그 내용을 통해 규정되는 것이다.

이러한 측면이 있기에 우리는 일견 가늠할 수 없이 많은 예술작품과 형식들에서 사상에 맞게 방향을 잡을 수 있는 것이다.

이로써 이제 우리는 한정짓고자 했던 우리의 학문 내용을 처음으로 제시한 셈인데, 그리하여 우리는 예술이 철학적으로 고찰할 가치가 없는 것도 아니며, 또 철학적 고찰이 예술의 본질을 인식할 능력이 없는 것도 아니라는 점을 보았다고 하겠다.

Ⅱ. 미와 예술을 학문적으로 고찰하는 방식들

이제 **학문적 고찰방식**에 대해 물어본다면, 우리는 여기서도 또한 두 가지의 서로 상반된 취급방식과 마주치게 되는데, 이들은 서로를 배척하면서 그중 어느 하나도 **참된** 결론에 도달할 수 **없을** 듯 보인다.

한편으로 우리가 보는 것은 예술학(die Wissenschaft der Kunst)인데, 이것은 말하자면 실제 예술작품들의 바깥에서 그 주위를 맴돌면서 이들을 예술사를 위한 재료로서 나열하고, 현전하는 예술작품들을 관찰하며, 혹은 평가와 예술의 산출을 위한 일반적 관점들을 제공하게 될 이론들을 기획한다.

다른 한편, 우리가 또 보게 되는 것은 학문이란 것이 독자적으로 미에 대한 사상에 전념하면서 단지 보편적이기만 할 뿐 예술작품의 고유한 특수성과는 상관없는, 즉 추상적인 미의 철학을 산출하고 있는 현상이다.

1. **경험적인 것**을 출발점으로 삼는 첫 번째 고찰방식에 관해 살펴보자면, 이 방식은 **예술의 전문가**가 되려고 생각하는 사람들에게는 필수적인 길이다. 마치 오늘날 누구든 물리학에 종사하지는 않더라도 아주 본질적인 물리학 지식은 갖추고 있고 싶어하듯, 일정한 예술

지식을 소유하는 것이 다소간 교양인의 필수조건처럼 되어 버려서, 자신을 예술 애호가이자 감식가로 보이고자 하는 허세가 상당히 일반적인 현상이다.

a) 그러나 이러한 지식이 정말로 학식으로서 인정받으려면 다양하면서도 광범위한 성격을 지녀야 한다. 왜냐하면 헤아릴 수 없을 정도로 많은 고금의 개별 예술작품들, 즉 일부는 현실적으로 이미 소멸되었고, 일부는 먼 나라 혹은 먼 대륙에 속하는 예술작품들, 그리고 불운한 운명에 의해 응분의 주목을 받지 못한 예술작품들의 분야에 대한 정확한 식견이 첫 번째 요구사항이기 때문이다. 다음으로 각각의 예술작품은 **자신의 시대**, **자신의 민족**, 자신의 환경에 속하고, 또한 특수한 **역사적** 내지는 여타의 생각들이나 목적들에 의존하며 이 때문에 예술적 학식도 마찬가지로 넓고 풍부한 역사적인, 그것도 동시에 매우 **전문적인** 지식을 요구하는데, 이것은 예술작품의 개체적 본성이 개별사항에 연관되어 있고 또한 그 이해와 설명을 위해서는 전문성이 필수적인 까닭이다. 마지막으로 이러한 학식은 예술형상화의 이미지들을 그 온갖 특징들에 따라 그 자체로서 확고히 유지하고 또한 그것들을 무엇보다 다른 예술작품과의 비교에 활용하기 위해 모든 여타의 학식들과 마찬가지로 지식의 기억뿐만 아니라 예리한 상상력을 필요로 한다.

b) 주로 역사적인 이러한 고찰 내부에서도 이미 판단을 이끌어 내는 토대가 되는 상이한 관점들이 밝혀지게 되는데, 우리는 예술작품을 고찰할 때 이것들을 간과해서는 안 된다. 이러한 관점들은, 경험적 출발점을 갖는 다른 학문들의 경우에서처럼, 독자적으로 부각되기도 하고 또 조합됨으로써 일반적인 판단기준 및 명제들을 형성하

며, 더욱 광범위한 형식적 보편화를 거치면서 예술에 관한 **이론들**을 형성한다. 지금 여기는 이런 종류의 문헌들을 상론할 자리가 아니기에, 몇 가지 저술들을 아주 일반적으로 상기시키는 정도면 충분할 것이다. 예컨대 아리스토텔레스(Aristoteles)의 『**시학**』(*Poetik*)[15)]을 상기해 볼 수 있는데, 이 저술에 포함된 비극론은 오늘날에도 여전히 관심의 대상이 되고 있다. 그리고 좀 더 자세히 보자면 호라티우스(Horatius)의 『**시학**』(*Ars Poetica*)[16)]과 숭고에 대한 롱기누스(Longinus)의 글[17)]에서 우리는 그러한 이론화가 어떻게 이루어져 왔는지를 대략적으로 이해할 수 있다. 그들이 추상화했던 보편규정들은 주로 시와 예술이 타락하는 시대에 예술작품을 산출하기 위한 처방이자 규칙들인 것으로 여겨졌다고 한다. 하지만 이러한 예술의 의사들이 예술의 치유를 위해 내렸던 처방은 보통의 의사들이 건강의 회복을 위해 내린 처방보다 훨씬 불확실하였다.

내가 이런 부류의 이론들에 관해 다만 언급하고자 하는 것은 그것들이 비록 **개별항목들**에서는 대단히 풍부한 가르침을 담고 있을지라도, 그 언명들은 매우 제한된 범위의 예술작품들로부터 추상된 것이라는 점인데, 이 작품들은 진정으로 아름다운 것으로 여겨지긴 했으나 여하튼 좁은 범위의 예술영역만을 형성한 것이었다는 점이다. 다른 측면에서는 그러한 규정들은 부분적으로 아주 진부한 반성적 고찰의 산물들이어서, 그것들의 **보편성**은 **특수성**의 확립으로는 전혀 나아가지 못하고[18)] 있는데, 사실 정작 문제시되어야 할 것은 이러한 특수성에 관한 것이다. 예를 들어 앞서 지적한 호라티우스의 서간문은 그러한 반성적 고찰들로 가득 차 있고, 그 결과 누구나 알고 있는 책이 되었지만, 바로 그 때문에 그 책은 "온갖 갈채를 얻었다"19)와 같은 숱한 공허한 언급들을 포함하고 있을 뿐이다. 이런 말들은 "시골에 머물면서 겸허하게 살라" 따위의 수많은 교훈적 잠언들과 유사하게 보편적으로는 아마 타당하겠으나 행위에서 정작 문제시되는 구체적 규정들을 결여하고 있는 것이다. — 또 다른 방향의 관심은 직접 진정한 예술작품을 산출하려는 분명한 목적에서 성립하지는 않았으나, 그 대신에 다음과 같은 이론들을 통해 예술작품에 대한 판단의 능력, 요컨대 취미를 양성하려는 의도를 부각시켰다. 이러한 맥락에서 홈(Home)[1]의 『비평의 요소들』(*Elements of criticism*, 1762), 바퇴(Batteux)의[2] 저술들, 라믈러(Ramler)의 『아름다운 학문들 입문』(*Einleitung in die schönen Wissenschaften*, 전4권, 1756-58)[3] 등이 당대에 탐독된 작품들이었다. 이런 의미에서의 취미란 예술작품들의 외적 현상에 속하는 것의 정리와 취급, 적합성과 완성도에 관한 것이다. 나아가 그런 취미의 기본원칙들에는 그것들이 어떻게 이전의 심리학에 속했는지, 또 그것들이 어떻게 영혼능력과 활동들, 열정과 그것의 개연적인 상승 및 결과 등의 경험적 관찰에서 도출되었는지에 관한 견해들이 첨가되었다. 그러나 사람들은 누구나 예술작품이나 성격, 행위 그리고 사건들을 자신의 통찰 및 심정의 척도에 따라 판정하기 마련이다. 그리고 그러한 취미양성이란 것이 단지 외적이며 또한 변변찮은 것만을 안중에 두었고 게다가 그 지침이란 것들도 단지 좁은 범위의 예술작품이나 또는 오성과 심정의 제한적인 교양으로부터 유래되었

---

1 Henry Home(1696-1782), 스코틀랜드의 철학자.

2 Charles Batteux(1713-1780), 프랑스의 미학자.

3 Karl Wilhelm Ramler(1725-1798). 여기 언급된 저작은 바퇴의 *Cours de belles-lettres, ou principes de la littérature*(전5권, Paris 1747-50)의 번역이다.

기 때문에, 내면적이고도 참된 것을 포착하기에는 또 이것을 이해하기 위한 안목을 가다듬기에는 이 지침들이 포괄하는 바는 불충분했을 뿐 아니라 역부족이기도 했다.

일반적으로 그러한 이론들은 여타의 비철학적 학문들과 똑같은 방식을 취한다. 이러한 이론들이 고찰하는 내용이란 주어져 있는 것으로서의 우리의 표상으로부터 취해진다. 이제 더 나아가 이러한 표상의 구체적 성질에 대한 물음이 제기되는데, 그 이유는 우리의 표상 속에서도 마찬가지로 발견되며 또한 이로부터 정의들(Definitionen)로 확정되기도 하는 좀 더 상세한 규정들의 필요성이 부각된다는 점에 있다. 그러나 이와 동시에 우리는 논쟁의 한가운데에서 불안정한 기반 위에 서 있게 된다. 왜냐하면 물론 처음에는 미가 아주 단순한 표상인 듯 보일 수도 있겠으나 그 속에는 다양한 측면들이 있다는 사실이 곧 밝혀져, 한 사람은 이 측면을, 다른 사람은 다른 측면을 강조하거나, 혹은 설사 같은 관점들을 염두에 둔다고 해도, 이제는 어떤 측면이 도대체 본질적인 측면으로 간주되어야 하는가에 관한 문제를 놓고 싸움이 벌어지기 때문이다.

이런 점들을 고려해 볼 때, 미에 대한 여러 상이한 정의들을 거론하고 비판해 보는 것은 학문적 완전성을 기하는 일이 될 것이다. 우리는 이 일을 역사적 의미에서의 **완전성**을 기하기 위해, 즉 정의들의 온갖 세부사항을 알기 위해 하려는 것도, 또는 역사적 관심 때문에 하려는 것도 아니다. 단지 최근에 나온 비교적 흥미로운 고찰방식들 중 몇몇을 예로서 제시하여 실제로 미의 이념에 무엇이 들어 있는지를 좀 더 상세히 알고자 할 뿐이다. 이러한 목적을 위해 우리는 괴테가 미에 대해 규정한 것을 우선 상기해 볼 수 있는데, 이것을 마이어(Meyer)는 『그리스 조형예술의 역사』[4]에서 다루었으며, 이 저서에서 그는 그 이름을 거명하지는 않지만 **히르트**(*Hirt*)[20)]의 고찰방식도 마찬가지로 인용하고 있다. 우리 시대의 가장 위대하고도 진정한 예술 감식가 중 한 명인 히르트[5]는 예술미에 대한 그의 논문에서(*Die Horen*, 1797, 제7호)[21)] 여러 예술들에 들어 있는 미에 대해 언급한 후, **특징적인 것**(*Das Charakteristische*)이라는 개념이 예술미에 대한 올바른 판정의 기초이자 취미양성의 기초임을 결론으로 도출해낸다. 즉 그는 미를 "눈 귀 또는 상상력의 대상이거나 그 대상이 될 수 있는 완전성"으로 확정짓는다. 계속해서 그는 완전성을 "자연이나 예술이 대상을 그 유와 종으로 형성함에 있어 내적으로 지니고 있었던 목적 상응성"으로서 규정하며, 그리하여 이 때문에 우리는 미에 대한 판단을 형성하기 위해 하나의 본질을 구성하는 개별적인 징표들에게 가능한 한 눈길을 돌려야만 한다는 것이다. 왜냐하면 이러한 징표들이 바로 그것의 특징적인 것을 형성하기 때문이다. 이에 따라 그는 예술법칙으로서의 특성(Charakter)이라는 것을 "특정한 개별성"으로 이해하는데, 이를 통해 "형식, 움직임과 몸짓, 표정과 표현, 지역적 특색, 빛과 그림자, 명암과 색조 등등이 이미 상정된 대상에 맞게 구별된다." 이미 이 규정은 여타의 정의들보다 너욱 독득한 데가 있다. 즉 우리가 특징적인 것이 무엇인가를 더 묻는다면, 여기에는 **첫째** 예를 들어 특정한 느낌, 상황, 사건, 행위, 개인 등과 같은 내용이 속하며,

---

4 Johann Heinrich Meyer, *Geschchte der bildenden Künste bei den Griechen*(fortgesetzt von Fr. W. Riemer), 전3권, Dresden, 1824-36.

5 Aloys Hirt(1759-1839), 예술학자.

둘째 내용을 표현하는 방식이 속한다. 이런 식의 표현에 특징적인 것이라는 예술법칙이 관계하게 되는데, 이러한 법칙으로서의 특징적인 것은 표현 방식에 있어 모든 특수자가 내용의 특정한 묘사를 위해 봉사할 것을, 또 모든 특수자가 내용의 표현에 있어 하나의 구성요소로서 존재할 것을 요구한다. 따라서 특징적인 것이라는 추상적 규정은 합목적성과 관련을 맺게 되는데, 예술적 형상의 특수한 측면은 그것이 표현해야 할 내용을 이 합목적성에 맞추어 현실적으로 부각시킨다. 우리가 이런 생각을 아주 평범한 말로 설명해 본다면, 그 속에 놓인 제약은 다음과 같다. 예컨대 극시에서 내용을 형성하는 것은 행위이다. 극시는 이러한 행위가 어떻게 일어나는가를 표현해야 한다. 그런데 사람들은 다양한 방식으로 행위를 한다. 그들은 설득하고, 때때로 먹고 자며, 옷을 입고, 이런저런 이야기를 하기도 하는 등등의 행위를 한다. 그러나 이제 이러한 모든 것 중에서 본격적인 내용이라 할 특정한 행위와 직접적으로 관련되지 않은 것은 배제되어야 하는데, 그리하여 그 내용과의 연관 속에서 그 어떤 무의미한 것도 남아 있어서는 안 된다. 이와 마찬가지로 그러한 행위의 한 순간만을 포착하는 회화의 경우를 보자. 여기에서는 광범하고 복잡다단한 세상사 중 일군의 환경, 인물, 상황이나 기타 사건들이, 바로 그 순간의 특정 행위와 무관하며 또 그러한 행위의 독특한 특성을 나타내는 데 기여하는 바가 없는 그러한 것들이 그 회화 속에 수용되어 있을 수도 있다. 그러나 특징적인 것이라는 규정에 따르면 예술작품 속에는 오직 이 내용을 드러내고 또 본질적으로 이것을 표현하는 것만 포함되어야만 한다. 왜냐하면 그 어떠한 것도 쓸모없거나 잉여적인 것으로 보여서는 안 되기 때문이다.

이것은 어떤 면에서는 정당화될 수 있는 매우 중요한 규정이다. 하지만 마이어는 이러한 견해가 흔적도 없이 사라져버렸다고 앞서 인용한 책에서 말하고는, 이런 사태가 예술을 위해 아주 다행스런 일이라고 여긴다. 왜냐하면 그러한 생각은[히르트의 견해는] 아마도 우리를 풍자화적인 것(Karikaturmäßigem)으로 유도했을 것이라고 그는 보기 때문이다. 이러한 판단에는 그릇된 점이 있다. 마이어는 마치 미를 그렇게 확정지을 때에 중시되고 있는 것이 어딘가로 **인도하고 지도하는 것**인 양 여기고 있다. 예술철학은 예술가들을 지도하는 지침들을 마련하려고 애쓰지 않는다. 그것의 과제는, 그런 식의 규칙들을 제공하려는 의도 없이, 미 일반이 무엇이며 또 그것이 어떻게 현전하는 예술작품들 속에서 드러났는가 하는 것을 밝히는 데에 있다. 그런데 이제 이 외에도 앞서의 비판과 관련해서 보자면, 풍자된 대상도 특징적일 수 있으므로 히르트의 정의가 풍자화적인 요소 역시 포함하고 있음은 물론이다. 하지만 여기에 대해 즉시 말할 수 있는 점은 풍자화에서는 일정한 특성이 과장되어 있다는 것인데, 말하자면 특징적인 것의 과잉이 있다는 사실이다. 그러나 과잉은 특징적인 것을 위해 본래 요구되는 것이 아니며, 오히려 그 특징적인 것을 변질시킬 수도 있는 번거로운 중복인 것이다. 그 밖에도 풍자화적 요소는 나아가 추를 특징짓는 성격으로 나타나는데, 그런 점에서 보면 그것은 물론 하나의 왜곡이 되기도 한다. 추는 나름대로는 내용에 비교적 밀접하게 관계하므로, 특징적인 것의 원리에서는 추와 추의 표현도 역시 근본규정으로서 수용된다고 말할 수 있다. 그런데 히르트의 정의는 예술미에서 특징적으로 드러나야 할 것과 그래서는 안 될 것에 관해, 무엇보다 미의 내용에 관해 더 상세한 정보를 전혀 주지 않으며, 이러한 점에서는 다만 순전한 형식적인 규정만을 제공할 뿐인데, 그렇더라도 이 규정은 아무리 추상적 방식을 취하고 있다고는 하지만 참된 것을 내포하고 있다.

그렇다면 마이어는 히르트가 제시한 예술원리에 무엇을 대립시키고 있으며 그 자신은 무엇을 선호하는가 하는 한 발 더 나아간 물음이 생겨난다. 그는 우선 미 일반의 규정을 포함하는 것임에 틀림없는, 고대 예술작품의 원리에 관해서만 다루고 있다. 이때에 그는 맹스[6]와 빙켈만[22)]의 이상(Ideal)에 대한 규정을 언급하며, 그가 이 미의 법칙을 배척하지도, 완전히 수용하고자 하지도 않는다고 하면서, 이에 비해 명석한 예술비평가(괴테)의 의견에는 아무 거리낌 없이 동조한다는 견해를 피력하는데, 그 이유는 괴테의 의견이 결정적인 것이자, 좀 더 구체적으로 말하자면, 수수께끼를 풀어줄 것으로 보이기 때문이란 것이다. 괴테는 "고대인들의 최고의 원칙은 **의미성**(das *Bedeutende*)이었지만, 그것을 성공적으로 **다루었을 때** 나온 최고의 결과는 **아름다움**이었다"고 말한다. 이 진술에 담겨있는 바를 면밀히 살펴보면, 그 속에서 우리는 다시금 두 가지를 발견할 수 있는데, 그것은 내용, 즉 사태 그리고 표현 방식이다. 예술작품의 경우 우리는 우리에게 직접 현시된 것에서 출발하며, 그런 다음 비로소 그 의미나 내용이 무엇인가를 묻는다. 전자의 외면적인 것이 우리에게 직접 가치를 지니는 것이 아니라, 오히려 우리는 외적 현상에 영혼을 불어넣는 어떤 내면성, 어떤 의미를 여전히 그 배후에 상정한다. 이렇듯 외면적인

6 Anton Raphael Mengs(1728-1779), 화가이자 예술이론가.

것은 이러한 자신의 영혼을 시사한다. 즉 무엇인가를 의미하는 하나의 현상이 우리에게 드러내는 것은 이러한 자기 자신이나 외적인 것으로서의 자신의 존재가 아니라 그와는 다른 어떤 것이다. 즉 상징의 예나, 더 명확히 말하자면 도덕과 교훈을 그 의미로 삼는 우화의 예에서 보듯이 말이다. 그렇다, 이미 모든 단어라는 것도 하나의 의미를 지시하는 것이지, 그 자체로 유효한 것이 아니다. 마찬가지로 인간의 눈, 얼굴, 살, 피부, 전체적 용모는 자신을 통해 정신과 영혼을 발현케 하며, 항상 여기에서의 의미는 직접적 현상에서 나타나는 것 이상의 것이다. 예술작품은 이런 식으로 의미를 지녀야 하며, 또한 단지 이 직선, 곡선, 표면, 구멍, 돌의 양각이나, 이 색, 음조, 음향 혹은 여타의 사용된 질료 속에서만 그것의 진면목이 드러나는 것이 아니라, 그것은 오히려 내적 생명성, 느낌, 영혼 그리고 우리가 예술작품의 의미라고 부르는 내용과 정신을 펼쳐보여야 한다.

따라서 작품의 의미성에 대한 이러한 요구는 히르트가 말한 특징적인 것의 원리보다 그다지 더 발전되거나 다른 것을 말하고 있지 않다.

그리하여 우리는 이 견해에 따라 내면적인 것, 즉 내용 그리고 그러한 내용을 의미하게 되는 외면적인 것을 미의 요소들로 특징지었다. 외면적인 것이 자신을 넘어 내면적인 것을 지시함으로써, 내면적인 것은 외면적인 것 속에서 비치며 또한 이것을 통해 알려지는 것이다. 여기서 우리는 이와 관련하여 더욱 상세한 설명을 제시할 수는 없다.

c) 이러한 이론화의 그리고 앞서 논한 바와 같은 실천적인 규칙들이라는 이전의 방식은 이미 독일에서도 — 특히 참되고 생동적인

시문학이 등장함에 따라 — 가차 없이 구석으로 밀려나버렸으며, 또한 앞서 말한 법칙성들과 이론들의 홍수가 보여준 오만함에 맞서 천재의 권리, 천재의 작품 그리고 그것이 끼치는 효과가 타당성을 획득하게 되었다. 그 자체로 참되고 정신적인 예술과 또 이 예술에 대한 공감 및 그것의 확산이라는 기반으로부터 오래 전부터 있었던 근대 및 중세의 위대한 예술작품들, 또한 고대의 아주 낯선 민족들의 위대한 예술작품들(가령 인도의 예술작품들)도 역시 향유하고 인정하는 감수성과 자유가 출현하였다. 이 작품들은 그 연대나 낯선 민족성으로 인해 우리에게는 소원한 측면을 갖기도 하지만, 여하한 소원함도 넘어서는, 만인에게 공통적인 그 **내용**에도 불구하고 단지 이론의 편견으로 인해 야만적이며 조악한 취미의 산물들로 낙인찍혀 왔던 것이다. 특히 이론의 추상을 위한 기초가 되었던 예술작품들의 영역과 형식들을 벗어난 작품들에 대한 이러한 인정은 대체로 우선 독특한 유형의 예술을 — **낭만적 예술**을 — 인정하기에 이르렀다. 그리하여 미의 개념과 본성을 예전의 이론들이 할 수 있었던 것보다 더욱 심도 있게 파악하는 일이 필요하게 되었다. 이와 관련하여 독자적인 것으로서의 개념, 사유하는 정신은 이제 그 나름으로도 스스로를 철학 안에서 더욱 깊이 인식했으며 이로써 자신이 예술의 본질을 더욱 근본적으로 취급하게 하는 동기가 부여되었다.

그리하여 이와 같은 보다 일반적인 추세의 계기들이란 점에서 볼 때에도 예술에 대한 종래의 고찰방식이나 이론화는 그 원리의 면에서든 그 실천의 면에서든 모두 골동품처럼 되어버렸다. 다만 예술사적 **박식**만이 지속적 가치를 유지했을 뿐인데, 앞서 말한 바와 같은 정신적 감수성의 발전을 통해 이러한 박식이 미치는 범위가 사방으로 확대되면 될수록 이것의 가치는 그만큼 더 보존되어야만 한다. 이러한 박식의 소임과 소명은 개별 예술작품을 미학적으로 평가하고 예술작품을 외적으로 조건짓는 역사적 사정들을 인식하는 데에 있다. 감각과 정신에 의해 내려지며 역사적 지식으로써 뒷받침되는 이러한 평가는 오로지 예술작품이 갖는 개별성 전체 속으로 파고들어가게 한다. 예를 들어 괴테가 이런 식으로 예술과 예술작품들에 관해 많은 것을 서술했던 것처럼 말이다. 이러한 고찰방식의 목적은 본격적인 이론화는 아닌데, 물론 이 고찰방식이 또한 종종 추상적 원리들과 범주들을 동원하기도 하면서 무의식적으로 이론화에 빠져들어갈 수는 있다. 그러나 우리가 여기에 머물러 있지 않고 그 구체적 서술들만을 주시한다면, 이러한 고찰방식은 여하튼 철학이 천착할 수 없는 역사적 특수한 세부항목들의 가시적 증빙과 확증들을 부여하는 일을 예술철학을 위해 할 수 있다.

이것이 바로 예술고찰의 첫 번째 방식으로서 개별적인 것과 현전하는 것에서 출발하는 방식이라 할 수 있겠다.

2. 이와는 본질적으로 구분되는 정반대의 방식은 전적으로 이론적인 반성의 방식인데, 이러한 반성은 미 자체를 자기 자신으로부터 비롯하여 인식하고 또 그렇게 미의 이념을 정조하고자 노력한다.

주지하듯이 플라톤은 진리란 **개별적인** 선한 행위, 참된 의견, 아름다운 인간 혹은 예술작품이 아니라 **선, 미, 진 그 자체**라고 주장함으로써, 대상이 그것의 **특수성**이 아니라 **보편성** 속에서, 그 유(Gattung) 속에서, 즉자대자적 존재 속에서 인식되어야 함을 철학적 고찰에 향해 — 보다 심층적인 방식으로 — 요구한 최초의 인물이었다. 그런데 사실상 미가 그 본질과 개념에 따라 인식되어야 한다면,

이것은 오직 사유하는 개념을 통해서만 가능한데, 이때 이 개념을 통해 사유하는 의식 속으로 들어오는 것은 **이념 일반** 및 **미**라는 특수한 **이념**의 논리적-형이상학적 본성이다. 하지만 미 자체를 그것의 이념 속에서 고찰하는 것은 그 스스로가 또 다시 추상적 형이상학으로 되어버릴 수 있으며, 또한 이 경우 아무리 플라톤이 그 근거가 되고 또 지도자로 여겨진다고 해도, 플라톤적인 추상은 미의 논리적 이념에 대해서조차도 우리에게 더 이상 충분한 것이 못 된다. 우리는 미의 이념을 더 깊이 있게 그리고 구체적으로 파악해야 한다. 왜냐하면 플라톤적 이념에 부착되어 있는 무내용성은 오늘날 우리의 정신이 갖는 한층 풍부한 철학적 욕구를 더 이상 만족시키지 못하기 때문이다. 그러니까 우리도 역시 예술철학에서 미의 이념으로부터 출발해야 하지만, 미에 관한 철학함을 처음 시작했던, 플라톤적 이념의 추상적 방식을 고수해서는 안 될 것이다.

3. 미의 철학적 개념의 진정한 본성을 잠정적으로 간략하게나마 언급하자면, 그 개념은 형이상학적 보편성과 실재적 특수성의 규정성을 통일하는 것이므로 앞에서 거론된 두 극단을 자신 속에 매개하여 포함해야만 한다. 그래야만 비로소 그 개념의 진리는 즉자대자적으로 파악된다. 왜냐하면 한편으로 그 개념은 자신의 고유한 개념에 따라 규정들의 총체성으로 전개되어야만 하며 그 개념 및 그것의 분할적인 전개는 자신의 특수성들의 필연성을 그리고 그것들의 발전과 이행의 필연성을 포함하는 까닭에, 이 경우 그 개념은 일면적 반성이 갖는 불모성과는 대조적으로 자신으로부터 풍부하게 되기 때문이다. 또 다른 한편, 그러한 전개와 이행의 결과인 특수성들은 그 개념의 보편성과 본질성을 내포하면서, 그 개념에 고유한 특수성들로

서 현상하기 때문이다. 이 두 측면은 지금까지 다루었던 고찰방식과는 판이한데, 그런 까닭에 오직 이렇듯 구체적으로 완전한 개념만이 실체적이고 필연적이며 또 총체적인 원리들에 이르게 되는 것이다.

III. 예술미의 개념

이러한 예비적 논의를 거치고 나서 이제 우리는 우리의 본래의 대상, 즉 예술미의 철학에 한층 가까이 다가서게 되는데, 이 대상을 학문적으로 취급하고자 계획했기에, 우리는 예술미의 **개념**에서 출발해야 한다. 이 개념을 확립한 후에야 비로소 우리는 학문 전체의 구분과 아울러 그 전체 기획을 설명할 수 있다. 왜냐하면 구분이란 것이 비철학적 고찰에서처럼 순전히 피상적으로 행해져서는 안 되기에, 그것은 대상 자체의 개념에서 자신의 원리를 발견해야만 하기 때문이다.

이러한 요구를 할 때 우리가 곧바로 맞닥뜨리게 되는 물음은 도대체 이 개념을 어디에서 얻어야 하는가 하는 것이다. 우리가 예술미 자체의 개념에서 시작한다면, 그 개념은 이로써 직접적으로 하나의 **전제**이자 한갓 가정이 된다. 그러나 철학적 방법이란 한갓된 가정들을 용납하지 않으며, 그 방법에 합당한 것의 진리는 증명되어야만, 즉 필연적인 것으로 밝혀져야만 한다.

이러한 어려움, 즉 그 자체 독립적으로 논구되는 모든 철학적 교과의 도입부가 처하게 되는 이러한 어려움에 관해 간략하게나마 이해를 구해보고자 한다.

모든 학문의 대상과 관련하여 우선 두 가지 점이 고려된다. 첫째, 그러한 대상이 **존재한다**는 점, 둘째, 그 대상이 **무엇인가** 하는 점이다.

첫 번째 점과 관련하여 통상적 학문들에서는 대개는 거의 어려움이 제기되지 않는다. 당연한 것이겠지만, 만일 천문학과 물리학에서 태양, 성좌들, 자기(磁氣)현상 등이 있음을 증명하라는 요구가 등장한다면, 우선 이것은 심지어 우습게 여겨지기까지 할 것이다. 감각적으로 주어진 것에 관련된 이러한 학문들에서 대상들은 외적인 경험으로부터 얻어지며, 그것들을 **증명하는** 대신 그저 **가리키는** 것으로 충분하다고 여겨진다. 하지만 비철학적 교과들에서조차도 그 대상들의 존재에 관한 의혹은 생겨날 수 있다. 예컨대, 심리학, 즉 정신에 관한 학설에서는 영혼, 정신이 **있는지**, 다시 말해서 물질적인 것과는 다른 그 자체로 독립적인 주관적 대상이 있는지에 관한 의혹이, 혹은 신학에서는 **신**이 존재하는지에 관한 의혹이 생겨날 수 있다. 나아가 대상들이 주관적인 종류의 것이라고 한다면, 즉 그것들이 외적인 감각의 대상으로서 존재하지 않고 오로지 정신 속에서만 현전한다고 할 때, 우리가 알고 있는 것은, 정신 속에는 오로지 정신이 자신의 활동을 통해 산출한 것만이 존재한다는 사실이나. 이와 더불어 즉시 사람들이 이러한 내적 표상이나 내적 직관을 자신 속에서 산출하거나 하지 않거나 하는 우연성이 등장하며, 실제로 그렇게 산출한 경우라 해도, 그들 자신이 그러한 표상을 재차 사라지게 하지는 않았는지, 혹은 그것을 적어도 한갓 주관적일 뿐인 표상으로 격하시켜 버렸는지 하는 우연성이 등장하는데, 이러한 표상이 지니는 내용에는 즉자대자적인 존재가 깃들어 있지 않다. 예컨대 미라는 것은 흔히 표상 속에서 필연적으로 존재하는 즉자대자적인 것이 아니라, 한갓 주관적인 쾌감으로서, 다만 우연적일 뿐인 감각으로 간주되어 왔던 것이다. 이미 우리의 외적 직관이나 관찰들, 또 지각들도 종종 기만적이고 오류투성이인데, 내적인 표상들은 훨씬 더 그런 것이다. 이 표상들이 아무리 엄청나게 큰 생동성을 지니고 있으며 또 우리를 저항할 수 없도록 열정에 사로잡히게 만들지라도 말이다.

그런데 앞서의 의혹, 즉 내적 표상의 그리고 직관의 대상이 도대체 존재하는지 아닌지에 관한 의혹은, 주관적 의식이 그런 대상을 자신 속에서 산출하는지에 관한 또 대상을 의식화하는 방식이 대상의 즉자대자적 존재의 측면에도 또한 부합하는지에 관한 앞서의 우연성과 마찬가지로 우리에게 즉시 한층 고차적인 학문적 욕구를 불러일으킨다. 이러한 욕구는 우리에게 어떤 대상이 마치 눈앞에 있는 것처럼 혹은 실제로 존재하는 것으로 나타날지라도, 그것이 필연성에 따라 명시되거나 증명될 것을 요구한다.

이 증명이 참되게 학문적으로 전개된다면, 이와 더불어 동시에 대상이 **무엇인가**라는 다른 질문에 대해서도 만족스런 답변이 주어지게 된다. 그러나 이것을 설명하려면 이 자리에서 너무 멀리 나아가게 되므로, 이에 관해 다만 다음의 것만을 간략히 언급하겠다.

우리의 대상인 예술미의 필연성이 밝혀지려면, 예술이나 미가 한 선행과정의 결과임을, 그리고 이 과정은 그 참된 개념의 면에서 볼 때 학문적 필연성에 따라 예술의 개념으로 이행한 것임을 증명할 수 있어야 할 것이다. 그러나 우리는 지금 **예술**에서 출발하여 **예술**의 개념과 그 실재성을 다루고자 하는 것이지 그 고유한 개념에 따라 예술에 선행하는 것의 본질을 다루고자 하는 것은 아니므로, 지금 우리에게 특수한 학문적 대상으로서의 예술은 우리가 행하는 고찰의 바깥에 놓여 있는 하나의 전제를 갖게 된다. 이 전제는 학문적으로 다른 내용으로서 다루어지며 다른 철학적 교과에 속하는 것이다. 따라서 우리는 예술의 개념을 이른바 **전제로 주어진 것으로서** 받아들일 수밖에 없는데, 이러한 사정은 여하한 **특수한** 철학적 학문들의 경우에도 그것들이 별개로 고찰될 경우라면 마찬가지이다. 왜냐하면 전체로서의 철학이 비로소 우주를 내적으로 **하나인** 유기적 총체성으로 인식하는 것이고, 이때 이 총체성은 스스로를 자신의 고유한 개념으로부터 전개하여, 자기 연관적 필연성 속에서 전체를 향해 내면으로 회귀하는 가운데 자신을 **하나의** 진리세계로서의 자신과 융합하는 것이기 때문이다. 이러한 학문적 필연성의 정점에서 모든 개별적 부분들은 한편으로는 자신으로 회귀하는 원환(圓環)이자, 다른 한편으로는 동시에 다른 영역들과 필연적인 연관성을 갖는 것이다. 이러한 전개과정이란 각 부분 자신이 유래한 배경을 향한다는 점에서는 후진이며, 또한 타자를 다시 자신으로부터 열매 맺어 학문적 인식을 위해 내어놓는 한에서는 그 자신이 스스로를 내적으로 추동해 나아가는 전진이다. 미의 이념 — 이로부터 우리가 출발했는데 — 을 증명하는 일, 즉 미의 이념을 우리의 학문에 선행하는 선제들로부터 — 이 전제들이 미의 이념을 배태하는 것인데 — 필연성에 따라 도출하는 일은 우리의 현재 목적이 아니라 철학 전체와 그 특수 교과들의 체계적 전개가 담당하는 일인 것이다. 우리에게 미와 예술의 개념은 철학체계를 통해 주어진 전제이다. 그러나 이 체계를, 그리고 예술이 그와 맺는 관계를 여기에서 해명할 수는 없기에, 우리는 미의 개념을 아직은 **학문적으로** 소유하고 있지 못하며, 우리에게 다만 현전하는 것은 미와 예술에 관한 다양한 생각 속에서 이미 통념적으로 발견되거나 혹은 언젠가 파악된 적이 있었던 요소들과 측면들뿐이다. 여기에서부터 시작하여 우리는 그다음에 비로소 앞서 말한 견해들에 대한 좀 더 근본적인 고찰로 넘어가려 한다. 이렇게 하여 우리는 우선 우리의 대상에 대한 일반적인 통념들을 상기시키고 간략한 비판을 거쳐, 차후에 다루게 될 더 높은 규정들에 대한 예비적 식견을 마련하는 이득을 얻고자 한다. 이런 식으로 하여 이 서론적 고찰의 마지막 부분은 말하자면 주제 자체의 강의를 위한 시작을 알릴 것이며, 또한 본래의 대상을 다루기 위한 일반적 지식의 집적과 그 방향설정을 목표로 삼을 것이다.

[Ⅲ-1] 예술에 대한 통념들

예술작품에 관해 우선 우리에게 흔히 알려져 있는 통념은 다음의 세 가지 규정들이 될 것이다.

1. 예술작품은 자연적 산물이 아니며 인간의 활동으로 생겨났다는 것.

2. 예술작품은 본질적으로 인간을 **위해** 제작되었으며, 그것도 인간의 **감각**을 위해 다분히 감각적인 것으로부터[23] 산출되었다는 것.

3. 예술작품은 그 안에 **목적**을 갖는다는 것.

1. 인간 활동의 산물로서의 예술작품

예술작품이 인간 활동의 산물이라는 첫 번째 논점에 관해 말하자면, 이러한 견해로부터는 다음과 같은 생각들이 생겨난다.

a) 외형적인 것의 **의식적** 제작으로서의 이러한 활동은 **인식되고 설명될** 수 있으며, 타인이 습득하고 따라 할 수 있다는 것이다. 왜냐하면 어떤 사람이 만드는 것은 그 절차의 방식을 알기만 한다면 타인도 역시 만들거나 모방할 수 있는 것으로 보일 수 있기 때문이다. 그리하여 이런 관점에서 보자면, 예술생산의 규칙들을 전반적으로 숙지하기만 한다면 동일한 방식으로 절차를 수행하여 예술작품을 산출하는 일은 누구라도 마음먹은 대로 할 수 있는 일이 될 것이다. 이런 식으로 앞서 언급했던 바와 같은,[24] 규칙을 제시하는 이론들과 그 이론들의 실제적 준수를 위해 산정된 지침들이 생겨났다. 그렇지만 그런 지침에 따라 실행되는 것은 단지 형식적인 규칙성과 기계적인 것에 불과할 뿐이다. 왜냐하면 단지 기계적인 것이란 외적인 성격을 지니는 것이어서, 이것을 표상 속에 받아들여 작품으로 옮겨놓기 위해서는 완전히 공허한 의지의 행위와 숙련만이 요구되기 때문인데, 이러한 행위와 숙련이란 자기 자신 속에 어떠한 구체성도 수반할 필요가 없는, 일반적 규칙을 통해서는 지정될 수 없는 그 어떤 것도 수반할 필요가 없는 그런 것이다. 이 사실은 위에서 말한 지침들을 외적·기계적인 것에만 국한하지 않고, 풍부한 내용을 지닌 정신적·예술적 행위로까지 확대할 때 가장 생생하게 드러난다. 이 영역에서 규칙들은 예컨대 주제는 흥미로워야 한다든가, 각각의 인물은 자신의 신분, 나이, 성별, 처지에 알맞은 어투를 써야 한다는 따위의 애매한 일

반성을 포함할 뿐이다. 여기서 규칙들이 충분한 것이 되려면, 그것이 담고 있는 지침들은 더 이상의 정신활동 없이도 거기 표현된 그대로 실행될 수 있는 식으로 규정되어 있어야 할 것이다. 그러나 그러한 규칙들은 내용상 추상적이며, 그런 까닭에 예술가의 의식을 채우기에 적합한 척 보여도 아주 부적합한 것으로 드러난다. 왜냐하면 예술적 생산은 주어진 규정성들에 따르는 형식적 행위가 아닌 정신적 행위로서 그 자체에서 우러나 이루어져야 하며 또한 전혀 다른 한층 풍부한 내용과 한층 포괄적인 개별형상들을 정신적인 직관의 대상으로 만들어야 하기 때문이다. 그러므로 정말 그 규칙들이 규정적인, 따라서 실제로 유용한 뭔가를 내포한다고 쳐도, 그것들은 필요한 경우에 지극히 외적인 상황들에 대한 규정들 따위나 제공할 따름이다.

b) 그리하여 사람들은 위에서 시사된 방향으로부터 완전히 돌아섰는데, 그렇지만 그 대신에 또 마찬가지로 다시 반대반향으로 빠져들고 말았다. 왜냐하면 이 경우에 예술작품이 더 이상 **일반적인 인간적** 활동의 산물이 아니라 극히 **독특한 재능을 타고난** 정신의 작품으로 간주되었기 때문이다. 그런데 여기서 이러한 정신은 또한 마치 그것이 특수한 자연력이라도 되는 듯이 그저 오로지 자신의 특수성만을 보장받고자 할 뿐이며, 보편타당한 법칙에로의 지향으로부터 그리고 의식적인 반성이 자신의 본능적인 제작에 개입하는 것으로부터 완전히 벗어나야 한다고, 아니 그러한 지향이나 개입으로부터 보호받아야 한다고 여겨지는 것이다. 여기서 그 이유로 제시되는 것은 정신의 산물들이 그러한 의식을 통해 다만 불순해지고 손상될 뿐이라는 점이다. 사람들은 이를 출발점으로 삼아서 예술작품을 **재능**(*Tal-*

*ent)*과 **천재**의 산물이라 공언하고 주로 재능과 천재 속에 내재한 자연적 측면을 부각시켰다. 이것은 부분적으로는 옳다. 왜냐하면 재능이란 천재에게 일반적으로 나타나는 특수한 능력으로서, 인간은 **단순히** 자신의 자의식적 활동을 통해서는 이 능력을 스스로에게 부여할 만한 힘이 없기 때문인데, 이에 대해서는 나중에 보다 더 상세히 논하게 될 것이다.

여기서 우리는 이러한 견해, 즉 예술적 생산에서는 자신의 행위에 관한 일체의 의식이 불필요할 뿐 아니라 해로운 것으로 여겨져 왔다는 견해의 그릇된 측면만을 언급하고자 한다. 이때 재능과 천재의 발현은 요컨대 다만 하나의 **상태**, 좀 더 정확히 말해 **영감**의 상태로서 나타난다. 천재는 한편으로는 대상에 의해 자극되어 그 상태에 이르고, 다른 한편으로는 자의에 의해 스스로 그 상태로 옮겨갈 수 있다고들 하는데, 여기에는 물론 샴페인 병이 훌륭한 기여를 한다는 생각 또한 포함되어 있기도 했다. 독일에서 이러한 견해가 등장한 것은 소위 천재시대인데, 이 시대는 괴테의 초기 시작품들을 통해 열리게 되었고, 그 후 실러의 작품들에 의해 지탱되었다. 이 시인들은 초기 작품들에서 당시 기존의 모든 규칙들을 무시한 채 처음부터 시작했고, 의도적으로 그 규칙들에 거슬러 작업했는데, 이 점에서 그들은 실로 다른 시인들을 훨씬 능가하였다. 그러나 영감과 천재의 개념 위에 군림했던, 영감이면 이미 모든 것이 가능하다는 생각 위에 오늘날에도 여전히 군림하고 있는 일체의 혼란상에 대해 나는 이 이상 상세히 논하지는 않겠다. 다만 본질적인 것으로서 분명히 밝혀 둘 것은, 예술가의 재능과 천재가 아무리 자연적 계기를 자신 속에 가질지라도, 그 계기는 본질적으로 사상을 통한 교양, 자신의 생산방식에 대한 반성 및 제작에서의 연습과 숙련성을 필요로 한다는 생각이다. 왜냐하면 예술작품은 가히 수공업적이라고 할 만한 순전히 기술적인 측면을 갖는 까닭에, 어차피 외적 노동이 이 생산의 한 주요 측면으로 존재하기 때문이다. 이러한 사정은 건축과 조각에서 가장 심하고, 회화와 음악에서는 조금 덜하며, 시문학에서는 가장 덜하다. 이러한 숙련성을 위해서는 어떠한 영감도 도움이 되지 않으며 오직 반성, 근면, 연습만이 도움을 주는 것이다. 예술가는 외적 질료를 능란하게 다루고 또 그 가공의 어려움 때문에 방해받는 일이 없도록 그러한 숙련성을 꼭 필요로 하는 것이다.

더욱이 예술가가 높은 경지에 서면 설수록 그는 심정과 정신의 깊이를 그만큼 더 근본적으로 표현해야 하는데, 이 깊이는 직접 알려지는 것이 아니라 오로지 자신의 정신을 내적 세계와 외적 세계로 지향함으로써만 해명될 수 있다. 그러므로 예술가가 이러한 내용을 의식화하고, 자신의 구상의 소재와 내용을 얻는 길이 있다면 그것은 결국 **연구**(*Studium*)이다.

물론 이 점과 관련해서 한 종류의 예술은 다른 종류의 예술보다 그러한 내용의 의식과 인식을 더욱 필요로 한다. 예컨대 음악, 즉 정신적 내면의 완전히 비규정적인 운동과 관계할 뿐인, 말하자면 사상이 결여된 느낌의 음조와 관계할 뿐인 음악은 의식 속에서 정신적 소재를 거의 또는 전혀 필요로 하지 않는다. 따라서 음악적 재능은 또한 대개 아주 어린 나이에, 머리가 아직 비어있고, 심정이 거의 동요되지 않는 시기에 예고되며, 아직 정신과 삶이 자신을 체험하기 이전의 시점에 이미 매우 상당한 경지에 도달해 있을 수 있다. 그렇기에 또한 우리는 작곡과 연주에서의 대가적 솜씨가 정신과 성격의 심각한 빈약함과 병존하고 있음을 흔히 보게 된다. — 이와는 대조적으로 시문학에서는 사정이 다르다. 시문학에서 관건이 되는 것은 인간을, 그의 보다 깊은 관심사들을, 그리고 — 그의 내면을 움직이는 — 힘들을 내용적으로 또 사상적으로 충만하게 표현하는 일이다. 그렇기 때문에 천재가 무언가 성숙하고 내용으로 가득 찬, 그리고 내적으로 완성된 것을 성취해내기 이전에, 정신과 심정 자체가 삶, 경험 그리고 숙고를 통해 풍부하고 깊이 있게 도야되어 있어야 하는 것이다. 괴테와 실러의 초기 작품들은 미성숙의 소산이자, 실로 심지어는 경악할 정도의 조야함과 야만으로 가득 차 있다. 그러한 시도들의 대부분에서 철두철미 산문적인, 부분적으로는 냉랭하고 무미건조한 요소들이 다량으로 발견되는 이런 현상은 마치 영감(Begeisterung)이란 것이 청춘의 불꽃이나 청년기에 결부되어 있는 듯이 여기는 통념과 특히 상충한다. 호메로스가 만년에 이르러서야 비로소 자신의 영원불멸의 노래들을 떠올려 만들어 냈던 바와 같이,[25] 우리 민족에게 처음으로 제대로 된 시적 작품들을 보여줄 수 있었던, 또 우리의 국민시인이라고 말할 수 있는 이 두 천재는 성숙한 연령에 이르러서야 비로소 심오하고 순전한 또 참된 영감으로부터 발현하면서도 형식적으로도 완성된 작품들을 우리에게 선사하였다.

c) 예술작품이 인간 행위의 산물이라는 생각에 관한 **세 번째** 견해는 자연의 외적 현상들에 대해 예술작품이 갖는 지위와 관련된다. 여기서 일상적 의식에게는 인간의 예술적 산물이 자연산물에 **못 미친다**는 생각이 그럴듯한 것으로 여겨졌다. 왜냐하면 예술작품은 그 자체로는 내적으로 어떠한 감정도 갖고 있지 않으며, 전적으로 살아 있는 것이 아니라, 외적 대상으로 볼 때, 죽은 것이기 때문이다. 그런

데 우리는 통상 살아 있는 것을 죽은 것보다 높이 평가한다. 예술작품이 내적으로 살아 움직이지 않는다는 사실은 물론 시인할 수 있다. 자연의 생명체는 안팎으로 극히 미세한 부분까지 합목적적으로 구성된 유기체인 반면, 예술작품은 단지 겉으로만 생명성의 가상을 획득할 뿐, 그러나 내적으로는 흔한 돌이거나 나무와 캔버스이고, 또는 시에서와 같이 말과 철자 속에서 드러나는 표상인 것이다. 그러나 작품을 아름다운 기예의 산물로 만드는 것은 이렇듯 외적으로 실존하는 측면이 아니다. 한 작품이 정신으로부터 기원하는 것으로서 또한 정신이라는 지반에 속하고, 정신적인 것의 세례를 받았으며, 또 정신의 울림에 따라 형성된 것만을 표현할 때, 오직 그런 한에서만 그것은 예술작품이다. 인간적 관심사, 즉 한 사건, 어떤 개인적 성격, 어떤 행위가 얽히고설켜 있는 중에 갖는 정신적 가치는 예술작품 속에서 포착되고, 여타의 비예술적인 현실의 기반 위에서 가능한 것보다 더욱 순수하고 투명하게 부각된다. 이를 통해 예술작품은 정신을 통과하는 이러한 과정을 겪지 못한 일체의 자연 산물보다 높이 위치하게 된다. 이것은 예컨대 회화에서 한 풍경이 느낌과 통찰로부터 표현될 경우, 이러한 정신적 작품이 단순한 자연경관보다 한층 높은 지위를 차지하는 것과 같다. 왜냐하면 모든 정신적인 것은 일체의 자연적 산물보다 우월하기 때문이다. 어차피 어떠한 자연물도 예술작품과는 달리 신적 이상을 표현할 수가 없는 것이다.

정신은 예술작업에서 자신의 고유한 내면으로부터 이끌어낸 것에 외적인 실존성을 부가함으로써 그것에 **지속성**을 부여할 줄 안다. 개별적인 자연의 생명체는 이와는 달리 일시적이고 소멸하게 되며 또한 외관의 면에서 가변적인 반면에, 예술작품은 자신을 지속적으로 유지한다. 물론 자연적 현실에 대하여 예술작품이 갖는 진정한 우월성은 그것이 단순히 지속된다는 데 있는 게 아니라, 정신적으로 생명을 불어넣는 활동(Beseelung)이 발현된 것이 바로 예술작품이라는 점에 있긴 하지만 말이다.

그렇다고 해도 예술작품의 이러한 한층 높은 지위는 통상적 의식이 갖는 또 다른 생각에 의해 다시금 논박당한다. 이러한 생각의 근거는 자연과 그 산물들이 신의 작품으로서, 그의 자비로움과 지혜를 통해 창조된 반면, 예술작품은 **단지** 인간의 통찰에 따라 인간의 손에 의해 만들어진 인간의 작품일 따름이라는 것이다. 신적인 창조로서의 자연의 산출 그리고 유한할 뿐인 인간적 활동 양자를 이렇듯 대립시키는 것에는 바로 신이 마치 인간 속에서는 그리고 인간을 통해서는 작용하지 **않고**, 신의 작용이 미치는 영역이란 자연에 국한되어 있는 듯이 여기는 오해가 게재해 있다. 그렇지만 우리가 예술의 진정한 개념을 온전히 파악하고자 한다면, 이러한 잘못된 견해는 철저히 배척될 수 있는데, 그러니까, 이 견해와는 대립적인 입장, 즉 신은 자연의 소산과 형상물들보다 정신이 제작하는 것에서 더 큰 영예를 얻는다는 입장이 확립될 수 있는 것이다. 왜냐하면 신적인 것은 그냥 인간 속에 있는 것이 아니라, 인간 속에서 자연에서와는 완전히 다른, 한층 고차적인 형식으로 신의 본질에 걸맞게 활동하기 때문이다. 신은 정신이며, 그리고 오직 인간만이 의식적이며 자기표출적인 정신의 형식 속에서 신적인 것이 삼투하여 작용하는 매체인 것이다. 하지만 자연에서는 이 매체가 무의식적, 감성적, 외적인 것으로 있어서, 그것은 의식에 훨씬 뒤지는 가치를 지닌다. 그러니까 신은 자연 현상에서와 마찬가지로 예술생산에서도 작용하지만, 예술작품에서 스스로를 드러내는 것으로서의 신적인 것은 정신으로부터 산출된 것으로서 자신의 실존을 위한 걸맞은 통로를 구한 반면, 자연이라는 무의식적 감각성에 머무는 현존재는 신적인 것에 적합한 현상방식이 아니다.

d) 이제 예술작품이 정신의 소산으로서 인간에 의해 만들어진다고 할 때 지금까지의 논의로부터 한층 심오한 결과를 이끌어내기 위해 마지막으로 물어야 할 것은 예술작품을 생산하고자 하는 인간의 **욕구**가 무엇인가 하는 것이다. 한편으로 이러한 생산이란 해도 좋고 말아도 좋을, 단순한 우연과 착상의 유희로 간주될 수 있다. 왜냐하면 예술이 목적으로 삼는 것에 도달하기 위해서 또 다른, 심지어는 더 나은 수단들이 있을 수 있으며, 인간은 예술이 충족시켜 줄 수 있는 것보다 훨씬 더 고귀하고 중요한 관심사를 자신 속에 지닌다고 말할 수 있기 때문이다. 그러나 다른 한편으로 예술은 보다 고차적인 충동으로부터 출현하여, 좀 더 높은, 아니 때로는 최상의 절대적인 욕구를 충족시키는 것으로 보이는데, 왜냐하면 예술이란 모든 시대와 민족들의 가장 보편적인 세계관 및 종교적 관심들에 결부되어 있기 때문이다. — 이러한 물음, 즉 예술에 대한 우연적이 아니라 절대적인 욕구에 관한 이러한 물음에 대해 아직 완전하게 답변할 수는 없는데, 왜냐하면 그 답을 여기서 구하기에는 이 물음이 너무 구체적이기 때문이다. 그래서 지금은 다만 다음의 내용을 확언하는 것으로 만족해야 한다.

예술이 (그 형식적 측면에서 보아) 발원하게 되는 보편적이고 절대적인 욕구의 원천은 인간이 **사유하는** 의식이라는 점에서, 즉 인간이 자신의 본질과 존재 일반의 본질을 자기 자신으로부터 **대자화**한다는 점에서 발견된다. 자연물들은 단지 **직접적**이고 **일회적**(*einmal*)인 반면, 정신으로서의 인간은 우선은 자연물들처럼 **존재하지만**, 다음으로는 또한 **대자적**으로도 존재함으로써, 즉 자신을 직관하고, 표상하며, 사유하고, 오직 이러한 능동적 대자존재를 통해서만 정신임으로써 스스로를 **이중화한다**. 인간은 자신에 대한 이러한 의식을 두 가지 방식으로 획득한다. **첫째**는 **이론적인 것인데**, 인간이 내면에서 자기 자신을 스스로 의식해야만 한다는 점에서, 즉 인간이 그의 가슴 속에서 동요하는 것을, 그 속을 헤집고 몰아대는 것을 의식해야만 한다는 점에서, 또 자신을 직관하고 표상하며 사상이 본질로 여기는 것을 자신에게 확고하게 만들고, 자기 자신으로부터 불러낸 것과 외부로부터 수용한 것에서 오직 자기 자신만을 인식해야 한다는 점에서, 인간은 그러한 의식을 갖는다. — **두 번째**로 인간은 **실천적** 활동을 통해 대자적이 되는데, 그 까닭은 인간이 그에게 직접적으로 주어진 것, 그에 대해 외적으로 현전하는 것 속에서 자신을 산출해내고, 거기에서 마찬가지로 자기 자신을 인식하려는 충동을 가진다는 점이다. 인간은 외부 사물들에 그의 내면의 인장을 찍어 변형시키고 그 사물들에서 자신의 고유한 규정들을 재발견함으로써 이러한 목적을 완수한다. 인간은 자유로운 주체로서 또한 외부세계에 있는 그 서먹서먹한 낯설음을 제거하여, 사물들의 형태에서 오직 자신의 외적 실재성만을 향유하기 위해 이러한 일을 행한다. 이미 어린이이가 갖는 최초의 충동이 외부 사물들의 이러한 실천적 변형을 내포하고 있다. 소년은 강물에 돌을 던지고, 물에서 퍼져나가는 동그라미를 보고는 그것이 자신의 존재를 가시적으로 드러낸 작품인 양 경탄한다. 이러한 욕구는 극히 다양한 형태의 현상들을 거쳐, 우리가 예술작품에서 보는 바와 같이, 외부 사물들 속에서의 자기산출이라는 방식으로까지 나아간다. 그리고 인간은 단지 외부 사물들에 대해서뿐만 아니라 자기 자신에 대해서도 마찬가지로 이런 태도들 취하는데, 즉 자신의 자연적 모습을 있는 그대로 두지 않고 그것을 의도적으로 변형시킨다. 이것이 모든 장식과 치장의 원인이며, 게다가 이러한 것은 인간이 여전히 매우 야만적이며 몰취미한 경우라면, 중국 여인들의 전족처럼 또는 귀 뚫기와 입술 뚫기처럼 완전히 기형적인 것이 되거나 심지어 파괴적인 것이 되기까지 한다. 왜냐하면 오직 교양인의 경우에만 형태와 몸가짐의 변형, 그리고 갖가지 표현 방식의 변형이 정신적 도야로부터 나오기 때문이다.

그리하여 예술을 향한 보편적 욕구는 그러니까 인간이 내적 · 외적 세계를 정신적 의식으로 고양하여 대상으로 만들어야 한다는 이성적 욕구로서, 이 대상 속에서 인간은 자신의 고유한 자아를 재인식하는 것이다. 한편으로는 존재하는 것을 내적으로 대자화하고, 그러나 또한 이 대자존재를 외적으로도 현실화함으로써, 이와 함께 이러한 이중화 속에서 자신 안에 존재하는 것을 자신과 타자에 대해 가시화하고 인식하게 함으로써, 이러한 정신적 자유의 욕구를 만족시킨다. 이것이 인간의 자유로운 이성성(Vernünftigkeit)으로서, 일체의 행위와 앎이 그렇듯 예술도 역시 이 속에서 그 근거와 필연적 원천을 갖는다. 그렇지만 여타의 정치적이고 도덕적 행위, 종교적 표상, 학문적 인식과 구분되는 예술에 대한 특수한 욕구는 차후에 살펴보게 될 것이다.

2. 인간의 감각을 위해 감각적인 것에서 도출된 예술작품

지금까지 예술작품이 인간에 의해 제작되었다는 측면을 고찰했다면, 이제는 그것이 인간의 감각을 위해 산출되며 따라서 또한 많든 적든 감각적인 것에서 얻어진다는 두 번째 규정으로 넘어가야만 한다.

a) 이러한 성찰은 예술이 느낌(Empfindung)을, 더 구체적으로 말하자면 우리에게 딱 맞는다고 여기는 느낌을 — 쾌적한(angenehm) 느낌을 — 유발하도록 규정된 것이라는 식의 고찰을 행하는 동기를 부여했다. 이런 점에서 예술의 연구는 느낌의 연구가 되었으며, 그리하여 과연 도대체 어떤 느낌들이 예술을 통해 유발될 수 있는지를 묻게 되었다. 예컨대 이러한 느낌들이 공포와 연민이라고 한다면, 도대체 이런 것들이 어떻게 쾌적할 수 있는지, 불행의 관찰이 어떻게 만족감을 보장할 수 있는지 하는 것을 또 묻게 되었다. 이런 방향의 성찰은 특히 모제스 멘델스존(Moses Mendelssohn)[26]의 시대에서부터 나타나는데, 그의 저작들에서는 그런 종류의 고찰들이 많이 발견된다. 하지만 그러한 연구는 크게 진척되지 못했는데, 왜냐하면 느낌이란 정신의 불확정적이고 어슴푸레한 영역에 속하기 때문이다. 감각적으로 느껴지는 바는 아주 추상적이고 개별적인 주관성의 형식으로 싸여 있으며, 따라서 느낌의 차이들도 역시 전적으로 추상적일 뿐 사태 자체의 차이들은 아니다. 예컨대 공포, 두려움, 근심, 경악은 물론 동일한 느낌의 방식이 여러 가지로 변형된 것들이긴 하다. 그러나 이것들은 한편으로는 단지 양적 증가일 뿐이며, 다른 한편으로는 그것들의 내용 자체와는 무관한, 내용에는 무차별적인 형식들이다. 예를 들어 공포의 경우, 주체가 관심을 갖는 어떤 현실적 존재가 앞에 있는데,

동시에 이 존재를 파괴하려 위협하는 어떤 부정적인 것이 다가옴을 주체는 보게 되고, 이때 주체는 직접 자신 안에서 이 두 가지, 즉 이러한 관심과 부정적인 것을 자신의 주관성의 모순적 정서(Affektion)로서 발견한다. 그러나 그런 공포는 그 자체로는 아직 여하한 내용도 확정적으로 야기하지 않으며, 지극히 상이하거나 지극히 대립적인 것이 그 안에 수용될 수 있다. 느낌 그 자체는 주관적 정서의 철저히 공허한 형식이다. 이러한 형식은 한편으로는 희망, 고통, 기쁨, 만족과 같이 내적으로 다양할 수 있으며, 다른 한편으로는, 정의감, 도덕감, 숭고한 종교적 감정 등이 있는 것처럼, 이렇듯 상이하게 여러 가지 내용을 담을 수 있다. 그러나 그러한 내용이 여러 형식들의 감정으로 현전한다고 해서 아직 그 본질적이며 규정된 본성이 드러나는 것은 아니며 단지 나의 주관적 정서로 머물게 되는데, 여기에서 구체적 사태는 극히 추상적인 영역으로 끌려들어가듯 사라지게 된다. 그러므로 예술이 유발하는 혹은 유발하게 마련인 느낌들에 대한 연구는 전적으로 비규정적인 상태에 머물게 되며 본연의 내용과 그 구체적인 본질 및 개념을 도외시하는 고찰이 되고 만다. 왜냐하면 느낌에 대한 반성적 고찰은 주관적 정서와 그 특수성의 관찰에 만족할 뿐, 사태 속으로, 즉 예술작품 속으로 침잠 · 몰입하여 그와 함께 단순한 주관성과 그 상태들로부터 벗어나는 데까지는 이르지 못하기 때문이다. 그런데 느낌의 경우에는 바로 이 내용 없는 주관성이 단지 유지될 뿐 아니라 주안점이 되는데, 이런 연유로 인해 사람들은 그토록 쉽사리 즐겨 느끼는 것이다. 그러나 그렇기 때문에 또한 그러한 식의 고찰은 그 비규정성과 공허함으로 말미암아 지루하게 되고, 사소한 주관적 특수성들에 대해 주목하는 것 때문에 역겨워지기도 한다.

b) 그러나 예술작품은 이제 그저 막연히 느낌들만을 유발하는 것이어서는 안 되며 — 왜냐하면 이럴 경우에 예술작품은 이런 목적을 웅변술이나 역사서술, 종교적 교화 등과 별 차이 없이 공유할 테니까 — 그것이 다만 아름다운 한에서 느낌을 유발해야 하는 것이므로, 반성적 고찰은 미에 대하여 이제 **미의 특유한 느낌**을 또한 찾아내고 **미를 위한** 특정한 **감각**을 발견하는 일에 빠져들게 되었다. 그런데 이렇게 하여 곧바로 밝혀진 것은 그런 감각이란 것이 이미 그 자체로 충분히 미를 식별해내는, 자연을 통해 확실히 규정된 맹목적인 본능이 아니라는 사실이었는데, 그리하여 그러한 감각을 위해 **교양**이 요구되었고 그렇게 도야된 미의 감각은 **취미**(*Geschmack*)라 불리게 되었다. 그러나 이 취미라는 것도 비록 도야를 거쳐 미를 파악하고 발견하는 것이라고는 하지만 직접적 느낌의 방식에 머물 도리밖에 없는 것이었다. 추상적 이론들이 어떻게 그러한 취미감각을 육성하려 시도했는지, 그리고 이런 감각 자체가 어떻게 하여 외면적 · 일면적인 것에 머물렀는지에 대해 우리는 이미 언급한 바 있다. 한편으로는 **일반적인** 원칙들에 결함이 있기도 했고, 다른 한편 그런 입장들의 시대에는 **개별 예술작품들**에 대한 특수한 비판 역시 **좀 더 규정적인 판단**을 정초하는 방향보다는 — 왜냐하면 아직 이를 위한 역량이 없었으므로 — 오히려 취미 일반의 도야를 촉진하는 방향을 취했었다. 그러므로 이러한 도야 역시 비규정적 상태에 머물러 있었으며, 다만 미가 어디에 또 어떤 식으로 현전하든 이를 직접 발견할 수 있어야 한다는 취지로 미의 감각으로서의 느낌을 반성으로 무장시키려 노력했을 따름이다. 그렇지만 사태의 깊이는 취미에게 은폐된 채로 남았는데, 왜냐하면 그러한 깊이는 감각과 추상적 반성뿐만이 아닌, 충만한 이성

과 견실한 정신을 요구하는 반면, 취미는 외적 표면에만 의존하기 때문이다. 그리고 느낌들은 이 표면 주위를 유희하며 또 거기에서는 일면적 원칙들이 통용될 수 있다. 그런데 그렇기 때문에 소위 좋은 취미라는 것은 일체의 보다 심오한 작용들을 두려워하며, 사태가 언어로 표현되고 외면성과 부수적인 것들이 사라지게 되는 곳에서는 침묵한다. 왜냐하면 보다 심오한 영혼의 위대한 열정과 움직임이 나타나는 곳에서 취미의 미세한 차이들은 그리고 개별성들에 집착하고 사소한 것들에 얽매이는 취미의 성벽은 더 이상 중요한 것이 아니기 때문이다. 취미는 천재적 정신(Genius)이 그러한 기반을 성큼 넘어감을 느끼며, 그의 힘 앞에서 뒷걸음치면서 안절부절 더 이상 어쩔 줄 모르게 된다.

c) 그리하여 사람들은 예술작품을 고찰할 때 단지 취미의 도야만을 안중에 두고 오로지 취미만을 가리키려고 하는 방식으로부터도 역시 돌아섰다. 취미를 지닌 사람이나 취미에 의존하는 예술재판관(Kunstrichter) 대신 **전문가**가 등장했다. 예술의 전문지식이 한 예술작품에 속하는 개별 사항들 전체에 대한 철저한 숙지와 관련되는 것인 한에서, 이러한 지식의 긍정적인 측면이 예술고찰에 필수적이라는 것을 우리는 이미 언급한 바 있다. 왜냐하면 예술작품은 질료적인 동시에 개별적인 본성으로 인해 본질적으로 극히 다양한 종류의 특수한 조건들로부터 생겨나기 때문인데, 이 조건들에는 우선 생성의 시기와 장소, 다음으로 예술가의 특정한 개성, 그리고 주로 예술의 기술적 숙련이 속한다. 한 예술적 산물을 일정하게 또 근본적으로 바라보고 인식하기 위해서는, 아니 심지어 그것을 향유하기 위해서는 이러한 모든 측면들에 주목하는 것이 불가결한데, 전문지식은 바로 이러

한 것들에 몰두하는 것이고 또한 그러한 지식이 나름의 방식으로 성취해 내는 것은 고맙게 받아들여져야 한다. 그런데 그런 식의 박식함을 본질적인 어떤 것으로 간주함이 정당할지라도, 그것을 정신이 예술작품 및 예술 일반에 대해 맺는 유일하고도 최상의 관계로 간주해서는 안 된다. 왜냐하면 여기서 전문성이란 단지 외적인 면, 기술적인 면, 역사적인 면 등의 지식에만 머물 뿐이고, 예술작품의 참된 본성에 대해서는 별로 예감하지 못하거나 심지어 아무 것도 알지 못할 수 있기 때문인데, 이것이 바로 전문성의 결함인 것이다. 실상, 그것은 심지어 순전히 실증적, 기술적, 역사적일 뿐인 지식들과 비교해서 한층 심오한 고찰의 가치를 과소평가할 수조차 있는 것이다. 그러나 그 경우에도 전문성은, 그것이 진정한 전문성이라면, 적어도 확실한 근거와 지식, 그리고 분별 있는 판단에 이르기도 하는 것인데, 그럴 때에 이 판단에는 예술작품이 갖는 — 비록 부분적으로는 외적인 측면들일지라도 — 상이한 측면들에 대한 보다 정확한 구별과 그것들에 대한 가치평가도 역시 결합되어 있는 것이다.

d) 그 자체 감각적 대상으로서 예술작품이 감각적 존재로서의 인간과 본질적인 관계를 갖는다는 측면으로부터 유발된 고찰방식들에 대한 위에서의 언급에 뒤이어, 이제 우리는 이 측면이 예술 자체에 대해 갖는 더 본질적인 관계를 다음과 같은 관점에서 고찰하고자 한다. 즉 α) 한편으로는 대상으로서의 예술작품에 대하여, β) 또 한편으로는 예술가의 주관성, 그의 천재, 재능 등의 관점에서 말이다. 그런데 여기에서 우리는 이와 관련하여 오로지 예술의 보편적 개념에 대한 인식으로부터만 드러날 수 있는 것은 다루지 않을 것이다. 왜냐하면 우리는 여기서 아직 진정한 의미에서는 학문적인 근거와 기반

위에 놓여 있지 못하며, 단지 겨우 외적인 반성의 영역에 서 있기 때문이다.

α) 위에서 본 바와 같이, 예술작품은 물론 감각적 지각에 대해 제공되는 것이다. 예술작품은 — 우리를 둘러싸고 있는 외적 자연이나 혹은 우리에게 고유한, 내면의 느끼는 자연[27]이라는 대상이 그렇듯이 — 외적이든 내적이든 간에 감각적 느낌에 대해, 감각적 직관과 표상에 대해 제시된다. 왜냐하면, 심지어 가령 연설조차도 감각적 표상이나 느낌의 대상으로 존재할 수 있기 때문이다. 하지만 그럼에도 예술작품은 감각적 대상으로서 단순히 **감각적** 파악의 대상으로서만 존재하는 것은 아니며, 예술작품이 갖는 지위는 다음과 같은 성격을 지니고 있다. 즉, 예술작품은 감각적인 것이되 동시에 본질적으로 **정신**에 대한 것이며, 정신은 그것에 의해 촉발되어 그 속에서 일정한 만족을 찾게 된다.

예술작품에 대한 이러한 규정은 곧바로 다음과 같은 점을 깨닫게 해준다. 즉, 자연산물이, 폄하하는 의미로 흔히 표현하듯, **한갓** 예술작품보다 더 높게 혹은 더 낮게 평가될 수는 있지만, 어쨌든 예술작품은 자연산물일 수 없으며 그것의 자연적 측면에 따르더라도 자연적 생명성(Naturlebendigkeit)을 가질 수는 없다는 점 말이다.

왜냐하면 예술작품의 감각적인 측면은, 그것이 그 자체로 감각적인 것으로서 독자적으로 존재하는 한에서가 아니라, 오로지 인간의 정신에 대해 존재하는 한에서 특정한 것으로서 현존하기 때문이다.

감각성이 인간에 대해 어떤 방식으로 현존하는지를 좀 더 상세히 고찰해 보면, 우리는 감각적인 것이 정신과 다양한 방식으로 관계를 맺는다는 사실을 발견하게 된다.

αα) 가장 열등한, 정신에 가장 덜 적합한 방식은 순전히 감각적이기만 한 파악이다. 그것은 우선 단순히 보고 듣고 촉감으로 느끼는 일 등에서 성립하는데, 생각 없이 배회하거나 여기서 그저 소리를 듣고 저기서 두리번거리고 하는 등의 일이 정신적 긴장해소의 시간에는 많은 이들에게 대략 기분전환이자 즐거운 일일 수 있는 경우에서처럼 말이다. 정신은 외부사물들을 시각과 청각을 통해 단순히 지각하는 데 머물지 않으며, 그것들을 자신의 내면성의 대상으로 삼는데, 이 내면성은 우선은 스스로 또 다시 감각성의 형식으로 자신을 사물들 가운데 실현하도록 추동되어 **욕구**로서 사물들과 관계를 맺는다. 이렇듯 외부세계와의 욕구에 가득 찬 관계 속에서 감각적 개별자로서의 인간은 마찬가지로 개별적인 것으로서의 사물들과 대면한다. 인간은 보편적 규정들을 지닌 채 사유하는 존재로서 사물들로 향하는 것이 아니라, 개별적 충동과 관심에 따라 역시 개별적인 대상들과 관계하며, 그것들을 사용하고 소모하며 그것들을 희생시켜 자기만족을 실현하는 가운데 그것들 속에서 자신을 유지한다. 이러한 부정적 관계에서 욕구는 자신을 위해 단지 외부사물들의 표면적 가상을 요구하는 것이 아니라, 그것들의 감각적으로 구체적인 실존 자체를 필요로 한다. 욕구가 목재를 사용하고자 하거나 짐승들을 먹어치우고자 할 때 이것들을 그저 그림으로 그려 놓은 것은 욕구에게는 아무 소용이 없을 것이다. 마찬가지로 욕구는 개체를 자유롭게 놔둘 수도 없는데, 왜냐하면 욕구의 충동이란 외부 사물들의 이러한 독립성과 자유를 지양하여 그것들이 파괴되고 소모되기 위해 존재할 뿐임을 보여주는 데까지 뻗어나가기 때문이다. 그러나 동시에 개별적으

로 제한되어 있으며 허망한 욕구의 관심에 사로잡힌 주체 역시, 그것이 자신의 의지의 본질적 보편성과 합리성으로부터 규정되지 않은 까닭에 내적으로 자유롭지 못하며, 또한 욕구가 본질적으로 사물들에 의해 규정되고 그들에 연루된 채 남아있는 까닭에 외부세계와 관련해서도 자유롭지 못하다.

그런데 인간이 예술작품에 대해서 갖는 관계는 그런 식의 욕구의 관계가 아니다. 인간은 대상으로서의 예술작품을 독립적으로 자유로이 존재하도록 두며, 또한 예술작품에 무욕구적으로 관계하는데, 다시 말해서 오로지 정신의 이론적이고 관조적인 측면을 위해서만 존재하는 대상으로서의 예술작품에 관계한다. 그러므로 이렇게 보면 예술작품은 비록 감각적으로 실존하기는 하지만, 그렇다고 감각적으로 구체적인 현존재와 자연적 생명성을 필요로 하는 것은 아니다. 아니 심지어 예술작품은, 오로지 정신적인 관심들만을 만족시키고 또한 일체의 욕구를 자신으로부터 배제해야 하는 한에서, 그러한 기반에 머물러 있어서는 안 되는 것이다. 그렇기에 물론 실천적 욕구는 실제로 그것이 사용할 수 있는 개별적 자연물들을 — 유기적이든 비유기적이든 간에 — 자신의 용도에는 쓸모없는 것으로 입증된, 그리고 오직 정신의 다른 형식들에 의해서만 향유될 수 있는 예술작품보다 한층 더 높이 쳐주는 것이다.

ββ) 외적으로 현존하는 것들이 정신의 대상으로서 존재할 수 있는 두 번째 방식은 — 개별적이고 감각적인 직관과 또 실천적 욕구와 맺는 관계의 방식과는 대조적으로 — **지성**(*Intelligenz*)과 순수하게 이론적 관계를 맺는 방식이다. 사물에 대한 이론적 고찰은 그것들 하나하나를 소모하고 이를 통해 감각적 만족을 구하여 자신을 유지

하려는 관심이 아니라, 그 보편성을 인지하고 그 내적 본질과 법칙을 발견하여 개념에 따라 그것들을 파악하려는 관심을 갖는다. 따라서 이론적 관심은 개별 사물들을 그 자체로 보존하며, 감각적인 개별자로서의 사물들 앞에서 물러서는데, 그 이유는 지성이 행하는 고찰이 추구하는 바는 그러한 감각적 개별성이 아니라는 점에 있다. 왜냐하면 이성적인 것으로서의 지성은 욕구와는 달리 개별적인 주체 그 자체에 속하는 것이 아니라, 개별적인 것이면서 동시에 내적으로 보편적인 것에 속하기 때문이다. 인간이 이러한 보편성에 따라 사물들과 관계할 때, 자연에서 자신을 발견하고 이를 통해 사물의 내적 본질을 다시 드러내고자 노력하는 것은 그의 보편적 이성이며, 감각적 실존은 이러한 본질을 자신의 근거로 삼기는 할지라도 이 본질을 직접 제시할 수는 없다. 그런데 예술은 오직 실천적일 뿐인 욕구의 충동과 공통의 관심사를 함께하지 않는 것과 마찬가지로, **학문**의 작업이 만족시키게 되는 이론적 관심을 — 이러한 학문적인 형식 속에서는 — 공유하는 것도 아니다. 왜냐하면 학문이 감각적인 것의 개별성으로부터 출발하고, 직접적으로 개별적 색채, 형상, 크기 등을 지닌 채 현전하는 이 개별적인 것과 관련하여 그 어떤 표상을 소유할 수 있긴 하지만, 이런 개별화된 감각성 그 자체는 정신에 대해 그 이상의 관계를 갖지 않기 때문이다. 이러한 사정은 지성(Intelligenz)이 보편성, 법칙, 사상 그리고 대상의 개념을 향해 나아가며, 그런 까닭에 대상의 직접적 개별성을 떠날 뿐만 아니라 그것을 내적으로 변화시켜 감각적 구체성으로부터 추상 개념, 사유된 것 그리고 대상의 감각적 현상과는 본질적으로 다른 어떤 것을 만든다는 점으로부터 설명될 수 있다. 바로 이러한 것을 예술적 관심은 — 학문과는 달리 — 하지 않는다. 예술 작품이 색채, 현상, 음향의 측면에 따라 직접적 규정성과 감각적 개별성을 갖는 외적 객체로서 혹은 개별적 직관 등으로서 자신을 알리듯이, 예술적 고찰도 마찬가지로 학문이 하는 바와는 달리 그에 제공되는 직접적 대상성을 넘어 이러한 객체성의 개념을 보편적 개념으로 파악하고자 하는 데까지 나아가지는 않는다.

예술적 관심은 다음과 같은 점에서 욕구의 실천적 관심과 구별된다. 즉 전자의 관심이 자신의 대상을 자유로이 그 자체로 있게끔 두는 반면에, 욕구는 대상을 자신의 효용을 위해 파괴적으로 사용한다. 이와는 달리, 학문적 지성의 이론적 고찰과 예술적 고찰은 다음과 같이 그 반대의 측면에서 구분되는데, 즉 예술적 고찰은 대상의 개별적 실존에 관심을 품고, 그것을 그 보편적 사상과 개념으로 변화시키는 활동을 하지는 않는다.

γγ) 이제 이로부터 다음과 같은 사실이 귀결로서 도출된다. 즉, 예술작품 속에서 감각적인 것은 물론 현존해야 하지만, 그것은 단지 표면이자 **가상**으로서만 현상해야 하리란 사실 말이다. 왜냐하면 예술작품의 감각성에서 정신이 찾는 것은 구체적 질료성, 유기체의 경험적인 내적 완전성 및 그것의 전개 — 바로 이것을 욕구는 요구하는데 — 도 아니고, 또 보편적이면서 다만 관념적(ideell)일 뿐인 사상도 아니며, 정신은 감각적 현재성을, 즉 감각적이면서도 또한 작품이 갖는 단순한 질료성의 굴레로부터 해방되어야 하는 감각적 현재성을 원하기 때문이다. 그런 까닭에 예술작품의 감각성은 자연적 사물들의 직접적 현존재와 비교할 때 한갓 **가상**으로 고양된 것이며, 그래서 예술작품은 직접적 감각성과 관념적 사상의 **중간**에 있는 것이다. 그것은 아직 순수한 사상이 아니지만 그 감각성에도 불구하고 더 이상

돌, 식물, 유기적 생명과 같은 단순한 질료적 현존재도 아닌 것으로서, 예술작품에서의 감각성은 그 자체 하나의 관념적인 감각성이지만, 동시에 사상의 관념성으로서가 아니라 사물로서 여전히 외적으로 현존하는 그런 것이다. 정신이 대상의 본질적 내면으로 침잠하지 않으면서(이렇듯 침잠하게 된다면 대상은 정신에 대해 개별적이고 외적으로 존재하기를 전적으로 멈추게 될 것인데), 대상을 자유롭게 놔둔다면, 이때 감각성의 이러한 가상은 정신에 대해, 외부에서 보면, 사물의 형태, 외관 혹은 음향으로서 등장한다. 따라서 예술의 감각적 성격은 시각과 청각이라는 두 가지의 이론적 감각에만 관계하고, 반면에 후각, 미각, 촉각은 예술적 향유에서 제외된다. 왜냐하면 후각, 미각, 촉각은 물질성 그 자체 및 그것의 직접적이며 감각적인 성질과 연관된 것이기 때문이다. 후각은 공기를 통한 물질의 발산과, 미각은 대상의 물질적 용해와, 촉각은 따뜻함, 차가움, 매끄러움 등과 관련된 것이다. 이러한 이유에서 이런 감각들은 예술의 대상들, 즉 그 실질적인 독립성을 유지해야 하며 또한 오직 감각적이기만 한 연관성은 허용하지 않는 대상들과는 무관할 수가 있는 것이다. 이러한 감각들에서의 쾌적한 것은 예술의 미가 아니다. 그렇기에 예술은 감각성의 측면으로 인해 의도적으로 형태, 음향, 외관과 같은 그림자세계를 산출할 뿐인데, 그래서 인간이 예술작품을 만들어낼 때 단순한 무기력이나 그의 한계성 때문에 그저 감각성의 피상적인 면만을, 허깨비만을 제공할 줄 안다고 하는 것은 완전히 어불성설이다. 왜냐하면 이러한 감각적 형태와 음향은 의식의 가장 깊은 곳으로부터 정신에 공명과 반향을 불러일으키는 힘이 있는 까닭에, 그것들은 단순히 그 자신이나 그 직접적 형태로 인해서가 아니라 이러한 형태 속에서 보다 높은 정신적인 관심을 만족시킬 목적으로 예술에 등장하기 때문이다. 이런 식으로 감각성은 예술에서 **정신화되어**(*vergeistigt*) 있는데, 그 이유는 **정신성**이 예술에서 감각화되어(versinnlicht) 현상한다는 점에 있다.

β) 그렇기에 바로 하나의 예술적 산물은 정신을 통과하는 과정을 거치고 정신적 제작 활동으로부터 생겨나는 한에서만 현존하는 것이다. 이러한 측면은 우리가 대답해야만 할 또 다른 물음, 즉 예술에 필수적인 감각적 측면이 — 생산적 주관성으로서의 — 예술가에게서 어떤 작용을 하는가 하는 물음으로 이어진다. — 주관적 활동으로서의 이러한 생산의 방식은 우리가 객관적으로 예술작품에서 발견했던 것과 전적으로 동일한 규정들을 내포한다. 이 활동은 정신적 활동이되, 동시에 감각성과 직접성의 계기를 내포하는 것이다. 하지만 그것은 한편으로 단지 감각적 솜씨에서 보이는 단순한 무의식적 숙련으로서의, 혹은 고정되고 습득될 수 있는 규칙들에 따르는 형식적 활동으로서의 단순한 기계적 노동이 아니고, 다른 한편으로는 감각성으로부터 추상적 표상이나 사상으로 이행하거나 혹은 전적으로 순수사유의 요소 속에서 활동하는 학문적 생산도 아니다. 예술의 생산에서 정신적인 것과 감각적인 것의 측면들은 하나가 되어야 한다. 예컨대 시작(詩作)의 경우 사람들은 표현되어야 할 것을 사전에 미리 산문적 사상으로 파악하고 다음으로 이것을 이미지와 각운 등으로 옮겨, 이미지적인 것을 단순히 장식물이나 치장으로서 추상적 성찰들에 덧붙이는 작업방식을 택할 수도 있을 것이다. 하지만 그러한 수행방식은 조악한 시만을 양산하게 될 것인데, 왜냐하면 예술적 생산력의 경우에는 오직 분리되지 않은 통일로서만 타당성을 갖는 것이 여기서는 **분리된** 활동으로서 작용할 것이기 때문이다. 이러한 진정

한 생산적 작업이 예술적 판타지의 활동을 이룬다. 이 **판타지**는 이성적인 것인데, 이것은 오로지 자신을 능동적으로 의식화해가는 한에서만 정신으로서 존재하며, 또한 자신이 내적으로 지니는 것을 감각적 형식으로 자신 앞에 제시한다. 그러므로 이 활동은 정신적 내용을 지니되 이를 감각적으로 형상화하는데, 왜냐하면 이 활동은 그 내용을 오직 감각적인 방식으로만 의식할 수 있기 때문이다. 이것은 인생경험이 많고 기지 또한 풍부하며 재치 있는 사람의 행동방식과 비교될 수 있다. 즉, 그는 인생에서 무엇이 중요한지, 무엇이 실체로서 사람들을 결합하고 있는지, 또 무엇이 그들을 움직이며 그들을 주재하는 힘인지에 대해 완벽하게 알지만, 이 내용을 스스로 보편적 규칙으로 파악하지 않고, 그것을 다른 사람에게 보편적인 반성을 통해 설명할 줄도 모르는 채, 자신의 의식의 내용을 현실적이든 허구적이든 항상 특수한 사례들을 가지고, 적절한 실례를 들면서 자신과 타인에게 해명한다. 왜냐하면 그의 머릿속에는 만사가 구체적인, 시공간적으로 규정된 이미지로 형상화되며, 이 경우 도대체 이름들 및 갖가지 기타 외적인 정황들이 빠져서는 안 되기 때문이다. 하나 그러한 종류의 상상력은 그 자체로 생산적이라기보다는 체험된 상황이나 겪은 경험들의 기억에서 기인하는 것이다. 기억은 그러한 사건들의 개별성 및 외적인 발생 여건을 갖가지 정황들과 함께 보존하고 되살리지만, 반면 보편적인 것이 독자적으로 출현하도록 하지는 않는다. 그러나 예술적이고 생산적인 판타지는 위대한 정신과 심정의 판타지이며, 표상과 형상을 파악하고 산출하는 것, 그것도 가장 심오하고 가장 보편적인 인간적 관심사를 이미지를 통해, 아주 규정적인 감각적 표현 속에서 파악하고 산출하는 것이다. 여기서 곧바로 나오는 결론은 판타지란 한 측면에서 보자면, 그 생산 활동이 감각성을 필요로 하는 까닭에, 여하튼 자연의 선물, 재능에서 기인한다는 사실이다. 사람들은 또한 마찬가지로 학문적 재능이라는 것도 말하기는 하지만, 학문은 자연적인 방식으로 판타지처럼 활동하는 대신 바로 그 모든 자연적 활동성으로부터 벗어나는 사유를 위한 보편적 능력만을 전제하는 것이므로, **순전히** 자연의 선물이라는 의미에서의 특수한 학문적 재능이란 것은 없다는 말이 더욱 올바를 것이다. 이에 반해 판타지는 동시에 본능적이기도 한 생산 양태를 갖는데, 그것은 예술작품에 본질적인 이미지의 성격과 감각성이 자연적 소질이자 자연적 충동으로서 주관적으로 예술가에게 내재하며, 또한 무의식적으로 작용하는 것으로서 인간의 자연적 측면에도 반드시 속하는 것이기 때문이다. 다른 한편 예술생산은 역시 정신적 · 자의식적인 종류이기도 한 까닭에, 자연적 능력이 재능과 천재 전부를 채우지 않는 것은 사실이고, 정신성이 어쨌든 자연적 조형과 형상화라는 한 계기를 내포하고 있어야 하는 것이다. 그렇기에 거의 모든 사람이 어느 정도까지는 예술 활동을 할 수 있음이 사실이긴 하나 예술이 본격적으로 처음 시작하게 되는 이 지점을 넘어서기 위해서는 타고난 한층 더 높은 예술적 재능이 필수적이다.

그런 연유로 자연적 소질로서의 그러한 재능은 대개 이미 비교적 이른 청소년기에 예고되며, 충동적인 불안의 양상으로 드러나기도 한다. 즉 이러한 재능은 단번에 특정한 감각적 질료 속에서 생생하고 감동적인 형상화를 이루고자 하며, 이러한 방식의 표현과 전달을 유일한 것으로 또는 가장 주요하고 적합한 것으로 붙들고 있으려 하는 불안과 조바심의 양상으로 드러나는 것이다. 그리고 어쨌든 간에 일찌감치, 어느 정도까지는 별로 힘도 들이지 않은 채 도달하는 기술적 숙련은 천부적 재능의 한 징표가 된다. 조각가에게 일체의 것은 형상으로 변하며, 어릴 적부터 그는 형상화를 위해 점토를 움켜쥔다. 도대체 그러한 재능이 표상하는 것, 그러한 재능을 내적으로 일깨우고 움직이는 것은 곧바로 형상, 소묘, 멜로디 또는 시로 된다.

γ) 이제 세 번째 마지막으로 예술에서는 **내용** 또한 어떤 면에서 보면 감각적인 것, 자연에서 취해진다. 즉 내용이 아무리 정신적인 경우라 할지라도, 그 내용이 포착될 때에는, 그 내용이 인간적 관계들과 같은 정신적인 것을 외적으로 실재적인 현상의 형태 속에서 묘사하게 되는 그런 식으로만 포착되는 것이다.

3. 예술의 목적

이제 인간이 그러한 내용을 예술작품의 형식으로 산출할 때 마음에 품는 관심, 즉 **목적**은 어떤 것인가 하는 물음이 생겨난다. 이것은 우리가 예술작품에 관해 세웠던 세 번째 관점이었는데, 이에 대해 더욱 상세히 논구함으로써 결국 우리는 예술의 참된 개념 자체에 이르게 될 것이다.

이와 관련하여 일상적 의식을 주시해 본다면, 우리에게 떠오를 수 있는 가장 통념적인 표상은 다음과 같다.

a) **자연의 모방**이라는 원리이다. 이 견해에 따르면, 자연형상들을 현선하는 모습 그대로 일치하도록 모사하는 숙련으로서의 모방이 예술의 본질적 목적을 이루는 것이며, 자연에 일치하는 이러한 표현

이 성공할 때 완전한 만족이 달성된다는 것이다.

α) 이러한 규정에 들어 있는 것은 우선 단지 전적으로 형식적인 목적, 즉 흔히 이미 외적 세계에 존재하는 것이 그 현존하는 모양 그대로 이제 또한 인간에 의해 — 그가 지닌 수단을 사용하여 할 수 있는 한 훌륭하게 — 다시 한 번 제작된다는 목적뿐이다. 그러나 이러한 반복은 즉시 αα) **불필요한** 수고로 간주될 수 있는데, 왜냐하면 회화, 연극 등이 모방적으로 표현하는 것, 즉 동물, 자연의 풍경, 인간사들을 우리는 흔히 이미 우리의 정원이나 집에서, 혹은 멀고 가까운 친지들이 겪는 사건들에서 대면하기 때문이다. 그리고 좀 더 정확히 말해, 이러한 불필요한 노력은 심지어 ββ) 자연보다도 못한, 주제넘은 유희로 간주될 수도 있다. 왜냐하면 예술은 표현수단의 면에서 제한되어 있으며, 단지 일면적인 기만들을, 예를 들어 **어떤 하나**의 감관에 대해서만 유효한 현실성의 가상을 만들어내기 때문이다. 또 그것이 **단순한 모방**이라는 형식적 목적에 머물러 있을 경우 사실상 현실적인 생동성을 제공하는 대신에 삶을 가장하여 꾸며대는 일만을 하기 때문이다. 주지하듯 이슬람교도인 터키인들이 인간을 그리거나 모사한 것 등을 용납하지 않는 점이나, 제임스 브루스[7] 28)가 아비시니아로 여행 중 한 터키인에게 물고기 그림을 보여주어 우선은 그를 놀라게 했으나 곧바로 다음과 같은 대답을 들은 것도 그런 이유 때문인 것이다. "이 물고기가 최후의 심판 날 당신에게 반기를 들고 일어나, 당신은 나에게 몸은 만들어 주었지만 살아있는 영혼은 만들어 주지

7 James Bruce(1730-1794). 영국의 탐험가.

않았다고 말한다면, 당신은 이 비난에 대해 어떻게 스스로를 정당화하겠습니까?" **순나**(*Sunna*)[8]에 씌어져 있는 바처럼, 옴미 하비바와 옴미 셀마라는 두 여인이 이디오피아 교회의 그림들에 관해 예언자에게 이야기하자, 그 예언자 역시 그들에게 이미 다음과 같이 말한 바 있다. "심판의 날에 이 그림들은 그 작가를 고발할지어다." 물론 완벽하게 속이는 모사의 실례들이 있는 것도 사실이다. 제욱시스(Zeuxis)가 그린 포도송이들은 살아 있는 비둘기들이 그것을 쪼았다고 하여 예로부터 예술의 승리이자 동시에 자연의 모방 원리의 승리로 일컬어졌다. 이러한 옛 사례에다 우리는 뷔트너[9]의 원숭이에 관한 최근의 사례를 추가할 수 있을 텐데, 그 원숭이는 뢰젤[10]의 『곤충들의 축제』(*Insektenbelustigungen*, 1741년부터의 연작)에 나오는 딱정벌레 그림을 물어뜯어 값진 작품의 매우 아름다운 견본을 망가뜨렸지만, 동시에 이것은 그 모사의 탁월함을 증명한 것인 까닭에 주인의 용서를 받았다. 그러나 그런 종류의 사례에서 적어도 즉시 우리 마음속에 떠올려야 할 생각은 비둘기와 원숭이조차 속였다고 해서 예술 작품을 찬양하는 것 대신에, 예술작품의 그런 저급한 효과만을 궁극적이고 최상의 것인 양 서술할 줄밖에 모르면서 예술작품을 드높이고자 하는 바로 그런 사람들은 모름지기 비난받아야 한다는 점이다. 그런데 전반적으로 보아 꼭 말해 두어야 할 것은, 단순한 모방의 경우 예술은 자연과의 경쟁을 버텨낼 수 없으며, 코끼리 뒤를 따라 기어가는 벌레

8 회교 정통파의 종교적 계율.

9 Christian Wilhelm Büttner(1716-1801). 자연학자.

10 August Johann Rösel von Rosenhof(1705-1759). 동물학자이자 화가.

의 모양새와 다를 바 없다는 것이다. — γγ) 자연이라는 원형에 비하면 모사는 항상 그처럼 상대적으로 보아 실패작이기 마련이므로, 여기서 예술에 목적으로 남게 되는 것은 자연과 유사한 무언가를 산출하는 재주에서 얻는 만족밖에 없다. 그런데 물론 인간은 그렇지 않아도 이미 현전하는 것을 자기 자신의 노동과 숙련된 솜씨 그리고 꾸준한 노력을 통해서도 또한 산출해낸다는 사실에 기뻐할 수 있다. 그러나 이러한 기쁨과 경탄 그 자체도 모상이 자연의 원형과 유사하면 할수록 바로 그만큼 더 빨리 식어버리거나 또한 싫증과 반감으로 뒤바뀌게 된다. 우스갯소리로 사람들이 말하듯, 역겨울 정도로 닮은 초상화들이 있다. 그리고 칸트는 모방된 것 그 자체에서 얻는 이러한 만족에 관해 또 다른 실례를 인용하고 있는데, 즉 우리는 나이팅게일의 울음을 완벽하게 모방할 줄 아는 사람들에게 — 그리고 정말 그런 사람들이 있는데 — 곧 물리게 되며, 또한 그 소리를 낸 것이 사람이라는 사실이 알려지는 순간 즉시 그러한 노래에 싫증을 느낀다는 것이다.[29] 그 경우 우리는 거기에서 자연의 자유로운 산물도, 예술작품도 아닌 오로지 재주부리기만을 인식할 뿐이다. 왜냐하면 우리는 나이팅게일의 울음소리처럼 — 인간적 감각의 음향과도 유사하게 — 무의도적으로 그것의 독특한 생명성에서 표출되는 한에서 우리의 흥미를 끄는 그런 음악과는 전혀 다른 것을 인간의 자유로운 산출능력에서 기대하기 때문이다. 대체로 모방의 능숙함에서 오는 기쁨이란 이렇듯 언제나 제한되어 있을 뿐인데, 인간에게는 그가 자기 자신으로부터 산출해 낸 것에서 기쁨을 얻는 것이 더 잘 어울린다. 이런 의미에서, 아무리 보잘것없는 기술적 제작물이라 할지라도 인간 자신이 고안한 것이 더 높은 가치를 지니며, 그래서 인간은 모방의 재주를 부리는 것보다 망치, 못 등을 고안한 것을 더욱 자랑스럽게 여길 수 있다. 왜냐하면 이렇듯 추상적 모사에 열중하는 것은 불콩을 실패 없이 작은 구멍 속으로 던져 넣는 법을 익혔던 사람의 재주부리기와 같을 수 있기 때문이다. 그는 알렉산드로스 앞에서 이러한 솜씨를 선보였으나, 알렉산드로스는 아무런 쓸모도 내용도 없는 이 기술에 대해 보상으로 불콩 한 말을 선사했던 것이다.

β) 이제 더 나아가 모방원리는 아주 형식적인 것이어서, 그것이 목적이 될 경우 거기서 **객관적 아름다움** 자체는 사라지고 만다. 왜냐하면 그 경우에 중요한 것은 모사되어야 할 것의 **본질**이 어떤 성질을 갖는가 하는 사실이 아니라 그것이 **정확하게** 모방되는가 하는 사실뿐이기 때문이다. 아름다움의 대상과 내용은 아무래도 상관없는 것으로 간주되고 있다. 우리는 말하자면 그 밖에도 동물, 인간, 지역, 행위, 성격들을 놓고 미추의 차이를 논하긴 하지만, 앞의 원리에 의거한다면 그런 차이란 원래 예술에 속하지 않는 것으로 되어 버려 결국 우리는 그러한 예술을 위해서 오직 추상적 모방만을 남겨 두는 것이 된다. 그렇다면 여기서는 대상의 선별과 그 미추의 차이라는 면에서 언급된 바와 같이 자연의 무한한 형식을 위한 판단 기준의 결여로 인해 오로지 **주관적 취미**만이 최후의 판단 기준일 수 있다. 그런데 이 주관적 취미란 그 규칙이 확정될 수 없고 그에 관한 논쟁을 허락하지 않는 것이다. 그리고 실제로 만일 표현할 대상을 선택할 때 **사람들이** 아름답거나 추하다고 보는 것에서, 또한 그 때문에 예술을 위해 모방할 가치가 있다고 보는 것에서, 즉 사람들의 취미에서 출발한다면, 자연대상들 중 어느 하나도 쉽사리 그 애호가가 없을 법하지 않으므로, 자연대상의 영역 모두가 모방의 대상으로서의 자격을 갖는 셈이다.

그런 만큼 예컨대 사람들 사이에서도 모든 남편이 자신의 부인을 아름답게 여기지는 않을지 몰라도, 적어도 모든 신랑은 그의 신부를 — 그것도 그의 신부밖에 모를 정도로 — 아름답다고 느끼는 것이 사실이며, 게다가 주관적 취미가 이러한 미를 위해 어떠한 정해진 규칙도 갖지 않는다는 것은 양측을 위해 다행이라고 할 수 있을 것이다. 더 나아가서 우리가 각각의 개인들과 그들의 우연적 취미를 완전히 넘어 **민족**들의 취미를 살펴보자면, 이 역시 대단히 상이하며 대립적이기도 하다. 중국인에게는 흑인과는 전혀 다른 미 개념이, 또 흑인에게는 유럽인과는 전혀 다른 미 개념이 내재한다는 등등의 이유로, 유럽적 미는 중국인이나 혹은 심지어 호텐토트인에게도 마음에 들지 않으리라는 말을 우리는 얼마나 자주 듣게 되는가? 그렇다. 우리가 저 유럽 바깥의 민족들의 예술작품들, 예컨대 숭배의 대상으로 또 숭엄한 것으로서 그들의 판타지로부터 나타난 신상(神像)들을 고찰할 경우, 그것은 우리에게는 매우 소름끼치는 우상들로 보일 수 있으며, 그들의 음악은 우리 귀에 매우 혐오스럽게 들릴 수 있지만, 반면 그들은 나름대로 우리의 조각, 회화, 음악을 무의미하거나 추한 것으로 간주할 것이다.

γ) 그러나 이제 또한 예술을 위한 객관적 원리라는 것 역시 도외시해 보자. 미가 주관적이고 특수한 취미에 맞춰 정립되어야 한다는 가정하에서 말이다. 하지만 그렇더라도 우리는 예술 자체의 측면을 살펴볼 때 하나의 일반적인 원칙인 듯 — 그것도 위대한 권위를 통해 보장된 원칙인 듯 — 보였던 자연적인 것의 모방이 적어도 이러한 일반적이고 극히 추상적인 형식으로 취해져서는 안 된다는 사실을 곧 발견하게 된다. 왜냐하면 여러 예술들을 살펴볼 때, 설령 **회화**

와 **조각**이 자연적 대상들과 유사해 보이거나 혹은 그 전형이 본질적으로 자연으로부터 취해진 대상들을 표현할지라도, 이와는 달리 또한 **아름다운** 기예에 속하는 건축 작품들은 — 단순한 묘사에 그치는 것이 아닌 한에서의 시문학 작품과 마찬가지로 — 자연의 모방이라고 불릴 수 없음을 우리는 곧바로 시인할 것이기 때문이다. 이런 모방이라는 관점을 건축과 시문학에도 여전히 통용시키고자 한다면, 이 원칙을 여러 가지로 제한하고 이른바 진리를 적어도 개연성으로 끌어내려야 할 것이기에, 최소한 긴 우회가 불가피함을 보게 될 것이다. 그러나 개연성이라고 해도 무엇이 개연적이며 무엇이 아닌지를 규정할 때에 또다시 커다란 어려움이 나타날 것이고, 게다가 우리는 극히 자의적이며 완전히 판타지적인 허구들을 시문학에서 모두 배제하려고 하지 않을 것이며 또 그렇게 할 수도 없을 것이다.

그러므로 예술의 목적은 현전하는 것의 단순한 형식적 모방과는 다른 어떤 것에 놓여 있음이 틀림없겠는데, 이러한 모방이란 여하튼 간에 예술**작품**이 아니라 단지 기술적 **재주 부리기**만을 내놓을 수 있을 뿐이다. 물론 예술작품은 외적인, 따라서 동시에 자연적이기도 한 현상의 형식으로 표현되기 때문에, 자연형상을 근거로 삼는다는 사실은 예술작품에 본질적인 한 계기이다. 예컨대 회화에서 색채들 상호간의 관계, 빛의 효과, 반사 등등과 대상의 형식 및 형상들을 극히 미세한 뉘앙스에 이르기까지 정확히 알고 모사해내는 것은 중요한 공부이기도 하다. 그러한 맥락에서 주로 최근에 자연과 자연성 일반에 대한 모방의 원리가 다시 대두되기도 했는데, 이는 허약과 모호함 속으로 다시 퇴행해버린 예술을 자연의 상건함과 명확한 규정성으로 다시금 인도하기 위해서, 또는 다른 한편 예술이 길을 잃고 빠져들어가 버린, 도무지 예술도 자연도 아니고 단지 자의적일 뿐인 작위와 관습성에 대항하여 합법칙적이고 직접적이며 그 자체로 확고한 자연의 수미일관성을 주장하기 위해서였다. 그런데 한편으로 이러한 노력에 아무리 올바른 측면이 있다 할지라도, 여기서 요구되는 자연성 자체는 예술의 근거가 되는 실체적인 것도 최초의 것도 아니다. 따라서 또한 외적으로 현상하는 자연성이 아무리 하나의 본질적 규정을 이룰지라도, 현전하는 자연성이란 것은 예술의 **규칙**이 아니며, 외적 자연성으로서의 외적 현상의 단순한 모방은 예술의 **목적**이 아닌 것이다.

b) 그렇기에 더 나아가서 예술을 위한 **내용**은 도대체 어떤 것이며 어째서 그 내용이란 것이 표현되어야 하는가 하는 물음이 생겨난다. 이와 관련하여 인간정신에 자리하는 모든 것을 우리의 감각, 느낌, 감동의 대상으로 만드는 일이 예술의 과제이자 목적이라는 흔히 알려진 견해가 우리의 의식에 떠오른다. "나는 인간적인 어떤 것도 나와 무관하다고 생각하지 않는다"(Nihil humani a me alienum puto)는[30] 저 잘 알려진 명제를 예술은 우리 속에서 실현시켜야 한다. 그리하여 예술의 목적은 다음과 같이 정립된다. 즉, 예술의 목적은 온갖 종류의 잠재해 있는 감정, 경향성 및 열정을 일깨워 활성화하고 가슴을 가득 채우는 것, 그리고 — 계발되었든 아직 계발되지 않았든 간에 — 인간으로 하여금 인간 심정의 가장 내밀한 부분이 지니고 경험하며 산출할 수 있는 모든 것, 인간 가슴의 심연과 그 다양한 가능성 및 측면들을 움직이고 자극할 수 있는 모든 것을 절절히 느끼도록 하는 데 있으며, 그 밖에 정신이 사유와 이념 속에 갖는 본질적이고 고차적인 것, 즉 고귀하고 영원하며 참된 것의 찬란함을 느끼고 직관하

면서 향유하도록 하는 데 있다. 또한 마찬가지로 예술의 목적은 불행과 비참, 그리고 악함과 죄를 파악할 수 있게 하고, 일체의 공포와 참담 및 일체의 즐거움과 열락을 가장 깊은 내면에서 알게 하며, 마지막으로 판타지를 상상력의 한가로운 유희 속에 풀어놓아 감각적으로 우리를 사로잡는 직관과 느낌들의 유혹적인 마력을 향유하게 하는 데 있다. 예술은 한편으로는 모든 면에 걸친 이러한 풍부한 내용을 포용하여 우리의 외적 현존재가 갖는 자연적 경험을 보완해야 하며, 다른 한편으로는 앞서 말한 열정 일반을 자극함으로써, 삶의 경험들이 우리를 그냥 지나쳐버리지 않도록 하고 우리로 하여금 모든 현상들에 대한 수용력을 획득하게 해야 한다. 그러나 그러한 자극은 이 영역에서는 현실적 경험 자체가 아니라, 그 가상을 통해 발생하는데, 그 이유는 예술의 제작이란 것이 현실성을 기만적으로 대체한다는 점에 있다. 가상을 통한 예술의 이러한 기만 가능성은, 인간에게 있어 모든 현실은 직관과 표상이라는 매체를 거쳐야만 하며 이러한 매체를 통해 비로소 심정과 의지 속으로 파고든다는 점에 기인한다. 그런데 이 경우에 직접적인 외적 현실성이 가상의 성격을 갖느냐 아니면 이것이 다른 방식을 통해, 즉 현실성의 내용을 내포하며 표현하는 이미지, 기호 그리고 표상을 통해 나타나느냐 하는 것은 어찌됐든 아무 상관없는 일이다. 인간은 현실적이지 않은 사물들을 마치 현실적인 양 표상할 수 있다. 그러므로 그러한 내용의 본질에 따라 슬퍼하고 기뻐하며 감동하고 경악하며 또한 분노, 증오, 동정, 불안, 공포, 사랑, 존경과 경탄, 영광과 명예의 감정과 열정을 체험하기 위해서라면, 어떤 처지나 관계 또 그 어떤 삶의 내용 일반이 우리에게 주어질 때 그 통로가 외적 현실이든 아니면 단지 그것의 가상이든 우리의 심정에는 마찬가지이다.

이렇게 볼 때, 우리 안의 모든 느낌들을 이렇듯 일깨우고 우리의 심정이 삶의 모든 내용을 통과하도록 이끌며 오직 기만적인 외적 현재성을 통해 이러한 모든 내적 움직임을 실현하는 것이 무엇보다 예술에 특유한, 탁월한 힘이라 간주된다.

그러나 이제 예술이 이런 식으로 선과 악을 심정과 표상에 각인시켜 이것들을 극히 고귀한 것으로 강화하기도 하고 또 극히 감각적이고 이기적인 쾌의 감정으로 약화시킬 수도 있는 사명을 가지는 것이라고 한다면, 이와 함께 예술에게는 여전히 전적으로 형식적인 과제가 부여되고 있는 것이며, 또한 이 경우 예술이 그 자체로 확고한 목적을 지니지 않는다면, 그것은 가능한 모든 종류의 내용에 대해 단지 빈 형식만을 제공하게 될 것이다.

c) 사실상 예술은 일체의 가능한 소재들을 직관과 느낌 앞으로 가져와 치장하여 제시할 수 있다는 점에서 형식적 측면도 갖고 있는데, 이는 그저 형식적일 뿐인 추론적 사상이 일체의 가능한 대상과 행동 방식들을 가공하여, 이것들을 근거와 정당성들로 무장시킬 수 있는 바와 마찬가지이다. 그러나 내용이 그토록 다양할 경우에는, 예술이 촉발하거나 확립해야 할 여러 느낌과 표상들이 서로 교차 · 대립하며 또한 서로를 지양한다는 언급에 곧바로 직면하게 된다. 그렇다. 이 측면에서 보자면 예술이 바로 대립적인 것에 대해 열광하면 할수록, 예술은 단지 감정과 열정들의 모순을 증폭하는 것에 불과할 뿐이며, 우리를 술에 취한 듯 비틀거리게 하거나 혹은 그저 형식적일 뿐인 추론적 사유방식이 그렇듯 궤변과 회의로 나아간다. 그러므로 소재 자체의 이러한 다양성은 우리로 하여금 그러한 형식적 규정

에 머물러 있지 않도록 하는데, 왜냐하면 이 다채로운 상이성 속으로 이성원리가 파고들어 다음과 같은 것을 요구하기 때문이다. 즉 이성원리는 그토록 모순적인 요소들로부터 한층 고차적이며 내적으로 한층 보편적인 목적의 출현을 보려는, 또 그런 목적이 달성되고 있음을 알고자 하는 요구를 내세우기 때문이다. 이를테면 우리는 사람들이 모여 사는 공동체 및 국가에 대해서도 **일체의** 인간적 능력들과 **일체의** 개인적 힘들이 **모든** 측면과 방향에서 전개되고 표출되도록 해야 한다는 궁극목적을 부여하기도 한다. 그러나 이와 같은 형식적인 견해에 대해 즉각 제기되는 물음이 있는데, 그것은 이렇듯 다종다양하게 전개되는 인간의 도야와 형성이 어떤 **통일성**으로 총괄되며 또한 그것들이 어떤 **하나의 목표**를 그 근본개념과 최종목적으로 삼아야만 하는가 하는 것이다. 국가 개념의 경우가 그렇듯 예술 개념의 경우에도 한편으로는 특수한 측면들에 **공통적인** 목적을 추구하는 욕구와, 다른 한편으로는 좀 더 높은 **실체적** 목적을 추구하는 욕구가 발생한다.

이제 그러한 실체적 목적으로서 다음과 같은 견해가 우선 고찰 대상으로 떠오르는데, 그것은 예술이 욕망들의 야만성을 완화하는 능력과 사명을 갖는다는 것이다.

α) 이러한 첫 번째 견해의 관점에서 밝혀질 수 있는 것은 도대체 예술에 특유한 어떤 측면에 조야성을 지양하고 충동, 경향성, 열정을 조절 · 교화하는 가능성이 놓여 있는가 하는 사실뿐이다. 조야성 일반은 곧바로 또 오로지 자신의 탐욕만을 채우려는 충동의 직접적 아집에 근거를 둔다. 그런데 욕망은 개별적이고 제한된 것으로서, 그것이 **한 인간 전체**를 사로잡으면 잡을수록 더욱더 조야해지고 횡

포를 부리게 되어 보편자로서의 그는 이러한 규정성으로부터 벗어나 보편적 존재로서 독립적일 수 있는 힘을 유지하지 못한다. 그리고 인간이 그런 경우에 또한 "열정이 나보다 더 강력하다"는 따위의 말을 한다면, 이는 의식에 대해서 추상적 자아가 특수한 열정으로부터 분리되어 있음을 의미할 것이나, 이것은 단지 형식적인 것에 불과하다. 왜냐하면 여기서는 열정의 폭력에 맞서는 보편적인 것으로서의 자아가 전혀 고찰되고 있지 않기 때문이다. 결국 이 경우에 열정의 야만성이란 보편자로서의 자아가 그의 욕망의 제한된 내용과 하나가 되어 있다는 데에서 성립하므로, 이때 인간은 이러한 개별적 열정 이외에 더 이상 어떠한 의지도 갖지 못하는 것이다. 그런데 예술은 우선 인간이 그러한 상태에서 느끼고 행하는 것이 무엇인가를 떠오르게 함으로써 이미 열정이 갖는 그러한 조야성과 제어되지 않은 위력을 완화시킨다. 그리고 아무리 예술이 열정에 가득 찬 그림을 직관에게 내보이기만 할 뿐이더라도, 아니 심지어 열정에 아첨해야 할 경우라도 여기에 이미 완화의 힘이 놓여 있는데, 이는 예술이 그런 경우에조차 적어도 인간에게 늘 그저 직접적으로 **존재**하는 바로서의 자신을 의식하게 하는 데에서 연유한다. 왜냐하면 이제 인간은 자신의 충동과 경향성을 **바라보게 되며**, 보통의 경우 인간이 이것들에 아무 생각 없이 사로잡혀 있었다고 한다면, 지금의 그는 자신의 외부에서 이것들을 보며, 이미 이것들이 대상화되어 그에게 마주서 있기에 이것들로부터 자유로운 상태가 되기 시작하기 때문이다. 그러므로 고통에 사로잡혀 있을 때 그것을 표현하여 자신의 그 느낌의 강도를 스스로 완화 내지는 약화시키는 일이 예술가에게는 흔히 있을 수 있다. 그렇다, 눈물 속에도 이미 위안이 있는 것이다. 인간은 처음에는 고통 속에 완전히 잠겨 빠져들 수밖에 없더라도, 그다음에는 적어도 이렇듯 오로지 내면적인 것을 직접적으로 표출할 수 있는 것이다. 그런데 이 내적인 것을 말, 그림, 음조, 형상으로 표현해낸다면 그 완화의 효과는 한층 더 클 것이다. 그러므로 초상이나 장례의 경우 고통의 표출을 눈에 보이게끔 하려는 목적에서 곡을 하는 여인들을 고용하는 좋은 옛 풍습이 있었던 것이다. 또한 조의를 표명하는 일에서도 그렇다. 이 경우에 사람이 당한 불행의 내용이 앞에 놓이게 되고 그는 그것에 대해 많은 이야기를 나눔으로써 그것을 성찰할 수밖에 없으며 이를 통해 마음이 가벼워진다. 그리하여 실컷 울거나 털어놓고 이야기하는 것은 예로부터 근심의 무거운 짐에서 해방되거나 적어도 마음을 편안케 하는 수단으로 간주되어 왔다. 그런 까닭에 이렇듯 열정이 지닌 강력한 힘이 완화되는 일반적인 이유는 인간이 어떤 느낌에 직접적으로 사로잡힌 상태에서 벗어나 그 느낌을 자신에 대해 외적인 것으로 의식하게 된다는 점에 있다. 이 경우에 그는 그 느낌과 관념적인 방식으로 연관을 맺는 것이다. 예술은 그 표현을 통해 감성적인 영역 안에 있으면서 동시에 감성의 힘으로부터 해방된다. 인간은 자연과 직접적으로 통일되어 있어야 한다는 즐겨 쓰는 말을 거듭 듣게 되는 것은 사실이다. 그러나 그러한 동일의 추상성은 바로 소야함과 야만성에 불과할 뿐이며, 예술이야말로, 그것이 인간을 위해 이러한 통일성을 해체시키는 한에서, 그를 부드러운 손길로 인도하여 자연에 사로잡힌 상태 너머로 끌어올려 주는 것이다. 예술의 대상들에 몰두하는 일은 순수 이론적으로 머무는 것이며, 이를 통해 처음에는 아무리 표현들 일반에 대한 주의력만을 계발한다고 해도, 나아가 그것들의 의미에 대한 주의력, 다른 내용과 비교하는 능력, 또 고찰의 보편성 및 그 관점들의 보편성에 대한 열린 마음도 이에 못지않게 육성하는 것이다.

β) 이러한 점과 그 맥락에서 보아 직결되는 것은 열정의 **정화**, 교화, **도덕적** 완성을 예술의 본질적 목적으로 내세우는 두 번째 규정이다. 왜냐하면 예술이 조야성을 제어하고 열정을 훈육해야 한다는 규정이 너무도 형식적이며 일반적인 것에 그쳤었기에, 어떤 **특정한** 종류의 훈육인지, 그것의 본질적 목적이 무엇인지가 재차 문제시되었기 때문이다.

αα) 열정의 정화라는 견해가 욕구의 완화라는 앞의 견해와 동일한 결함을 지니기는 하지만, 적어도 그것은 이미 예술의 표현이 — 그것의 품위와 비속함을 가늠할 수 있도록 — 척도를 필요로 한다는 사실을 좀 더 상세히 부각시킨다. 이 척도란 바로 열정 속에서 순수한 것을 순수하지 않은 것으로부터 갈라내는 효능이다. 그러므로 이 효능은 이러한 정화력을 표현할 수 있는 내용을 필요로 하며, 또한 그러한 효능을 낳는 일이 예술의 실체적 목적을 이루는 한, 정화작용을 하는 내용은 그 **보편성**과 **본질성**에 따라 알려질 수 있을 것이다.
ββ) 위의 후자의 측면에서 예술의 목적으로 **교화**라는 것이 언명되었다. 그리하여 한편으로 예술의 고유성은 일단 감정의 움직임에서 또 이러한 움직임 속에, 심지어 공포, 동정, 고통스러운 감동과 전율 속에 들어 있는 만족에서 성립한다. 다시 말해서, 감정과 열정을 만족시키는 관심사 속에, 또 그런 한에서 예술대상과 그 표현 및 효과에서 얻는 쾌감, 기쁨 그리고 환희 속에 들어 있는 만족에서 성립하는 것이다. 그러나 다른 한편 이런 목적은 자신의 한층 높은 척도를 오직 교화적 요소에, **이야기가 주는 가르침에**(*fabula docet*)[31] 그리고 이와 함

께 예술작품이 주관에게 제시할 수 있는 유익함에 두어야 한다. 이러한 관점에서 "시인들은 유익함뿐만 아니라 즐거움도 주고자 한다"(Et *prodesse* volunt *et delectare* poetae)[11]라는 몇 마디 안 되는 말로 집약된 호라티우스의 격언은 후일 한없이 장황하게 설명되어 본뜻이 퇴색하고 극단적으로는 예술에 대한 매우 진부한 견해가 되고 말았다. 이제 그러한 교화와 관련하여, 그것이 예술작품 속에 직접적으로 포함되어 있어야 하는가 아니면 간접적으로 포함되어 있어야 하는가 하는 물음, 즉 명시적으로 포함되어 있어야 하는가 아니면 암시적으로 포함되어 있어야 하는가 하는 물음이 곧바로 제기된다. 무릇 보편적인, 우연적이지 않은 목적이 문제시될 경우, 이러한 궁극목적은 예술이 갖는 본질적 정신성에 비추어 볼 때 그 자체가 오로지 정신적인 것, 그것도 역시 우연적이 아닌, 즉자대자적으로 존재하는 것일 수밖에 없다. 가르침이란 면에서 볼 때 이러한 목적은 오로지 즉자대자적으로 본질적인 정신적 내용을 예술작품을 통해 의식화시키는 데에서만 성립할 수 있을 것이다. 이러한 측면에서 보아 주장될 수 있는 것은, 예술이란 그것이 고양되면 될수록 그만큼 더 그러한 내용을 자신 속에 포함시켜야 한다는 것이며, 또한 표현된 것이 적합한지 아닌지의 여부를 판정하는 척도를 그 내용의 본질 속에서 우선 발견한다는 것이다. 예술은 사실상 여러 민족들에게서 최초의 **교사**가 되었다.

그러나 표현된 내용의 보편적 본성이 그저 간접적으로 구체적 예술형상에 함축되어 있는 것이 아니라, 그 자체로서 곧바로 추상적

11 『시학』(*De arte poetica*), V. 333: "시인들은 유익함이나 즐거움을 주고자 한다"(aut prodesse volunt aut delectare poetae).

문장, 산문적 반성, 일반적 교훈으로 드러나 명시되어 있는 식으로, 그리하여 교화라는 목적이 목적으로서 두드러지게 취급되어 있는 경우라면, 그러한 분리로 인해 예술작품을 비로소 **예술**작품이게끔 만드는 감각적이고 이미지적인 형상은 이 경우 단지 할 일 없는 들러리, 그저 **외피에 불과한** 외피, 명백히 한갓 가상으로 정립된 가상으로 있게 된다. 그러나 이와 함께 예술작품의 본성 자체가 왜곡된다. 왜냐하면 예술작품은 한 내용의 보편성을 그 자체로서보다는 그것을 모름지기 개별화하고 감각적으로 개체화시켜 직관의 대상으로 만들어야 하기 때문이다. 예술작품이 이러한 원리로부터 생겨나지 않고 보편성을 추상적 교훈이라는 목적에서 부각시킨다면, 이미지적이고 감각적인 요소는 단지 피상적이고 불필요한 장식에 불과하며 또한 예술작품은 그 자체에서 분열된 것이 되어버리는데, 여기서는 형식과 내용이 더 이상 통일적으로 합치되어 나타나지 못하는 것이다. 그럴 경우 감각적 개별성과 정신적 보편성은 상호간에 외적인 것으로 된다. 이제 나아가 예술의 목적이 이러한 **교육적** 효용으로 제한된다면, 다른 측면, 즉 만족, 즐거움, 흥겨움의 측면은 그 자체로 **비본질적인** 것으로 취급되어 교훈의 효용성이라는 실체적인 면에 종속되는 부차적인 것으로 되어 버리고 만다. 그러나 그렇게 되자마자 예술은 자신의 규정과 궁극목적을 자신 속에 지니지 않으며, 그것의 개념도 그것이 **수단**으로서 이바지하는 다른 어떤 것 속에 놓여 있다고 여겨지게 된다. 이 경우 예술은 단지 교화라는 목적을 위해 유용하다고 증명되어 응용되는 여러 수단들 중 하나일 뿐이다. 그런데 이를 통해 우리는 예술이 스스로가 목적이기를 그치게 되는 경계 지점에 이르게 되는데, 왜냐하면 여기에서 예술은 오락이라는 단순한 유희로 또는 교화라는 단순한 수단으로 전락하고 있기 때문이다.

γγ) 이 경계선이 가장 날카롭게 부각되는 것은 이제 우리가 다시 최고의 목표와 목적 — 이를 위해 열정의 순화와 인간의 교화가 필요한 것인 — 이 무엇인지를 묻게 될 때이다. 근래에는 이러한 목표로서 종종 **도덕적** 개선이 거론되어, 예술의 목적은 경향성과 충동을 도덕적 완전성을 위해 다듬어 이 궁극목표에 이르도록 하는 데에 있다고 여겨지기도 했다. 이러한 생각에는 교화와 정화가 통일되어 있는데, 이는 예술이 참된 도덕적 선의 통찰을 통해 그리고 이와 함께 교화를 통해 동시에 정화에 이르도록 권고하고 또 그리하여 비로소 — 예술의 효용이자 최고의 목적으로서 — 인간의 개선을 초래해야 한다는 점에서 그러한 것이다.

이제 도덕적 개선과 관련해서 예술을 고찰하자면, 우선 교화라는 목적에 관해 이야기했던 것과 동일한 것을 말할 수 있다. 예술의 원칙이 비도덕적인 것을 그리고 그것의 조장을 의도해서는 안 된다는 점은 쉽게 수긍된다. 그런데 표현에서의 명시적 목적이 비도덕성이라는 것과 도덕성이 아니라는 것 이 두 가지는 서로 다른 일이다. 모든 참다운 예술작품으로부터 훌륭한 도덕이 도출되지만, 그렇긴 해도 이때 그것은 어떻게 해석하느냐에, 또 그래서 도덕을 끌어내는 **사람**에 달려있는 일이다. 그래서 도덕적으로 행동하기 위해서는 악과 죄를 알아야만 하리라는 말로 지극히 비윤리적인 묘사가 변호되는 것을 들을 수 있다. 또 사람들은 그 역으로 말하기도 했는데, 참회를 한다는 것이 예술을 그토록 아름답게 보이게 하며 여기에는 사전에 이미 죄를 지었다는 사실이 전제되므로, 후일 참회를 한 아름다운 죄인 마리아 막달레나[32)]의 묘사는 이미 많은 사람들로 하여금 죄악을 저지르도록 유혹했다는 것이다. — 그러나 도덕적 개선의 이론은 철저히 논리적으로 밀고 나간다면, 한 예술작품에서 어떤 도덕이 해석되어 도출될 수 있으리라는 사실에 만족하지 않을 것이며, 그 반대로 도덕적 가르침을 분명하게 예술작품의 실체적 목적으로서 부각시키고자, 아니 심지어 오로지 도덕적 대상들, 도덕적 성격, 행위, 사건만을 명시적으로 용인하고자 할 것이다. 왜냐하면 예술은 그 소재가 주어져 있는 역사서술이나 학문과는 달리 그 대상들을 선택할 수 있기 때문이다.

이러한 측면을 염두에 두고 예술의 도덕적 목적에 관한 견해를 근본적으로 판정할 수 있으려면 무엇보다 이러한 견해에 의해 제시되는 도덕성의 특정한 입장이 무엇인가를 묻지 않을 수 없다. 오늘날 사용되는 도덕이라는 말이 갖는 최상의 의미에서 보아 이 도덕성의 입장이란 것을 좀 더 자세히 살펴보면, 그 개념이 우리가 평소 대개 덕성, 인륜, 올바름(Rechtschaffenheit) 등으로 부르는 것과 직접적으로는 일치하지 않을 것이란 사실이 곧 밝혀진다. 인륜적인 면에서 덕성 있는 인간이라고 해서 꼭 **도덕적**이기도 한 것은 아니다. 왜냐하면 도덕에는 **반성**과, 의무에 합당한 것에 대한 분명한 의식과, 이러한 선행의식으로부터 나타나는 행위가 속하기 때문이다. 의무 자체는 의지의 법칙으로서, 인간은 이 법칙을 자유로이 자신으로부터 확립하며, 또한 그런 후에 인간은 의무와 그 이행을 위해 이 의무를 향한 결심을 해야 하는데, 이때 그가 선(善)을 행하는 것은 바로 그것이 선이라는, 획득된 신념으로부터 비롯하는 것이다. 그러나 이러한 법칙, 즉 자유로운 신념과 내적 양심으로부터 이제 의무 자체를 위해 규준으로서 선택되고 실행되는 의무는 그 자체로만 보면 의지의 추상적 보편성이며, 이것은 자연, 감각적 충동, 이기적 관심, 열정 그리고 우리가 통칭하여 심정과 가슴이라고 부르는 모든 것에 직접적으로 대립한다. 이러한 대립에서 한쪽은 다른 한쪽을 **부정하는** 것으로 간주되며, 양자는 대립된 것으로서 주체 속에 현전하므로, 스스로 결단을 해야 할 주체는 이것을 따를지 아니면 저것을 따를지의 선택을 해야만 한다. 그러나 이 입장에서 보면 그러한 결단과 그에 따르는 행위가 도덕적으로 되는 것은 한편으로는 의무에 대한 자유로운 확신을 통해서이며, 다른 한편으로는 특수한 의지, 자연적 충동, 경향성, 열정 등을 이겨냄으로써 또한 더욱이 고상한 감정과 보다 고차적인 충동까지도 이겨냄으로써 결과하는 것이다. 왜냐하면 근대의 도덕적 견해란 의지의 정신적 보편성과 그것의 감각적인 자연적 특수성 간의 경직된 대립에서 출발하며, 또한 이러한 대립적 측면들의 완결된 매개에서가 아니라 이 측면들 간의 상호 투쟁에서 성립하기 때문인데, 결국 이 투쟁이 수반하게 되는 요구는 의무와 갈등관계에 있는 충동이 마땅히 의무에 굴복해야 한다는 것이다.

이제 이러한 대립은 단순히 도덕적 행위라는 제한된 영역에서만 의식에 대해 나타나는 것이 아니라, 한편으로 **즉자대자적인** 것 다른 한편으로 외적 실재성이자 현존재로 있는 것 사이의 철저한 분리 및 대립으로서 드러난다. 아주 추상적으로 보자면, 그것은 독자적으로 존재하는 보편자가 특수자에 맞서는 대립이자, 마찬가지로 특수자가 그 자체로 보편자에 맞서 고정되는 대립이다. 더 구체적으로 그런 대립은 자연에서는 추상적 법칙이 개개의, 그 자체로 특유하기도 한 현상들의 풍부함에 대해 갖는 대립으로 나타난다. 정신에서 그런 대립은 인간이 갖는 감각성과 정신성으로, 육체에 대한 정신의 투쟁으로,

특수한 이해, 따뜻한 심정, 감각적 경향성과 자극, 개별적인 것 일반에 대항하는 의무를 위한 의무[33]의, 그 냉혹한 계명의 투쟁으로, 내적 자유와 외적 자연필연성의 경직된 대립으로 나타난다. 나아가 그런 대립은 충만한 구체적 생명성의 견지에서 보아 죽은, 내적으로 공허한 개념, 이론, 주관적 사유가 객관적 현존재와 경험에 대해 갖는 모순으로 나타난다.

이러한 대립들은 이른바 반성의 기지(Witz)나 강단 철학의 견해가 고안해낸 것이 아니라, 한편 그것들이 아무리 최근의 문화를 통해 비로소 가장 날카롭게 상론되고 가장 극화된 대립의 정점으로 치닫게 되었다고는 해도, 예로부터 다양한 형식으로 인간 의식을 사로잡고 불안하게 해왔다. 정신적 문화, 근대적 오성이 인간에게서 이러한 대립을 야기하는데, 이 대립은 이제 인간이 서로 모순되는 두 세계에서 살아야만 한다는 의미에서 인간을 양서류로 만들며, 그리하여 이제 의식 역시 이러한 모순 속에서 방황하며 한 측면에서 다른 측면으로 던져진 채 어느 측면에서도 그 자체로 만족할 수 없는 것이다. 왜냐하면 한편으로 우리는 인간이 범속한 현실과 현세적 시간성 속에 사로잡혀, 필요와 궁핍에 짓눌리면서, 자연의 압박에 시달리고, 질료, 감각적 목적 및 그 향유에 얽매여, 자연충동과 열정에 지배되면서 휩쓸려버리는 것을 보기 때문이다. 그리고 다른 한편으로 인간은 영원한 이념, 사상과 자유의 왕국을 향하여 자신을 고양해, 자신에게 의지로서 보편적 법칙과 규정을 부여하며, 세계로부터 생명이 깃들어 만발하는 현실성을 벗겨내어 추상으로 해체하기 때문이다. 그런데 이때 정신은 자기의 권리와 존엄을 이제 오로지 자연의 권리 없음(Rechtlosigkeit)을 통해 그리고 자연을 학대함으로써 주장하며, 자연으로부터 경험한 궁핍과 폭력을 자연에 되갚아 준다. 그런데 삶과 의식의 이러한 분열과 더불어 근대의 문화와 그 오성에게 요구되는 것은 그러한 모순이 해소되어야 한다는 것이다. 그럼에도 오성은 대립의 경직성에서 벗어날 수 없다. 그렇기에 이 문제의 해법은 의식에 대해 단순한 **당위**로 남게 되며, 현재와 현실은 화해를 구하지만 정작 그것을 찾지 못한 채 이쪽저쪽을 배회하는 동요 속에 머무를 뿐이다. 이때 생겨나는 물음은 도대체 그러한 전면적으로 확고히 자리 잡은 대립, 즉 해소되어야 한다는 한갓 당위와 요청을 넘지 못하는 이 대립이 과연 즉자대자적으로 참된 것이자 최고의 궁극목적인가 하는 것이다. 일반적인 문화가 그러한 모순에 빠져 있다면, 철학의 과제는 바로 그 대립들을 지양하는 데, 다시 말해서 다음과 같은 점을 보여주는 데 있다. 즉, 대립관계에 놓인 어느 한쪽도 그것의 추상성 속에서는 그리고 그것의 일면성 속에서는 진리를 가질 수 없으며, 대립하는 양자는 스스로를 해소하는 것이라는 사실, 진리는 양자의 화해와 매개에서 비로소 성립한다는 사실, 이러한 매개는 한갓 요청이 아니라 즉자대자적으로 성취된 것이자 항상 성취되어 가는 것이라는 사실을 보여주는 데 있다. 이러한 통찰은 바로 이러한 해소된 대립을 늘 의식하고, 그것을 행위의 목적으로 정립하여 실행하는 편견 없는 믿음 및 의지와 직접적으로 일치한다. 철학은 진리의 본질이 어째서 오로지 대립의 해소인가를 보여주는 한에서, 또 그것도 대립과 대립의 측면들이 **전혀** 존재하지 **않는다**는 식으로가 아니라, 그것들이 화해 속에서 존재한다는 식으로 보여주는 한에서, 대립의 본질에 대한 사상적 통찰을 제공한다.

이제 바로 전에 설정되었던 도덕적 개선이라는 궁극목적이 더 고차적인 관점을 지시하므로, 우리는 이러한 더 고차적인 관점을 예술을 위해서도 마찬가지로 입증해야 할 것이다. 이에 따라 예술이 교화와 정화를 통해 도덕적 목적과 세계 일반의 도덕적 궁극목적을 위한 수단으로서 봉사해야 하며, 이로써 자신의 실체적 목적을 자신이 아닌 타자 속에 갖는다는, 이미 언급한 잘못된 입장은 즉시 폐기된다. 그렇기에 우리가 궁극목적에 관한 논의를 지금 여전히 계속하게 될 때에, 목적에 대해 묻고 있으면서 부수적인 의미밖에 갖지 못하는 효용성의 물음을 고수하는 잘못된 사고방식은 먼저 제거될 수 있다. 이런 사고방식에서 잘못된 점은, 그럴 경우에 예술작품이 의식에 대해 본질적인 것, 마땅히 존재해야 할 것으로 제시된 어떤 타자에 관계를 맺어야 하며, 그러면 예술작품은 이제 예술영역 외부에서 독자적으로 타당하게 존재하는 이러한 별도의 목적을 실현하기 위한 유용한 도구로서만 그것의 가치를 인정받게 된다는 점에 있다. 이에 맞서 주장되어야 할 바는 예술이란 감각적 예술형상의 형식으로 **진리**를 드러내고 앞서 말한 화해된 대립을 표현하는 소명을 지니며 따라서 자신의 궁극목적을 자신 내에, 이러한 표현과 드러냄 자체 속에 갖는다는 것이다. 왜냐하면 다른 목적들, 즉 교화, 정화, 개선, 돈 벌기, 명성과 영예의 추구 같은 것들은 예술작품 그 자체와는 하등 관계가 없으며 또한 그것의 개념을 규정하지도 못하기 때문이다.

[Ⅲ-2] 참된 예술 개념의 역사적인 연역

반성적 고찰이 해소된 결과로서 나타나게 된 이러한 관점으로부터 우리는 예술의 개념을 그것의 내적 필연성에 따라 파악해야만 한다. 또한 역사적으로 보아 바로 이러한 관점으로부터 예술에 대한 참된 존경과 인식이 비롯된 바 있다. 왜냐하면 앞서 논의되었던 대립은 반성문화 전반에서뿐만 아니라 철학 자체에서도 마찬가지로 대두되었으며, 철학은 이 대립을 근본적으로 극복할 줄 알게 된 후에야 비로소 자신의 고유한 개념을, 이로써 또한 자연과 예술의 개념을 파악했기 때문이다.

그리하여 이러한 관점은 말하자면 철학 일반을 다시 일깨우는 것이자, 또한 아울러 예술에 대한 학문을 다시 일깨우는 것이며, 그리하여 실로 이러한 일깨움 덕분에 학문으로서의 미학은 이제야 비로소 자신의 참된 성립을 경험하게 되며, 예술은 그것의 더욱 높은 가치를 인정받게 되는 것이다.

그런 까닭에 나는 — 내가 마음속에 정리해둔 바로서 — 이러한 이행의 역사적 측면을 간략히 다루고자 한다. 그것은 한편으로는 역사적 측면들 자체를 위해서이고, 다른 한편으로는 그렇게 함으로써 주요한 입장들 — 그리고 우리는 이것들을 토대로 삼아 논의를 발전시키고자 하는데 — 이 더 상세히 표현되기 때문이다. 이 토대는, 가장 일반적인 규정에 따라 본다면, 내적인 추상성 속에서 존립하는 정신과 자연 간의 — 외적으로 현상하는 자연이든 주관적 감정과 심정이라는 내적 자연이든 — 앞서 말한 대립과 모순을 해소하여 통일로 환원시키는 중심점들 중의 하나로서 예술미가 인식되었다는 점에서 성립한다.

1. 칸트 철학

일찍이 이러한 통일점(Vereinigungspunkt)을 그 필요성의 측면에서 감지했을 뿐만 아니라 그것을 또한 확실히 인식하고 생각했던 것은 바로 **칸트**의 철학이다. 전반적으로 칸트는 자기연관적인 이성원리와 자유 및 — 자신을 내적으로 무한한 것으로서 발견하고 이해하는 — 자기의식을 지성(Intelligenz)과 의지 양자를 위한 기반으로 삼았다. 그리고 사람들이 아무리 칸트 철학을 불충분한 것으로 천명한다고 해도, 근래에 철학의 전환점을 야기한 이성의 내적 절대성에 대한 이러한 인식, 이러한 절대적 출발점은 인정되어야 하며 또한 반박될 수 없는 것이다. 그러나 칸트는 주관적 사유와 객관적 대상들의, 의지의 추상적 보편성과 감각적 개별성의 경직화된 대립으로 다시 되돌아가 버렸고, 그 외에도 정신의 실천적 측면을 이론적 측면 위로 끌어올렸기 때문에,[34] 무엇보다도 그는 앞서 다루었던 도덕성에서의 대립을 최상의 것으로 부각시킨 인물이 되었다. 그리하여 오성적 사유를 통해 인식된 대립의 이러한 경직성으로 인해 그에게 남아 있었던 것은 통일을 이성의 주관적 이념들[35]이라는 형식 속에서 언표하는 일과 — 이때, 이러한 이념들에 상응하는 현실성은 입증될 수 없다는 것인데 — 또한 실천이성으로부터 연역될 수는 있되 그 본질적 즉자성이 사유를 통해 인식될 수는 없는, 그리고 그 실천적인 충족이 항상 무한히 유예되는 당위로 남을 뿐인 요청들(Postulate)을 언표하는 일뿐이었다. 그리하여 칸트는 화해된 모순을 표상하기는 했으나, 그것의 참된 본질을 학문적으로 발전시킬 수도, 참되며 유일하게 현실적인 것으로 제시할 수도 없었다. 물론 칸트는 요청되는 바의 통일을 그가 **직관적 오성**(*intuitiven Verstand*)[36]이라고 불렀던 것에서 재발견했던 만큼 더 앞으로 진전하기는 했다. 그러나 여기서도 그는 다시금 주관성과 객관성의 대립에 머물러 있으며, 그리하여 그가 물론 개념과 실재, 보편성과 특수성, 오성과 감성의 대립의 추상적 해소를 거론하고 또 이로써 이념을 거론하기는 하지만, 이러한 해소와 화해 자체를 다시 그저 **주관적인** 것으로 만들 뿐, 즉자대자적으로 참되고 현실적인 것으로 만들지는 못한다. 이와 관련해서 보면, 미감적 판단력과 목적론적 판단력을 고찰하는 그의 『판단력비판』은 교훈적이면서도 특별하다. 칸트는 자연과 예술의 아름다운 대상들, 합목적적 자연산물들 — 이것들은 그로 하여금 유기적인 것과 생명성의 개념에 더욱 가까이 다가가게 하는데 — 을 오로지 주관적으로 판정하는 반성의 측면에서만 고찰한다. 게다가 칸트는 판단력 일반을 "특수자가 보편자 아래에 포함되어 있는 것으로 사유하는 능력"으로 정의하며, "특수자만이 주어져 있고 이에 대해 판단력이 보편자를 찾아야 할 경우에", 그러한 판단력을 **반성적**이라고[37] 부른다.[12] 이를 위해 판단력은 법칙, 즉 자신이 스스로에게 부여해야만 하는 원리를 필요로 하며, 이러한 원리로서 칸트는 **합목적성**[38]을 설정한다. 실천이성의 자유 개

12 『판단력비판』의 〈서론〉, IV.

념에서 목적의 충족은 단순한 당위에 머물러 있다. 그러나 이제 생명성에 관한 목적론적 판단에서 칸트는 살아있는 유기체를 다음과 같이 고찰하기에 이른다. 즉 칸트는 개념, 다시 말해서 보편자가 여기서는 특수자 역시 포함한다고 생각하며 또 개념이 목적으로서 특수자와 외적인 것(Äußere), 즉 지절들의 성질을 외부로부터가 아니라 내면으로부터 — 특수자가 그 자체로 목적에 부합하는 방식으로 — 규정한다고 생각한다. 하지만 그러한 판단을 가지고는 여전히 대상의 객관적 본성이 인식되지 않으며 단지 주관적인 반성의 방식만이 언표될 뿐이다. 이와 유사하게 칸트는 **미감적** 판단도 다음과 같이 파악한다. 즉 그는 이 판단이 개념들의 능력으로서의 오성 그 자체나 혹은 감성적 직관과 그것의 다채로운 다양성 자체로부터가 아니라, 오성과 상상력의 자유로운 유희[39]로부터 출현한다고 파악하는 것이다. 인식능력들의 이러한 일치 속에서 대상은 주체 및 그것이 갖는 쾌와 만족의 감정과 관련을 맺는다.

a) 하지만 이제 이 만족은 첫째, 모든 관심이 배제된, 즉 우리의 **욕구능력과는 관계가 없는** 것이어야 한다. 이를테면 우리가 호기심과 같은 관심 혹은 감각적 욕구를 위한 감각적 관심, 소유와 사용의 욕망을 갖는다면, 대상은 그 자체 때문이 아니라 우리의 필요 때문에 중요한 것이 된다. 이 경우 현존하는 대상은 그러한 필요의 관점에서만 가치를 가지며, 여기서의 관계는 한편에는 대상이, 다른 한편에는 그것과는 상이한 규정이 놓여 있는 그런 성질의 것인데, 우리는 이러한 규정과 대상을 연관시키고 있는 것이다. 예컨대 내가 영양 섭취를 위하여 대상을 먹을 경우, 이 관심은 오직 내 안에 있는 것이며 대상 자체에게는 낯선 것으로 존재한다. 그런데 미와의 관계는 이런 것이

아니라고 칸트는 주장한다. 미감적 판단은 외적으로 현존하는 대상을 자유롭게 독자적으로 있게 두며, 또한 그 대상이 자신으로 말미암아 주는 쾌로부터 기인하는 것인데, 이러한 쾌는 대상이 자신의 목적을 자신 속에 지니게끔 허용한다. 이것은 이미 위에서 살펴보았듯이 하나의 중요한 고찰이다.

b) 둘째로, 미는 개념 없이, 즉 오성의 범주 없이 **보편적** 만족의 대상으로 표상되는 것이라고 칸트는 말한다. 미의 진가를 평가하기 위해서는 소양을 갖춘 정신이 요구된다. 미에 관한 판단이 보편적 타당성을 요구한다는 의미에서, 자연적인 것에 그대로 머물러 있는 인간은 이러한 판단을 갖지 않는다. 보편은 우선 그 자체로 하나의 추상적인 것이지만, 즉자대자적으로 참인 것은 또한 보편적으로 타당해야 한다는 규정과 요구를 내포한다. 이러한 의미에서 미 역시 — 비록 한갓 오성개념들에는 미감적 판단에 대한 아무런 권리도 없지만 — 보편적으로 인정되어야 한다. 예를 들어 개별적인 행위들에서의 선과 정의는 보편적 개념들 아래 포섭되며, 그 행위가 이 개념들에 상응할 경우에 그것은 선하다고 여겨진다. 이에 반해 미는 그러한 연관성 없이 직접적으로 하나의 보편적인 만족을 일깨워야 한다. 이는 다름 아니라 미를 고찰할 경우 우리가 개념과 개념에 의한 포섭을 의식하지 않으며, 또한 보통은 판단 속에 현존하게 되는, 개별적 대상과 보편적 개념 간의 분리가 일어나게 하지 않는다는 것을 의미한다.

c) 셋째로, 미는 목적의 표상 없이 대상에서 합목적성이 지각되는 한에서의 그런 합목적성의 형식을 가져야만 한다. 근본적으로 보사면 이것은 방금 설명했던 것의 반복에 다름 아니다. 이를테면 동물이나 식물과 같은 자연산물은 합목적적으로 조직화되어 있고 이런

합목적성 속에서 우리에 대해 직접적으로 현존하는 까닭에, 우리는 어떠한 목적의 표상도 그 자체로 그것의 현재적 실재성으로부터 분리되어 있거나 상이한 것으로 상정하지 않는다. 미 역시 합목적성으로서 우리에게 이런 식으로 나타나야 하는 것이다. 유한한 합목적성에서는 목적과 수단이 상호 외적으로 남아 있는데, 그것은 목적이 그것의 실행을 위한 재료와 본질적 관계를 갖지 않기 때문이다. 이 경우 목적의 표상은 그것이 실현되어 나타나는 대상과 그 자체로 구분된다. 이에 반해 미는 그 자체 내적으로 합목적적으로 현존하며, 수단과 목적이 서로 상이한 두 측면으로 분리되어 나타나는 일이 없다. 예를 들어 유기체의 지절들의 목적은 생명성으로서, 이것은 지절들 자체 속에 현실적인 것으로 실존한다. 목적으로부터 분리될 때 지절들은 지절들이기를 그친다. 왜냐하면 생명체에서는 목적과 목적을 위한 질료가 극히 직접적으로 통일되어 있어서, 질료의 목적이 질료에 내재하는 한에서만 실존이 가능하기 때문이다. 이러한 측면에서 보자면, 미는 합목적성을 외적인 형식으로서 지니는 것이 아니며, 아름다운 대상의 내재적 본성은 내면과 외면의 합목적적 상응에 있어야 한다.

d) 넷째로, 칸트의 고찰은 결국 미가 개념이 없음에도 **필연적** 만족의 대상으로 인정된다고 단언한다. 필연성은 하나의 추상적인 범주로서, 두 가지 측면 사이의 내적으로 본질적인 관계를 지시한다. 일자(das Eine)가 있을 경우에 그리고 일자가 있기 때문에, 타자(das Andere) 또한 있다는 것 말이다. 예를 들어 결과가 없다면 원인이 아무런 의미를 갖지 않듯이, 일자는 그 규정 속에 동시에 타자를 포함한다. 미는 개념과, 즉 오성의 범주와 아무런 관계가 없이도 그런 만

족의 필연성을 내적으로 갖는다. 그리하여 예컨대 오성 개념에 따라 이루어진 규칙성 같은 것도 우리를 만족시키는 일이 있지만, 물론 칸트는 [위에서 말한] 만족을 위해서는 그러한 오성 개념의 통일성과 동일성 이상의 것을 요구한다.

이제 칸트의 이러한 모든 명제들에서 발견되는 사실은, 우리의 의식에서 보통 분리된 것으로 전제되고 있는 것들의 불가분성이다. 그러한 분리는 미에서 지양되고 있는데, 왜냐하면 여기서는 보편자와 특수자, 목적과 수단, 개념과 대상이 완벽하게 상호 침투하기 때문이다. 그리하여 칸트는 또한 **예술**미를 특수자 자체가 개념에 걸맞게 존재하는 합치로 간주한다. 특수자 그 자체는 우선 서로 간에 그리고 또 보편자에 대해서도 우연적으로 존재한다. 그리고 바로 이러한 우연적인 것, 즉 감각, 감정, 심정, 경향성은 이제 예술미에서는 단순히 보편적 오성 범주하에 **포섭되거나** 혹은 추상적 보편으로서의 자유개념에 의해 **지배되는** 것이 아니라, 보편자와 다음과 같이 결합한다. 즉 우연적인 것은 보편자에 내적으로 그리고 즉자대자적으로 합치되게끔 나타나는 방식으로 결합하는 것이다. 이를 통해 예술미 속에서 사상은 구체화되고 또 질료는 사상에 의해 외적으로 규정되는 것이 아니라 스스로 자유롭게 존재하게 되는데, 그 까닭은 여기서 자연성, 감각성, 심정 등은 그 자체 속에 척도, 목적, 조화를 지니게 되기 때문이고, 또한 사상이 자연에 대한 적대성에서 벗어날 뿐만 아니라 그 속에서 즐기게 되어, 느낌, 쾌 그리고 향락이 정당화되고 신성화되며, 이와 마찬가지로 직관과 느낌이 정신적 보편성으로 고양되어 있기 때문이다. 그리하여 자연과 자유, 감성과 개념은 [불가분적인] **하나** 속에서 그 권리와 만족을 발견한다. 그러나 그럼에도 이러한 완성된 듯 보이는 화해 역시 결국은 판정이나 제작의 관점에서 보아 단지 주관적일 뿐, 결코 즉자대자적으로 참된 것이나 현실적인 것 자체로 존재할 수는 없는 것이다.

이상이 — 여기서 우리의 관심사가 될 수 있는 한에서 — 칸트가 이룩한 비판 작업의 주요 결론들일 것이다. 이 비판은 예술미의 진정한 개념적 파악을 위한 출발점을 이루고 있긴 하지만, 이러한 파악은 필연성과 자유, 특수자와 보편자, 감각성과 이성성의 참된 통일의 한층 고차적인 이해로서 오로지 칸트의 결함을 극복함으로써만 그 타당성을 획득할 수 있었던 것이다.

2. 실러, 빙켈만, 셸링

그리하여 이제 다음의 사실이 인정될 수 있겠다. 즉 심오하면서도 동시에 철학적인 정신의 예술감각(Kunstsinn)은 우선 앞서 말한, 사유의 추상적 무한성,[40] 의무를 위한 의무, 형상 없는(gestaltosen) 오성[41]에 — 이 오성은 자연과 현실성, 감각과 느낌을 단지 **한계**로서, 그저 적대적인 것으로서 파악하여 자신에 거스르는 것으로 보는데 — 반대하여 총체성과 화해를 — 이것이 철학 자체로부터 인식되기 전에 — 이미 요구하고 언표했다는 사실이다. 사유의 칸트 식 주관성과 추상성을 돌파하고 이를 뛰어넘어 통일성과 화해를 사상적으로 진리로서 파악하고 예술적으로 실현하는 시도를 감행했던 위대한 공적은 **실러**에게 돌아가야 한다. 왜냐하면 실러는 그의 미학적 고찰에서 본격적인 철학과의 관계에 개의치 않고 예술과 그것의 관심사를 고수했을 뿐만 아니라, 예술미에 대한 그의 관심을 철학적 원리들과 비교하여, 이러한 원리들로부터 그리고 이 원리들과 함께 비로소 미의 더욱 심오한 본성과 개념 속으로 파고들었기 때문이다. 더욱이 우리는 그가 자신의 저작활동의 한 시기에서 — 예술작품의 순정한 미를 위해 필요한 것보다 더욱 — 스스로 사상에 몰두했음을 감지한다. 그의 여러 시들에서는 추상적 반성을 향한 의도와 심지어 철학적 개념에 대한 관심까지도 발견된다. 이로 인해 그에게 비난이 가해졌는데, 이것은 특히 언제나 한결같고 개념에 의해 물들지 않은 괴테의 순정함(Unbefangenheit)과 객관성에 대비해서 그를 혹평하고 폄하하기 위함이었다. 그러나 이 점에서 실러는 시인으로서 다만 시대의 채무를 갚았던 것이고, 이러한 채무에 휘말린 것은 이 숭고한 영혼과 심오한 심정에게는 오로지 영예로운 일이었으며, 학문과 인식에게는 오로지 이득이 될 뿐이었다. — 당시에 이와 같은 학문적 자극은 괴테마저도 그의 본령인 시문학에서 멀어지게 했던 것이다. 그러나 실러가 **정신의** 내면적 깊이의 고찰에 몰두했다면, 괴테의 독특한 성향은 그를 예술의 **자연적** 측면, 외적 자연, 식물 및 동물 유기체, 결정체, 구름의 형성, 색채로 이끌고 갔다. 괴테가 이러한 학문적 연구를 위해 자신의 위대한 감각을 동원하여 이 영역들에서 단순한 오성적 고찰 및 그 오류를 폐기하였던 것과 마찬가지로, 실러는 다른 한편 의지와 사유의 오성적 고찰에 반대하여 미의 자유로운 총체성이라는 이념을 정당화할 줄 알았다. 실러의 일련의 작품들은, 특히 『**미적**[42] **교육에 관한 서한**』(*Briefe über die ästhetische Erziehung*)[43]은 예술의 본성에 대한 이러한 통찰에 속하는 것들이다. 여기서 실러는 모든 개별적 인간은 이상적 인간을 위한 소질을 자신 안에 지닌다는 주안점에서 출발한다. 이러한 참된 인간은 객관적이며 보편적인, 마치 규범적 형식과도 같은 국가를 통해 재현된다고 하는데, 이 형식 속에서 개별적 주관들의 다양성은 통일을 향해 통합, 결속되고자 노력한다는 것이다. 이제 시간 속에 있는 인간이 이념의 인간과 만나게 되는 두 가지 방식이 표상될 수 있다고 한다. 즉, 한편으로는 인륜적인 것, 법적인 것, 지성적인 것의 상위개념이자 유(類)로서의 국가가 개별성을 지양하는 식이거나, 다른 한편으로는 개인이 유로 고양되어 시간 속의 인간이 이념의 인간으로 승화되는 식이라는 것이다. 이성은 이제 통일성 그 자체, 즉 유(類)와의 합치를 요구하지만, 자연은 다양성과 개별성을 요구하는데, 그리하여 인간에게는 이 두 가지 입법이 똑같이 요청된다고 한다. 이러한 대립적 측면들의 충돌에서 이제 미적 교육은 바로 이것들의 매개와 화해에 대한 요구를 실현해야 한다. 왜냐하면 실러에 따를 때 미적 교육은 경향성, 감성, 충동, 그리고 심정을 도야하는 방향으로 나아가며, 그렇게 하여 이들은 내면 자체에서 이성적으로 되고, 이와 더불어 또한 이성, 자유, 정신성 역시 그 추상에서 벗어나, 내적으로 이성적인 자연의 측면과 통일되어 그 속에서 살과 피를 얻기 때문인 것이다. 따라서 미는 이성적인 것과 감각적인 것의 융합으로 말해지며, 이 융합은 참으로 현실적인 것으로서 언표된다. 일반적으로 보아, 이러한 실러의 견해는 이미 『우미와 존엄』(*Anmut und Würde*)[44] 및 그의 시들에서 발견될 수 있는데, 여기에서 그는 여성들에 대한 찬양을 특히 그 주제로 삼아 이들의 특성 속에 바로 그 자체로 존재하는, 정신성과 자연성의 통일을 인식하고 부각시켰던 것이다.

그리하여 실러가 예술의 원리이자 본질인 것으로서 학문적으로 파악했던, 그리고 예술과 미적 교육을 통하여 현실적인 삶으로 불러내고자 끊임없이 노력했던 이러한 **통일**, 즉 보편자와 특수자, 자유와 필연성, 정신성과 자연성의 **통일**은 **이념 그 자체로서** 인식과 현존재의 원리로 되었으며 이념은 유일하게 참된 것이자 현실적인 것으로 인식되었다. 이를 통해서 **셸링**에 이르러 학문은 자신의 절대적 관점(absoluten Standpunkt)에 도달했다. 그리고 예술이 이미 자신의 고유한 본성과 존엄을 인간의 최상의 관심사와 연관시켜 주장하기 시작하였다면, 이제 예술의 **개념**과 예술을 위한 학문적 자리 역시 발견되기에 이르렀으며, 또한 예술은 — 한편으로 보면 여전히 그릇된 방식이긴 하지만(여기는 이에 대해 설명할 자리가 아닌데) — 자신의 높고 참된 규정 속에서 받아들여졌던 것이다. 그렇지 않아도 더 앞선 시기에 이미 **빙켈만**은 고대 그리스인들의 이상들을 관조하고 이에 고무되어 예술고찰을 위한 새로운 시각을 찾아 밝히고, 예술고찰을 범속한 목적이나 한갓 자연모방이라는 관점에서 탈피시켜 예술작품과 예술사에서 예술이념을 발견하도록 강력히 촉구했던 인물이었다. 왜냐하면 빙켈만은 예술분야에서 정신을 위해 하나의 새로운 기관과 완전히 참신한 고찰방식을 개척해 낼 줄 알았던 사람들 중의 하나로 간주될 수 있기 때문이다. 하지만 그의 견해가 예술의 이론과 학문적 인식에 대해 끼친 영향은 기의 없었다.

철학적 이념을 다시금 일깨우는 일에 근접하여 (그간의 발전의 경과를 간략히 말해 보자면) 특출하고 기이한 것을 찾으러 새로운 것에 목말라했던 **아우구스트 빌헬름 폰 슐레겔**과 **프리드리히 폰 슐레겔**[45]은 대체로는 철학적이지 않고, 본질적으로 **비평적인** 그들의 본성이 취할 수 있는 한에서, 철학적 이념을 자기들 식으로 해석하고 수용했다. 왜냐하면 두 사람 중 누구도 사변적 사유를 동원할 능력이 없었기 때문이다. 그러나 그들은 자신들의 비평적 재능을 가지고 이념의 관점 가까이에 위치하였으며, 비록 철학적 내용으로 보면 빈약했지만, 혁신을 위한 대단한 진솔함과 과감성을 가지고 종래의 고찰 방식에 대해 기지가 넘치는 반론을 폈고, 그리하여 무엇보다도 적대자들에 비해 한층 높은 수준의 판정과 관점들을 지닌 새로운 척도를 예술의 다양한 분야에 도입했던 사람들이었다. 그렇지만 그들의 비평은 그 척도에 관한 철저한 철학적 인식에 의해 동반된 것이 아니었던 까닭에, 이 척도 자체가 무언가 애매하고 불안정한 면을 가지고 있었고, 그래서 그들이 행한 것은 때로는 너무 지나쳤고, 때로는 너무 모자랐다. 그렇기 때문에, 그들이 더 앞선 시대의 이탈리아와 네덜란드 회화, 니벨룽겐의 노래와 같은 과거의 것 그리고 당시엔 과소평가되었던 것을 애정을 갖고 다시 발굴하여 격상시키고, 인도의 시문학이나 신화처럼 거의 알려지지 않은 것을 열성적으로 알아내고 가르쳐 주고자 한 점이 아무리 그들의 업적으로 인정될 수 있다고 해도, 그들은 그런 시대들에 너무 높은 가치를 매겼던 것이다. 그리하여 곧바로 그들은 예컨대 홀베르크[46]의 희극과 같은 평범한 것에 경탄하고 또한 그저 상대적 가치만을 갖는 것에 보편적인 품격을 부여한다거나 혹은 심지어는 경솔하게도 어긋난 방향이나 저급한 입장들이 최고의 것인 양 열광하는 모습을 보여줄 정도로 전락하였다.

3. 반어(反語, Ironie)[47]

이러한 경향으로부터, 특히 프리드리히 폰 슐레겔의 신념과 이설들로부터 이른바 **반어**란 것이 다양한 형태로 계속 발전해 나갔다. 반어는, 한 측면에서 보자면, **피히테**의 철학을 — 이 철학의 원칙들이 예술에 적용된다고 할 때 — 그것의 보다 깊은 근거로 삼고 있었다. 셸링과 마찬가지로 프리드리히 폰 슐레겔은 피히테의 입장을 자신의 출발점으로 삼았는데, 셸링이 그것을 철저히 극복하기 위해 그렇게 했다면, 프리드리히 폰 슐레겔은 그것을 자기 식으로 발전시켜 그것으로부터 떨어져 나가기 위해 그리하였다. 이제 피히테의 명제들과 반어의 한 특정 방향 간의 좀 더 구체적인 연관성에 대해 말해 보자면, 이러한 면에서는 단지 다음과 같은 점, 즉 피히테가 자아를, 그것도 완전히 추상적이고 형식적으로 머물러 있는 자아를 일체의 지식과 이성 그리고 인식의 절대적 원칙으로서 설정하였다는 점을 강조하는 것으로 족하다. 그리하여 이제 두 번째로 이 자아는 내적으로 다만 단순할 뿐이며, 그리하여 한편으로 이 자아 속에서는 모든 특수성과 규정성, 그리고 모든 내용이 — 모든 사태가 이러한 추상적 자유와 통일성으로 매몰되기 때문에 — 부정되어 있으며, 다른 한편으로 자아에게 타당해야 할 모든 내용들은 단지 자아를 통해서만 정립되고 인정될 뿐이다. 존재하는 것은 오로지 자아를 통해 존재하며, 나를 통해 존재하는 것을 나는 또한 마찬가지로 다시 폐기할 수도 있는 것이다.

만약 이제 추상적 자아의 절대성을 자신의 원천으로 삼는, 이렇듯 전적으로 공허한 형식들에 머물고 만다면, 그 어떤 것도 **즉자대자적으로** 그리고 내면 그 자체에서 가치 있는 것으로 여겨지지 않고, 모든 것이 오직 자아의 주관성에 의해 산출된 것으로 간주된다. 그러나 그렇게 되면 또한 자아는 모든 것 위에 군림하는 주인이자 지배자로 남을 수 있게 되며, 그리하여 윤리성, 합법성, 인간성과 신성, 속됨과 성스러움의 영역 어디에서도 자아를 통해 비로소 정립되지 않았다 할 어떤 것도 없게 되며, 그래서 마찬가지로 자아에 의해 파기될 수 없는 그 어떤 것도 없게 된다. 이리하여 모든 즉자대자적인 존재자라는 것은 단지 하나의 **가상**으로, 즉 자신으로부터 연유하여 자기 자신을 통해 참되고 현실적으로 존재하는 것이 아니라 자아를 통한 한갓 **비추임**(*Scheinen*)으로 존재하는 것이 되는데, 이때 이것은 자아의 폭력과 자의에 따라 멋대로 처리될 수 있는 것이 되고 만다. 그러니까 정당화하거나 지양하는 일은 순전히 자아의, 즉 내적으로 자아로서 이미 절대적인 자아의 임의에 맡겨져 있는 것이다.

이제 세 번째로 자아는 **살아 있고**, 활동하는 개체이고, 그 삶의 본질은 자신 및 타자에 대해 자신의 개별성을 형성하고, 자신을 외화하고 현상시키는 데에 있다. 왜냐하면 모든 인간이란 — 그가 살아감으로써, 자신을 실현하고자 하며 또 실현하기 때문이다. 그런데 이것은 미와 예술이라는 관점에서 보자면 예술가로서 살며 자신의 삶을 **예술적**으로 형상화한다는 **그런** 의미를 얻는다. 그러나 위의 원리에 따른다면, 나의 모든 행동과 표현 일반이 — 그것이 그 어떤 내용과 관련되고 있는 한에서 — 나에 대해 오로지 **가상**으로만 머물고 또한 전적으로 내 재량에 맡겨져 있는 형태를 취하는 경우에야 나는 예술가로서의 삶을 사는 것이다. 그렇게 되면 이때 이 내용이라는 것도 그것의 표현이나 실현도 나에게는 도대체 참된 **진지함**의 성격을 갖는 것이 아니다. 왜냐하면 참된 진지함이란 오로지 실체적인 관심, 내면 자체에서 내용으로 충만한 사태, 진리, 인륜성 등등을 통하여, 즉 나에게 그 자체로서 이미 본질적인 것으로 간주되는 내용을 통하여 생겨나기 때문인데, 그리하여 내가 스스로에 대하여 본질적으로 되는 것은, 내가 그러한 내용 속으로 침잠하여 나의 모든 앎과 행동의 면에서 그것에 적합하게 되는 한에서인 것이다. 모든 것을 자신으로부터 정립하고 해체하는 자아가 곧 예술가라는 관점을 취한다면 — 이에 따르면 의식의 어떠한 내용도 예술가에게는 절대적이고 즉자대자적인 것으로서가 아니라, 오히려 직접 자신에 의해 만들어지고 또 파기될 수 있는 가상으로서 현상하는데 — 그러한 진지함은 도대체 자리 잡을 수가 없는 것이다. 왜냐하면 여기서 타당성을 획득하는 것은 단지 자아의 형식주의뿐이기 때문이다. 그런데 다른 사람들에게는 내가 그들에게 제시하는 나의 현상적 모습이 진지한 것으로 여겨질 수 있겠는데, 이것은 그들이 마치 내가 진정으로 사태 자체를 문제 삼는 것처럼 여기기 때문이다. 그러나 이로써 그들은 단지 기만당할 뿐인데, 이때 그들은 내 입장의 높이를 파악하고 거기에 도달할 수 있는 기관과 능력이 결여된 보잘것없고 우매한 주체들인 것이다. 이를 통해 나에게 드러나는 사실은, 모든 사람이 그렇게 자유롭지는 (즉 형식적으로 보아 자유롭지는) 않다는 것, 다시 말해서 인간에게 있어 흔히 가치, 존엄, 신성함을 갖는 모든 것이 다만 자의라는 인간의 고유한 힘의 산물이라고 여길 만큼 자유롭지는 않다는 것, 그리하여 그 힘 속에서 그러한 것들을 타당시하고 자신이 이를 통해 규정되게 하거나 또 그러한 것들로 스스로를 채우게 하거나 또는 그렇게 하지 않을 수도 있을 만큼 그렇게 자유롭지는 않다는 것이다. 그리고 이제 반어적-예술적(ironisch-künstlerischen) 삶의 이러한 탁월한 능력이 **신적 천재성**(*göttliche Genialität*)으로 이해되는데, 이러한 천재성에게는 모든 것이 그리고 누구라도 단지 비본질적인 피조물일 뿐이며, 스스로를 그러한 일체의 것들로부터 떨어져 홀로 존재하는 것으로 아는 자유로운 창조자는 자신이 그런 피조물을 창조한 것처럼 폐기할 수도 있다는 점에서 그것에 매이지 않는다. 그리하여 신적 천재성이라는 그런 관점에 서 있는 사람은 여타의 모든 사람들을 고자세로 멸시하는데, 그는 이 사람들이 법, 윤리성 등등을 여전히 확고하고 의무적이며 본질적인 것으로 여기는 한에서 제약되어 있고 진부하다고 말한다. 그래서 이렇게 예술가로 살아가는 개인은 물론 타인들과 관계를 맺기는 한다. 그는 친구, 연인 등과 더불어 살아가기는 하는 것이다. 그러나 천재로서의 그에게는 그의 특정한 현실과 특수한 행위 및 즉자대자적 보편자에 대한 이런 관계라는 것이 동시에 허무한 것이며, 또 그는 그것에 맞서 반어적 태도를 취하는 것이다.

이러한 점이 바로 자아의 자신 속으로의 집중인 반어, 천재적이며 신적인 반어가 지니는 일반적인 의미인데, 이러한 자아는 모든 유대를 파기한 채 자기만족의 환희 속에서 살아간다는 것이다. 이러한 반어를 고안한 사람은 프리드리히 폰 슐레겔이었는데, 다른 많은 사람들이 그것을 따라서 떠들어댔고 또 여전히 계속해서 떠들어대고 있다.

반어가 갖는 이러한 부정성의 가장 비근한 형식은 — 한편으로 보면 — 사실적이고 윤리적이며 내적으로 풍부한 내용을 지닌 모든 것들의 **공허함**, 객관적이고 즉자대자적으로 타당한 모든 것들의 허무성이다. 만일 자아가 이러한 관점에 머물러 있으면, 그에게는 자신의 주관성을 제외한 모든 것은 허무하고 공허한 것으로 나타나며, 이를 통해 그 주관성도 텅 비어 그 자체가 **공허하게** 되어 버린다. 역으로 다른 측면에서 보아 자아는 이러한 자기 향락 가운데서조차 만족할 수 없으며, 스스로 불충분하게 되어서, 이제 확고한 것과 실체적인 것, 즉 규정되고 본질적인 관심사에 대한 갈망을 느낀다. 그리하여 이제 다음과 같은 불행과 모순이 출현하기에 이른다. 즉, 주체는 한편으로는 진리 안으로 진입하고자 하며 객관성을 요구하지만, 다른 한편으로 자신 속에서의 이러한 고독과 칩거상태를 벗어나지 못하고, 이 충족되지 못한 추상적 내면성에서 탈피하지 못하여, 이제 — 우리가 피히테의 철학에서 마찬가지로 나타나는 것을 보았던 바와 같은 — 동경에 휩싸이고 만다. 이러한 — 내적 조화를 포기하지 않고자 행동에 나서지 않고 또한 어떤 것도 건드리지 않으면서, 아무리 내적으로는 순수하다고 해도 실재와 절대성에 대한 요구로 인해 비현실적이고 공허하게 남아있는 — 만족불가능성, 적막함과 무기력의 만족불가능성은 병적인 아름다운 영혼의 성벽(Schönseelischkeit)[48]과 동경의 성벽을 낳는다. 왜냐하면 진정으로 아름다운 영혼이란 행위하며 현실적으로 존재하기 때문이다. 그러나 그와 같은 동경은 텅 비어 허망한 주체가 갖는 허무성의 감정일 뿐이며, 이 주체에게는 이러한 공허함에서 벗어나 실체적인 내용으로 자신을 채울 수 있는 힘이 결여되어 있다.

그러나 반어가 예술형식으로 된 한에서, 그것은 단지 반어적 주체 자신의 삶과 특수한 개별성을 예술적으로 형상화하는 데에 그치지 않았으며, 예술가는 자기 자신의 행위인 것으로서의 예술작품 이외에도 외적인 형태를 갖는 예술작품 또한 판타지의 산물로서 산출해야 했다. 하지만 오직 시문학에서만 주로 나타날 수 있는 이러한 생산의 원리는 다시금 신적인 것을 반어적인 것(das Ironische)으로 표현하는 것이다. 그렇지만 천재적 개별성으로서의 반어적인 것은 훌륭함, 위대함, 탁월함의 자기파괴에서 성립하며, 그리하여 객관적 예술형상들 역시 사람들에게 가치와 존엄을 갖는 것을 자기파괴 속에서 허무한 것으로 보여줌으로써 스스로 절대적인 주관성의 원리만을 표현할 수밖에 없게 된다. 그런데 여기에 내포되어 있는 것은 이 원리가 올바름, 인륜적인 것, 참된 것에 대해 진지하지 않다는 사실만이 아니라, 이 원리 속에서는 지고지선(至高至善)한 그 어떤 것도 그것이 개인, 성격, 행위들 속에서 현상하면서 스스로를 반박하고 무화시키며 그리하여 자기 자신에 대한 반어가 됨으로써 결국 아무것도 아닌 것이 된다는 점이다. 추상적으로 볼 때, 이러한 형식은 희극적인 것의 원리와 가깝기는 하지만, 희극적인 것은 이러한 유사점에도 불구하고 반어적인 것과는 본질적으로 구분되어야 한다. 왜냐하면 희극적인 것은 다음과 같은 것에 제한되기 때문인데, 즉 희극적인 것에서 스스로를 무화시키는 모든 것은 그 자체로 아무것도 아닌 것, 즉 거짓되고 모순적인 현상, 예컨대 변덕, 고집이거나 또는 강렬한 열정에 대항하는 별난 억지스러움이거나, 아니면 기껏해야 확실한 원칙과 확고한 격률이라고 사칭되는 것이기 때문이다. 그러나 이제 사실상 윤리적인 것과 참된 것, 즉 내적으로 실체적인 내용 일반이 한 개인에게서 그리고 그를 통하여 무가치한 것으로 표현된다면, 이것은 전혀 다른 경우이다. 이때에 그런 개인은 성격 면에서 무가치하고 경멸받을 만하며, 또한 여기서는 허약함과 무성격성(Charakterlosigkeit)까지도 표현되고 있는 것이다. 그렇기에 반어적인 것과 희극적인 것의 이러한 차이에서 관건은 본질적으로는 파괴되는 것의 **내용**이다. 그러나 확고하고 중대한 자신의 목적을 고수하지 못한 채 그것을 다시금 포기하고 내적으로 파괴되도록 두는 주체는 저열하고 쓸모없는 주체들이다. 그러한 무성격성의 반어는 반어를 사랑한다. 왜냐하면 진정한 성격에 속하는 것은 한편으로는 목적의 본질적 내용이며 다른 한편으로는 그러한 목적을 견지하는 것인 까닭에, 한 개인이 그로부터 벗어나 목적을 포기해야 한다면, 그에게는 자신의 존재 전체가 상실되어 버릴 것이기 때문이다. 이러한 단호함과 실체성이 성격의 기조를 이루는 것이다. 그리하여 카토[49]는 오로지 로마인이자 공화주의자로서만 살 수 있는 것이다. 하지만 이제 반어가 표현의 기조로 받아들여진다면, 그것은 가장 비예술적인 것이 예술작품의 참된 원리로서 받아들여짐을 뜻한다. 왜냐하면 거기에서 한편으로는 천박한 인물들이 등장하기 때문이며, 다른 한편으로는 — 실체적인 것을 무가치한 것으로 보여주는 인물들이라는 의미에서 — 속없고 불안정한 인물들이 출현하며, 또 다른 한편으로는 결국 앞서 말한 동경과 심정의 풀리지 않은 모순들이 추가적으로 들어오기 때문이다. 그러한 표현들은 진정한 관심사를 환기할 수 없다. 그렇기 때문에 또한 반어의 측에서도 반어의 이러한 높은 수준을 이해하지 못하는 공중(公衆)이 심오한 감각, 예술관, 그리고 천재를 결여하고 있다는 끊임없는 불평이 나오는 것이다. 즉 공중은 이러한 천박함을, 또한 부분적으로는 유치하고 부분적으로는 무성격적인 것을 마음에 들어하지 않는다고 말이다. 그런데 이러한 내용 없고 동경을 일삼는 인간 유형들을 마음에 들어 하지 않는 것은 좋은 일이다. 이러한 부정직과 위선이 동하지 않고, 그에 반대하여 중대한 내용들을 충실히 견지하는 성격들에 대한 요구와 또한 알차고 참된 관심사에 대한 요구가 존재한다는 것은 하나의 위안거리이다.

역사적인 서술을 덧붙이자면, 반어를 예술의 최고 원리로 수용했던 인물들은 누구보다도 **졸거**50)와 **루드비히 티크**51)였다.

졸거[13]에 대해서는 상세히 언급할 가치가 있지만, 여기서 이를 시도하는 것은 적절하지 않으므로 몇 마디 암시적인 말로 만족할 수밖에 없겠다. 졸거는 여타의 사람들과는 달리 피상적인 철학적 교양에 만족하지 않았으며, 그의 진정으로 사변적인, 가장 내면적인 욕구는 철학적 이념의 심연 속으로 침잠하도록 그를 몰고 갔다. 여기서 그는 내가 "무한한 절대적 부정성"이라고 부르는 지점인 이념의 변증법적 계기에, 다시 말해서 무한한 것과 보편적인 것으로서의 자신을 유한성과 특수성으로 부정하고 이러한 부정을 마찬가지로 다시금 지양하여 이로써 유한한 것과 특수한 것 속에서 보편적인 것과 무한한 것을 다시 산출해내는 이념의 활동성에 이르게 되었다. 졸거는 이러한 부정성을 고수했는데, 물론 이것은 사변적 이념의 한 **계기**임에 틀림없긴 하지만, 무한한 것과 유한한 것의 이러한 한갓 변증법적인 동요이자 해소로서 파악되어서는 역시 **그저 한 계기**에 불과할 뿐, 졸거가 의도하는 바의 **완전한 이념**은 아닌 것이다. 졸거는 그 자신이 철학적 이념의 구체적 서술에 도달하기에는 유감스럽게도 너무 일찍 요절했다. 그래서 그는 규정적인 것의 그리고 내적으로 실체적인 것의 반어적 해소와 유사한 부정성의 이러한 측면에 머물고 말았는데, 그는 그런 부정성 속에서 예술적 활동의 원리 역시 간파했던 것이다. 그렇지만 자신의 삶의 현실에서 그가 지녔던 성격의 확고함, 진지함 그리고 유능함에 비추어 볼 때, 그는 위에서 묘사된 식의 반어적 예

---

13 Karl Wilhelm Ferdinand Solger(1780-1819): 『에르빈. 미와 예술에 대한 네 담론』(*Erwin. Vier Gespräche über das Schöne und die Kunst*), 전 2권, Berlin, 1815.

술가도 아니었고, 예술에 대한 지속적 연구가 키워낸, 진정한 예술작품들에 대한 그의 심오한 감각은 이런 점에서 보면 반어적 본성을 갖지도 않았다. 삶과 철학 그리고 예술의 관점에서 보아 이제껏 언급되었던 반어의 사도들과는 구분되어야 할 의의를 지니는 졸거의 정당화는 이정도로 해두는 것이 좋겠다.

루드비히 티크에 대해 살펴보자면, 그의 교양 역시 한동안 예나(Jena)가 그 중심에 있었던 시기로부터 유래한다. 그런데, 티크 및 같은 부류의 이 뛰어난 사람들이 매우 익숙하게 사용했던 표현들이 있었는데, 그들은 자신들이 쓰는 표현들이면서도 그것들이 무엇을 의미하는지 말하지도 않았다. 어쨌거나 티크는 항상 반어를 요구하기는 한다. 그러나 그가 스스로 위대한 예술작품들을 판정하게 될 때에, 그것들의 위대성을 인정하고 이를 서술하는 점에서 그는 확실히 탁월하기는 하다. 하지만 우리가 여기서 최상의 기회가 발견될 것으로, 즉 예컨대 **로미오와 줄리엣**과 같은 작품에서 무엇이 반어인지를 보여주는 최상의 기회가 발견될 것으로 믿는다면, 우리는 속고 있는 것이다. 반어에 관해서는 아무것도 드러나는 바가 없기 때문이다.

[Ⅳ] 주제의 구분

지금까지의 예비적 논의에 이어, 이제 우리의 대상 자체에 대한 고찰로 다가갈 시점이 되었다. 그러나 이와 관련하여 우리가 아직 머무르고 있는 이 서론에서는 후속하는 학문적 고찰의 과정 전체에 대한 개관을 대략적으로 스케치하는 정도의 일 이상을 할 수는 없다. 그렇긴 하지만 우리가 예술이 절대 이념 자체에서 출현한다고 말한 까닭에, 심지어 절대적인 것 자체의 감각적 표현이 예술의 목적이라고 명시했던 까닭에, 이 개관에서도 이미 우리는 절대적인 것의 표현으로서의 예술미 일반의 개념으로부터 어떻게 특수한 부분들이 도출되어 나오는지가 적어도 일반적으로는 드러나도록 해야만 한다. 따라서 우리는 또한 아주 대략적으로라도 이 개념에 관해 어느 정도 이해를 도모할 수 있도록 노력해야 할 것이다.

예술의 내용은 이념이며, 예술의 형식은 감각적이고 구상적인 형상화라는 것은 이미 말한 바 있다. 이제 예술은 이 양 측면을 자유롭고 화해된 총체성으로 매개해야 한다. 여기에 내재된 **첫 번째** 규정은 예술로 표현될 내용이 내적으로 이러한 표현에 적합한 것으로 드러나야 한다는 요구이다. 왜냐하면 그렇지 않을 경우, 그 자체로서 조형성과 외적 현상에 어울리지 않는 내용이 이러한 형식을 취해야 하고, 이를테면 그 자체로 보아 산문적인 소재가 자신의 본성에 대립하는 형식 속에서 바로 자신에 적합한 현상 방식을 찾아야 하는 것이 되므로, 단지 조잡한 결합만이 얻어질 뿐이기 때문이다.

이러한 위의 첫 번째 요구에서 유래하는 **두 번째** 요구는 다음과 같은 것이다. 즉 예술의 내용이 내적인 **추상체**(*Abstraktum*)가 아니어야 한다. 또한 그렇다고 해서 그것이 — 내적으로 단순하고 추상적인 것으로서의 일체의 정신적, 사유적인 것들과 반대되는 — 그저 감각적으로 구체적인 것이란 의미도 갖지 않아야 한다. 왜냐하면 자연 및 정신의 모든 참된 것들은 내적으로 구체적이며, 그 보편성에도 불구하고 주관성과 특수성을 내포하기 때문이다. 예컨대 우리가 신에 대해, 신은 단순한 일자, 지고한 본질 그 자체라고 말한다면, 우리는 이로써 비이성적 오성의 죽은 추상을 진술한 것에 불과하다. 구체적 진리로 파악되지 않은 신이란 예술에 대해서도, 특히 조형 예술에 대해서는 어떠한 내용도 제공하지 않을 것이다. 그 때문에 유태인들과 터키인들은 결코 그런 한갓 오성적 추상으로조차 존재하지 않았던 그들의 신을 예술을 통해 적극적으로 표현할 수 없었는데, 기독교인들은 이와 달랐다. 왜냐하면 기독교의 신은 자신의 참된 존재 속에 있고 따라서 내적으로 철저히 구체적으로, 인격으로, 주관으로, 좀 더 정확히 규정하자면 정신으로 생각되기 때문이다. 정신으로서의 신의 본질은 종교적 이해방식으로 보자면 그 자체가 동시에 일자로서 존재하는 인격의 삼원성(Dreiheit)으로 설명된다. 여기에는 본질성, 보편성, 그리고 특수화(Besonderung) 및 그들의 화해된 통일이 있으며, 그러한 통일이 비로소 구체성인 것이다. 그리하여 어떤 내용이 여하튼 참되기 위해서는 그렇듯 구체적이어야만 하듯이, 예술 또한 동일한 구체화를 요구하는데, 왜냐하면 그저 추상적일 뿐인 보편자는 특수화와 현상으로 나아가는, 그리고 그 속에서 자신과의 통일로 나아가는 규정을 내포하지 않기 때문이다.

셋째로, 이제 참되며 또한 그렇기 때문에 구체적인 어떤 내용에 감각적 형식과 형상화가 상응해야 한다면, 이러한 형식은 역시 마찬가지로 개별적인, 내적으로 온전히 구체적인 것이자 개별적인 것이어야 한다. 구체성이 예술의 양 측면, 즉 내용과 표현에 귀속한다는 사실이 바로 이 두 가지가 합치하고 상응할 수 있는 지점인데, 이는 예컨대 인간 신체의 자연적 형상이 내적으로 구체적인 정신을 표현하고 그에 걸맞게 자신을 나타낼 수 있는 감성적 구체성인 것과 같다. 그렇기에 그러한 참된 형상을 위해서 외부 세계의 현실적 현상을 취하는 것이 마치 단순한 우연이기라도 한 듯 여기는 생각 또한 불식될 수 있다. 왜냐하면 예술이 이러한 형식을 취하는 것은 그것이 그냥 그렇게 있기 때문이거나 혹은 다른 것이 없기 때문이 아니라, 오히려 구체적인 내용에는 또한 외적이고 현실적인, 아니 감각적이기까지 한 현상의 계기마저도 들어 있기 때문이다. 그런 이유로 인해 본질적으로 정신적인 내용이 발현하는 이런 감각적으로 구체적인 것은 내면에 대해서도 또한 본질적이다. 형상의 외면적 요소 — 이를 통해 내용이 가시화, 표상화되는 — 는 오직 우리의 심정과 정신의 대상으로서 현존한다는 목적을 갖는다. 오직 이러한 이유에서 내용과 예술형상은 상호 침투하면서 형성되는 것이다. **그저** 감각적으로만 구체적인 것, 즉 외적 자연 그 자체는 이러한 목적을 자신의 유일한 원천으로 삼지 않는다. 새의 화려하고 다채로운 깃털은 보지 않아도 빛나며, 그 노래는 듣지 않아도 울려 퍼진다. 또한 단 하룻밤 꽃을 피우는 선인장은 그 누구의 찬미도 듣지 못한 채 남쪽지방 숲의 야생에서 시들어가며, 이 숲 자체, 아주 훌륭하고도 풍부한 향기를 지닌, 극히 아름답고도 울창한 식물군으로 이루어진 정글 자체도 역시 즐기는 사람 하나 없이 썩고 시들어간다. 그러나 예술작품은 그렇게 순진무구하게 그 자체로서 홀로 있는 것이 아니다. 오히려 그것은 본질적으로 물음이며, 반향하는 가슴에 건네는 말이며, 심정과 정신을 향한 외침이다.

이렇게 볼 때 예술에 의한 감각화가 비록 우연한 것은 아닐지라도, 그것은 그 반대로 또한 정신적으로 구체적인 것을 파악하는 최상의 방법인 것도 아니다. 감각적 구체성을 통한 표현과 비교하여 볼 때 한층 고차적인 형식은 사유인데, 이것은 비록 상대적인 의미에서는 추상적이겠지만, 참되고 이성적이기 위해서는 일면적인 것이 아니라 구체적 사유여야 한다. 특정한 내용이 얼마만큼 감각적인 예술적 표현을 자신의 적합한 형식으로 취하는가, 아니면 그 본성상 본질적으로 한층 고차적이며 정신적인 표현을 요구하는가 하는 차이는 예컨대 그리스의 신들과 기독교적인 관념에서 이해되는 신을 비교하면 즉시 드러난다. 그리스의 신은 추상적이 아니라 개별적이며 또한 자연형상에 근접해 있다. 기독교의 신도 역시 구체적 인격성인 것은 사실이지만, **순수한** 정신성으로 존재하며 **정신**으로서 그리고 정신 속에서 알려져야 하는 것이다. 따라서 그의 현존의 기본 요소는 본질적으로 내면적 앎이지 외적 자연형상이 아니다. 이러한 외적 자연형상에 의해서라면 그는 나만 불완전하게, 그것도 그의 개념의 온전한 깊이에 걸맞지 않게 표현될 수밖에 없다.

그러나 이제 예술이 이념을 표현할 때 사유와 순수한 정신성 일반의 형식으로가 아니라 감각적 형상 속에서 직접적인 직관의 대상으로서 표현해야 하는 과제를 가지며, 또한 이러한 표현은 이념과 형상이라는 양 측면의 상응 및 통일 속에서 가치와 존엄을 갖는 까닭에, 그 개념에 적합한 현실성을 갖춘 예술의 고귀함과 탁월성은 이념과 형상이 교호작용하는 것으로 나타나는 긴밀함과 통일성의 정도에 의존하는 것이다.

정신성으로서의 한층 높은 진리라는 이 점에, 그것도 정신의 개념에 적합한 형상화를 획득한 정신성이라는 이 점에 예술의 학문을 위한 내적 구분의 근거가 놓여 있다. 왜냐하면 정신은 자신의 절대적 본질의 참된 개념에 도달하기 이전에 이러한 개념 자체에 정초되어 있는 여러 단계의 과정을 통과해야 하고, 또한 정신이 스스로에게 부여하는 내용의 이러한 과정에는 그와 직접적으로 결부된 예술형상화의 과정이 상응하는데, 이 형상화의 형식 속에서 예술적 정신으로서의 정신은 자기 자신에 관한 의식을 스스로 얻기 때문이다.

예술정신 내부에서의 이러한 과정은 그 자체 자신의 고유한 본성상 다시 두 측면을 갖는다. 즉, **첫째,** 특정한 **세계관들**의 단계별 진행은 자연적, 인간적, 신적인 것에 대한 특정한, 그러나 포괄적인 의식으로서 예술적으로 형상화되기에, 이러한 전개는 그 자체가 **정신적**이며 **보편적**이다. **둘째**, 예술의 이러한 내적 전개는 자신에게 직접적 실존과 감각적 현존재를 부여해야만 하며, 감각적인 예술적 현존의 특정한 방식들은 그 자체가 예술의 필연적 구분들(Unterschiede)의 총체성, 즉 **특수한 예술들**이다. 예술형상화와 그것의 구분들은 한편으로는 한층 보편적인 종류의 정신적 구분들로서 존재하고, **하나의** 질료에 속박되어 있지 않으며, 또한 감각적 현존재는 그 자체로 다양하게 구별되어 있다. 그러나 감각적 현존재는 정신과 마찬가지로 즉자적으로 개념을 자신의 내면적 영혼으로 갖기에, 이를 통해 다른 한편 특정한 감각적 질료는 예술형상화의 정신적 구분들 및 형식들과 한층 더 밀접하게 관계하고 은밀하게 조화한다.

그렇지만 완전성을 기하기 위해서 우리의 학문은 세 개의 주요 부분으로 나누어진다.

첫째, 우리는 **일반론적** 부분을 갖는다. 이 부분은 **이상**(*Ideal*)으로서의 예술미의 보편적 이념 및 그것이 한편으로 자연에 대해서 갖는, 다른 한편으로 주관적 예술 생산에 대해서 갖는 한층 자세한 관계를 그 내용 및 대상으로 삼는다.

둘째, 예술미의 개념으로부터 **특수한** 부분이 발전되어 나오는데, 그것은 예술미의 개념이 내적으로 포함하고 있는 본질적 차이들이 일련의 특수한 형상화 형식들로 전개되기 때문이다.

셋째, 예술미의 개별화를 고찰해야 하는 마지막 부분이 나오게 되는데, 여기서 예술은 자신의 형상의 감각적 실현으로 나아가 개별 예술들 및 그 유와 종의 체계로 완성된다.

I. 우선 첫 번째 및 두 번째 부분[제1부와 2부]과 관련해서 보자면, 후속되는 내용을 이해하기 위해 다음과 같은 사실이 상기되어야 할 것이다. 즉, 예술미의 이념은 형이상학적 논리학이 절대자로서 파악해야만 하는 이념과는 달리 이념 그 자체가 아니라, 현실성으로 형상화되고 또한 이러한 현실성과 직접적으로 상응하는 통일성을 얻은 이념이라는 사실 말이다. 왜냐하면 **이념 그 자체**는 즉자대자적인 진

리이기는 해도 아직 객관화되지 않은 보편성에 따르는 진리일 뿐이며, 반면 **예술미**로서의 **이념**은 본질적으로 개별적 현실성으로 존재한다는 한층 상세한 규정을 갖는 이념이자, 자신 속에서 본질적으로 이념을 드러낸다는 규정을 갖는 현실성의 개별적 형상화이기 때문이다. 이로써 이미 이념과 구체적 현실성으로서의 이념의 형상화가 서로 완전히 일치해야 한다는 요구가 언표된 셈이다. 그렇게 볼 때, 자신의 개념에 적합하게 형상화된 현실성으로서의 이념은 **이상**(*das Ideal*)이다. 그런데 그러한 상응이라는 과제는 우선은 완전히 형식적 측면에서 다음과 같은 의미로 이해될 수도 있다. 즉, 어떤 형상이든지 간에, 단지 현실적 형상이 바로 어떤 특정한 이념을 표현한다면, 이념은 이러하거나 저러한 이념일 수 있다는 식으로 말이다. 하지만 그렇게 되면 앞서 요구된 바로서 이상(das Ideal)의 **진리**라는 것은 단순한 **정확성**, 즉 어떤 의미가 적절하게 표현되고, 따라서 그 의의가 형상 속에서 직접 재발견된다는 점에서 성립하는 정확성과 혼동되고 있는 것이다. 이상을 이런 의미로 이해해서는 안 된다. 왜냐하면 어떤 내용이든 그 본질의 척도에 준해 아주 적절하게 표현될 수 있지만, 그렇다고 해서 그것이 꼭 이상으로서의 예술미를 요구할 권리를 얻는 것은 아니기 때문이다. 그러니까, 이상적 미와 비교한다면 그 표현은 심지어 결함투성이인 것으로 드러나는 것이다. 뒤에서 비로소 증명될 수 있겠으나, 이와 관련하여 미리 말할 수 있는 것은, 예술작품의 결함이 말하자면 언제나 그저 주관적인 미숙함에 기인하는 것으로 간주되어서는 안 되며 오히려 **형식의 결함**은 또한 **내용의 결함**에서도 비롯한다는 사실이다. 예를 들어 중국인, 인도인, 이집트인들의 예술 형상, 신상, 우상들은 몰형식적으로 머무르거나 혹은 형식의 저열하고 올바르지 않은 규정성에 머무르게 되어 참된 미에 도달할 수 없었는데, 그것은 그들의 신화적 표상들, 그들의 예술작품에서의 내용과 사상이 여전히 내적으로 비규정적이거나 저열한 규정성을 지녔을 뿐 내면 그 자체로서 절대적인 내용이 아니었기 때문이다. 이러한 의미에서 예술 작품이 탁월할수록 그 내용과 사상도 역시 그만큼 더 깊은 내면적 진리를 갖는다. 그렇기에 그저 외적 현실성으로 현존하는 자연형상들을 이해하고 모방하는 데 쓰이는 기교의 숙련성 정도만을 놓고 따질 일이 아닌 것이다. 왜냐하면 예술의식과 표현의 일정 단계에서는 자연형태의 포기와 왜곡이 의도하지 않은 기교상의 연습부족과 미숙함에 기인하는 것이 아니라, 의도적 변형이기 때문인데, 이때의 변형은 의식에 있는 내용에서 비롯하고 의식에 의해 요구되는 것이다. 그래서 이런 측면에서 보아, 기술적이거나 여타의 견지에서 볼 때 **특정한 국면에서는** 전적으로 완벽할 수 있으면서도 예술 자체의 개념과 이상(Ideal)에 비추어 보면 결함을 갖는 것으로 나타나는 불완전한 예술이 있는 것이다. 오직 최상의 예술에서만 이념과 표현은, 이념의 형상이 내면 자체에서 즉자대자적인 참된 형상으로 존재한다는 의미에서, 서로 참되게 상응하는데, 왜냐하면 이 경우에 형상이 표현하는 이념의 내용은 그 자체가 참된 내용이기 때문이다. 이미 암시되었듯, 그러기 위해서는 이미 이념이 내적으로 그리고 자신을 통해 구체적 총체성으로 규정되어 있어야 하며, 또 그럼으로써 즉자적으로 자신의 특수화와 현상의 규정성을 위한 원리와 척도를 가져야 한다. 예를 들어 기독교적 판타지는 신을 인간의 형상과 그 **정신적** 표현 속에서만 묘사할 수 있을 것인데, 그것은 여기서 신 그 자체가 완전히 내면적으로, **정신**으로 인식되기 때문이다. 규정성은 말하자면 현상으로 가는 다리와 같은 것이다. 이러한 규정성이 이념 자체에서 유출되어 나오는 총체성으로 존재하지 않는 곳에서는, 즉 이념이 스스로를 규정하고 특수화하는 이념으로 생각되지 않는 곳에서는, 이념은 추상적인 것으로 남게 된다. 이때 이념은 그러한 규정성을 그리고 이와 더불어 특수하고도 자신에게만 어울리는 현상방식을 위한 원리를 자신 속에 갖는 것이 아니라 외부에 갖게 된다. 그런 까닭에 아직 추상적인 이념이 갖게 되는 형상 역시 아직 자신을 통해 정립되지 않은, 외적인 형상인 것이다. 이와는 달리 내적으로 구체적인 이념은 그 현상방식의 원리를 자신 속에 지니며, 이를 통해 자신의 고유하고도 자유로운 형상화 과정으로 존재하는 것이다. 이렇듯 진정으로 구체적인 이념이 비로소 자신의 참된 형상을 산출하며, 이러한 양자의 상응이 바로 이상(Ideal)이다.

II. 그런데 이념이 이런 방식으로 구체적인 통일인 까닭에, 이러한 통일은 이념의 특수한 것들을 펼쳐내고 다시 매개함으로써 비로소 예술의식의 대상일 수 있으며, 이러한 발전을 통해서 예술미는 **특수한 단계와 형식들의 총체성**을 획득한다. 따라서 예술미를 즉자대자적으로 고찰한 연후에, 우리는 미 전체가 어떻게 특수한 규정들로 분해되는지를 살펴보아야 한다. 이것은 **제2부**인 **예술형식론**에서 다루어진다. 이 형식들은 내용으로서의 이념을 파악하는 상이한 방식에서 도출되며, 이것이 이념이 현상하는 형상화의 차이를 조건 짓는다. 그러므로 예술형식들은 내용과 형상의 상이한 관계들, 즉 이념 자체로부터 출현하여 이를 통해 이 영역에서의 진정한 구분근거를 제공하는 관계들에 다름 아니다. 왜냐하면 구분이란 언제나 개념 속에 놓여 있어야만 하며, 이 개념의 특수화와 구분이 바로 예술형식의 구분이기 때문이다.

여기에서 우리는 이념과 그것의 형상화 간의 **세 가지** 관계를 고찰해야 한다.

1. **첫째로**, 요컨대 이념은 그 출발에서는 여전히 비규정적이며 불명료한 채로 혹은 조야하고 참되지 않게 규정된 채로 예술형상의 내용이 된다. 규정되지 않은 것으로서의 이념은 이상이 요구하는 그런 개별성을 아직 즉자적으로 갖지 않는다. 이러한 이념의 추상성과 일면성으로 인해 형상은 외적인 면에서 결함을 지니며 우연적이다. 따라서 첫 번째 예술 형식은 참된 표현을 할 수 있다기보다는 오히려 구상화를 위한 **한갓 탐색**에 지나지 않는다. 여기서 이념은 자신에 걸맞은 형식을 아직 내적으로 찾아내지 못했으며, 따라서 그것을 위해 그저 분투하고 노력하는 상태에 있다. 우리는 이러한 형식을 일반적으로 **상징적** 예술형식으로 부를 수 있다. 이러한 형식 속에서 추상적 이념은 그 형상을 자신의 외부에, 자연적인 감각적 질료에서 얻는데, 형상화는 이러한 질료에서 출발하며 또한 거기에 속박된 채 현상한다. 자연에서의 직관의 대상들은, 한편 우선은 있는 그대로 남게 되지만, 동시에 실체적 이념이 그 의미로서 그들 속에 주입되어, 이 자연적 대상들은 이제 이념을 표현해야 하는 소명을 얻게 되며, 그리하여 마치 그들 속에 이념 자체가 현전하는 양 해석되어야 한다. 그러기 위해서는 현실의 대상들이 어떤 보편적 의미를 표현할 수 있는 한 측면을 자신 속에 포함하고 있어야 한다. 그러나 완전한 상응은 아직 가능하지 않기 때문에, 이러한 연관성은 예컨대 사자에게서 강인함이 의미되고 있다는 식의 **추상적 규정성**에 해당할 뿐이다.

다른 한편, 이러한 추상적인 관계의 경우에는 마찬가지로 이념과 자연현상들 간의 **이질성**이 의식된다. 그래서 자신의 표현을 위해 어떠한 다른 현실성도 갖지 못하게 된 이념이 제아무리 이러한 온갖 형상들에서 오락가락하고, 제아무리 그 속에서 불안정함과 무절제에 빠진 채 자신을 탐색하더라도, 그럼에도 불구하고 그 형상들이 자신과 합치하지 않음을 발견하게 되는데, 이때 이념은 이제 자연형상들과 현실성 자체의 현상들을 비규정적이며 무지막지한 것으로 과장한다. 그리하여 이념은 그것들 속에서 갈팡질팡하고, 부글대고 발효하며, 그것들에 폭력을 가하고, 그것들을 왜곡하며 부자연스럽게 과장하고, 또한 형상들의 분산을 통해 그리고 그것들의 거대함과 장려함을 통해, 현상을 이념으로 고양시키고자 한다. 왜냐하면 여기에서 이념은 여전히 다소간은 비규정적이며 형상화할 수 없는 것으로 존재하지만, 자연 대상의 형상은 철두철미 규정되어 있기 때문이다.

그렇기에 이 두 가지가 서로 간에 적합하지 않음으로 해서 이념과 그 대상성의 관계는 **부정적인 것**으로 된다. 왜냐하면 내적인 것으로서의 이념 그 자체는 그러한 외면성에 만족하지 못하며, 또한 그것은 외면성의 내적이고 보편적 실체로서 자신에 상응하지 않는 이런 갖가지의 모든 형상들 너머로 **숭고하게** 존속하기 때문이다. 그리하여 물론 자연현상, 인간적 형상과 사건은 이런 숭고성 속에서 받아들여지고 또 그것이 있는 모습 그대로 남아 있지만, 동시에 그런 것은 일체의 세속적 내용을 훨씬 넘어서는 숭고성의 의미에는 부적합한 것으로 인식된다.

이러한 측면들이 일반적으로 동방 최초의 예술범신론의 특성을 이루는 것으로서, 이 범신론은 한편으로는 극히 저급한 대상들에조차 절대적 의미를 주입했는가 하면, 다른 한편 현상들로 하여금 자신의 세계관을 표현하도록 폭력적으로 강제하여, 그 때문에 기이하고도 괴상하며 몰취미하게 되거나, 실체의 무한하지만 추상적인 자유로 하여금 허무, 무상한 것으로서의 현상들을 경멸적으로 외면하도록 한다. 이를 통해 의미는 그것이 완벽히 표현되도록 구상화될 수 없으며, 온갖 노력과 시도에도 불구하고 이념과 형상의 부적합성은 극복되지 못한 채 존속한다. 이것이 첫 번째 예술형식, 즉 상징적 예술형식이라 할 것인데, 이것은 탐색, 발효, 불가해성, 숭고성과 더불어 존재한다.

2. 이제 우리가 **고전적** 예술형식이라 부르려 하는 **두 번째** 예술형식에서는 상징적 예술형식이 가졌던 이중의 결함이 제거된다. 상징적인 형상은 불완전한데, 그것은 한편으로는 이념이 그 속에서 그저 **추상적** 규정성 내지 비규정성의 양태로 의식되며, 다른 한편으로는 이로 인해 의미와 형상의 일치라는 것이 항상 결함을 벗어나지 못하고 또 그 자체가 그저 추상적일 수밖에 없기 때문이다. 이러한 이중적 결함의 해소로서의 고전적 예술형식은 이념을 이념 자신의 개념에 따라 그것 자체에 고유하게 속하는 형상으로 자유롭고도 적절하게 구현하는 것인데, 그렇기 때문에 이러한 형상과 이념은 자유롭고도 완벽하게 조화를 이룰 수 있는 것이다. 이로써 고전적 형식은 처음으로 완벽한 이상의 생산과 직관을 제공하며, 그런 이상을 실현하여 제시한다.

그렇지만, 이상(das Ideal)의 경우에도 마찬가지겠으나, 고전적인 것에서 보이는 개념과 실재(Realität)의 적합성을 내용과 그 외적 형상화의, 그저 **형식적일** 뿐인 일치라는 의미로 받아들여서는 안 된다. 그런 일치라고 한다면, 자연의 모든 초상이나 모든 얼굴 생김새, 지역,

꽃, 광경 등 표현의 목적과 내용을 이루는 것들도 내용과 형식의 면에서 서로 적합하다는 조건에 따라 이미 고전적인 것이 되었을 것이다. 이와는 반대로 고전적인 것에서는 내용의 특유성이 존재하는데, 그 내용이란 구체적 이념이자 또한 그 자체 구체적으로 정신적인 것이다. 왜냐하면 오직 정신적인 것만이 참으로 내면적인 것이기 때문이다. 그렇다면 그러한 내용을 위해 자연적인 것들 가운데서 그 자체로 정신성에 즉자대자적으로 어울리는 것이 모색된다. **본원적인** 개념 자체는 구체적 정신성에 합당한 형상을 **창안해** 낸 그런 것이어야 하며, 그리하여 이제 **주관적** 개념은 — 여기서 보자면 예술의 정신은 — 그 형상을 다만 **발견**하고 그것을 자연적이고 형태화된 현존재로서, 자유롭고 개별적인 정신성에 적합하게 만들었을 뿐이다. 정신적인 것으로서의 — 그것도 개별적으로 규정된 정신성으로서의 — 이념이 즉자적으로 갖는 이러한 형상이 시간적 현상으로 드러나야 하는 것이라고 한다면, 그것은 **인간의 형상**이다. 사람들은 인격화와 인간화를 종종 정신성이 격하되는 것이라고 비방해 오기도 했다. 그러나 예술은, 그것이 정신성을 감각적인 방식으로 직관화해야 하는 한에서는, 이러한 인간화의 방향으로 나아가야 하는데, 이는 정신은 인간의 육체를 통해서만 충분하게 감각적으로 현상하기 때문이다. 이러한 맥락에서 보면 영혼의 윤회라는 것은 하나의 추상적인 관념일 따름이다. 그리고 생리학도 생명성이 그 발전도상에서 필연적으로 정신에 유일하게 적합한 감각적 현상인 인간의 형상을 향해 나아갈 수밖에 없다는 것을 자신의 주요한 명제들 중 하나로 삼아야 할 것이다.

그런데 인간 육체의 형식들은 고전적 예술형식에서 더 이상 단순히 감각(감성)적 현존재로서가 아니라 오직 정신의 현존재이자 정신의 자연형상으로 간주되며, 그런 까닭에 단순히 감각적인 것이 갖는 그리고 현상의 우연적 유한성이 갖는 일체의 궁핍성에서 벗어나 있는 것이다. 형상이 자신에 적합한 내용을 내면적으로 표현할 수 있게끔 이런 방식으로 순화되어 있다면, 다른 한편에서는 — 내용과 형상의 일치가 완성되어야 한다는 점에서 — 내용을 형성하는 정신성 역시 감각적이며 육체적인 이러한 표현을 벗어나지 않고, 인간의 자연형상 속에서 마찬가지로 완벽하게 표현될 수 있는 **그런 종류**의 것이어야 한다. 이를 통해 여기에서 정신은 특수한 정신으로서, 인간적 정신으로서 규정되며, 단적으로 절대적이고 영원한 정신으로 규정되는 것이 아니다. 왜냐하면 이런 후자의 정신은 오직 정신성 자체로 자신을 알리고 표현할 수 있기 때문이다.

바로 이 마지막 논점은 고전적 예술형식이 스스로를 해체하고 더 높은 제삼의, 즉 **낭만적** 예술형식으로의 이행을 요구하게 하는 결함으로 작용한다.

3. **낭만적** 예술형식은 이념과 그 실재성의 완성된 통일을 재차 지양하여, 한층 고차적이긴 할지라도, 상징적 예술에서 극복되지 않은 채로 남았던 이 두 측면의 차이와 대립으로 다시 돌아간다. 즉 고전적 예술형식은 예술의 감각화가 성취할 수 있는 최고도에 도달하였으며, 만약 거기에 뭔가 결함 있는 것이 존재한다면 그것은 단지 예술이란 것 자체와 예술이라는 영역의 제한성이다. 이 제한성은 예술이 무릇 그 개념상 무한하고 구체적인 보편자, 즉 정신을 **감각적으로** 구체적인 형식 속에서 대상화한다는 사실, 그리고 고전적인 것에서는 정신적 현존재와 감각적 현존재의 완성된 합일화가 이 두 측면

의 **상응**으로 제시된다는 사실에서 찾아질 수 있다. 그러나 이러한 융합의 경우 사실상 정신은 그 **참된 개념에 따라** 표현되고 있는 것이 **아니다.** 왜냐하면 정신은 이념의 무한한 주관성인데, 만약 이념이 그에 걸맞은 현존재로서의 육체성 속에 담겨 있어야만 하는 것이라면, 그것은 절대적 내면성으로서의 자신을 자유롭게 독자적으로 형상화해낼 수 있는 것이 아니기 때문이다. 이러한 원리로부터 낭만적 예술형식은 고전적 예술형식의 저 분리되지 않은 통일을 다시 지양하는데, 그것은 낭만적 예술형식이 고전적 예술형식과 그것의 표현방식을 넘어서는 내용을 획득했기 때문이다. 이러한 내용은 — 잘 알려져 있는 생각들을 환기해 보자면 — 기독교가 정신으로서의 신에 관해 말하는 바와 일치하는데, 이것은 고전적 예술에 본질적이며 가장 적절한 내용을 이루고 있는, 그리스 신들에 대한 믿음과 구별된다. 고전적 예술에서는 그 구체적 내용이 **즉자적으로** 인간적 본성과 신적 본성의 통일인데, 이 통일은 바로 **직접적**이고 **즉자적**으로 존재하는 까닭에 역시 직접적이며 **감각적인** 방식으로 적절히 구현된다. 그리스의 신은 소박한 직관과 감성적 표상의 대상으로 존재하며, 따라서 그의 형상은 인간의 육체적 형상으로, 그의 위력과 본질의 범위는 개별적으로 특수한 범위로, 그리고 주관에 대해 실체이자 힘으로 존재하며, 주관적 내면은 이 위력과 다만 즉자적으로 통일될 뿐, 이러한 통일을 내면적이고 주관적인 앎 자체로서 갖지는 못한다. 고전적 예술형식이 바로 이 통일을 육체성 속에서 완전히 표현될 수 있는 형상으로 갖는 것이라 할 때, 이제 한층 높은 단계는 **즉자적으로** 존재하는 이러한 통일의 **앎**이다. 그런데 즉자를 자기의식적인 앎으로 가져가는 이러한 고양은 엄청난 차이를 만들어낸다. 이는 예컨대 인간 일반을 동물과 구별하는 차이와 같은 무한한 차이이다. 인간은 동물이지만, 그의 동물적 기능들에서조차도 동물들처럼 즉자 상태로 머물러 있는 것이 아니라, 그 기능들을 의식하고 인식하며, 그리하여 그 기능들을, 예컨대 소화과정 같은 것을 자기의식적 학문으로 고양시킨다. 이를 통해 인간은 즉자적으로 존재하는 자신의 직접성의 한계를 파기하여, 바로 자신이 동물임을 **알기** 때문에 동물이기를 그치며, 정신으로서의 자신의 앎에 도달한다. 이제 이러한 방식으로 이전 단계의 즉자가, 다시 말해서 인간적 본성과 신적 본성의 통일이 **직접적인** 통일로부터 **의식화된** 통일로 고양된다면, 이러한 내용의 실재성을 위한 참된 요소는 더 이상 정신적인 것의 감각적이며 직접적인 현존재, 육체적인 인간의 형상이 아니라 **자기의식적인 내면성**이다. 그리하여 이제 기독교는, 그것이 **정신**과 진리 속에서 신을 **정신으로서**, 그것도 개별적이며 특수한 정신이 아니라 **절대적** 정신으로서 표상하기에, 표상의 감각성으로부터 정신적 내면성으로 회귀하며 또한 육체성이 아닌 이 내면성을 그 내용의 질료이자 현존재로 삼는다. 이와 마찬가지로 인간적 본성과 신적 본성의 통일 역시 인식된 통일이자 또한 오로지 **정신적** 앎을 통해, 그리고 **정신 속에서** 실현될 수 있는 통일이다. 따라서 이렇게 하여 획득된 새로운 내용은 그에 상응하는 표현으로서 감각적 표현에 매이지 않으며, 오히려 이러한 직접적 현존재로부터 해방되는데, 이 현존재는 부정적으로 정립되면서 극복되어야 하며, 정신적 통일로 반성되어야만 하는 것이다. 이러한 방식으로 낭만적 예술은 예술의 자기 초극이긴 하지만 예술 고유의 영역 내부에 또한, 예술의 형식에 머무르는 초극인 것이다.

그러므로 우리는 요컨대 이 세 번째 단계에서 대상을 이루는 것은 **정신적 내면**을 위해 정신성으로 현상해야만 하는, **자유로운 구체적 정신성**이라는 점을 일단 주장할 수 있을 것이다. 그렇기 때문에 이러한 대상에 걸맞도록 예술은 한편 감각적 직관을 위해서가 아니라, 그야말로 자기 자신을 자신의 대상으로 삼아 그와 동행하는 내면성을 위해서, 주관적 내밀함, **심정**, 느낌을 위해서 활동하는데, 정신적인 것으로서의 느낌은 내적으로 자유를 추구하며 자신의 화해를 오로지 내면적인 정신 속에서 찾고 또 소유하는 것이다. 이 내면의 세계가 낭만성의 내용을 이루는 것이며, 따라서 그 세계는 이러한 내면적인 것으로서 그리고 이러한 내밀함의 가상 속에서 표현되어야만 한다. 내면성은 외면적인 것에 대한 자신의 승리를 구가하고, 외면적인 것 자체 속에서 또 그것의 형태에서 이러한 승리가 드러나게끔 하는데, 이러한 승리로 인해 감각적으로 현상하는 요소는 무가치한 것으로 격하된다.

그러나 다른 한편 이러한 형식 역시, 무릇 모든 예술이 그러하듯, 자신의 표현을 위해 외면성을 필요로 한다. 이제 정신성은 외면적인 것으로부터 또 그것과의 직접적 통일로부터 자기 자신으로 회귀했기에, 바로 그 때문에 형태화가 갖는 감각적 외면성은 상징적 예술에서와 같이 비본질적이고 일시적인 것으로 받아들여지고 표현되며, 또 이와 마찬가지로 주관적이고 유한한 정신과 의지의 측면도 개성, 성격, 행위 등과 정황, 분규 등이 갖는 특수성과 자의에 이르기까지 수용되어 표현된다. 외면적 현존재의 측면은 우연성에 떠넘겨지고, 판타지의 모험들에 내맡겨지는데, 판타지의 자의는 현존하는 것을 그것이 있는 **그대로** 반영할 수도 있고, 외부 세계의 형상들을 뒤죽박죽 섞어서 왜곡시켜 찌그러뜨릴 수도 있는 것이다. 왜냐하면 이러한 외면성은 그 개념과 의미를 고전적 예술의 경우와는 달리 더 이상 그 자신 속에 그리고 그 자체로 갖는 것이 아니라 오히려 심정 속에 두기 때문인데, 이 심정은 자신의 현상을 외면적인 것과 그 실재의 형식에서가 아니라 자기 자신 안에서 찾으며, 이렇듯 자기 자신과 화해된 상태를 일체의 우연에서, 독자적으로 이루어지는 일체의 우발적 사건들에서, 일체의 불행과 고통 속에서, 아니 심지어는 범죄 속에서도 유지하거나 다시 회복할 수 있는 것이다.

이를 통해 이념과 형상의 무차별성, 부적합성, 그리고 분리가 — 상징적 예술에서처럼 — 다시금 나타나는데, 그렇지만 여기에는 다음과 같은 본질적인 **차이**가 있다. 상징에서는 이념 자체의 불완전성이 형태화의 결함을 초래했으나, 이제 낭만적 예술에서 이념은 정신이자 심정으로서 내적으로 **완성되어** 현상해야만 하고 또한 이러한 한층 높은 완성에 근거하여 외면성과 상응하는 통일로부터 벗어나는데, 이는 이념이 자신의 참된 실재와 현상을 오로지 자기 자신 안에서 찾고 또 성취할 수 있기 때문이다.

여기까지의 내용이 일반적으로 예술의 영역에서 이념이 그 형상에 대해 갖는 세 가지 관계인 상징적, 고전적 그리고 낭만적 예술형식의 특징이라고 할 수 있겠다. 이 관계들은 본질적으로 미의 참된 이념으로서의 이상을 추구하고, 달성하며, 초월하는 데에서 성립한다.

III. 이제 전술한 두 부분에 대비해서 제3부에 대해 논하자면, 그것은 이상의 개념(den Begriff des Ideals)과 일반적 예술형식들을 전제로 삼게 된다. 왜냐하면 제3부는 특정한 감각적 질료 속에서 예술 형식들이 실현되는 것을 서술하고 있기 때문이다. 따라서 우리는 이제 더 이상 일반적인 근본규정들에 따르는 예술미의 내적 전개와 관계하는 것이 아니라, 이러한 규정들이 어떻게 현존하게 되며, 자신을 어떻게 외적으로 구분하는지를, 그리고 어떻게 미의 개념 속에 있는 각각의 계기들을 단지 **일반적 형식**으로서가 아니라 독립적으로 그 자체 **예술작품**으로서 실현하는지를 고찰해야만 한다. 그런데 이제 예술은 미의 이념에 내재하는 고유한 차이들을 외적 현존재로 변환시키는 까닭에, 제3부에서는 **개별 예술**들의 분류와 확정을 위해 일반적 예술형식들이 마찬가지로 근본규정으로서 등장해야 한다. 달리 말하자면 예술의 장르들은 우리가 일반적 예술형식들의 경우 알게 되었던 것과 동일한 본질적 차이들을 내포하는 것이다. 이 형식들이 감각적인, 따라서 특수한 질료를 통해서 도달하게 되는 **외적** 객관성은 이제 이러한 형식들이 — 각각의 형식이 자신의 특정한 성격을 또한 특정한 외적 질료 속에서 발견하고 그 질료의 표현방식에서 자신의 적합한 실현을 보게 되는 까닭에 — 그 실현의 특정한 방식들로, 특수한 예술들로 제각기 **갈라져 전개되도록** 한다. 그러나 다른 한편 그런 예술형식들은 그 규정성에 있어 **보편적인** 형식들로서 **특정한** 종류의 예술을 통한 **특수한** 실현 너머로도 확산되며 그리하여 마찬가지로 다른 예술들을 통해서도 — 비록 부차적이긴 할지라도 — 자신의 현존재를 얻게 된다. 따라서 특수한 예술들은 한편으로 일반적 예술형식들 중 **하나에** 특유하게 속하여 그것의 **적합한** 외적인 예술적 현실성을 형성하지만, 다른 한편으로 그것들은 그 나름의 외적 형상화의 방식으로 예술형식들의 총체성을 표현하게 된다.

그러므로 제3부에서 우리는 전반적으로 어떻게 예술미가 여러 예술들 및 그 작품들에서 실현된 미의 **세계**로 전개되는가 하는 점에서 예술미와 관계하게 된다. 이러한 세계의 내용은 우리가 보았듯 미, 참된 미이자, 형상화된 정신성, 이상(das Ideal), 그리고 좀 더 심층적으로 말하면 절대 정신, 진리 자체이다. 직관과 느낌을 위하여 예술을 통해 표현된 신적 진리라는 이 영역은 독립적이고 자유롭고 신적인 형상으로서 전체 예술세계의 중심점을 이루는데, 이 형상은 형식과 질료라는 외적 요인을 완전히 자신의 것으로 만들어 그것을 자신의 구현으로서만 겉에 지니고 있을 뿐이다. 그렇지만 여기서 미가 **객관적** 현실성으로 전개되고 이로써 또한 개별적 측면들 및 계기들의 독자적 특수성으로도 구별되기 때문에, 이제 이 중심은 고유한 현실성으로 실현되어 존재하는 자신의 극단들(Extreme)을 자신과 대비시킨다. 그리하여 이러한 극단들 중 **하나**는 아직 **정신이 결여되어 있는 객관성**, 신의 단순한 자연환경을 형성한다. 여기서는 외적인 것 그 자체가 형상화되는데, 이 외적인 것은 자신의 정신적 목적과 내용을 자기 자신이 아니라 타자 속에서 갖는다.

이에 반해 다른 하나의 극단은 내면적인 것, 인식된 것으로서, 신성의 다양하게 특수화된 **주관적** 현존재로서, 신적인 것이다. 즉, 그것은 진리로서 개별적 주체들이 갖는 감각, 심정, 정신 속에서 작용하고 살아 움직이는 것이자, 그 외적 형상으로 주조된 채 머무는 것이 아닌, 주관적이며 개별적인 내면으로 회귀하는 그런 진리이다. 그리하여 신적인 것 그 자체는 동시에 신성으로서의 그 순수한 현현과 구분되며, 이로써 스스로가 특수성의 양상을 띠게 되는데, 이 특수성은 일체의 개별적이며 주관적인 앎, 감정, 바라봄, 느낌에 속하는 것이다. 예술이 그 최고의 단계에서 직접적인 관계를 맺고 있는 종교라는 유사한 영역에서는 동일한 차이가 **다음과 같은** 식으로 파악된다.

즉, 우리에 대해 한편으로는 유한성을 갖는 현세적 · 자연적 삶이 있고, 그러나 그다음 두 번째로는 의식이 객관성과 주관적 요소의 차이가 없어진 **신**을 대상화하며, 마침내 세 번째로 신 그 자체로부터 **신앙 공동체**(*Gemeinde*)의 예배로, 주관적 의식 속에 살아 현존하는 신에게로 다가가는 식으로 파악되는 것이다. 이러한 세 가지의 주된 차이들은 독자적으로 전개되는 예술의 세계에서도 출현한다.

1. 이러한 근본규정에 따를 때 특수한 예술들 중 우리가 먼저 다루어야 할 **첫 번째**의 예술은 아름다운 **건축**이다. 건축의 과제는 외적, 비유기적 자연을 솜씨 있게 다루어 예술에 부합하는 외적 세계로서 그것이 정신과 가까운 것이 되게끔 하는 데 있다. 건축의 질료는 그 자체가 기계적이고 육중한 덩어리로서 직접적 외면성을 갖는 물질이며, 그 형식들은 대칭이라는 추상적 오성관계들에 따라 정렬된 비유기적 자연의 형식들이다. 이러한 질료와 형식들에서는 구체적 정신성으로서의 이상이 실현되지 않으며 따라서 표현된 실재성은 여기서는 외적인 것으로서의 이념에 삼투되지 못한 채로 맞서 있거나 그저 추상적 관계로 머물러 있을 뿐이기 때문에, 건축예술의 기본전형은 **상징적** 예술형식이다. 왜냐하면 건축은 신에 적합한 현실성에 처음으로 길을 닦아주며, 또한 신에 봉사하는 가운데 객관적 자연에 수고를 기울여 그것이 유한성의 덤불과 우연의 기형성에서 벗어나게끔 하기 때문이다. 이를 통해 건축은 신을 위한 자리를 고르고, 신의 외적 환경을 형성하며, 정신의 절대적 대상들을 향한 내적 축적 및 그 정향을 위한 공간으로서 신의 사원을 건설한다. 건축은 회중의 집회를 위해 폭풍의 위협, 비, 뇌우, 야생동물에 대한 대피소로서 하나의 에워싸인 공간을 우뚝 솟아오르게 만들고, 또한 예의 모이고자 하

는 의지를 비록 외적이긴 하지만 예술에 부합하는 방식으로 현시한다. 건축은 이러한 의미를 자신의 질료와 그 형식들 속에 다음의 사정에 따라 더 많거나 더 적게 집어넣을 수 있다. 즉 건축이 떠맡는 작업내용의 규정성이 보다 의미심장하거나 무의미하거나에 따라, 보다 구체적이거나 추상적이거나에 따라, 자기 자신 속으로 보다 깊이 침잠하거나 보다 불투명하고 피상적이거나에 따라 말이다. 그런데 심지어 건축은 이러한 점에서 보아 자신의 형식들과 질료를 통해 그러한 내용에 적합한 예술적인 현존재를 마련해주는 데까지 나아가고자 할 수도 있다. 그러나 그렇게 되면 건축은 이미 자신의 고유한 영역을 넘어서게 되며, 자신보다 더 높은 단계인 조각으로 건너가고자 동요하고 있는 것이다. 왜냐하면 건축의 한계는, 내면적인 것으로서의 정신성을 자신의 외적 형식들에 맞선 것으로 갖는다는 점, 그리고 이로써 정신으로 충만한 것을 단지 타자로서 시사할 뿐이라는 점에 있기 때문이다.

2. 그렇긴 하지만 건축을 통해 비유기적 세계가 정화되고, 균형 있게 정렬되어, 정신에 가깝게 만들어짐으로써 신의 사원, 그의 신앙공동체의 집이 완성되어 세워지게 된다. 그다음 **두 번째**, 개별성의 섬광이 둔중한 덩어리를 내리쳐 그것을 관통하고, 또한 정신 자체의 무한한, 더 이상 대칭적이기만 한 것은 아닌 형식이 육체성을 한데로 집중시키고 형태화함으로써, 이러한 신전 속으로 신 자신이 들어서게 된다. 이것이 **조각**의 과제이다. 조각에서는 정신적 내면성이 — 이를 건축은 그저 암시만 할 수 있을 뿐인데 — 감각적 형상과 그 외적 질료 속으로 들어와 머무르며, 이 두 측면은 어느 한쪽도 우세하지 않게끔 **그렇게** 상호 침투의 방식으로 형성되는 까닭에, 조각은 고

전적 예술형식을 기본전형으로서 갖는다. 그러므로 감각적인 것에는 정신적인 것 자체의 표현이 아니라 할 어떠한 표현도 그 자체로서 더 이상 남아 있지 않으며, 또한 역으로 말해 전적으로 신체적인 형상 속에서 적절히 가시화되지 않는 어떠한 정신적 내용도 조각에서는 완벽히 표현될 수가 없다. 왜냐하면 조각을 통해 자신의 육체적 형식을 취하는 정신은 직접적 통일 속에서 고요히 환희의 상태로 있어야 할 것이며, 그 형식은 정신적 개별성의 내용을 통해 생동성을 부여받아야(verlebendigt) 할 것이기 때문이다. 따라서 외적인 감각적 질료 역시 더 이상 단순히 무거운 덩어리로서의 그 역학적 특질에 따라서만 다루어지거나 비유기적인 것의 형식들 속에서 취급되지 않고, 채색 등등에 대해 무차별적인 것으로서 가공되지도 않는다. 오히려 그것은 인간적 형상의 이상적 형식들 속에서, 그것도 공간적 차원의 총체성 속에서 다루어진다. 그리하여 이러한 맥락에서 볼 때 우리는 조각에 대해 다음과 같은 것을 확언해야 한다. 즉, 조각에서 처음으로 내면성과 정신성의 영원한 고요와 본질적 독립성이 현상한다는 것 말이다. 이러한 고요 및 자신과의 통일에는 오로지 다음과 같은 외면성, 즉 그 자체로 여전히 이러한 통일 및 고요에 머물고 있는 외면성이 상응할 뿐이다. 이 외면성은 조각의 추상적 공간성에 따르는 형상이다. 조각이 표현하는 정신은 내면 자체에서 순정한, 우연성과 열정들의 유희로 복잡다단하게 분열되지 않은 정신이다. 그러므로 조각은 외면적인 모습도 또한 이러한 다양성을 갖는 현상으로 분산시키지 않고, 거기에서 오직 이 하나의 측면만을, 즉 차원들의 총체성들 속에 있는 추상적 공간성만을 포착하는 것이다.

3. 이제 건축이 신전을 짓고 조각의 손길이 신의 조각상을 그

속에 세웠다면, **셋째로** 자신의 집의 넓은 회당에서 이렇듯 감각적으로 현존하는 신에게 **신앙공동체**가 마주선다. 신앙공동체는 그러한 감각적 현존재의 내적 반성이고, 생명을 불어넣는 주관성이자 내면성인데, 그렇기에 이러한 내면성과 더불어 예술내용에 대해 그리고 외적인 표현의 질료에 대해 결정적 원칙이 되는 것은 특수화, 개체화 및 그에 속하는 주관성이다. 조각에서 나타나는 신의 순정한 내적 통일성은 개별화된 다수의 내면성으로 분할되는데, 이것이 통일된 것은 감각적인 통일성이 아니라, 전적으로 관념적인(ideell) 것이다. 그리하여 비로소 신은 스스로가 이러한 건너옴과 건너감으로서, 그의 내적 통일성과 — 주관적 앎 및 그 특수화 속에서 또 보편성과 다수의 통일 속에서 이루어지는 — 그의 실현의 이러한 교차로서 참되게 정신으로, 그의 신앙공동체 안에 있는 정신으로 존재한다. 이 신앙공동체 안에서 신은 폐쇄된 자기동일성이라는 추상에서 벗어나 있을 뿐만 아니라 — 조각이 신을 그렇게 표현하듯 — 육체성으로의 직접적 침잠에서도 벗어나 있으며, 또한 정신성과 앎으로, 즉 이러한 내적 반영으로 고양되어 있는데, 이 반영은 본질적으로 내면적인 것으로 그리고 주관성으로 현상한다. 이를 통해 정신적인 것은 이제 한층 고차적인 내용을 지니는 것으로, 그것도 절대적인 정신성으로 존재한다. 그러나 예의 분열을 통해 이러한 정신적인 것은 동시에 **특수한** 정신성, 개별화된 심정으로 현상한다. 그리고 신의 내면적인 자족적 고요가 아니라, 비추임 일반, 대타존재(Sein für Anderes), 현시가 관건이 되는 까닭에, 이제는 — 인간적 정열, 행위, 사건으로서 — 생동하는 운동과 활동 속에 있는 극히 다채로운 주관성이, 다시 말해서 인간적 느낌, 욕구함과 또 체념이라는 광범위한 영역이 그 자체로서 예술적 표현의 대상이 된다. 이러한 내용에 맞추어 이제 예술의 감각적 요소도 마찬가지로 그 자체에서 특수화되고 또한 주관적 내면성에 적합하게끔 나타나야만 하는 것이다. 그러한 질료를 제공하는 것은 색채, 음향, 그리고 마지막으로 내적 직관과 표상들을 위한 단순한 기호로서의 음운이며, 또한 이러한 질료를 통해 앞의 내용을 실현하는 방식으로서는 회화, 음악, 시문학이 있다. 여기서는 감각적 소재가 그 자체로서 특수화되고 또한 어디서든 관념적으로(ideell) 정립되어 현상하는 까닭에, 이 소재는 도대체가 정신적 예술의 내용에 가장 잘 상응하며, 또한 정신적 의미와 감각적 질료의 연관성은 건축과 조각에서 가능했던 것보다 한층 고차적 내면성으로 성장하게 된다. 하지만 이것은 완전히 주관적인 측면에서 성립하는 한층 내면적인 통일이며, 또한 형식과 내용이 개별화되고 관념적으로 정립되어야 하는 까닭에, 내용의 객관적 보편성을 그리고 내용과 직접적 감각성의 융합을 희생함으로써 비로소 성취되는 통일이다.

형식과 내용이 상징적 건축과 조각의 고전적 이상을 떠남으로써 이제 관념성으로 고양됨에 따라, 이러한 예술들[회화, 음악, 시문학]은 그 전형을 낭만적 예술형식에서 취하는데, 이것의 형상방식을 가장 적절하게 표출하는 적임자가 바로 이 예술들이다. 그런데 이러한 예술들이야말로 예술들의 총체성을 이루는데, 왜냐하면 낭만적인 것은 그 자체 내적으로 가장 구체적인 형식이기 때문이다.

개별 예술들이 갖는 이러한 세 번째 영역의 내적 구분은 다음과 같이 설정될 수 있겠다.

a) 조각에 바로 뒤이어 서있는 첫 번째 예술은 회화이다. 회화에서는 가시성(Sichtbarkeit) 그 자체가 회화의 내용과 그 형상화를 위

한 질료로서 사용되는데, 가시성이 동시에 그 자체에서 특수화되는 식으로, 다시 말해서 즉 색채로 구분되어 규정되는 식으로 그렇게 된다. 건축과 조각의 질료도 이와 마찬가지로 가시적이고 또한 채색되는 것이기는 하지만, 그것은 회화에 있는 바와 같은 가시화 자체, 그러니까 내적으로 단순한 빛, 즉 자신의 대립인 어두움에 대해서 자신을 특수화하고 또한 어두움과의 결합 속에서 색채로 화하는 내적으로 단순한 빛과 같은 그런 가시화가 아니다. 그리하여 내적으로 주관화되고 관념적으로 정립된 이 가시성은 건축의 경우에서처럼 중량 있는 질료가 갖는 추상적이고 역학적인 질량의 차이들이나, 혹은 조각이 보유하고 있는 감각적 공간성의 총체성을 — 이것이 물론 집중되어 있고 또한 유기적인 형식들을 갖기는 하지만 — 모두 필요로 하지 않는다. 오히려 회화의 가시성과 가시화하기는 자신의 차이들을 한층 관념적인 차이들로, 즉 여러 색채들의 특수성으로 지니며, 또한 회화는 스스로를 평면의 차원에 제한시킴으로써 예술을 질료의 감각적으로 공간적인 완비성(Vollständigkeit)으로부터 해방시킨다.

다른 한편 내용도 역시 극히 광범위한 특수화에 이르게 된다. 인간의 가슴 속에서 느낌, 표상, 목적으로서 자리 잡을 수 있는 것, 인간의 가슴이 행위의 양태로 형상화해낼 수 있는 것, 이러한 일체의 다양한 것들이 회화의 다채로운 내용을 이룰 수 있다. 특수성의 전 영역이 — 정신의 최상의 내용에서부터 지극히 개별화된 자연대상에 이르기까지 — 자신의 자리를 얻게 된다. 왜냐하면 유한한 자연의 특수한 국면이나 현상들도 — 정신의 요소에 대한 그 어떤 암시가 있어 이것이 그것들을 사상과 느낌에 한층 가까이 연결시켜 주기만 한다면 — 여기에 등장할 수 있기 때문이다.

b) 회화와 비견되어 낭만적인 것을 실현하는 두 번째 예술은 음악이다. 음악의 질료는 여전히 감각적이긴 하지만 훨씬 더 깊은 주관성과 특수화로 발전한다. 회화가 공간의 총체적 가상을 여전히 존립시키며 또한 그것을 의도적으로 가장한다면, 음악은 공간의 무차별적 확산을 마찬가지로 지양하여 그것을 점(點)이라는 개별적 일자로 관념화하는데, 바로 이러한 사실에서 우리는 음악을 통해 감각적인 것이 관념적으로 정립됨을 발견할 수 있다. 그러나 이러한 부정성으로서의 점(點)은 내적으로 구체적이며 또한 질료성 내부에서의 능동적인 지양, 즉 질료적 물체가 내적으로 자기 자신에 대한 관계에서 갖는 운동이자 떨림으로서의 지양인 것이다. 이렇게 나타나기 시작하는 질료의 관념성, 즉 더 이상 공간적이 아닌, 시간적 관념성으로 현상하는 그런 관념성은 음향, 곧 부정적으로 정립된 감각성인데, 이것의 추상적 가시성은 — 음향이 관념적 요소를, 이를테면 질료에 속박된 상태로부터 벗어나게 함으로써 — 가청성(Hörbarkeit)으로 변화된 것이다. 질료가 지니는 이러한 최초의 내밀함과 영활(靈活, Beseelung)이 정신의 아직 규정되지 않은 내밀함과 영혼을 위한 재료를 제공하며, 또 느낌과 열정들의 음계 전체를 지닌 심정으로 하여금 그 선율 속에서 울리게 하고 또한 그 울림을 그치게도 한다. 이런 식으로 음악은 조각이 건축과 낭만적 주관성의 예술들 중간에 서 있듯이 낭만적 예술들의 중간점을 형성하며, 또한 회화의 추상적인 공간적 감각성과 시문학의 추상적 정신성 사이의 통과지점을 형성한다. 느낌과 내면성의 대립으로서의 음악은 자신 속에 건축과 마찬가지로 양(Quantität)의 오성적 관계 및 음향들과 그 조합의 고정된 법칙성이라는 기반을 결과적으로 갖게 된다.

c) 마지막으로 낭만적 예술형식에서 가장 정신적인, **세 번째** 표현방식에 관해 살펴보자면, 우리는 이것을 **시문학**에서 찾아야 한다. 이미 음악과 회화가 감각적 요소에서 예술을 해방하기 시작했지만, 시문학을 특징짓는 고유성은 감각적 요소를 정신과 그 표상들 아래 종속시키는 힘에 놓여 있다. 왜냐하면 시문학이 갖는 최종적인 외적 질료인 음운은 여기서는 더 이상 음향적 느낌 그 자체가 아니라 그 자체로만 보면 무의미한 **기호**, 그것도 내적으로 구체화된 표상의 기호이지, 단지 규정되지 않은 느낌이나 그것의 뉘앙스 및 단계들의 변화만을 위한 기호가 아니기 때문이다. 이를 통해 **음향**은 내적으로 분절된 성음으로서의 **단어**로 변화하는데, 단어라는 것의 의의는 표상과 사상들을 지시하는 데에 있다. 왜냐하면 음악이 지향하여 이르렀던, 내적으로 부정적인 점은 이제 완전히 구체적인 점, 정신의 점, 자의식적인 개체로 등장하는데, 이 개체는 자기 자신으로부터 표상의 무한한 공간을 음운의 시간과 결합하기 때문이다. 그런데 음악에서는 아직 내면성과 직접적으로 하나였던 이러한 감각적 요소가 여기서는 의식의 내용으로부터 떨어져 나가며, 반면 정신은 이 내용을 그 자체로서 그리고 자신 속에서 표상으로 규정하게 된다. 이때 정신은 비록 이 표상의 표현을 위해 음운을 사용하지만, 그것을 다만 그 자체로서는 가치와 내용을 갖지 않는 기호로서 사용할 뿐이다. 그리하여 가시성과 마찬가지로 가청성이 정신의 단순한 암시로 내려앉은 까닭에, 음운 역시 이와 같이 한갓 문자로서 존재할 수 있는 것이다. 이런 연유로 시적 표현의 고유한 요소는 시적 **표상**이자 정신적 가시화 그 자체이며, 이러한 요소는 모든 예술형식들에 공통적이므로 시문학은 또한 모든 예술들을 관통하고 그것들 속에서 독자적으로 전

개되는 것이다. 시문학은 외적이고 감각적인 질료에 얽매여 실현되는 것이 아니라, 내적으로 자유롭게 된 정신의, 오로지 표상과 느낌이라는 내적 공간과 내적 시간 속에서 움직이는 정신의 보편적 예술이다. 하지만 바로 이러한 최고의 단계에서 이제 예술은 자신을 넘어서서 나가게 되는데, 그 이유는 예술이 정신의 화해된 감각화라는 요소를 떠나 표상의 시문학에서 사유의 산문으로 이행하기 때문이다.

지금까지의 내용은 특수한 예술들, 즉 건축이라는 외적 예술, 조각이라는 객관적 예술, 그리고 회화, 음악, 시문학이라는 주관적 예술들의 총체를 특수하게 구분한 결과라 할 수 있을 것이다. 지금껏 다른 식의 구분들이 다양하게 시도된 것도 사실이다. 왜냐하면 예술작품은 극히 풍부한 여러 측면들을 제공하며, 그래서 — 종종 그러하듯이 — 사람들은 때로는 이 측면을, 때로는 저 측면을, 예컨대 감각적 질료와 같은 것을 구분근거로 삼을 수 있기 때문이다. 그럴 경우에 건축은 질료의 결정화(Kristalisation)이며, 조각은 감각적으로 공간적인 총체성 속에서 질료를 유기적으로 구상화하는 것이며, 회화는 채색된 평면과 선이다. 반면 음악에서는 공간 일반이 내적으로 충일된 시간의 점으로 이행하며, 이리하여 마침내 외적 질료는 시문학에서 완전히 무가치한 것으로 격하되는 것이다. 또는 이러한 차이들이 공간성과 시간성이라는 매우 추상적인 측면에 따라 파악된 적도 있다. 예술작품이 취하는 질료와 같은 추상적인 특수성이 작품의 고유성 속에서 일관적으로 추적될 수는 있겠으나, 그러한 특수한 측면 자체는 한층 높은 원리로부터 자신의 근원을 이끌어내며 따라서 이 원리에 종속해야만 하기에 최종적 근거로서 관철될 수는 없다.

이러한 한층 높은 원리로서 우리는 미 이념의 보편적 계기들인 상징적, 고전적, 낭만적 예술형식들을 살펴보았다.

이 형식들이 개별적 예술들에 대해 갖는 관계의 구체적 형태는 다음과 같은 성격을 갖는데, 즉 이 예술들은 예술형식들의 실재적 현존재를 형성하게 된다. 그 이유는 다음과 같이 정리될 수 있겠다. **상징적 예술형식**은 **건축**에서 자신의 가장 적합한 현실성을 획득하며 최고도로 적용되는데, 여기에서 상징적 예술은 자신의 완전한 개념에 따라 존립하며, 아직은 말하자면 다른 예술에 대해 비유기적 본성을 지니는 것으로 격하되어 있지 않다. 이와는 달리 **고전적 예술형식**에서는 **조각**이 완벽한 통일적 실재성인데, 반면 이 예술형식은 건축을 그저 에워싸는 환경으로서만 수용하고 또한 회화와 음악을 아직은 자신의 내용을 위한 절대적 형식들로서 육성할 만한 능력에 도달하지 못하고 있다. 끝으로 **낭만적** 예술형식은 독립적이며 무제약적으로 회화적 · 음악적 표현을 능숙하게 처리할 수 있으며, 시적 표현에서도 마찬가지로 그러하다. 그러나 시문학은 미의 모든 형식들에 적합하며 또한 이 형식들 모두에 걸쳐 확장되는데, 그것은 시문학의 고유한 요소가 아름다운 판타지이고 또 판타지는 어떠한 형식에 속하는 바이든 간에 모든 미의 생산을 위해 필수적이기 때문이다.

그러므로 이제 특수한 예술들이 개별화된 예술작품들에서 실현하는 것은 그 개념에 따르자면 오로지 스스로를 전개시키는 미 이념의 보편적 형식들이며, 이 형식들이 외적으로 실현된 것으로서 광대한, 예술의 만신전(萬神殿, Pantheon)이 솟아오르는 것이다. 이 만신전의 건축가와 장인은 스스로를 파악하는 미의 정신이며, 세계사는 수천 년의 발전 속에서 비로소 이러한 미를 완성시키게 될 것이다.

미주

1) **미학(Ästhetik)**: 이 학명은 독일의 라이프니츠-볼프 학파의 이론가인 바움가르텐(Alexander Gottlieb Baumgarten)으로부터 비롯하는데, 그는 1750년에 서양 철학사상 처음으로 *Aesthetica*라는 이름의 미학 저술을 출간한다. 이 이름은 그리스어 aisthēsis(감각, 지각), aisthanesthai(감각하다, 지각하다)에서 유래한 것으로, 그는 이 책의 제1절에서 미학을 "감각적(감성적) 인식의 학"으로 정의하고 있다. 그러나 그의 정의는 이것 외에도 추가적인 내용을 포함하고 있는데, 이것은 곧 그가 생각하는 미학이라는 학문의 성격이 아직은 덜 명확하다는 것을 방증하는 것이며, 사실상 그의 저술은 매우 다양한 주제를 포괄하고 있기도 하다. 즉 그는 미학의 정의에 덧붙여 이것이 "자유로운 학예의 이론, 하위의 인식론, 아름다운 사유의 학, 유사이성의 학"이기도 하다는 추가적인 언명을 하고 있다. A. G. Baumgarten, *Ästhetik. Lateinich-Deutsch in zwei Bänden*. Teil I: §§ 1-613, Hamburg 2007, § 1 참조. 바움가르텐 혼자만이 이루어낸 결실은 아니지만 18세기에 탄생하게 되는 미학이라는 학문은 칸트와 헤겔을 거치며 주로 미와 예술을 대상으로 하는 하나의 철학적 분과학문으로서의 성격을 갖추게 되고, 보다 체계적인 학문으로 자리 잡게 된다. 인식론적인 차원이 강조되고 있기는 하나 바움가르텐의 미학 역시 미와 예술에 대한 학문이라는 성격을 벗어나는 것은 아니다.

2) **아름다운 기예(schöne Kunst, 예술)**: 바로 이 표현이 곧 우리가 오늘날 일컫는 '예술'을 뜻하는 것인데, 여기서 Kunst는 영어의 art에 해당하고 라틴어 ars에 상응하는 독일어 표현이다. ars는 그리스어인 technē에 해당하는 것으로 본래 이 단어는 어떤 것을 제작하는 기술이나 솜씨, 또는 어떤 일을 능숙히 수행하는 재주를 뜻하는 말이었다. 그리하여 그것은 목수가 가구를 제작하는 기술이나 장군이 전쟁을 수행하는 기술, 대중을 감동시키고 설득하

는 웅변의 기술, 또는 화가의 그림 그리는 기술 모두에 통용되는 용어였다. 오늘날에 쓰이는 영어 단어 technique 역시 technē로부터 유래하는 것이며, 이 그리스어 단어는 그 뜻으로 보아 art라는 영어 단어 또한 포괄하는 것이다. 라틴어의 ars 역시 예술뿐만 아니라 다양한 재주나 솜씨, 그리고 학문적 활동 등을 지칭하는, 적용범위가 매우 넓은 단어이다. 르네상스와 17세기를 거치며 이러한 ars들 중에서도 특히 미를 목표로 삼는 ars만을, 즉 예술만을 따로 분리시키려는 시도들이 있어 왔는데 그것의 결정판은 1746년 프랑스인 샤를 바퇴(Charles Batteux)의 논문인 "Le beaux arts réduits à un méme principe"으로서, 바퇴는 이 글에서 미(美)라는 원리에 따라 포괄될 수 있는 일군의 기예들을 명시하여 오늘날 우리가 예술이라고 부르는 장르들의 외연을 한정하였다. 즉 이러한 일군의 기예들에는 시, 음악, 회화, 조각 등의 장르들이 포함된다. 이러한 기예들 또는 예술들을 그는 beaux-arts로 불렀으며 이것의 영어 표현이 fine arts 그리고 독일어 표현이 schöne Künste이다. 이러한 예술 개념의 성립은 물론 바퇴 혼자만의 업적은 아니었으나, 이 이후로 18세기를 거치며 이러한 근대적 예술 개념의 체계가 확립되기에 이른다. 칸트와 헤겔 역시 기본적으로는 이러한 beaux-arts 또는 schöne Künste 개념에 따라 예술을 파악하고 있다. 그런데 헤겔은 『미학강의』의 서두에서 이 강의의 대상이 엄격한 의미에서 아름다운 기예, 즉 예술임을 명확히 밝히고 나서, 이 이후로는 "Kunst"(기예)라고만 쓸 때에도 이것을 "schöne Kunst"(예술)의 의미로 사용한다. 따라서 앞으로 본문에서는 이러한 헤겔의 용법에 따라 의미의 혼동을 초래하지 않는 한 "Kunst"(기예)를 "예술"로 번역할 것이다.

3) **볼프(Christian Wolff, 1679-1754)**: 철학사적으로 보아 라이프니츠와 칸트 사이에 위치하며 합리주의 전통의 철학을 대표하는 독일 철학자. 그는 흔히 라이프니츠 사상의 계승자이자 이를 체계화한 인물로 간주된다. 많은 근대 철학자들과 유사하게 그는 수학적 방법을 인간의 지식의 모든 분야에 적용하고자 하였다. 그는 이른바 라이프니츠-볼프 학파의 주요 인물로서 18세기 독일철학에 큰 영향을 끼쳤는데, 칸트 역시 볼프의 철학적 영향 아래서

성장했다고 할 수 있다. 여기서 헤겔이 볼프학파라고 부르는 것은 특히 볼프의 제자인 바움가르텐을 염두에 둔 표현으로 보인다.

4) **미론(Kallistik)**: 이것은 그리스어 kalos(아름다운, 매력적인)를 어원으로 갖는 단어로서 글자 그대로 보자면 "미의 학문"이 될 것인데, 이 이름에는 바움가르텐의 *Aesthetica*에서와는 달리 지각이나 감각이란 뜻이 포함되어 있지 않다.

5) **정신**: 〈용어설명〉 참조.

6) **자유**: 〈용어설명〉 참조.

7) **표상의 공간에 나란히 서 있는**: 본문에서 헤겔이 "자연미와 예술미를 표상의 공간에 나란히 서 있는 것으로 나타내고"라고 말할 때, 이것은 우리가 흔히 자연미와 예술미에 대해 막연히 생각하면서 양자를 나란히 놓고 비교한다는 의미를 지닌다. 여기서 중요한 것은 헤겔이 사용하는 "표상"(Vorstellung)이라는 말의 의미인데 이에 대해서는 〈용어설명〉 참조.

8) **정신이야말로 참된 것(das Wahrhaftige)**: 헤겔은 이 세계의 근본에 놓인 궁극적이고 실체적인 존재, 또 이 세계의 변화와 발전의 전 과정을 이끌고 나가는 활동적인 존재를 정신으로 규정하고 있다. 여기서 "정신이야말로 참된 것"이라는 표현은 우선 기본적으로는 정신이 바로 이러한 근본적이고 실체적인 존재라는 의미에서 참된 존재라는 것이지만 다음과 같이 보다 확장된 의미를 지니기도 한다. 즉 정신이야말로 진리의 담지자라는 것 말이다. 이 말은 다시 부연하자면, 참된 것으로서의 진리, 또는 세계의 참된 모습은 우리의 정신을 통해 파악된 것으로 존재한다는, 즉 정신의 본질인 사유를 통해 개념화된 것으로 존재한다는 것을 뜻한다. 흔히 정신과 대비되는 실체적인 것으로서의 자연이 상정되기도 하는데, 헤겔에 따를 때 정신은 자연적 요소를 포괄하고 그것을 뛰어넘는다는 의미에서 더욱더 근본적이고 실체적이기 때문에, 이러한 점에서 자연 자체는 정신에 비해 참되다고 할 수 없다. 이는 다음과 같이 두 가지 방식으로 설명될 수 있을 것이다. 첫째로 자연이란 필연성의 법칙에 지배되는 것이며 정신의 원리는 자유인데, 자유라는 것은 항상 필연성을 통해서 그리고 필연성을 활용해서 스스로를 실현하지만, 필연

성은 자유를 활용하지 못하며 그런 의미에서 자유를 통해 스스로를 실현하지 못한다. 그리하여 자유를 원리로 삼는 정신이 필연성의 법칙에 지배되는 자연을 포괄하며 더 근본적이고 실체적이다. 둘째로 헤겔에 따르면 우리에게 자연인 것, 우리가 자연이라고 부르는 것은 우리의 정신에 의해서 이해되고 파악된 것이지 그 자체로서 독립적으로 존재하는 것이 아니다. 그런 의미에서 자연은 정신보다 더 근본적이거나 실체적이지 않다. 헤겔의 "정신" 개념에 대한 더 체계적인 설명을 위해서는 〈용어설명〉 참조.

9) **이성**: 〈용어설명〉 참조.

10) **판타지**: 〈용어설명〉 참조.

11) **그저 형식적일 뿐인 추론들**(Räsonnements): Räsonnement은 '추론' 또는 '논증적인 사유' 등으로 번역할 수도 있으나 헤겔이 Räsonnement이라는 표현을 쓸 경우에는 폄하적인 의미가 포함되어 있다. 그리하여 Räsonnement은 이런저런 이유를 대며 꼬치꼬치 따지기도 하면서 일견 그럴듯해 보이기는 하지만 실제로는 사태의 핵심적이거나 본질적인 것으로부터는 동떨어지고 궤변적이기까지 한 추론 또는 논증적 사유를 뜻한다. 따라서 Räsonnements이란 추론의 형식을 갖추고는 있지만 내용적으로나 결과적으로 보아 사태의 깊은 이해나 파악을 낳지 못하는 성격을 지녔기에 여기에서는 "그저 형식적일 뿐인 추론들"로 번역하였는데, 다른 곳에서 Räsonnement이라는 표현이 등장할 때에는 문맥에 따라 다소 변형시켜 "그저 형식적일 뿐인 추론적 사유방식"으로 번역하기도 했다.

12) **가상(Schein) 자체는 본질에 대해 본질적이며**: 헤겔은 그의 『논리학』(*Wissenschaft der Logik*)의 제2권 『본질론』(*Die Lehre vom Wesen*)에서 "가상"과 본질에 대해 다루면서 이 두 가지의 관계에 대해 논하고 있다. 가상이라는 것은 우선 가짜라는 점에서 기만적 측면도 지니지만 어떤 것의 드러남, 어떤 것의 비추임이라는 의미도 갖는다. 예술의 맥락에서는 후자의 의미가 더욱 중요한 것인데, 가상은 본질이 아니며, 그런 한에서 본질에 대해 부정적인 관계에 놓여 있지만, 또한 가상은 본질의 가상이라는 점에서 본질을 드러내는 것이다. 즉 본질은 마치 가상의 배후에 있으면서 가상을 통해 스스로를 드러

내는 참된 존재와도 같다. 직접적으로 나타나는, 우리가 직접적으로 경험하게 되는 어떤 것이 있고 그것의 배후에 바로 그 어떤 것의 본질이 존재한다고 할 때, 앞의 어떤 것은 가상이라 불린다. 그런데 이 어떤 것이 존재하는 한에서만 그것의 본질도 생각될 수 있으며, 이 어떤 것은 바로 본질의 드러남으로써 존재한다는 점에서 어떤 것으로서의 가상과 그것의 본질은 필연적 관계를 지닌다. 즉 본질은 항상 어떤 것의 본질이며 이 어떤 것과 연관되지 않는 것으로서의 본질이란 무의미한 것이다. 그렇기에 가상이 본질의 존재를 위해 반드시 필요한 것이라면 가상은 단순히 비본질적인 것이 아니라 본질적으로 존재해야 한다. 그런 의미에서 가상은 본질에 본질적이다.

13) **즉자대자적**: 〈용어설명〉 참조.

14) 여기서 헤겔이 서술하고 있는 것은 아리스토텔레스가 그의 『시학』에서 시를 역사와 대비시키고 있는 대목을 연상시킨다. 아리스토텔레스는 시가 역사보다 "더 철학적이고 중요하다"고 말하면서 그 이유로 시는 "보편적인 것을 말하는 경향"이 더 많다고 주장한다. 물론 역사서술이 오직 개별적이고 우연적인 것에만 매여 있는 것은 아니지만, 아리스토텔레스는 역사가 어떤 개별적인 인간에게 어떤 사건이 일어났는가를 중심으로 서술되는 것임에 반해, 시, 특히 비극과 희극의 사건들과 등장인물들의 성격은 보편적이고 전형적인 측면을 지니고 있음을 강조하면서 이와 같은 주장을 하고 있다. 비극과 희극은 플롯과 등장인물들의 성격을 통해 개연적이거나 필연적인 사건들의 연관관계를 만들어내고 이러한 것들을 관통하는 보편적인 것을 보여주며 또 어떤 개별적인 시대와 장소에 국한되지 않고 보편적으로 공감될 수 있는 주제와 성격 그리고 사건들을 제시한다. 헤겔 역시 예술작품이 드러내는 인간사의 보편적인 측면에 대해 지적하고 있다. 아리스토텔레스, 『詩學』, 천병희 역, 서울: 문예출판사, 1992, 60-61쪽 참조.

15) **『시학』**: 아리스토텔레스(384-322 BC)가 지은 『시학』의 원래 제목은 "Peri poiētikēs"로서 이를 직역하면 "작시(作詩) 기술에 관하여"가 된다. 이 책은 시의 본질과 작시(作詩)의 원리를 체계적으로 정립하고자 한 최초의 시

도로 알려져 있으며 서양의 문학이론에, 특히 비극이론에 결정적인 영향을 끼쳤다. 로마시대의 시인인 호라티우스가 지은 『시학』도 아리스토텔레스의 이 책으로부터 많은 영향을 받았다.

16) **『시학』**: 호라티우스(65-8 BC)의 『시학』(*Ars Poetica*)은 본래 서간문으로서 원래 제목은 "피소 부자(父子)에게 보내는 편지"(*Epistula ad Pisones*)이며 "Ars Poetica" 또는 "De arte poetica"라는 이름은 후세 사람들이 붙인 것이다. 이 책은 아리스토텔레스의 『시학』과 더불어 17-8세기에 이르기까지 서양의 문학이론 및 문예비평에 커다란 영향을 끼쳤다.

17) **숭고에 대한 롱기누스(Longinus)의 글**: 이 글의 원제는 『숭고에 관하여』(*Perì hýpsous*)로서 편지 형식으로 기술된 수사학적, 문학 비평적 저작이다. 저자인 롱기누스는 1세기 또는 3세기에 활동했던 수사학자로 추정되는데, 실제 저자가 누구인지 확정되지 않아 위-롱기누스(Pseudo-Longinus)로 지칭되기도 한다.

18) **보편성은 특수성의 확립으로는 전혀 나아가지 못하고**: 여기서 헤겔은 어떤 보편적인 규정도 특수한 규정들을 포함하지 않는 한에서는 그저 추상적일 뿐이어서 진정으로 보편적인 규정이 되지 못하고 또 현실적이지 못하다는 비판을 하고 있다. 마치 여기서 그는 보편성이 "특수성의 확립으로" 나아가야만 하는 것처럼 쓰고 있는데, 일단 이렇듯 보편성이 "특수성의 확립으로" 나아간다는 것의 의미는 보편성에 포함되어 있는 특수성이 드러나고 전개된다는 것이다. 여기서의 어려움은 헤겔이 말하는 보편성과 특수성, 또는 보편과 특수의 관계가 통상적인 이해와는 많은 차이를 갖는다는 데에 있다. 그에 따르면 진정으로 보편적인 것은 보편적일 뿐만 아니라 특수한 것을 포함하며, 그런 의미에서 특수한 것과 그저 반대되는 것을 뜻하지 않는다. 그리하여 예컨대 헤겔적 의미에서 참으로 보편적인 존재인 신은 온갖 특수한 존재들을 포괄하고 그러한 특수한 존재들 속에서 스스로를 드러내며, 또 참되게 보편적으로 파악된 역사는 특수한 단계들을 포괄하는 역사이다. 그렇기에 헤겔에 따르면 진정으로 보편적인 것은 추상적이거나 제한적이지 않고 내적으로 풍부하며 구체적이다. 헤겔에게서 "보편성"과

"특수성"의 관계에 대한 상세한 설명을 위해서는 〈용어설명〉 참조.

19) **"온갖 갈채를 얻었다"**: 호라티우스의 『시학』(*Ars Poetica*)의 343행에 나오는 말로("omne tulit punctum"), 이 구절의 전체 문장은 다음과 같다. "유익한 것을 즐거운 것과 혼합한 자가 온갖 갈채를 얻었다, 독자에게 즐거움과 동시에 가르침을 줌으로써."(omne tulit punctum qui miscuit utile dulci, lectorem delectando pariterque monendo.)

20) **히르트(Aloys Hirt, 1759-1839)**: 예술이론가이자 예술사가로서 베를린 대학 교수였으며 역시 같은 대학 교수였던 헤겔과 친분이 두터웠다. 주요 저서로는 『고대 건축예술사』(*Die Geschichte der Baukunst bei den Alten*, 1821-27)와 『고대 조형예술의 역사』(*Die Geschichte der bildenden Künste bei den Alten*, 1833)가 있다.

21) **Die Horen**: 실러의 주도하에 1795-1798년까지 매달 발행된 정기간행물의 이름으로서, 이 이름은 그리스 신화에 나오는 계절과 질서의 여신들을 뜻한다. 이 정기간행물에 실린 것으로 본문에서 언급된 히르트의 논문 제목은 "Versuch über das Kunstschöne"(예술미에 대한 시론)이었다.

22) **빙켈만(Johann Joachim Winckelmann, 1717-1768)**: 그리스 문화를 연구한 독일의 고고학자이자 예술사가로서 주요 저서로는 『회화 및 조각에서 그리스 미술품의 모방에 관한 고찰』(*Gedanken über die Nachahmung der griechischen Werke in der Malerei und Bildhauerkunst*, 1755), 『고대미술사』(*Geschichte der Kunst des Altertums*, 1764)가 있다.

23) **인간의 감각을 위해 다분히 감각적인 것으로부터**: 여기서 "감각"과 "감각적인 것"은 각기 "Sinn"과 "Sinnliches"의 번역어이다. "Sinn"은 "감각" 외에도 "감관", "지각", "감수성", "의미" 등 다양한 뜻을 가지고 있다. 그렇기에 하나의 번역어를 선택할 경우에 생기는 의미의 제한은 불가피하다. 그러나 번역의 일관성을 기하기 위해 또 문맥상 가장 적절한 번역어를 정할 필요가 있기에 아주 특별한 경우가 아니라면 역자는 이 단어를 "감각"으로 번역하였다. 그런데 본문에서 헤겔은 "Sinn"이라는 단어를 "감각" 외에도 "감성"이나 "느낌" 또는 "정서"란 의미까지 포함시켜 매우 포괄적

인 의미로 사용하고 있다. 이것은 물론 "감각적인 것"으로 번역되고 있는 "Sinnliches"에도 똑같이 해당한다. 그렇기에 독자는 "감각"과 "감각적인 것"이란 말이 등장할 때에 이를 좁은 의미로만 이해해서는 안 된다는 점을 고려할 필요가 있다. 이런 맥락에서 역자는 형용사 "sinnlich"에 대해 "감각적"이라는 번역어만으로는 그 의미가 충분히 전달되지 않는 경우 간혹 "감각(감성)적"이라고 표기하기도 했다.

24) 헤겔은 제2장 "미와 예술을 학문적으로 고찰하는 방식들"에서 예술에 관한 이론과 지침들이 담긴 문헌들 몇 가지를 소개한 바 있다. 이것들은 아리스토텔레스의 『시학』, 호라티우스의 『시학』, 그리고 위-롱기누스의 『숭고에 관하여』이다.

25) **호메로스가 만년에 이르러서야 자신의 영원불멸의 노래들을 떠올려 만들어 냈던 바와 같이**: 여기서 "영원불멸의 노래"가 지칭하는 것은 호메로스가 지은 것으로 알려져 있는 서사시 『일리아드』와 『오디세이』를 뜻한다. "영원불멸의"란 말에서 알 수 있는 것처럼 헤겔도 이 두 서사시가 갖는 문학적이고도 역사적인 의의를 아주 높이 평가하고 있다.

26) **모제스 멘델스존(Moses Mendelssohn, 1729-1786)**: 독일 계몽주의 시대의 철학자로서 형이상학과 미학, 정치철학과 신학에 관한 글들을 주로 발표하였다. 라이프니츠, 볼프 및 바움가르텐의 영향을 받았으며 동시대인인 칸트 및 레싱과 교우하였다. 주요 저술로는 『느낌에 관하여』(*Über die Empfindungen*, 1755), 『파이돈 또는 영혼불멸에 관하여』(*Phädon oder über die Unsterblichkeit der Seele*, 1767)가 있다.

27) **내면의 느끼는 자연(innerliche empfindende Natur)**: '외적 자연'과 대비되는 것으로서의 이 '내면의 느끼는 자연'이란 곧 느끼는 활동을 하는 우리의 내적 본성을 뜻한다. '자연(Nature)'이란 주지하다시피 '본성'이나 '본질'이라는 의미로도 또한 필연적 법칙에 의해 지배되는 물리적 자연의 의미로도 쓰이는데 여기서는 번역의 일관성을 유지하기 위해 '내면의 느끼는 본성'이 아닌 '내면의 느끼는 자연'으로 번역하였다.

28) **제임스 브루스(James Bruce, 1730-1794)**: 스코틀랜드 출신의 여행가이자 여

행기 작가로서 본문에 등장하는 이야기는 그가 저술한 『나일강 원류 탐사 여행기』(*Travels to discover the source of the Nile*) 제3판(London, 1813)의 6권 526-527쪽에 나온다.

29) 이 나이팅게일의 예는 칸트의 『판단력비판』 § 42에 등장한다. KU, pp. 172-173.

30) **"나는 인간적인 어떤 것도 나와 무관하다고 생각하지 않는다"(Nihil humani a me alienum puto)**: 고대 로마 시대의 극작가였던 테렌티우스(Publius Terentius Afer, 195/185 – 159 BC)의 희곡 『고행자』(*Heauton Timorumenos*)에 나오는 말로서 자주 인용되어 온 경구이다.

31) **"fabula docet"**: "이야기(우화)는 가르침을 준다"는 뜻으로 흔히 사용되는 라틴어 표현이었으며, 본문에서는 문맥에 맞게 "이야기가 주는 가르침에"로 번역하였다.

32) **마리아 막달레나**: 『신약성경』의 복음서 〈루가〉(8:2), 〈마르코〉(16:1-10), 〈마태〉(28:56) 등에 언급되는 갈릴리 출신의 여성으로 매춘부였다는 전설이 전해진다. 그녀는 자신에게서 일곱 마귀를 쫓아내 준 예수 그리스도를 믿고 따랐으며 예수의 십자가에서의 죽음을 가까이서 지켜본 사람들 중의 하나였고, 예수가 부활한 날 아침 무덤에 갔던 세 여자들 중 한 명이었다. 위의 복음서에 따르면 예수 그리스도는 부활한 후 마리아 막달레나에게 처음으로 나타나셨다고 한다.

33) **의무를 위한 의무**: 헤겔이 칸트의 실천철학적 입장을 비판할 때 종종 사용하는 표현으로써 그의 『법철학』에도 등장한다(GPR, § 135). 그는 칸트가 선의지에 따르는, 이성의 자기입법으로서의 도덕법칙을 원리로 삼아 도덕성을 규정하고 또 이를 통해 윤리학을 정초하려고 시도한 것을 형식주의에 불과하다고 비판한다. 또 그는 도덕적 의무가 의무로서 존중되고 인정되어야 할 사회적 맥락에 대한 고찰이 칸트에게서는 매우 불충분하다고 주장한다. 그리고 헤겔은 칸트의 윤리학이 주관의 내면성에 근거하는 것이며, 진정한 윤리학 내지는 실천철학은 한 사회의 법과 제도들을 포괄하는 관점을 통해서만 가능하다고 주장한다. 그리하여 그는 칸트의 실천철학적 입

장을 도덕성의 관점이라 칭하고 이를 극복한 자신의 입장을 인륜성의 관점이라고 명시하고 있다. 이 두 입장의 차이에 관한 헤겔 자신의 설명에 대해서는 다음을 참조하시오. GPR §§ 33, 135-137.

34) **정신의 실천적 측면을 이론적 측면 위로 끌어올렸기 때문에**: 칸트가 『실천이성비판』에서 사변 이성(이론 이성)과의 연관 속에서 "순수 실천 이성의 우위"를 논한 것을 가리키는 표현이다. 칸트는 "사변 이성과의 결합에서 순수 실천 이성의 우위"라는 제목의 한 절에서 다음과 같이 말하고 있다. "이성의 사변적 사용의 관심은 최고의 선험적 원리들까지에 이르는 대상의 인식에 있고, 실천적 사용의 관심은 궁극적인 완전한 목적과 관련하여 의지를 규정하는 데에 있다. [...] 순수 사변 이성과 순수 실천 이성이 한 인식으로 결합할 때에, 곧 이 결합이 [...] 선험적으로 이성 자신에 기초한, 그러니까 필연적인 것이라 한다면 실천 이성이 우위를 갖는다. [...] 우리는 순수 실천 이성에 대하여 사변 이성에 종속하고 그래서 질서가 거꾸로 될 것을 전혀 요구할 수 없다. 왜냐하면 모든 관심이란 궁극적으로는 실천적인 것이며, 사변 이성의 관심조차도 조건적으로만 또 실천적 사용에서만 완전한 것이기 때문이다. I. Kant, *Kritik der praktischen Vernunft*, in Bd. IV: *Werke in sechs Bänden*(이하 WS로 축약), hrsg. von W. Weischedel, Darmstadt, 1956-64(Nachdruck, 1983), pp. 249-252.

35) **이성의 주관적 이념들**: 칸트는 『순수이성비판』의 「초월적 변증론」(Die transzendentale Dialektik)에서 모든 경험적 인식을 종합하여 궁극적인 통일적 인식에 도달하고자 하는 이성의 본성으로부터 나오는 — 그런 의미에서 필연적인 — 개념들로서 영혼, 세계, 신개념들을 고찰하고 있다. 이 세 가지는 우리 인식이 지향하는 궁극적이고도 절대적인 대상이지만 우리의 감성적 직관의 대상일 수 없는, 그렇기에 결국 인식될 수 없는 것으로서 단지 사유의 대상일 뿐이다. 즉 이것들은 각각 제약된 모든 것들을 총괄하는 무제약적인 것으로서 이성의 사유 속에 존재하며, 그런 의미에서 이성의 개념인데, 칸트는 이를 이념이라고 부른다. 그리하여 영혼은 우리의 모든 의식 활동의 근저에 존재하는 것으로 가정되는, 사유하는 주관의 모든 내

적 활동들의 총체성의 이념이다. 세계는 시간과 공간 속에 존재하는 현상들의 총체로서의 이념이며, 신은 존재하는 모든 것의 궁극적 근거이자 사유 가능한 모든 대상을 통일하는 최고 존재자의 이념이다. 칸트에게서 이러한 이념들은 모든 이성 개념들과 마찬가지로 오직 사유될 뿐, 인식 가능한 객관적 대상일 수 없기에 이를 헤겔은 "주관적"이라고 부르고 있다.

36) **직관적 오성(intuitiven Verstand)**: 칸트가 직관적 오성(intuitiven Verstand 또는 anschauenden Verstand)이라고 칭하는 것은 인간이 구비하고 있는 오성과는 본질적으로 상이한 신적인 오성을 뜻한다. 칸트에 따르면 인간의 오성은 개념의 능력으로서 인식의 형식을 제공할 뿐, 인식의 내용은 다른 능력 즉 감성(Sinnlichkeit)에 의해서 제공된다. 감성은 외부에서 주어진 재료들을 받아들여 칸트가 직관표상이라고 부르는 표상으로 만든다. 한편으로 이 직관표상 또는 직관과 다른 한편으로 오성이 제공하는 형식으로서의 개념 양자가 결합하여 인식을 낳는다는 것이 칸트의 인식론의 골자이다. 이때 개념은 보편적인 표상이며 직관은 특수하고도 개별적 표상이다. 그런데 칸트가 상정하는 신적인 오성 — 오성이라고 불리는 한에서 일종의 인식능력인 — 은 그 인식의 내용을 인간의 오성과는 달리 감성과 같은 추가적인 능력을 통해 외부로부터 받아들일 필요가 없이 스스로 그 내용을 산출해낸다. 그렇기에 이 신적인 오성은 이미 내용과 형식을 통일하고 있는 오성이며 보편적인 측면과 개별적인 측면을 이미 결합하고 있는 오성이다. 이러한 오성은 감성에 의해 제약되지 않으므로 무제약적이며, 자신의 대상을 스스로 산출한다는 의미에서 "본원적"(ursprünglichen)이고 "생산적인"(produktiven) 오성이라고 불린다. 그런데 칸트에 따르면 이러한 신적 오성이란 단지 이념으로서 상정될 뿐이지, 그것의 현실성이 확정적으로 주장되는 것도 아니며 그것에 대한 객관적 인식이 가능한 것도 아니다. 그렇지만 헤겔은 칸트의 이러한 직관적 오성이라는 이념에서 이미 헤겔 자신이 생각하는 "이성의 이념"이 표현되고 있다고 간주하며 그것을 높이 평가한다. 그에 따르면 "칸트 철학은" 한편으로는 "사유와 감성적 현존재", "개념"과 대상적 "실재" 간의 관계를 결국 상대적인 관계로 취급하고 분리시

켜 놓는 것에 머무르고 말았지만, 다른 한편으로 "직관적 오성의 이념 속에서" "양자의 보다 높은 통일"을 "인정하고 발언했다"는 점에서 "경탄할 만한" 성취를 이루어냈다. 이러한 점에서 보면 헤겔의 이성 개념 또는 이념에 대한 그의 견해는 칸트가 도입한 직관적 오성이라는 이념과 매우 긴밀히 연관되어 있다고 할 수 있다. I. Kant, KU, pp. XXVII, 340, 341f., 347, 354, 397; G. W. F. Hegel, *Glauben und Wissen*, JS, p. 324; WL I, p. 264. 칸트는 직관적 오성이라는 이념을 『판단력비판』에서 상세히 논의하지만 이미 『순수이성비판』의 여러 곳에서 이에 대해 언급하고 있다. I. Kant, *Kritik der reinen Vernunft*, hrsg. Raymund Schmidt, Hamburg, 1956, B 135, B 145, B 311-312. 이하에서 KrV로 약칭하며, A는 초판을 B는 재판을 뜻한다.

37) 헤겔이 인용하는 것처럼, 칸트는 판단력에 대해 다음과 같이 말하고 있다. "판단력 일반은 특수자가 보편자 아래에 포함되어 있는 것으로 사유하는 능력이다. 보편자(규칙, 원리, 법칙)가 주어져 있는 경우에는 특수자를 이 보편자 아래에 포섭하는 판단력은 [...] **규정적**이다. 그러나 오직 특수자만이 주어져 있고 이에 대해 판단력이 보편자를 찾아야 할 경우에, 그 판단력은 단지 **반성적**이다"(I. Kant, KU, pp. XXV-XXVI).

38) **합목적성**: 칸트는 합목적성을 여러 가지 방식으로 설명하기도 하고 분류하기도 하는데, 합목적성이란 우선 목적과의 관계 속에서 성립하는 개념이라고 할 수 있다. 칸트는 "어떤 대상의 개념이 이 대상의 현실성의 근거를 포함할 때에" 이 개념을 "목적"이라고 칭한다. 즉 우리가 의자를 만드는 목수를 상정해 본다면, 이 목수는 아무렇게나 의자를 만드는 것이 아니라 의자가 어떤 것이어야 하는가에 대한 '개념'을 우선 가지고 있을 것이며 바로 이 개념에 따라서 의자를 제작할 것이다. 그런 의미에서 이 개념은 실제로 만들어진 의자의 "근거를 포함"한다. 어떤 대상이 목적에 부합할 때, 우리는 그러한 성격을 "합목적성"이라고 부르는데, 이때 우리는 목적의 개념을 기준으로 삼아 어떤 대상이 합목적적인지 아닌지를 판정하게 된다. 위의 예를 따라 말하자면 의자를 합목적적으로 만들게 하는 원인이 되는 것은 바로 의자의 목적 개념이다. 칸트는 이러한 목적의 개념이 전제될 때

의 합목적성을 두 가지 유형으로 구분한다. 그 하나는 칸트가 "외적인 객관적 합목적성"(äußere objektive Zweckmäßigkeit)이라 부르는 것으로 대상의 "유용성"(Nützlichkeit)을 뜻하는 것인데, 이것은 다시 위의 예를 들자면 의자가 그 사용의 목적에 부합하는지의 여부와 관련된 성격이다. 즉 이 경우에 합목적성이란 앉기 위한 목적에 부합하는 성격이다. 또 다른 하나는 칸트가 "내적인 객관적 합목적성"(innere objektive Zweckmäßigkeit)이라 부르는 것으로 대상의 "완전성"(Vollkommenheit)을 뜻한다. 이 경우에는 문제가 되고 있는 사물이 어떤 쓸모가 있느냐 하는 것과는 상관없이 "그것이 어떤 사물이어야만 하는가"(was es für ein Ding sein soll) 하는 개념이 전제되며, 이러한 개념에 부합하는 성격이 합목적성이다. 그런데 칸트가 취미판단 그리고 미와 연관시키는 합목적성은 이러한 객관적 합목적성이 아니라 주관적 합목적성이다. 칸트는 이것이 대상에 대한 개념적 내용과 무관하다는 의미에서 "형식적 합목적성"이라고 부르기도 하며, 미를 "형식적 주관적 합목적성"으로 칭하기도 한다. 이 합목적성의 특성은 개념을 전제하지 않는 데에 있다. 즉 내 앞에 놓인 장미 한 송이의 아름다움은 이 장미가 무엇을 위하여 쓸모가 있다거나(유용성의 관점), 장미의 각 부분들과 성질들이 장미의 개념에 따라 통일적으로 조직되어 있느냐와 같은 기준(완전성의 관점)과는 아무 상관이 없다. 그는 이러한 주관적 합목적성을 객관적 합목적성과 대비하여 다음과 같이 설명한다. "한 사물의 표상에 있어서 형식적인 요소, 다시 말해서 다양한 것(Mannigfaltigen)과 어떤 일자(Einem)(그것이 무엇이어야만 하는가는 규정되어 있지 않지만)와의 합치는 그 자체로 전혀 객관적 합목적성을 인식할 수 있게 하지 않는다. 왜냐하면 여기서 목적(그 사물이 무엇이어야만 하는가 하는)으로서의 일자는 도외시되므로(abstrahiert), 직관하는 사람의 마음에 남는 것은 표상의 주관적 합목적성밖에 없으며, 이 주관적 합목적성은 주관에 있어서의 표상상태의 합목적성은 지시하지만 [...], 이 경우에 어떠한 목적의 개념을 통해서도 사유되고 있는 것이 아닌 어떤 대상의 완전성은 지시하지 않기 때문이다." 목적으로서의 일자가 특정한 개념으로서 전제되고, 문제가 되고 있는 어떤 대상의 각 부분들과 성질들이 이 개념에 합치할 때라면 이것은 객관적 합목적성(완전성)을 의미하는 것이겠으나, 지각되고 있는 이 대상을 이루는 다양한 요소가 일자와 합치하되, 또 그런 의미에서 합목적적이되, 이 일자가 목적의 개념으로서 규정되지 않는 경우에 이러한 합목적성은 주관적 합목적성이다. 그런데 이 일자가 개념으로서 규정되고 있지 않기 때문에 우리가 지각하는 대상이 형식적 측면에서 보아 일자에 합치한다는 사실이 어떻게 우리에게 알려지는가 하는 것이 문제가 된다. 칸트는 이렇게 합치한다는 사실 즉 합목적성이 이 경우에는 쾌의 감정을 통해서 알려진다고 주장한다. 즉 그는 취미판단과 관련해서 대상을 "합목적적"이라 부르는 이유가 "그 대상의 표상이 직접적으로 쾌·불쾌의 감정과 결합되어 있기 때문"이라고 주장한다. 말하자면 우리가 아름다운 대상을 지각할 때라면, 어떤 목적의 개념도 전제하지 않은 채, 우리는 이 대상이 형식의 측면에서 보아 그 어떤 일자에 합치한다는 것을 직접적으로 느낀다는 것이다. 말하자면 우리는 여기서 이 대상이 합목적적임을 쾌의 감정으로서 경험한다는 것이다. 그래서 칸트는 "한갓 형식적 합목적성의 의식이 다름 아닌 쾌"라고 말하고 있다. I. Kant, KU, pp. XLIII, XXVIII, 36f., 44-46. 칸트의 합목적성 개념에 대한 더 상세한 설명을 위해서는 다음을 참조하시오. 졸고, 「이성과 감성의 조화 또는 통일이라는 관점에서 본 근대미학: 칸트와 헤겔의 경우」, 『미학』 제62집, 2010, 94-100쪽.

39) **오성과 상상력의 자유로운 유희**: 칸트가 말하는 취미판단, 즉 아름다움에 대한 판단의 성격을 규정함에 있어 중요한 용어 중 하나이다. 칸트는 이를 간혹 "인식능력들의 자유로운 유희"라고도 표현하는데 여기서 인식능력들이란 바로 오성과 상상력을 뜻한다. 그는 인식판단과 취미판단이 원리적으로 상이한 판단이라고 주장하면서 이 인식능력들의 관계가 이 두 유형의 판단에서 서로 상이함을 밝히고 있다. 즉 인식판단에서 우리는 대상이 무엇인지를 규정하며 이때에 오성은 개념을 통해 상상력의 활동에 규칙을 제시하고 상상력은 이러한 규칙에 따라 자신의 활동을 수행한다. 우리가 예를 들어 고양이라는 동물을 인식하거나 또는 재인식할 때 우리의 상상력

은 오성이 제시하는 고양이라는 개념에 따라 이 고양이의 상을 만들어내는 것이다. 그렇기에 인식판단에서 상상력은 자유롭다고 할 수가 없다. 그러나 취미판단에서 우리는 대상이 무엇인지를 규정하고자 하지 않으므로 상상력은 오성이 부여하는 개념에 매이지 않은 채 대상으로부터 주어지는 감각자료들을 결합하고 구성하여 상을 만들고 오성은 규칙의 능력으로서 규칙을 발견하는 활동을 수행하게 된다. 그런데 이 두 능력들 각자의 활동이 서로 원활하고 조화롭게 이루어질 수 있게 하는 특정한 대상들이 존재하며, 바로 이러한 종류의 대상에 대해 우리는 아름답다고 판단한다. 이때에 오성은 상상력에 대해 어떤 규칙도 지정하지 않으므로 상상력은 자유로울 수 있고, 이 두 능력들의 이러한 상호작용의 과정 속에 생겨나는 느낌이 쾌의 감정이라고 칸트는 주장한다. 오성과 상상력의 이러한 상호작용을 칸트는 "오성과 상상력의 자유로운 유희"라고 칭하는 것이다. 이 용어와 이에 대한 칸트의 설명 자체는 이미 난해하기로 잘 알려져 있으나, 우리가 어떤 아름다운 음악작품을 감상할 때의 경험을 떠올려보면 비교적 쉽게 이해될 수 있다. 음악의 선율이 흐를 때 우리의 상상력은 이러한 흐름들을 따라가며 마음속에 상을 만든다. 오성은 여기에서 규칙들을 찾아내고 이에 따라 이 작품의 구조를 파악하고자 한다. 그런데 지나치게 무질서한 작품은 오성에게 전혀 규칙성을 제공하지 않기 때문에 또 너무나 단순하게 규칙적인 작품은 이미 규칙성이 곧 드러나 버리기에 오성을 상상력과 함께 활동하게 만들지 못한다. 그리고 그런 작품들을 우리는 아름답다고 부르지 않는다. 즉 아름다운 작품들이란 대개 너무 단순하거나 무질서하지 않으며, 확정할 수는 없으나 일정한 규칙성과 조화로운 형식을 지니고 있어서 상상력과 오성이 함께 원활히 활동하도록 하게 만드는 작품들이다. 그러나 우리는 그런 형식이 어떤 형식인지를 특정한 공식으로 지정할 수는 없다. 그리하여 오성과 상상력이 조화롭고 원활하게 활동할 때 생겨나는 쾌의 감정을 근거로 해서만 대상이 아름답다는 것을 판정한다. "오성과 상상력의 자유로운 유희"에 대한 더 자세한 설명을 위해서는 다음을 참조하시오. 졸고, 「인식능력들의 자유로운 유희: 칸트미학의 한 문제」, 『미학』 제53

집, 2008, 27-60쪽.

40) **사유의 추상적 무한성**: 헤겔은 여기서 칸트를 염두에 두고 사유에 대한 칸트의 이해방식을 비판하면서 이러한 표현을 사용하고 있는데, 특별히 강조되어야 할 것은 "추상적"이라는 말이다. 우선 여기서 사유를 무한하다고 보는 것은 그것이 대상에 의해 제약되지 않는다는 것을 뜻한다. 우리는 통상적으로 사유가 주관적인 것으로서 우리 머릿속에 있고 대상은 우리 밖에 있어서 대상적 측면에 대해 사유는 아무 영향을 끼치지 못하는 것으로 여기곤 하는데, 칸트의 인식론에 따르면 사유는 적어도 형식적인 면에서 현상으로서의 대상을 형성하는 데에 기여한다. 다시 말해서 사유가 만들어내는 개념과 직관이라는 표상이 결합하여 우리의 인식을 낳고 또한 현상으로서의 대상을 형성한다는 것이 칸트 인식론의 골자인데, 여기서 대상을 형성하는 또는 구성하는 요소로서 직관 외에 개념이 제시되고 있는 것이다. 다른 하나의 요소인 직관은 감성(Sinnlichkeit)이라는 능력이 시간과 공간 속에서 감각적 지각을 위한 질료로서 주어지는 것을 수용하여 만들어내는 표상이다. 그렇기에 사유는 부분적으로 현상으로서의 대상을 구성한다고 할 수 있다. 그런 한에서 사유는 단순히 주관적인 측면에 머물러 대상적인 측면에 의해 제약되고 대상에 대립하는 것이 아니라, 주관적인 동시에 대상적이기도, 또는 객관적이기도 하다. 그렇게 본다면 사유는 대상에 그저 제약되지 않으며 그런 의미에서 유한하지 않고 무한하다. 즉 이때 무한하다고 하는 것은 우리가 흔히 "무한한" 우주라고 말할 때처럼 끝없이 펼쳐지는, 도달 불가능한 것에 대해 쓰이는 말이 아니라, 앞서 설명한 것처럼 제약적이고 유한한 상태를 넘어선 것에 대해, 또는 더 이상 자신에게 대립된 것으로서의 타자를 갖지 않는 것에 대해 쓰는 말이다. 그런데 헤겔은 여기서 이 무한한 사유가 "추상적"이라고 말하고 있다. 칸트에게서 사유는 형식을 이루고 인식의 내용은 직관에서 오기에, 헤겔은 칸트에게서 사유란 내용이 빠진, 공허하고 형식적인 것일 뿐이며 그런 의미에서 추상적이라고 비판하는 것이다.

41) **형상 없는 오성(gestaltlosen Verstand)**: 예술은 내적인 정신성 내지는 사유 그

리고 감각적인 형상화가 동시에 요청되는 활동인데, 오성은 감각성과 대립하는 것이며 감각성과는 분리된 것이다. 그리하여 감각적 형상화와 무관한, 또는 이러한 형상화와는 분리되어 있는 것으로서의 오성을 헤겔은 여기서 "형상 없는 오성"이라 칭하고 있다. 특히 칸트에게서 오성은 개념의 능력으로서 감각적인 내용을 결여하고 있는 추상적 사유의 능력이다.

42) 여기서 "**미적**"은 "ästhetisch"라는 형용사의 번역어이다. 이 형용사는 이외에도 문맥에 따라 "미감적", "감성적", "미학적" 등의 용어로 번역될 수 있는데, 이 책에서는 지금까지 아주 특별한 경우가 아니면 일관되게 "미감적"이라는 번역어를 사용하였다. 이 번역어는 원어가 갖는 복합적인 의미를 대체로 다 포괄할 수 있는 단어이며, 특히 칸트가 말하는 "das ästhetische Urteil"에는 가장 적합한 번역어이기도 하다. 그러나 실러의 유명한 저술의 이름인 *Briefe über die ästhetische Erziehung*을 또는 그가 말하는 "die ästhetische Erziehung"이라는 것을 번역함에 있어서 필자는 국내에서 이에 대해 "미적"이란 용어가 관용적으로 오랫동안 사용되어 왔고 실러가 이 용어와 미를 직접적으로 연결시킨다는 점을 고려해야 했다. 그래서 필자는 이 경우에 한에서는 "ästhetisch"를 "미적"으로 번역하였다.

43) **『미적 교육에 관한 서한』(*Briefe über die ästhetische Erziehung*)**: 이 책의 원 제목은 *Über die ästhetische Erziehung des Menschen in einer Reihe von Briefen*으로서 1795년 실러가 창간한 정기간행물 *Die Horen*에 여러 차례에 걸쳐 게재되었고, 그 후 1801년에는 실러의 산문집에 포함되어 간행되었다.

44) **『우미와 존엄』(*Anmut und Würde*)**: 1793년에 쓰인 실러의 글로서 좁은 의미에서의 미학적 저술이라기보다는 윤리학적인 저술이라고 할 수 있다. 그렇기에 이 저술에서 그는 우미와 존엄이라는 두 개념들을 미학적 측면들도 포함하지만 좀 더 윤리학적 맥락에서 고찰하고 있다.

45) **아우구스트 빌헬름 폰 슐레겔(August Wilhelm von Schlegel, 1767-1845)과 프리드리히 폰 슐레겔(Karl Wilhelm Friedrich von Schlegel, 1772-1829)**: 흔히 슐레겔 형제로 통칭되는, 예나를 중심으로 한 독일 초기 낭만주의 운동의 핵심적 인물들이다. 형인 아우구스트 빌헬름 슐레겔은 시인이자 번역가, 비

평가로서 활약하였으며 특히 그가 번역한 셰익스피어 희곡 17편은 그에게 탁월한 번역가의 명성을 안겨 주기도 했다. 그 외에도 그는 문학사와 미술사에 대한 연구와 강의에 종사했고, 그의 동생 프리드리히 폰 슐레겔과 더불어 고대인도언어학을 연구하기도 했다. 동생인 프리드리히 슐레겔은 형보다 더욱 독창적인 작가이자 이론가였으며 형과 함께 낭만주의 운동의 기관지라고 할 수 있는 『아테노임』(*Athenäum*, 1798-1800)을 창간하였다. 이 기관지를 통해 그는 자신의 낭만주의 이론을 피력하였으며, 1799년에는 그의 이론의 현실화이자 당대의 관습에 도전한 실험적인 자전적 소설 『루신데』(*Lucinde*)를 발표하였다. 그는 뛰어난 문학사 연구가이자 문학이론가였을 뿐 아니라 작가이자 철학자이기도 했다. 특히 그는 헤겔이 비판하고 있는 낭만적 반어(Ironie) 개념의 이론화에 결정적인 역할을 했다.

46) **홀베르크(Baron Ludwig von Holberg, 1684-1754)**: 덴마크 출신의 역사가이자 극작가로서 낭만주의자들인 슐레겔 형제나 티크(Ludwig Tieck)에게 높은 평가를 받았다.

47) **반어(Ironie)**: 라틴어 ironia, 더 멀리는 그리스어 eirōneia/eirōn에서 기원하는 단어이다. 그리스어의 용법에서 eirōneia는 본래 "위장, 모르는 체함, 위선, 진지성의 결여" 등을 뜻한다. 아리스토파네스의 희극들에서 "eirōn"(반어를 행하는 자)은 자신의 무지를 가장하는 자, 거짓을 말하는 자로 등장한다. 플라톤의 대화편들에서 소크라테스 역시 자신의 무지를 가장하여 질문을 던짐으로써 상대방의 무지를 폭로하는 결과를 끌어내는데, 여기서 그 역시 "eirōneia"를 행하는 자로 등장한다. 예컨대 플라톤의 대화편 『국가』에서 소피스트인 트라시마코스는 다음과 같이 말하고 있다. "저게 바로 소크라테스의 상투적인 그 시치미 떼기 술법(eirōneia)이죠. 그거야 제가 알고 있었죠. 그래서 제가 이 사람들에게도 미리 말해 두었습니다. 선생께서는 누군가가 무엇에 대해서 선생께 질문을 하더라도 결코 대답을 하시려 들지 않을 것이며, 시치미 떼는 술법을 쓰거나 또는 온갖 수단을 다 쓸지언정 대답하는 것만은 하고자 하시지 않을 것이라고 말입니다." 아리스토파네스의 희극들에서 나타나는 것처럼 그리고 플라톤의 대화편에서 소크

라테스를 비판하는 트라시마코스가 말하는 것처럼 반어는 부정적이고 폄하적인 함의를 갖는 것이지만, 잘 알려져 있다시피 소크라테스가 구사하는 반어 즉 소크라테스적인 반어는 반드시 그런 함의를 갖는 것은 아니다. 오히려 소크라테스적인 반어는 무지의 지를 일깨우는 그의 문답법적인 기술과 결합되어 있는 것으로서, 진리를 탐구하는 길로 이르게 하려는 목적을 위한 고도의 세련된 말하기 방식이라고 할 수 있다. 본문에서 헤겔이 자신의 낭만주의 비판과 관련하여 공격의 주된 대상으로 삼는 인물은 프리드리히 슐레겔인데, 이 낭만주의 이론가는 "반어"라는 용어를 자신의 이론에 도입하면서 그것에 새롭고도 확장된 의미를 부여함으로써 이 용어의 의미와 용법에 전환점을 마련한 인물이라고 할 수 있다. "반어" 개념은 슐레겔뿐 아니라 특히 예나를 중심으로 한 초기 낭만주의자들이 추구했던 새로운 예술적 방향을 규정하는 데에 있어 핵심적인 개념으로서 "낭만적 반어"로 불리기도 한다. 슐레겔에게서 반어란 예술적이면서 동시에 철학적인 개념으로서 진리의 추구와 관련된 일종의 태도이며 소크라테스적인 반어와도 깊이 연관되어 있다. 그가 반어를 명료하게 규정하고 있다고 할 수는 없지만, 그의 저술 곳곳에서 우리는 반어에 대한 그의 설명을 발견할 수 있다. 그는 반어를 "무제약적인 것과 제약된 것 사이의, 완전한 전달의 불가능성과 필연성 사이의 해소 불가능한 대립의 감정을 포함하고 일깨우는" 것으로, "자기 창조와 자기 파괴의 지속적인 교차"의 과정으로 서술한다. 즉 낭만적인 반어적 예술가는 절대적이고 무한한 것으로서의 진리에 도달할 수는 없을지라도 이를 지속적으로 동경하고 추구하며 그 과정에서 창조와 파괴의 과정을 겪는다는 것이다. 프리드리히 슐레겔을 "반어의 창시자"(BS, 233)라고 칭하는 헤겔은 슐레겔의 반어 개념을 낭만주의의 대표적 개념으로 규정하고 본문에서 이를 비판하고 있다. J. V. Smith & R. McGinnis, *Encyclopedia of Aesthetics*, M. Kelly(ed.), Vol. 2, Oxford University Press, 1998, pp. 529-535; 플라톤, 『국가·政體』, 박종현 역, 서울: 서광사, 2005, 79쪽; F. Schlegel, *Lyceums-Fragmente/ Athenäums-Fragmente*, in *Kritische Friedrich Schlegel Ausgabe*(이하 KA로 축약), hrsg. von E. Behler

& H. Eichner, Bd. 2, Paderborn, Ferdinand Schöningh Verkag, 1958ff., pp. 160, 172; E. Behler, *Irony and the discourse of modernity*, Seattle: University of Washington Press, 1990, pp. 73-110 참조.

48) **병적인 아름다운 영혼의 성벽(die krankhafte Schönseelischkeit)**: "아름다운 영혼의 성벽"으로 번역한 "Schönseelischkeit"는 "schöne Seele"라는 표현과 직접적인 관련을 갖는 단어이다. '아름다운 영혼'으로 번역할 수 있는 이 표현은 괴테의 『빌헬름 마이스터의 수업시대』(*Wilhelm Meisters Lehrjahre*)나 실러의 글 『우미와 존엄』(*Anmut und Würde*)에도 등장하는 표현이다. 여기서 아름다운 영혼이란 도덕적으로 고결하고 순수하며 또 그렇기에 아름답다고 불릴 수 있는 일종의 이상적 인간상을 뜻한다. 다른 한편 아름다운 영혼은 객관적 세계에 맞서 살아가는 현실적 삶의 측면에서는 수동적인 태도를 지니기에 단지 내적이고 주관적인 차원에 머무를 수밖에 없다는 점에서 한계를 갖는다. 헤겔은 아름다운 영혼이라는 인간상이 갖는 한계를 강조하면서 이것이 지니는 부정적인 측면을 비판적으로 서술한다. 이런 부정적인 의미에서의 아름다운 영혼이란 이른바 거칠고도 모순덩어리인 세상사에 오염되기에는 너무도 순수하고 깨끗한 영혼, 또는 그 영혼을 지닌 사람으로서 이러한 세상사로부터 스스로를 단절시키고 자기 자신에게 몰두하며 또는 세상사로부터 초월한 듯 고상하고 우아하게 살아간다. 그러나 바로 이러한 성향 또는 태도는, 즉 아름다운 영혼의 성벽(Schönseelischkeit)은 다른 각도에서 보면 세상사의 난관을 헤쳐 나가지 못하는 두려움의 표현이거나 위선적 태도라고 할 수 있다. 이러한 성향을 헤겔은 건강하지 못한 것으로 간주하기에 바로 "병적인"이라는 형용사를 붙이고 있다. 헤겔이 비판하는 이러한 아름다운 영혼과 대조적으로 본문에서 그가 "진정으로 아름다운 영혼"이라고 칭하는 것은 기꺼이 세상의 난관, 거칢, 더러움을 회피하지 않고 이에 맞서 결단하고 행동하는 영혼 또는 그런 영혼을 지닌 사람을 뜻한다고 할 수 있다.

49) **카토(Marcus Porcius Cato Uticensis, 95–46 BC)**: 고대 로마 공화정 말기의 정치가. 카이사르의 정적으로서 원로원을 중심으로 하는 공화정체제를 옹

호하였다. 카이사르와 폼페이우스(원로원 측)의 내전에서 폼페이우스가 패전하였다는 보고를 받고 자결하였다.

50) **졸거(Karl Wilhelm Ferdinand Solger, 1780-1819)**: 독일의 철학자이자 미학 이론가. 미학적 저술인 『에르빈. 미와 예술에 대한 네 담론』(*Erwin. Vier Gespräche über das Schöne und die Kunst*, 1815)의 저자이며 낭만주의와 반어(Ironie)의 이론을 제시하였다. 졸거는 말년에 베를린에서 활동하였고, 헤겔은 졸거의 사후 간행된 유고집에 대해 긴 서평을 썼을 정도로 졸거의 이론에 관심을 가졌으며 이를 높이 평가하였다. 이 서평에는 졸거의 이론에 대한 고찰뿐만 아니라 프리드리히 슐레겔의 반어 개념에 대한 헤겔의 비판도 포함되어 있다. BS, pp. 233-234 참조. 헤겔은 또 자신의 『법철학』의 한 대목에서 졸거의 반어 개념에 대해 상술하고 있다. GPR § 140.

51) **티크(Ludwig Tieck, 1773-1853)**: 독일의 시인, 소설가, 극작가, 비평가, 번역가, 언어연구가. 다양한 재능을 지녔던 티크는 슐레겔 형제, 노발리스와 더불어 예나를 중심으로 한 초기 낭만주의 운동의 주요 구성원이었으며 특히 탁월한 셰익스피어 연구가이기도 했다.

장별 해설

I. 미학의 범위 설정 및 예술철학에 반대하는 몇 가지 반론들에 대한 반박

1. 예술철학으로서의 미학과 그 대상[1]

헤겔은 자신의 미학 강의가 미의 영역을 대상으로 하되 미 일반이 아니라 예술미를 대상으로 하고 있으며 그가 강의하는 미학은 사실상 예술철학이라는 말로 불리는 것이 적합하다고 말하고 있다. 여기서 우리는 두 가지 논점을 끌어낼 수 있는데, 그 하나는, 그가 직접 말하고 있듯이, 자연미의 영역은 그의 강의의 본래적인 대상이 아니라는 것이고, 다른 하나는 헤겔에게서 예술이란 미와 본질적인 연관성을 지닌다는 점이다. 그렇기에 그는, 이미 앞에서 언급했듯이, 미학 또는 예술철학의 대상을 "예술"(die schöne Kunst)이라고 표현하기도 하고 "예술미"(Das Schöne der Kunst)라고 표현하기도 한다(Ä I, 13).

그런데 자연미에 대한 논의를 자신의 미학 강의에서 배제한다

1 헤겔은 〈서론〉 제1장을 시작하기 전에 한 쪽 정도의 분량으로 자신의 강의가 갖는 성격과 대상에 대해 소개하는데, 이 작은 부분은 내용적으로 보아 제1장과 분리될 수 없는 것이기에 필자는 이를 제1장에 같이 포함시켜 해설하는 방식을 택했다.

고 하는 헤겔의 언명은 다소 의아하게 들릴 수 있다. 또 서양의 근대 미학사에 대한 기본적인 지식이 있는 사람은 칸트가 자신의 미학적 사상을 담은 『판단력비판』에서 예술미보다 오히려 자연미를 모델로 취미판단의 이론을 전개하고 있음을 기억할 것이다. 더욱이 헤겔은 예술미가 자연미보다 "우월하다"(höher)고까지 주장하고 있다(Ä I, 14). 많은 사람들이 오히려 이와는 반대로 생각할 수도 있다. 특히 자연을 사랑하고 자연의 풍광을 즐겨 감상하며 자연이 선사하는 갖가지의 아름다움에 취하는 사람들이라면 아마도 헤겔의 생각에 반기를 들 것이다. 게다가 혹 예술은 인간의 작품이지만 자연은 신의 작품이라는 생각에까지 이르게 되면, 우리는 더더욱 헤겔의 주장을 받아들이기 어려울 것이다. 헤겔의 입장을 더 잘 이해하기 위해 여기서 우리는 단순히 자연이 더 아름다우냐 아니면 예술이 더 아름다우냐의 관점에서 출발해서는 안 되는데, 그것은 이런 관점에서는 미에 관해 단지 개인의 취향과 선호를 묻는 것에 그치기 십상이기 때문이다. 헤겔은 단지 개인이 미를 어떻게 느끼느냐, 무엇을 더 좋아하느냐의 차원에서 이러한 주장을 펼치고 있는 것이 아니다. 단순히 이러한 차원에서의 문제제기라면 이 양자택일의 문제는 궁극적으로는 결판이 나지 않을 가능성이 높다. 여기서 주의할 것은 헤겔이 자연보다 예술이 더 아름답다고 주장한다기보다, 예술미가 자연미보다 더 우위에 있다고 주장한다는 점이다. 그렇기에 우리는 다른 관점, 즉 헤겔이 자연과 정신적 산물로서의 예술을 어떻게 규정하는가 하는 관점에서 이 문제에 접근해야 한다. 여기서 헤겔이 말하는 자연이란 필연성의 법칙에 지배되는 외적인 자연과 그 현상들을 뜻한다. 그렇기에 자연의 산물들 역시 그러한 법칙에 지배된다. 이에 반해 예술이란 정신의 산물로서, 정신은 필연성에 지배되지 않으며 자유를 그 원리로 삼는다.[2] 그렇기에 예술은 단지 필연성에 의해 생겨나고 자연법칙에 지배되어 기계적으로 설명될 수 있는 것이 아니라, 자유로운 정신의 활동으로부터 산출된 것으로서, 그 속에는 자유가 구현되어 있다. 헤겔은 자연보다 정신이, 필연성보다 자유가 우월하다고 주장하는데, 우리가 이 주장의 정당성을 인정한다면, 이로부터 자연의 산물보다 정신의 산물이 우월하다는 결론이 도출될 수 있다. 이러한 맥락에서 우선 우리는 자연현상보다 예술이 우월하며 또 그런 한에서 자연에 구현된 미보다 예술에 구현된 미가 우월하다는 결론을 이끌어낼 수 있다. 그러나 아직 예술미의 우위에 대한 헤겔의 주장이 충분히 이해되었다고 말하기는 어려운데, 왜냐하면 우선 필연성보다 자유가, 자연보다 정신이 우위에 있다는 헤겔의 주장이 아직 충분히 설명되지 않았기 때문이다. 그렇다면 이것은 어떻게 설명될 수 있을까?

헤겔에 따르면 정신은 자연과 단지 대립되어 있는 것이 아니라 자연을 포괄하고 있다. 이것은 헤겔이 자유가 필연성과 대립할 뿐 아니라 필연성을 포함한다고 주장하는 것과 같은 맥락에서 이해될 수 있다. 자유는 필연성이 아니고 필연성은 자유가 아니라는 점에서 보면 양자는 양립 불가능한 대립적인 관계에 놓여 있기만 한 듯이 여겨질 수 있으나, 우리가 자유의 실현이라는 것에 대해 생각해 보면 꼭 그렇지만은 않다는 점을 이해할 수 있다. 인간에게 자유란 없다고 믿는 철학적 입장도 있기는 하지만, 이는 논외로 치고, 인간이 누리는

2 헤겔이 말하는 "정신"의 의미에 대해서는 〈용어설명〉 참조.

자유에 대해 우리는 다음과 같이 생각해 볼 수 있다. 사실상 우리의 다양한 활동에서 자유의 행사는 대개는 필연성과 연관되어 이루어진다. 예컨대 그 누구도 필연적 성격을 지니는 물리법칙을 어기면서 자유를 행사할 수는 없다. 그리고 당연하게도 물리법칙을 준수하며 자유를 실현하는 사람을 그 누구도 부자유하다고 말하지 않는다. 달리 말하면 우리 인간의 자유의 실현은 물리법칙을 거쳐서, 또 이를 활용해서 이루어진다. 즉 자유로운 존재는 단순히 물리법칙에 지배되는 것이 아니라 물리법칙을 활용해서 자유를 실현한다. 더 구체적으로 말하면 자신의 설계에 따라 집을 짓는 건축가는 재료 자체가 지니는 성질들, 지붕을 지탱하는 기둥의, 또 이를 받치는 주춧돌의 역학적인 성질들, 집 짓는 과정에 사용되는 도구들의 물리적 성질들을 잘 알고 이를 활용하여 자신의 계획을 실현하고 자신의 자유로운 활동을 완성한다. 우리는 이런 건축가의 활동을 부자유하다거나 필연성에 의해 지배되고 있다고 말하지 않는다. 즉 자유의 행사는 필연성을 포함하며 필연성을 활용한다. 그러나 필연성은 자유를 포함하거나 자유를 활용하지 못한다. 이러한 의미에서 우리는 자유가 필연성보다 우월하다고 말할 수 있으며, 여기서 자유란 단지 상대적으로 필연성과 대립하는 것이 아니라 필연성을 포괄한다. 그렇기에 헤겔 역시 "정신이 그리고 그것의 예술미가 갖는 **우월성**은 단지 상대적인 의미를 갖는 것이 아니"라고 말하는 것이다(Ä I, 14-15).

정신과 자연의 관계에 대해서는 좀 더 복잡한 설명이 필요하겠지만, 우선 정신의 원리가 자유이고 자연의 원리가 필연성이라면 바로 위에서 말한 내용으로부터 우리는 원리상 정신이 자연보다 우월하다는 결론을 끌어낼 수 있다. 헤겔은 심지어 자연이 정신의 산물이라고 주장하는데, 만약 이런 주장의 정당성이 인정될 수 있다면, 이것은 더더욱 자연에 대한 정신의 우위라는 헤겔의 입장을 뒷받침하게 될 것이다. 왜냐하면 헤겔의 주장이 타당하다면 자연을 낳는 정신은 자연도 포함하겠지만, 자연은 정신을 포함하지도 못하고 정신에 대해 지배력을 행사할 수도 없기 때문이다. 헤겔이 자연을 정신의 산물이라고 말하고 이 정신이 무한한 정신뿐 아니라 유한한 인간의 정신도 뜻한다고 할 때, 우리는 쉽사리 우리 인간이 오히려 자연의 산물이라고 말하고 싶은 유혹을 떨칠 수 없을 것이고, 헤겔 철학은 역시 지나치게 관념적이고 사변적이라고 평하게 될지도 모른다. 그렇지만 그가 뜻하는 바는 오히려 다음과 같이 설명될 수 있겠다.

우리는 일단 자연이 존재하고 이를 우리 인간의 정신이 파악하여 이해한다는 식으로 흔히 생각한다. 그러나 자연에 대해 우리가 마음속에 그리는 것, 자연에 대한 온갖 표상, 인식 그리하여 우리가 자연이라고 이해하는 모든 것은 우리에 의해, 우리의 정신에 의해 파악된 바, 그것이다. 즉 그렇게 파악된 바로서의 자연이 우리가 아는, 있는 그대로의 자연이다. 따라서 철학적 맥락에서 보아 헤겔이 자연을 정신의 산물이라고 할 때에는 단순히 정신적 존재로서의 창조주가 자연을 창조했다는 것을 뜻하지 않으며, 자연으로 알려진 것, 그리하여 우리에게 자연인 것은 정신에 의해 파악된 것으로서의 자연 외에 그 무엇도 아니라는 것이다. 정신에 의해 파악되어 이해된 자연이 우리 앞에 있는 그 자연이라면 이 자연은 우리 정신에 의해 인식된 것, 우리 인식을 통해 형성된 것이고, 그런 의미에서 자연은 정신의 산물이라는 주장이 가능하다. 이러한 주장을 우리가 받아들일 수 있다면, 그리고 정신의 원리로서의 자유가 자연의 원리로서의 필연성보다 우월하다는 것을 인정할 수 있다면, 정신이 자연보다 우월하다는 헤겔의 주장도 더 쉽게 이해될 수 있을 것이다.

자유가 필연성보다, 정신이 자연보다 우월하다는 것을, 그리하여 정신의 산물로서의 예술이 자연의 산물들로서의 여러 현상들보다 우월하다는 것을 인정한다고 해도 우리가 아직 예술미가 자연미보다 우월하다는 헤겔의 주장을 전적으로 수긍하기는 어려운데, 이러한 주장의 정당성을 우리는 또 다음과 같이 설명할 수 있을 것이다. 예술은 자연에 존재하지 않는 정신적 내용, 인간 내면의 다양한 측면들을 표현할 수 있고 또 소재나 내용의 일부를 자연에서 취할 수도 있다. 또한 이를 다양한 방식으로 자유로이 재구성하고 새로운 방식으로 나타낼 수 있다. 그러나 자연은 그렇지 못하다. 자연은 소재나 내용 그리고 형식의 면에서 제한되어 있으며 정신의 산물을 소재로 삼을 수 없다. 자연 그 자체의 미는 외적 현상에 근거하지만 예술에서는 외적인 것 외에 내적인 것, 풍부한 느낌과 사상이 표명된다. 즉 자연이 그것의 아름다움을 통해서 드러낼 수 없는 것을 예술은 표현할 수 있다. 그렇기에 예술미를 고찰하면 그 속에서 자연미도 역시 함께 고찰될 수 있지만 그 역은 성립하지 않는다. 즉 예술미에는 자연미의 요소도 포함될 수 있지만 그 역은 성립하지 않는다. 이러한 점에서 우리는 자연미에 대한 예술미의 우위를 말할 수 있다. 이와 함께 왜 헤겔 미학의 본래적인 대상이 예술미인지를 이해할 수 있다.

그러나 다른 한편, 사실상 헤겔은 자신의 미학 강의에서 자연미를 완전히 배제하고 있지는 않다. 예술미에 대한 자연미의 열등성, 자연미와 예술미의 관계를 설명하기 위해서라도 자연미에 대한 서술이 완전히 누락될 수는 없는 것이다. 그렇기에 헤겔은 『미학강의』

〈서론〉 다음에 이어지는 제1부에서 자연미에 대해 고찰하는 별도의 항목을 마련해 놓고 있다(Ä I, 157-201). 우리는 자연미보다 예술미를 우위에 두는 그의 입장으로부터 간접적으로 헤겔이 예술을 자연의 모방으로 보는 모방론에 반대할 것임을 쉽사리 추정할 수 있다. 이에 대해서는 예술의 목적에 관한 헤겔의 논의가 포함된 제3장의 해설에서 상세히 서술될 것이다.

헤겔은 나중에 제3장에서 다시금 예술미와 자연미의 관계를 주제로 삼아 자신의 주장에 반대하는 통념적인 견해를 반박하고 있다. 이 견해가 강조하는 것은 자연은 신의 작품이고 신의 선함과 지혜의 산물인 반면, 예술작품은 오로지 인간의 작품일 뿐이라는 것이다. 헤겔은 이 견해가 갖는 맹점에 대해 지적하고 있다. 그 맹점이란 이 견해가 마치 자연 속에서만 신의 뜻과 섭리가 작용하며 인간 속에서는 그런 것이 결여된 것처럼 여기는 데에 놓여 있다. 헤겔은 "신은 자연 현상에서와 마찬가지로 예술생산에서도 작용하지만" 신이 무한한 정신적 존재이듯이 의식적이고 정신적인 존재인 인간에게서 그리고 인간을 통해서 신의 작용이 더 고차적으로 드러난다고 주장한다. 또 "오직 인간만이 의식적이며 자기표출적인 정신의 형식 속에서 신적인 것이 삼투하여 작용하는 매체인 것"이기에 자연의 소산보다 인간의 정신을 거친 예술작품이 더 우월하다는 것이다(Ä I, 48-50). 그렇기에 정신이 투사된 것으로서의 미, 정신의 본질인 자유의 구현으로서의 미는 예술 속에서 더 전형적으로 드러나며, 자연적 사물 속에서 발견되는 것이 아니라는 것이다.

다음으로 헤겔에게서 예술이란 미와 본질적인 연관성을 지닌다는 점에 대해 고찰해 보도록 한다. 헤겔이 이러한 견해를 갖고 있기에 그는, 이미 앞에서 언급했듯이, 미학 또는 예술철학의 대상을 "예술"(die schöne Kunst)이라고 표현하기도 하고 "예술미"(Das Schöne der Kunst)라고 표현하기도 하는 것이다. 오늘날 우리의 입장에서 보면 미와 예술을 분리해 다루는 것이 더 상식적으로 보일 수도 있다. 그러나 헤겔이 예술을 "미의 왕국"으로 칭하듯이(Ä I, 13) 헤겔에게서 예술과 미는 본질적으로 연관되어 있다. 즉, 헤겔에게서 예술이란 미를 구현하는 활동이자 그것이 구현된 작품이다. 예술과 미의 관계에 대한 이런 방식의 이해는 기본적으로 근대적인 성격을 지니고 있는 것으로, 이것은 다른 기예적인 활동과 구분되는 것으로서의 예술, 또는 순수 예술의 개념이 근대에 성립하는 것과 밀접한 관계가 있다. 헤겔은 〈서론〉의 제4장에서 건축, 조각, 회화, 음악, 시문학이라는 예술의 개별 장르들에 대해 고찰하고 있는데, 이러한 장르들을 통칭하는 것으로서의 예술 개념은 18세기에 생겨났으며, 이때 이러한 장르들을 통합한 것은 미 개념이었다. 즉 이 장르들은 모두 미를 목적으로 삼는 활동들이었고, 그런 의미에서 다른 기술적 활동이나 학문적 활동들과 원리적으로 구분되는 활동으로 인식되었던 것이다. 그렇게 본다면 예술과 미의 본질적인 연관성을 주장하는 헤겔 역시 분명 근대의 아들인 것이다.[3]

그런데 헤겔 미학의 특별한 점 중 하나는 미와 진리를 결합한다

---

3 18세기에 순수 예술 개념 및 근대 예술 체계가 성립하는 과정에 대해서는 다음의 논문을 참조하시오. Paul Oskar Kristeller, "The Modern System of the Arts: A Study in the History of Aesthetics (I)", *Journal of the History of Ideas* 12, 1951, pp. 497-527; "The Modern System of the Arts: A Study in the History of Aesthetics (II)", *Journal of the History of Ideas* 13, 1952, pp. 17-46.

는 점에, 즉 그가 미를 진리의 한 양태로 간주한다는 점에 있다.[4] 즉 헤겔에 따르면 예술 속에서 진리는 미라는 방식으로 드러난다. 그렇기에 그는 예술의 목적이 "진리"를 감성적 · 감각적 형상화 속에서 현시하는 것이라고 말하는 것이며(Ä I, 82), 그렇게 현시된 진리가 곧 미에 다름 아니다. 우리는 헤겔이 예술에서 드러나는 미와 진리와의 결합 내지 연관성을 어떻게 정당화하는지를 여기서는 다루지 않을 것이다. 왜냐하면 이것은 헤겔 미학 강의 전체를 통해서 헤겔이 해명하고자 하는 과제이기에 〈서론〉에 대한 주해 작업에서 다루기에는 너무나 큰 주제이기 때문이다. 그 대신 헤겔이 취하는 입장의 장점을 설명함으로써 간접적으로 그것이 왜 유효하고도 설득력 있는 입장일 수 있는지를 제시해 보고자 한다. **첫째**, 예술의 감상과 수용의 관점에서 볼 때, 헤겔의 입장은 진리와 구분된 것으로서의 미를 예술의 목적으로 보는 견해보다도 예술에서 우리가 기대할 수 있는 더 폭넓고도 다양한 측면을 포괄할 수 있다는 장점을 지닌다. 사실상 우리가 예술에 관심을 갖는 이유는 그것에서 드러나는 아름다움에 국한되지 않는다. 예술은 진리와 구분된 것으로서의 미 이상의 것을 우리에게 제공한다. 예컨대 예술을 통해 얻는, 우리의 심정을 울리는 감동이나 예술이 주는 교훈과 통찰 같은 것은 예술이 그저 미에만 종사한다는 식의 규정을 통해서는 설명될 수 없는 것이다. 게다가 예술이 진리와 무관한 것으로서 오직 미만을 목표로 삼는다고 하면 이러한 관점은 단지 예술의 가치를 외적이고 형식적인 데에서만 찾고 그 내용적인

4 미와 진리를 결합시키는 헤겔 미학의 특성에 대한 보다 상세한 설명은 이 책의 해제를 참조하시오.

측면에 대해서는 주목할 필요가 없다는 결론으로 우리를 이끌 수 있다. 이런 식의 관점은 헤겔의 입장과는 달리 예술에 대한 우리의 이해를 너무도 협소하게 할 수 있는 것이다.

둘째, 예술이 지니는 가치의 관점에서 볼 때, 헤겔의 입장은 그러한 가치를 충분히 인정하고 정당화해주는 장점을 갖는다. 예술은 인간의 감각적이고 정신적인 능력이 최고도로 발휘되는 활동으로서 인류가 이룩한 문화적 산물의 꽃으로 여겨지기도 한다. 그리하여 여기에는 인간이 지닌 다양하고도 깊이 있는 내면적 요소들이 고도로 구현되어 있다. 그런 까닭에 예술은 그것이 직접적인 즐거움과 만족의 대상이 되는 경우에도 단지 그러한 것에 그치지 않고, 우리를 몰두하게 하며 탐구하고 성찰하도록 이끈다. 헤겔은 예술적 활동을 그 근본에 있어서는 미를 구현하는 활동이자 동시에 진리를 특수한 방식으로 표현하는 활동으로 규정함으로써, 예술작품이 사소하거나 잉여적인, 그저 유희적인 제작물에 불과한 것이 아니라 철학적인 고찰의 대상임을 이론적으로 정당화해 준다. 물론 예술이 미를 추구하고 구현하는 인간의 활동으로 규정될 때에도 예술에 높은 가치와 지위가 부여될 수 있지만, 경우에 따라서 미는 장식적이고 형식적인 것에 불과한 것으로 취급될 수도 있다. 그러나 진리의 표현이라는 성격이 인정됨으로써 예술은 더욱더 인간이 추구하는 궁극적인 가치를 담고 있는 산물이자 활동으로 이해된다. 그런데 헤겔이 진리를 표현하는 활동인 것으로 예술을 규정할 때에, 혹 그는 예술을 단지 진리의 표현을 위한 수단으로 여기지 않는가 하는, 그리하여 미라는 것도 진리가 표명되는 외적인 장식에 불과한 것으로 여기지 않는가 하는 의문이 제기될 수 있다. 이러한 점과 관련해서는 예술이 학문적 또는 철

학적 고찰의 정당한 대상이라는 헤겔의 주장을 본격적으로 다루는 다음의 절에서 상세히 고찰될 것이다.[5]

2. 예술, 학문적 고찰의 대상

1) 학문적 고찰의 부당성을 주장하는 견해들

헤겔은 예술이 학문적 취급을 받을 만한 가치가 없다거나 꼭 그렇지는 않더라도 학문적으로 고찰하기에 적합한 대상이 아니라는 주장들을 소개하고 이를 반박함으로써 예술에 대한 학문적 고찰, 즉 예술철학을 정당화하고 있다.

첫째, 예술은 현실적인 유용성, 즉 삶에 즐거움을 준다거나 장식적 역할을 한다는 점에서 쓸모가 있기는 하지만 삶의 진지한 목적과는 거리가 멀고, 필수불가결하기보다는 없어도 되는 것이라는 견해가 있을 수 있다. 이 견해에 따르면 예술은 삶의 본질적인 목표의 추구와 관련된, 그런 의미에서 정신의 노고를 필요로 하는 일이라기보다는 유희나 기분전환과 관련된 것이다. 그렇기에 이런 비본질적이고 진지하지 않은 본성을 지닌 것을 학문적으로 진지하게 다루는 것은 부적절하다는 것이다. 물론 사람들은 예술에 진지한 목적들을

5 헤겔이 진리를 드러내는 다른 방식들로 주장하는 종교 및 철학이 예술과는 어떻게 구분되는가 하는 것도 역시 다음에 이어지는 제2절과 3절에서 더 상세히 서술될 것이다.

부여하여 비본질적인 목적들과 결합하려는 시도를 하긴 했지만, 이 경우에도 예술은 진리나 도덕적인 목적을 달성하기 위한 수단이 되는 한편, 동시에 경박함과 게으름 역시 조장한다는 것이다. 게다가 예술은 가상과 기만을 통해 그 효과를 달성하는데, 진지하고 본질적인 목적은 그런 기만적인 수단을 통해서는 달성될 수 없으며, 그런 목적을 위해서라면 의당 그것에 걸맞은 수단이 사용되어야 한다는 것이다. 이러한 측면 역시 예술을 진지한 학문적 고찰의 대상이 될 수 없게 하는 이유가 된다는 것이다.

둘째로, 예술이 철학적으로 생각할 거리들을 제공하는 측면이 있다 해도 예술은 학문의 본래적인 대상이 아니라는 견해가 있을 수 있다. 이 견해에 따르면 예술과 그것의 아름다움은 우리의 느낌이나 직관, 상상력에 호소하는 것이고 우리의 사유작용을 위한 것이 아니다. 즉 예술이라는 활동과 그 산물을 이해하기 위해서는 우리의 학문적 능력으로서의 이성과 사유가 아닌 다른 능력이 요구된다는 것이다. 게다가 예술이 주는 아름다움 속에서 우리가 경험하며 향유하는 것은 형상화의 자유로움인데, 이는 법칙성과 사상의 추상적이고 내면적인 성격과는 거리가 멀며, 그렇기에 예술과 예술미는 학문적으로 취급하는 데 적합하지 않다는 것이다. 또 이와 관련하여 유포된 생각 중 하나는 예술현상들이 실제로 시대와 지역, 문화권에 따라 다양하게 전개되어 있기에 미의 보편성을 이끌어낸다는 것은 불가능하고, 그래서 그것들은 보편적인 규칙을 이끌어내야 하는 엄밀한 학문적 고찰에 어울리지 않는다는 것이다.

2) 헤겔의 답변

헤겔은 세간에 널리 퍼진 이러한 견해들을 단순히 무시해도 된다고 여기지 않으며, 일견 그것들의 타당성을 어느 정도 인정하는 것처럼 보이긴 한다. 그럼에도 그는 이러한 견해들이 궁극적으로는 올바를 수 없음을, 또 어째서 예술이 학문적 고찰의 적절한 대상일 수 있는지를 밝히고 있다. 우선, 헤겔은 예술이 오락이나 여흥거리가 된다거나 일종의 장난처럼 여겨질 수도 있다는 것, 또 다른 대상을 위한 장식이 될 수 있다는 것을 전적으로 부정하지 않는다. 그러나 그런 식의 쓸모가 있다는 사실이 곧 예술이 그런 쓸모를 자신의 목적으로 삼는다는 것을 의미하는 것은 아니다. 즉 예술은 자신의 외부에서 부여된 특정한 목적에 봉사하기 위한 수단으로서 산출되는 것이 아니라는 것이다. 그렇기에 헤겔은 그런 식의 수단으로서의 예술이 미학의 진정한 고찰 대상은 아니라고 주장한다. 즉 그가 강의하고 있는 미학의 대상이 되는 것은, 그의 말을 직접 인용하자면, "그 목적이나 수단에 있어 자유로운 예술"이다(Ä I, 20). 여기서도 역시 "자유"가 중요한 의미를 갖는데, 그에 따르면 우선 "자유"란 "정신의 최고 규정"이며(Ä I, 134), 예술이 정신의 소산이라고 그가 말할 때에(Ä I, 48), 그것은 곧 예술이란 자유로운 활동의 소산이라고 말하는 것과 같다. 그러니까 자유로운 정신적 활동의 산물인 한에서 예술은 가장 예술답다. 이와 같은 헤겔의 서술은 예술을 지나치게 고양된 의미로 이해하는 것처럼 보일 수도 있다. 헤겔이 사실상 예술에 매우 고차적인 의미를 부여한 사상가라는 점은 부인할 수 없다. 그렇긴 해도 예술이 진정으로 자유로운 활동의 산물이고, 또 그런 것이어야 한다는 헤겔의 언명은 역시 오늘날에도 유효하다. 예컨대 오늘날의 어떤 예술가도 창작 활동의 자유를 제한하는 것이 자신의 예술을 위해 바람직하다고 여기지 않을 것이며, 현대 예술의 역사는 표현의 자유를 위한 투쟁의 역사이기도 하다. 그렇기에 그가 예술과 자유 간에 필연적인 관계를 설정하는 것은 충분히 이해될 수 있다.

그런데 그가 "자유로운 예술"이라는 것을 특별히 강조하고 이것만을 학문적 고찰의 대상으로 삼는다고 말하는 것은 그가 무엇을 예술의 사명으로 여기는지를 고려하면 더 잘 이해될 수 있다. 그는 "예술이 종교 및 철학과 공통의 영역 속으로 자신을 위치시켜 오직 **신적인 것**(das *Göttliche*), 인간의 가장 심오한 관심사, 정신의 가장 포괄적인 진리들을 의식케 하고 표명하는 하나의 방식으로 존재할 때, 이때 비로소 예술은 자신의 **최고의** 과제를 해결하게 된다"고 말하고 있는데(Ä I, 20f.), 여기서 사실상 그는 예술이 철학 및 종교와 더불어 동일한 목적을 수행한다는 주장을 펼치고 있다. 즉, 그는 인간의 가장 심오한 관심사인 진리를 표명할 때에 예술은 자신의 궁극적인 사명을 다하는 것이라고 말하고 있는 것이다. 그리고 예술은 헤겔에 따르면 이러한 진리를 철학이나 종교와는 다른 방식으로, 즉 감성적이고 직관적인 방식으로 표명한다. 그리고 그가 예술, 종교, 철학을 절대정신의 영역에 위치시켰다는 것은 그가 인간의 어떤 활동이나 산물도 철학과 종교 그리고 예술보다 고차적이지 않다고 생각한다는 것을 의미한다. 즉 그에 따르면 그 어떤 여타의 것도 이 세 가지보다 우위에 있어서는 안 되고, 또 이 세 가지는 그 외의 어떤 것에도 종속될 수 없으며 종속되어서도 안 된다. 그런 까닭에 이 세 가지는 다른 모든 것으로부터 독립적이고 자유로운 활동이 되어야 하는 것이다.

헤겔은 예술이 가상과 기만이라는 방법을 사용하기 때문에 예술을 진지하게 취급할 필요가 없다는 주장에 대해서도 답변을 내놓고 있다. 독일어 단어 "가상"(Schein)이란 기본적으로 두 가지의 대표적 의미를 지니는데, 그 하나는 허상, 가짜, 겉모습 등 부정적 함축이 들어 있는 의미이고, 다른 하나는 어떤 것의 드러남, 어떤 것의 비추임이라는 의미이다.[6] 예술적 맥락에서는 후자의 의미가 더욱 중요할 것인데, 이런 의미에서 헤겔은 미를 절대적 진리로서의 "이념의 감각(감성)적 드러남"이라고 규정하고 있는 것이다(Ä I, 151). 헤겔은 가상 전체가 아닌 특수한 방식의 가상만이 비난의 대상이 될 것이라고 주장하는 동시에, 예술이 가상이라는 방식을 사용한다고 해서 그것이 단순히 가짜, 눈속임, 기만인 것으로 여겨져서는 안 된다고 역설한다. 사람들은 일상에서 벌어지는, 스쳐 지나가는 갖가지 경험적 사실과 느낌들 같은 현상적 세계가 현실이고, 가상의 형식 속에서 구현되는 예술이란 단지 가짜라고들 말한다. 그러나 헤겔은 참된 현실성이란 단지 이런 직접적인 현상의 세계 자체가 아니라 현상들 속에서 드러나지만 이러한 것들을 넘어서 있는 실체적이고 보편적인 것이라고 주장한다. 예술은 이러한 보편적이고 본질적인 참된 현실성을 현상하게 하는 방식으로서, 나타났다가는 사라져버리는, 우연적인 개별적 사실들의 연쇄로서의 경험적 현실보다도 더욱 참된 현실을 그려낸다고 주장한다. 우리가 뛰어난 예술들을 통해 세계와 인간에 대한 참된 통찰을 얻게 될 때, 우리는 그것이 인간의 참된 실상을 제시해

---

6 "가상"의 의미에 대한 상세한 설명을 위해서는 〈용어설명〉 참조.

준다고 말하며, 이러한 예술들을 높이 평가하게 되는데, 그것은 이 예술들이 일상에서는 알아차리거나 발견하기 어려운 삶의 진리를 표현했기 때문이다. 그렇기에 이러한 예술작품들이 가상의 형식을 갖는다고 해서 단순히 눈속임에 불과한 것일 수 없으며, 이것들에서 얻는 우리의 감동이나 이것들에게 향하는 찬탄도 거짓이라고 할 수 없다.

둘째로, 헤겔은 예술이 체계적인 학문의 적절한 대상일 수 있겠는가 하는 의혹에 대해서도 자신의 답변을 제시한다. 이 의혹의 핵심은 예술의 본령과 관계있는 것은 사유나 법칙성이라기보다는 느낌, 직관, 상상력 같은 것이며, 이러한 것들을 통해 예술 제작의 면이나 감상의 면에서 풍부함이나 생동성 그리고 다양성이나 표현의 자유로움이 발휘되고 경험되는 것인데, 학문적 고찰은 이러한 것들을 있는 그대로 파악하지 못하고 오히려 왜곡하거나 훼손할 수 있다는 것이다. 헤겔은 예술이 아무리 감성적인 방식으로 표현되고 직관적인 감각에 호소한다고 하더라도 본질적으로 정신의[7] 산물임을 강조한다. 여기서 헤겔은 예술의 원천을 이성적인 것과는 무관한 감성이나 상상력으로 환원시키는 견해에 반대하고 있다. 그가 분명히 말하고 있듯이 정신의 "가장 내적인 본성"을 이루는 것은 "사유"인데, 여기서 헤겔이 생각하는 사유라는 것은 이성적인 것이지만 직관, 감정 또는 표상과 동떨어진 특수한 정신적 능력이 아니다. 사유는 오히려 이러한 것들을 관통하면서 작용하는 보편적인 것이다. 다시 말해서 우리가 인간을 본질적으로 사유하는 존재 또는 이성적인 존재라고 파악

7 헤겔에게서 "정신"의 의미에 대해서는 〈용어설명〉 참조.

할 때, 그것은 단순히 인간에게 여러 가지 능력들 중의 하나로서 이성이 존재하고, 그것이 여타의 능력과 구별되고 분리되어 작용한다는 것이 아니다. 사유가 본질적이고 인간 자체를 규정하는 한에서, 그것은 감정이나 상상력 속에서도 작용하는 것이다. 달리 말하면 감정이나 상상력의 표현에서도 항상 이성적인 요소가 있다는 것이다. 이것은 어찌 보면 매우 특이한 사고방식으로 보일 수 있으며 상식적이지 않다고 여겨질 만한 것이다. 그러나 이것이야말로 헤겔 특유의 사고방식이기도 하다. 그러나 이러한 헤겔적 사고방식이 일반적인 적용가능성과 무관한, 헤겔만의 사고방식인 것은 결코 아니다. 만약 사유(이성)와 감정 또는 상상력이 전적으로 별개의 능력이라면 우리는 결코 감정과 상상력을 이해할 수 없을 것이다. 그러나 우리는 인간의 감정을 연구하고 상상력을 연구한다. 말하자면 이것들을 우리는 원칙적으로 이해될 수 있는 것으로, 사유의 대상으로 간주한다. 그리하여 감정과 상상력의 산물들 역시 사유의 대상 또는 이성적인 파악의 대상이 되는 것이다. 물론 우리는 이러한 대상들에 감정적으로 공명하고 또 우리 자신의 상상력을 발휘하면서 이런 대상들을 체험할 수 있다. 그리고 이것을 헤겔은 결코 부정하지 않는다. 다른 한편 그런 공명과 체험이 이성적 파악을 가로막는 것 또한 아니다. 게다가 우리는 이런 공명과 체험에 대해 생각하고 이러한 것들 역시 이해 가능한 것으로 가정한다. 그렇기에 예술이 사유를 본질로 삼는 정신의 산물이라는 것이 인정될 수 있다면, 예술을 이성적이고 체계적인 고찰의 대상으로 삼아서는 안 될 까닭이 없는 것이다. 그리하여 우리가 예술을 학문적으로 고찰한다는 것은 정신의 산물을 우리의 정신을 통해 파악한다는 것이다. 그렇기에 이러한 학문적 고찰이란 예술, 즉 대상화된 정신과 고찰하는 정신, 양자의 만남이 되는 것이다.

3. 예술의 지위 및 예술의 과거성 테제

예술이 철학 및 종교와 더불어 동일한 목적을 수행한다고 주장하면서 헤겔이 분명하게 지적하고 있는 두 가지 논점은 **첫째**, 예술이 갖는 지위에 관한 것이고 **둘째**, 이른바 예술의 과거성 테제라고 알려진 것에 관한 것이다.

이 두 논점은 서로 밀접히 연관되어 있기에 분리하지 않고 고찰할 필요가 있다. 헤겔은 한편 그 자신이 예술에 높은 지위를 부여하고 있음을 밝히지만, 다른 한편 예술은 정신이 갖는 궁극적인 관심사이자 최상의 욕구를 만족시키는 최고의 방식인 것은 아니라고 주장한다. 이는 다른 말로 하면 예술과 종교, 철학 모두 절대적인 진리를 드러내고 표현하는 방식들이지만 여기에는 위계서열이 있으며, 예술은 나머지 두 가지에 비해 열등한 방식이라는 것이다. 헤겔에 따르면 예술은 종교 및 철학과 달리 절대적 진리를 감정과 감각에 호소하는 식으로, 감성적 형식에 따라 표명한다. 즉 헤겔에게서 감성적인, 또는 감각적인 형식이라는 것은 예술에 고유한 것이며, 이것이 곧 예술을 종교 및 철학과 구별하게 하는 특징이기도 하다. 그런데 바로 이러한 형식으로 인해 예술은 절대적 진리의 내용을 온전히, 그리고 그것에 가장 적합하게 표명할 수가 없다. 그 이유를 헤겔 자신의 목소리로 직접 들어보면 다음과 같다. "왜냐하면 예술은 바로 그 형식으로 인해 또한 특정 내용에 제한되기 때문이다. 예술작품을 이루는 요소들 속에서 표현될 수 있는 것은 오직 특정한 범위와 단계의 진리뿐이다."(Ä I, 23) 이 말은 곧 예술에 고유한 것인 감성적 형식에 담길 수 있는 진리 내용만이 예술을 통해 표현될 수 있다는 것이다. 이는 인간과 세계에 대한 진리를 그런 감성적 형식에 따라 적절히 이해할 수 있었던 시대에서만 예술이 진리를 표명하는 최고의 방식이 될 수 있다는 주장이기도 하다. 그렇기에 헤겔은 이렇게 말하고 있다. "진리가 예술을 위한 진정한 내용일 수 있으려면, 가령 그리스 신들의 경우에서 그러하듯이, 감각성으로 나아가 그 속에서 적합한 양상으로 존재할 수 있다는 점이 그러한 진리 본래의 규정에 여전히 들어 있어야만 한다."(같은 곳) 고대 그리스 신들의 세계, 그들의 종교적 지혜에서 표명되고 있는 인간과 세계에 대한 이해는, 즉 고대 그리스 문화를 지배하던 그런 이해의 내용은, 그런 의미에서 진리 내용은 그리스의 예술작품을 통해 표현될 수 있는, 다시 말해서 감성적인 방식으로 적절히 드러날 수 있는 그런 내용이었다는 것이 헤겔의 주장이다. 그리하여 예술은 고대 그리스인들의 "지혜와 종교"를 이해하기 위한 "열쇠"와도 같은 역할을 한다(Ä I, 21). 그런데 이는 다른 식으로 말하면 절대적 진리에 대한 이해가 그런 감성적 형식이 감당할 수 없을 정도로 깊이지고 고도화된 시대에는 예술이 이런 진리를 표명하는 최고의 형식이 될 수 없다는 주장이기도 하다. 이를 다시금 헤겔의 목소리로 들어보면 다음과 같다.

> 이에 반해 진리에 대한 보다 깊은 이해가 존재하는데, 여기에서 진리는 더 이상 그다지 감각성에 근접해 있지도 또 친근하지도 않아서 이러한 질료에 의해 적절히 수용, 표현될 수가 없다. 기독교적인 진리 이해가 바로 이런 유

형인데, 무엇보다도 우리의 오늘날의 세계정신은, 더 자세히 말해 우리의 종교와 이성문화의 정신은 예술이 [그 표현을 위한] 최고의 방식이 되는 그러한 단계를 넘어서서 절대자를 의식하는 것으로 보인다. 예술생산과 그 산물들에 고유한 방식은 더 이상 우리의 가장 높은 욕구를 충족시키지 못한다.(Ä I, 23f.)

일단 여기서 우리는 헤겔이 말하는 절대적 진리라는 것은 늘 고정되어 인간의 정신에 알려지는 것이 아니라 역사의 진행에 따라 보다 발전되고 심화된 형태로 알려지고 이해되는 것임을 알 수 있다. 그렇기에 고대 그리스 시대의 절대적 진리, 정확히 말해 그 시대에 의해 이해되고 파악되어 당대인들의 삶을 지배하던 진리는 헤겔 당대의, 즉 근대의 진리, 다시 말해서 근대인들에 의해 의식화되고 또 근대인들의 삶을 지배한 진리에 비하면 덜 발전된 진리를 뜻함을 알 수 있다. 근대적 정신 속에서 이해된 절대적 진리는 예술에 고유한 감각(감성)적 형식을 통해 표명될 수 있는 한계를 넘어서 고도화되고 발전된 것이라고 헤겔은 주장한다. 그렇기에 이미 기독교의 진리 이해 자체가 감성적 형식이 담아낼 수 있는 한계를 넘어선 것이고, 헤겔 당대의 진리 이해를 그 자체로 드러내기에는 감성적인 표현은 더욱더 부적절한 수단이 되어 버렸다는 것이다. 이를 보다 상세히 설명하자면, 고대 그리스 시대의 몰락 이후 등장하게 된 기독교는 서양문화의 근간을 이루게 되고 이러한 문화 속에서 형성되고 표현된 진리 이해, 그리고 궁극적으로는 기독교적 신과 신적인 것으로[8] 집약될

8 여기서 우리는 헤겔이 예술, 종교, 철학의 궁극적인 과제를 절대적인 것으로서의 진리의 표명이라고 할 때에, 이 진리를 "신적인 것"(das Göttliche)으로 지칭하기도 한다

Ⅱ. 미와 예술을 학문적으로 고찰하는 방식들

제2장은 〈서론〉에서 가장 짧은 장이다. 제1장에서 헤겔은 미학이라는 학문의 성격을 간략히 설명하고 나서, 예술이 왜 학문적으로 탐구되어야 할 만한 가치가 있는지 또 어떤 의미에서 철학적 고찰의 대상이 될 수 있는지에 대해 서술했다. 이제 그는 2장에서 예술을 학문적으로 고찰하는 방식들을 소개한 후, 어떤 방식의 고찰이 궁극적으로 예술의 본질에 대한 철저한 이해를 제공하는지를 제시하고 있다. 그가 소개하는 방식들은 일단 두 가지 유형으로서 이 둘은 서로 상반되는 성격을 지니고 있다. 그중 하나는 경험적인 것으로부터 출발하는 방식인데 기존의 예술작품들을 관찰하고 잡다한 자료들을 집적하며 이로부터 일반적인 관념을 도출하고자 한다. 다른 하나는 오직 보편적인 측면에만 관심을 기울이는 관념적이고 추상적인 고찰 방식이다.

첫째로, 경험적인 것 또는 개별적인 것으로부터 출발하는 고찰 방식은 예술작품에 관한 다양하고 광범한 학식과 정보를 요구한다. 예술사 연구가들의 작업과 밀접한 관계가 있는 이 같은 방식은 매우 세밀한 관찰과 지식을 요구한다. 그러나 이러한 단편적인 지식들의 집적만으로는 학문적 성격을 갖출 수 없고, 평가와 판단을 위한 일반적인 기준이나 규칙 같은 것들이 도출될 필요가 있다. 이러한 것들로부터 일종의 학문적 성격을 지니는 이론들이 형성되는 것이다. 헤겔은 이러한 이론의 예로서 몇 가지 문헌들을 소개하는데 우선 그가 꼽는 것은 아리스토텔레스의 『시학』, 호라티우스의 『시학』 그리고 위-롱기누스의 『숭고에 관하여』이다. 그는 이러한 문헌들이 제시하는 기준이나 규칙이 매우 제한된 범위의 예술작품들로부터 추상된 것이어서 제한된 타당성만을 갖는다는 점을 우선 지적하고, 다른 한편 이 문헌들이 제시하는 규범들이라는 것은 진부하고 단순한 반성적 고찰의 산물인 추상적인 보편성밖에는 지니지 못한다고 주장한다.

그다음 헤겔은 이른바 취미를 육성하고 도야하기 위해 개별적인 작품들에 대한 설명 및 일반화를 꾀하는 이론들을 소개한다. 이러한 이론들은 예술작품들을 감식하고 판단하는 능력의 작동방식에 대해 설명하며, 또 예술 작품들의 외적 특징들을 관찰하고 비교하여 올바른 판단의 기준들을 밝혀내고자 한다. 헤겔은 여기서 이른바 취미의 이론을 검토하고 있는 것인데, 취미의 도야와 육성이란 것이 예술을 이해하고 평가하는 데 있어 불필요한 것은 아니지만, 그것을 예술철학의 중심 개념으로 삼는 것의 오류를 지적한다. 취미란 우선 주관적인 성격을 지닐 수밖에 없으며 일반적으로 취미를 계발하기 위해서 제시되는 방법들이란 것은 작품들의 외적이고 피상적인 면들에 대해 몰두하는 것에 다름 아니라는 것이다. 헤겔이 여기서 강조하고자 하는 것은 예술이 인간의 가장 심원한 관심사로서의 진리를 드러내는 정신적 활동인 한에서, 우리가 예술을 이해하고 올바로 평가하기 위해서는 이러한 정신적 도야와 계발이 전체적으로 이루어져야 하는 것이지 단순히 제한된 의미에서 취미의 육성에 국한되어서는 안 된다는 점이다.

계속되는 논의를 통해 헤겔은 경험적인 것에서 출발하는 방식이 결국 미에 대한 정의를 내리려는 시도를 하게 되고 그에 따라 여러 가지의 정의들이 나타나게 된다고 설명한다. 사실상 이것은 예술에 대한 연구뿐만 아니라 모든 경험과학적인 연구에서 나타나는 일이기도 하다. 어떤 연구든 일단 일정 정도의 경험적 관찰이 이루어진 다음에는 이러한 자료들을 바탕으로 하여 해당 연구의 대상에 대한 정의를 내리게 되고, 그것에 따라 개별적 사실들을 규정하고 분류하는 작업이 이루어지는 것이다. 여기서 헤겔은 미를 정의하고 이에 따라 개별 예술작품들을 평가하려는 이론적인 시도들 중 몇 가지를 선택하여 이러한 방법에 대해 고찰하고 있다.

헤겔은 예술사가인 마이어의 저작 『그리스 조형예술의 역사』에 등장하는 미와 예술에 관련된 정의들을 검토하는 방식을 택하는데, 그중에서 우선 당대의 저명한 예술이론가이자 예술사가로서 베를린 대학 시절 동료이기도 했던 알로이스 히르트의 정의를 예로 들고 있다. 히르트는 예술미를 올바로 평가하고 취미를 도야하기 위한 근간이 되는 것이 바로 "특징적인 것"(das Charakteristsche)의 개념이라고 주장하면서 미를 완전성 및 합목적성과 연결시킨다. 헤겔은 미에 대한 히르트의 이론과 정의에 동조하는 것은 아니지만 그가 히르트를 언급하면서 "우리 시대의 가장 위대하고도 진정한 예술 감식가 중 한 명"이라고(Ä I, 33) 소개하는 데에서 추정할 수 있는 것처럼, 히르트의 입장을 매우 진지하게 고려하고 있다. 히르트는 "특징적인 것"을 미와 예술을 이해하는 데 핵심적인 개념으로 삼음으로써, 사실상 빙켈만 류의 고전주의로부터 벗어나고 있는데, 왜냐하면 그는 미를 보편적인 것의 이상적 표현에서가 아니라, 특수한 것들을 적합하게 표현하는 데에서 찾음으로써 다양한 표현을 위한 가능성을 열어주기 때문이다. 그는 "특징적인 것"을 다음과 같이 내용과 표현 방식 두 가지 측면에서 서술한다. 즉 그의 주장에 따르면 특징적인 것을 이루는 내용이란 특정한 느낌이나 상황, 사건, 행위 등인데 이것은 다양한 방식으로 표현될 수 있지만, 그 어떤 표현도 이러한 내용과 직접 관련되지 않는 것으로 존재해서는 안 된다. 그러니까 어떤 특정한 내용을 위해 모든 표현적 요소들과 방식은 합목적적으로 구성되어야 하며 어떤 군더더기나 무의미한 것도 작품 속에 포함되어서는 안 된다는 것이다. 헤겔은 정확히 무엇이 미의 내용으로서 작품 속에서 표현되어야 하는가와 같은 구체적 설명이 히르트의 정의에서는 존재하지 않고 그런 이유로 추상적이라고 지적하지만 이 정의가 헤겔이 이끌어가는 논의에서 중요한 역할을 하고 있음을 우리는 곧 발견하게 된다.

바로 앞에서 언급한 책에서 마이어는 미에 대한 괴테의 정의도 언급하면서 이에 전적으로 동의한다는 의견을 피력하는데, 이 정의를 헤겔은 다시 인용하고 있다. "고대인들의 최고의 원칙은 **의미성**(das *Bedeutende*)이었지만, 그것을 성공적으로 **다루었을 때** 나온 최고의 결과는 아름다움이었다."(Ä I, 36) 헤겔은 이 정의가 함축하는 바를 다시금 내용과 표현 방식 두 가지 면에서 해석한다. 즉 괴테는 예술작품의 미를 어떤 의미를 갖는 내적인 것과 그것의 외적 표현이라는 두 가지 측면에 따라 고찰하고 있다는 것이다. 결국 헤겔은 이러한 괴테식의 정의와 히르트의 정의가 의미 있는 것의 표현이라는 면에서 크게 다를 바가 없다고 주장하고 있다.

그다음 헤겔은 자신의 시대가 경험했던 새로운 예술적 운동들과 그것들의 결과에 대해, 즉 질풍노도운동 및 낭만주의가 몰고 온 예술에서의 변화와 혁신에 대해 언급하고 있다. 질풍노도운동은 예술에 대한 합리주의적이고 계몽주의적인 이해방식에 반발하여 감성과 개성적 표현을 중시하였으며, 낭만주의 역시 예술에 대한 기존의 온갖 규범 또는 법칙들에 반대하고 주관의 내면성, 감정, 상상력 등을 예술 활동의 본질적 요소로 내세우면서, 예술가의 자유와 천재성을 강조하였다. 이러한 운동들을 통해 고전주의가 내세웠던 예술을 지도하는 규칙들이 설 자리는 사라졌음을 헤겔은 지적한다. 또한 그는 예술철학이 예술가들을 위한 구체적 지침들을 마련하는 일에 종사하지 않으며, "그런 식의 규칙들을 제공하려는 의도 없이, 미 일반이 무엇이며 또 그것이 어떻게 현전하는 예술작품들 속에서 드러났는가 하는 것을"(Ä I, 35) 밝혀야만 한다고 주장함으로써 예술철학의 사명에 대한 자신의 입장을 분명히 한다.

둘째로, 헤겔은 예술에 대한 관념적이고 추상적인 고찰 방식을 다루는데, 이런 방식의 전형적인 예로서 그는 플라톤의 방식을 들고 있다. 비교적 간략한 서술을 통해 헤겔이 말하고자 하는 바는, 이 방식이 경험적인 것에서 출발하는 방식과 정반대이며 보편적인 것이자 사유의 대상으로서의 미의 이념을 기반으로 삼는 고찰 방식이라는 것이다. 플라톤에게서 미란 논리적 이념으로서 보편적 성격을 갖는 것인데, 헤겔에 따르면 플라톤의 방식은 이념이 특수하게 전개되고 구체적으로 예술작품에서 실현되는 것을 충분히 고려할 수 없는 한계를 갖는다는 것이다. 이러한 평가는 헤겔과 플라톤의 철학적 방법상의 차이와 관련된 것이다. 플라톤에게서 이념의 세계와 현상계는 별도로 존재하는 두 세계로서 현상계의 사물들 안에 이념이 참여함으로써 그 사물들이 이념과 닮게 되지만 두 세계는 엄연히 분리되어 있다. 이념의 세계, 즉 이데아계는 현상에 대해 초월적인 세계로서 현상과 상관없이 자족적으로 존재한다. 그러나 헤겔에게서 이념은 본질적으로 현상 속에서 실현된다는 특성을 갖는다. 그렇기에 이념은 단지 보편적일 뿐만 아니라 특수한 방식으로 자신을 현실 속에서, 역사 속에서 구현한다. 그리하여 헤겔은 미의 이념으로부터 출발하는 것이 올바른 방식일지라도 플라톤의 방식처럼 그 안에 역사성과 특수성이 고려되지 않는 한 내용적으로 공허할 수밖에 없다고 주장하는 것이다.

헤겔이 **세 번째**로 제시하는 방식은 자신의 철학적 고찰 방식으로서, 말하자면 앞서의 두 가지 방식을 종합한 것인데, 그는 이를 "형이상학적 보편성과 실재적 특수성"의 통일이라는 말로 특징짓는다(Ä I, 39). 이것은 실제로 그가 『미학강의』 전체에서 수행하는 학문적 고찰의 방식이기도 하다. 그는 『미학강의』에서 보편적인 것으로서의 미의 이념으로부터 출발하는데, 그렇지만 이 이념은 특수한 단계들로 분화되어 전개되며 궁극적으로 이렇게 전개되는 전체가 실현된 이념으로 밝혀지면서 완결된 구조를 이루게 된다. 그리고 개개의 특수한 단계들은 모두 보편자로서의 이념의 구현으로서 이 이념으로부터 분리되는 것이 아니다. 나중에 제4장에 대한 해설에서 다시 살펴보겠으나, 헤겔은 예술미의 이념을 상징적, 고전적, 낭만적이라는 특수한 형식들로 분화되어 전개되는 역사적인 과정 속에서 고찰함으로써, 플라톤 식의 일면적인 관념적 고찰방식과 이념적 통일에 이르지 못하는 경험적 고찰방식 모두를 지양한다. 그는 또 경험적인 고찰 방식을 설명하면서 언급했던 내용과 형식이라는 두 측면 역시 자신의 방법 속에 수용하여 예술을 내용으로서의 이념이 감성적 형상화라는 형식 속에서 구현되는 것으로 규정하고 있다.

그런데 헤겔 자신이 "예술철학에서 미의 이념으로부터 출발해야" 한다고(Ä I, 39) 말하지만, 본문에서 사실상 그는 자신의 고찰방식을 소개하면서 이념이 아니라 "미의 철학적 개념"을(같은 곳) 대상으로 삼아 논의를 진행하고 있다. 게다가 그는 다음에 고찰하게 될 제3장에서 "우리는 예술미의 **개념**에서 출발해야 한다"고(Ä I, 40) 말하고 있기조차 하다. 그렇다면 그는 한 번은 미의 이념에서 출발해야 한다고 하고, 또 다른 한 번은 미의 개념에서 출발해야 한다고 말하고 있는 것이다. 이념과 개념이 동일한 것을 지칭하는 것이 아니라면, 헤겔은 여기서 일관적이지 않은 어법을 구사함으로써 우리에게 텍스트 이해의 어려움을 가중시키고 있는 셈이 된다. 그렇다면 이러한 어려움은 어떻게 해결될 수 있을 것인가? 우리는 헤겔이 이념과 개념 간의 관계를 언급한 부분을 참고로 삼아 이 어려움을 극복할 실마리를 찾을 수 있다. 그는 이념을 "개념이며, 개념의 실재성이며 이 양자의 통일이다"라고도 말하고 "자신의 실재성 속에서 현존하고 이 실재성과의 통일 속에서 정립된 개념이 이념"이라고도 말한다. 또 그는 "개념 자체로는 아직은 이념이 아니"라고도 말한다(Ä I, 145). 이로부터 우리가 도출해낼 수 있는 것은 일단 개념은 어떤 면에서는 이념이라고도 할 수 있지만, 이념과 전적으로 동일한 것은 아니라는 점이다. 즉 엄격히 말하면 이념이란 개념이 스스로를 실현시켜 객관화되고, 이러한 객관화된 전체로서 통일적으로 파악된 것이자 그렇게 존재하는 것을 의미한다. 그런데 실현되는 것이 개념이라면 이미 개념은 실현되어야 할 것을 내적으로 포함하고 있어야 한다. 그렇기에 개념의 내용은 이념이 지니는 내용과, 즉 그 실현된 것의 총체가 통일적으로 파악된 것으로서의 이념의 내용과 동일하다. 그렇기에 이념을 이루는 한 측면으로서의 개념은 아직 이념이 아니지만, 이미 즉자적으로는 이념과 동일한 것이다. 이념에 대한 이러한 이해를 미의 이념, 예술미의 이념에 적용하자면, 미의 이념이란 그것의 개념이 특수한 단계들을 거치면서 실현되고 이렇듯 실현된 전체가 통일적으로 파악된 것을 뜻할 것이다. 미의 개념을 그 자체로 또 별도로 이해할 때 그것은 아직 객관화되고 실현되지 않은 것이기에 아직 미의 이념이 아니지만, 객관화되고 실현되어야 할 바가 바로 그 개념의 내용을 이루는 것이기에 미의 개념과 미의 이념은 내용상 동일하다고 할 수 있는 것이다. 이렇게 본다면 헤겔이 예술미의 개념에서 시작한다고 말하기도 하고 또 예술미의 이념에서 시작한다고 말하는 것도 충분히 이해될 수 있는 것이고, 그렇기에 그의 이런 말하기 방식이 일관적이지 못한 화법의 한 예로 간주될 필요는 없을 것이다.[10]

---

10 "이념"과 "개념"에 대한 더 상세한 설명은 〈용어설명〉 참조.

III. 예술미의 개념

〈서론〉에서 가장 많은 분량을 차지하는 제3장에서 헤겔은 예술미와 예술의 개념에 대해 본격적으로 다루고 있다. 그는 이미 1장과 2장에서 미와 예술의 관계에 대해 설명하였고, 왜 자연미보다 예술미가 우월하고 또 왜 후자만이 자신의 학문적 고찰 대상일 수 있는가를 논했기에, 우리는 3장의 제목이 "예술미의 개념"이기는 하지만 그가 예술의 개념에 대해서도 역시 서술하게 될 것이라고 추정하게 된다. 왜냐하면 그가 미를, 더 구체적으로는 예술미를 취급하는 한 예술 개념 자체와 분리해서 다루지 않을 것임을 우리는 이미 알고 있기 때문이다. 실제로 헤겔은 이 긴 3장에서 오히려 예술미가 아니라 예술 개념을 중심으로 논의를 전개하고 있다. 이 장은 크게 두 부분으로 나뉘어 있는데 일련번호가 붙어 있지 않아 이를 편의상 **1부**와 **2부**로 부른다면, **1부**[III-1]는 "예술에 대한 통념들"(Gewöhnliche Vorstellungen von der Kunst)이라는 제목을 달고 있다. 여기서 "통념들"은 글자 그대로 번역하자면 "통상적인 표상들"로 바꿔 말할 수도 있겠는데, 헤겔이 말하는 표상이란 아직 학문적 개념에 도달하지 못한, 엄밀하지 않고 정확하지 않은 막연한 생각, 대체로 이미지와 결합되어 있는 생각을 가리킨다.[11] 헤겔 식으로 말하자면 표상은 아직 개념에 도달하지 못한 일종의 인식이라고 볼 수 있겠는데, 그리하여 "예술에 대한 통상적인 표상들"이라는 것은 대개 사람들이 예술이 무엇인가에 대해 가지고 있는 막연한 생각, 관념들을 뜻한다. 이러한 생각, 관념들은 대개 전적으로 틀리지는 않더라도 불충분하고 부정확한 성격을 지니고 있으면서 어느 정도는 통용되는 것들이다. 헤겔은 이러한 통상적 표상들, 통념들을 세 가지 유형으로 분류하여 소개하고 설명하며 또 비판하면서 우리를 진정한 예술 개념으로 이끌어 간다.

3장의 **2부**[III-2]는 "예술 개념의 역사적 연역"이라는 제목을 달고 있는데, 여기서 우리는 "연역"이라는 표현이 상기시키는 바와 같은, 예술 개념에 대한 엄밀한 논증이나 정당화를 기대해서는 안 된다. 이와 더불어 우리는 "역사적"이라는 표현에 주목해야 한다. 헤겔은 이미 제3장 1부에서 예술에 대해 사람들이 가지고 있는 일반적인 생각들에 대해 서술하면서 예술의 개념이 어떤 것이어야 할지를 이미 어느 정도는 제시했다. 이제 그는 여기 3장의 두 번째 부분에서 사실상 이미 어느 정도 소개된, 자신이 생각하는 참된 예술 개념에 이르기까지 "역사적으로" 어떤 철학적 입장들이 존재했는지, 그리고 그런 입장들이 어떻게 자신이 말하는 참된 또는 진정한 예술 개념 속에 계기들로서 자리 잡을 수 있는지를 설명하고 있다. 그러니까 그는 역사적인 전제들로부터 어떻게 자신이 말하는 참된 예술 개념이 도출되고 있는가를 서술하고 있는 것이다. 그리하여 그는 칸트로부터

11 "표상"에 대한 더 상세한 설명은 〈용어설명〉 참조.

시작하여 실러, 빙켈만, 셸링 그리고 낭만주의자들의 예술철학적인 입장들을 다루면서 자신의 입장의 정당성을 설파하는 동시에 자신이 제시한 개념이 산출되는 맥락을 아울러 설명하고 있다.

헤겔은 제3장의 1부를 시작하기 전에 그 서론 격으로 어떤 대상을 학문적으로, 더 엄밀히 말해서 철학적으로 고찰할 때 생기는 문제에 대한 방법론적인 논의에 몇 쪽을 할애하고 있다. 즉 이 논의는 미학의 대상으로서의 예술이나 예술미에 대한 철학적 고찰에만 국한되는 것이 아니라, 이를 넘어서서 모든 철학적 고찰에 적용되는 일반적인 것이다. 따라서 이 논의는 헤겔이 생각하는 참된 철학적 방법론에 대한 서술이라고 할 수 있다. 그의 철학 사상의 압축적인 완결판이라고 할 수 있는 『철학 대계』(*Enzyklopädie der philosophischen Wissenschaften im Grundrisse*)는 바로 이 방법론이 그대로 적용된 전형적인 경우라고 할 수 있다. 이렇듯 위의 논의는 그의 철학 전반을 이해하는 데에 필수적인 내용을 담고 있기에, 여기서 이에 대해 간략히 살펴보고자 한다.

헤겔은 모든 학문적 탐구가 맞닥뜨리게 되는 공통의 어려움, 특히 탐구의 대상과 관련된 어려움을 두 가지로 나누어 언급하고 있다. 그 **첫째**는 그런 대상이 존재하는가 하는 문제이고, **둘째**는 그 대상이 무엇인가 하는 문제이다.

첫 번째 문제는 일반적으로 보면 어려움이라고 칭할 이유가 없어 보이기도 한다. 학문적으로 연구한다고 할 때, 존재하지 않는 대상을 연구한다는 것은 어불성설이기 때문이다. 이때 그 대상은 예컨대 생물학에서 어떤 곤충이나 새처럼, 또는 광물학에서 여러 암석들처럼 손으로 가리킬 수 있는 것들이다. 그리고 그것이 바로 그 대상의 존재를 입증하는 데에 충분하다고 간주된다. 그러나 눈에 보이지 않는 것들, 감각적으로 알려지지 않는 것들이 학문적 연구의 대상이 될 경우라면 사정은 달라진다. 예를 들어 형이상학적 심리학에서처럼 영혼을 대상으로 한다거나 철학적 신학에서처럼 신을 대상으로 한다면, 이러한 대상의 존재에 대한 입증 자체가 중대한 문제가 되며 사실상 그런 입증이 이와 같은 학문적 연구의 핵심적인 내용을 이루기까지 한다. 철학적 고찰의 대상들은 사실상 대개 이러한 성격을 갖게 된다. 예컨대 실천철학적 연구의 주제이자 대상인 "정의"나 "법"의 경우에서처럼 말이다. 물론 우리는 후자의 경우에 대해서 어떤 구체적 예를 들어 그것의 존재를 곧바로 명시할 수도 있다. 특정한 실정법들의 예를 법전을 펴고 지적한다든가, 법정에서 일어나는 일들을 가리키며 그것이 법의 집행이자 실행임을 들어 법의 존재를 주장할 수 있다. 그러나 우리가 어떤 실정법의 예를 들어 그것은 "법의 정신을 잘 구현하고 있다"고 말한다든가 정반대로 "있어서는 안 될 법, 법도 아닌 법"이라고 말할 때 이러한 평가를 가능하게 하는 법의 존재는 무엇인가? 도대체 이러한 기준으로서의 법 내지는 법의 정신은 어디에 있는가? 바로 이러한 법의 존재, 좀 더 근본적이고도 원리적인 것으로서의 법의 존재가 헤겔이 생각하는 철학적 연구의 대상으로서의 법이 된다. 그렇기에 다시금 이 대상의 존재가 문제되는 것이다. 만약 이 근본적이고도 원리적인 것으로서의 법의 존재라는 것이 의문시되거나 심지어 무시될 수 있는 것이 되면 온갖 실정법 및 법의 집행과 관련된 모든 절차들 역시 정당화되지 못하는 것으로서 그 구속력도 인정될 수 없게 될 수 있다. 그렇기에 우선은 법의 존재가 정당화되어야 하는 것인데, 이를 헤겔은 법의 필연성의 증명을 통해서 가능하다고 주장한다. 이러한 증명이 이루어지는 한에서 법은 철학적 연구의 정당한 대상이 되며 그러한 정당화를 통해서만 실정법을 평가할 수 있는 기준으로 작용하는 것이 된다. 그런데 바로 이러한 의미에서의 법의 존재는 법전이나 법정에 있는 것이 아니라 우선 개념으로 있는 것이다. 우리의 앎 속에, 생각 속에 있는 것이다. 법전에서는 이 개념이 특수하고도 제한적인 양태로 현실화되어 있을 뿐이다. 그러면 개념으로 존재하는 법, 개념으로서의 법의 내용은 무엇인가? 그 개념의 내용을 이루는 이 "무엇"이 밝혀지지 않는 한에서는 당연히 법의 존재라는 것은 무의미한 것이 된다. 그렇기에 헤겔은 그 대상이 필연성에 따라 명시되는 것, 즉 그 존재의 증명이 "참되게 학문적으로 전개된다면" 이와 동시에 그 "대상이 무엇인가라는 질문에 대해서도 만족스런 답변이 주어지게" 되는 것이라고 말하고 있다(Ä I, 42). 그런 까닭에 **두 번째** 문제, 즉 대상이 무엇인가 하는 문제는 이런 방식으로 첫 번째 문제와 직접 결합되어 있다. 그런데, 대상의 존재의 필연성을 증명하는 것, 그리고 그 개념을 서술하는 것은 사실상 헤겔이 위에서 언급한 『철학 대계』에서 행하는 학문적 작업이기도 하다. 이 저작에서는 모든 철학적 분과학문의 대상들이 "대계"의 이름에 걸맞게 체계적으로 고찰되며 이 체계 자체야말로 우주 전체를 대상으로 삼는 하나의 전체로서의 철학이 된다. 그런 의미에서 헤겔은 "전체로서의 철학이야말로 우주를 내적으로 **하나**인 유기적 총체성으로 인식하는 것"이라고 말한다(같은 곳).

그렇기 때문에 헤겔에게서 예술철학은 이 전체로서의 철학을 구성하는 하나의 계기로서 존재하며, 예술철학의 대상으로서의 예술은 전체적 체계에서 다른 철학적 대상과의 필연적 연관 속에서 고찰된다. 그런데 이 필연적 연관이라는 것은 곧 개념적 연관으로서, 예술이라는 대상이 임의적이거나 자의적으로 단순히 상정되는 것이 아니라는 것을, 또 이 체계에서 그보다 앞선 철학적 대상의 개념적 서술로부터 도출된 결과로서 필연적으로 등장한다는 것을 의미한다. 그리고 철학적 체계에서 대상의 등장이란 곧 그 대상의 개념의 등장이란 말과도 같다. 그렇기에 헤겔은 예술 개념의 등장과 관련하여 "예술이나 미가 한 선행과정의 결과임을, 그리고 이 과정은 그 참된 개념의 면에서 볼 때 학문적 필연성에 따라 예술의 개념으로 이행한 것임을 증명할 수 있어야 할 것"이라고 말한다(같은 곳). 그러나 이러한 일은 앞서 언급한 『철학 대계』에서 이루어지고 또 이루어질 수 있는 작업이지, 철학적 분과로서의 미학 또는 예술철학에서 이루어지는 일은 아니다. 그런 까닭에 그는 본문에서 "예술의 개념을 이른바 전제로서 주어진 것으로 받아들일 도리밖에 다른 방도가 없다"고 말하는 것이며, 또 "우리에게 미와 예술의 개념은 철학체계를 통해 주어진 전제이다"라고 말하는 것이다(Ä I, 42-43). 다시 말해서 『미학강의』는 예술의 개념을 증명하지 않고 제시한 후 출발한다고 볼 수 있다. 그러나 『미학강의』에서 예술 개념의 등장에 대한, 그것의 필연성에 대한, 엄격한 의미에서의 증명은 이루어지지 않지만, 그렇다고 해서 헤겔이 이 개념의 도출이라는 과제를 단지 생략하고 넘어가는 것은 아니다. 그는 이 과제를 다른 방식으로 수행한다. 그것도 이중적으로 수행하는데, 그 두 가지의 내용이 곧 제3장의 1부와 2부에 해당한다.

1부[III-1]에서 그는 미와 예술에 관해 사람들이 흔히 가지고 있는 통념들을 소개하는데, 이것들은 예술에 대한 정확하고도 적절한 견해들인 것은 아니지만 그렇다고 해서 전적으로 그릇된 것도 아니다. 헤겔은 이 통념들을 설명하고 이것들의 결함을 각각 비판하면서 결국 예술에 대한 가장 적절한 견해에 이르는 과정을 제시함으로써 결과적으로는 예술의 개념에 도달하거나 근접하게 된다. 여기서 "도달하거나 근접하게 된다"라고 말하는 이유는 결국 헤겔이 예술의 궁극적인 목적을 제시함으로써 예술이 무엇인지를 언명하지만, 그리고 이것이 그가 다른 곳에서 말하는 예술의 규정과 거의 다르지 않지만 헤겔은 이 결과가 바로 예술의 진정한 개념이라고 명시하지는 않기 때문이다.

그는 **2부**[III-2]로 넘어간 후에는 우선 1부의 결과를 언급한다. 그다음 그는 1부에서 도달한 관점으로 예술의 개념을 파악해야 한다고 지적하면서 2부의 논의를 시작하고 있다. 그러나 2부가 담당하는 과제는 1부와는 달리 역사적인 고찰을 통해 예술의 개념을 연역하는 것인데, 그러한 과정에서 예술의 개념은 더 분명해지고 더 구체화되지만 1부에서 도달한 것과 근본적으로는 다를 바 없다. 게다가 그는 1부의 세 번째이자 마지막 항목, 즉 예술의 목적에 관한 통념들을 다루면서, 바로 이 세 번째 항목의 통념들을 고찰하여 "예술의 참된 개념"에 이른다고 쓰고 있다(Ä I, 64). 그런 까닭에 제3장 전체가 결국 예술의 참된 또는 진정한 개념을 도출해내는 과정이기는 하지만, 3장 1부 말미에서 이미 이 개념이 무엇인지에 대한 답변은 충분히 시사되고 있다. 그런데 여기서 주의할 것은 3장 전체를 통해 도출된 예술 개념이란 단지 즉자적인 것이어서 아직 추상적이고 그것을 규정하는 특수한 내용들이 아직은 밝혀지지 않은 것이라는 점이다. 헤겔 식으로 말하면 이 개념의 전개와 발전, 또는 그것의 실현은 사실상 『미학강의』 전체를 통해 서술되는 것이다.

[III-1] 예술에 대한 통념들

1. 인간 활동의 산물로서의 예술작품

헤겔이 첫 번째로 소개하는 통념은 예술작품이 인간 활동의 산물이라는 것이다. 이러한 통념은 우선 전혀 특별할 것도 없고 또 예술에 대해 말해주는 바도 거의 없는 것처럼 보인다. 그러나 이 통념에 포함되거나 이와 관련된 견해들에는 예술에 대한 사람들의 생각을 은연중에 지배하는 내용이 들어 있는데, 헤겔은 이 견해들을 다음의 네 가지로 요약하여 소개하고 비판하면서 간간이 자신의 주장도 내비친다. 헤겔의 이러한 서술은 우리로 하여금 단지 예술에 관한 여러 견해와 문제의식에 대해 알게 하는 것을 넘어서서 좀 더 포괄적이고 깊이 있는 견해가 어떤 것인지를 생각하도록 이끈다.

1) 우선 예술 작품을 제작하는 인간의 활동을 의식적인 것이자 가르쳐지고 습득될 수 있는 것으로 여기는 견해가 존재한다. 여기서 의식적이라는 점을 특별히 언급하는 것은 무의식적으로 예술 작품이 만들어진다는 주장도 있기 때문인데, 이러한 주장은 바로 다음에 소개하는 두 번째 견해와 직접 관련된 것이기도 하다. 지금 다루고 있는 첫 번째 견해는 물론 그저 사람들의 머릿속에 존재하는 것이 아니라, 사람들의 실천과 제도 속에 스며들어 있는 것이다. 그렇기에 사람

들은 시를 짓는 법이라든가 그림 그리는 법에 대해 말하고 이에 대한 지침서를 쓰기도 했다. 그리고 오늘날에도 예술가 양성을 목적으로 하는 예술 관련 학교들이 존재한다. 이러한 견해는 결국 예술 제작의 방법과 절차들이란 게 있어서 이것들을 배워 숙지하게 되면 누구라도 좋은 예술 작품을 만들 수 있다는 주장에까지 이르게 된다. 그리하여 이른바 예술 제작의 규칙이라는 것들이 제시되는데, 헤겔은 이러한 규칙들이란 것이 대개 형식적이고 추상적인 것에 불과해서 단지 기계적으로 이를 따른다고 해서 뛰어난 예술이 산출되는 것이 아니라는 점을 강조한다. 헤겔은 물론 뛰어난 예술가가 되기 위해 거치는 숙련의 과정이나 일정한 시기에 좋은 스승 밑에서 학습하는 것을 반대하는 것이 결코 아니다. 단지 그는 위에서 말한 규칙들과 이론에 집착하는 것의 문제점을 지적하는 것일 뿐이다. 헤겔이 예로 들고 있듯이 "주제는 흥미로워야 한다든가 각각의 인물은 자신의 신분, 나이, 성별, 처지에 알맞은 어투를 써야 한다는" 식의 규칙들은 실제로 예술을 생산하는 데에 별 기여를 할 수가 없는 것들이다(Ä I, 45). 예술가의 정신적 활동은 그러한 일반적인 규칙을 훨씬 뛰어넘는 풍부하고도 개별적인 것들과 관련되어 있고, 일반화될 수 없는 많은 요소들을 포함하기 때문이다.

2) 헤겔은 1)과는 정반대의 견해도 소개한다. 이 견해는 예술을 의식적인 인간의 활동에 의해 산출되는 것으로 보지 않고 신적인 어떤 것의 개입에 의한 또는 아주 특수한 재능의 산물로 여긴다. 이 견해에 따르면 예술의 제작이란 설명되지 않는, 일종의 신비로운 과정이어서 결코 가르쳐지거나 학습될 수 없다. 또 의식적인 노력이나 성찰은 오히려 뛰어난 작품의 산출을 가로막을 뿐이다. 헤겔은 이른바

"천재시대"라고 불리는 시기에 이런 풍조가 만연했음을 지적한다. 그가 천재시대라고 부르는 것은 독일의 문예사조에서 질풍노도의 시기와 낭만주의 시기를 뜻하는 것인데, 이 시대에는 예술 창작과 관련하여 영감과 타고난 예술적 재능으로서의 천재가 강조되고 일체의 규범이나 규칙을 부정하는, 심지어 규칙들을 의도적으로 거스르는 식의 작업이 이루어졌다. 그 외에도 감정의 분출과 자연적인 충동 및 상상력의 거침없는 고양 등이 이 시대를 특징짓는다고 할 수 있다. 헤겔은 타고난 천재적 능력이라는 것을 부분적으로는 인정하지만 창작과 관련된 모든 것을 그런 타고난 능력과 영감으로 환원시키는 천재시대의 공통된 경향에는 반대한다. 그에게는 이것이 또 하나의 극단적인 견해일 뿐이다.

그렇기에 그는 예술가가 자신의 재료와 도구를 능란하게 다룰 수 있는 능력을 갖추기 위해 겪는 고된 노력과 숙련의 과정을 언급하기도 하고, 예술가는 보다 깊은 차원의 작품세계를 보여주기 위해 일종의 연구에 종사해야 한다는 견해를 피력하기도 한다. 또 그는 장르에 따라서 천재적 능력이라는 것이 일찍 발휘될 수도 있고 오랜 시간을 거쳐 도야됨으로써 더욱 원숙한 경지에서 빛을 발하게 될 수도 있음을 지적한다. 그리하여 음악적 천재는 대개 아주 어린 나이에서부터 스스로의 능력을 발휘할 수 있으며, 또 정신의 도야와 삶의 체험과 별 관계없이 어린 나이에 이미 대가의 경지에 이를 수 있는 반면, 시문학에서는 그렇지 않다고 그는 주장한다. 왜냐하면 시문학은 "인간을, 그의 한층 깊은 관심사들을, 그리고 — 그의 내면을 움직이는 — 힘들을 내용적으로 또 사상적으로 충만하게 표현하는 일"인 까닭에 이러한 작업에서 높은 성취를 이루기 위해서는 "정신과 심정 자체가 삶, 경험 그리고 숙고를 통해 풍부하고 깊이 있게 도야되어 있어야" 한다는 것이다. 그렇기 때문에 헤겔은 그 자신이 천재라고 칭하는 괴테와 실러 역시 성숙한 연령에 이르러서야 완성도 높은 작품을 선사했다고 주장한다(Ä I, 47-48).

3) 세 번째의 견해는 자연의 현상들과 인간의 산물로서의 예술작품을 비교하면서 후자의 지위를 논하는 것과 관련된다. 즉 이 견해는 예술작품보다 자연 대상에 높은 지위를 부여한다. 그 이유는 우리가 흔히 살아 있는 것을 죽어 있는 것보다 높이 평가하며, 자연대상에 비해 예술작품이란 죽어 있는 것이라는 점에 있다. 이것은 이를테면 한 정물화에 그려진 사과가 아무리 아름다워도 그것은 캔버스 위에 있는 물감덩어리에 불과하다고 말하는 것과 같다. 헤겔은 우리가 예술작품에 어떤 가치를 부여한다면 그것은 이렇듯 외적으로 실존하는 측면에 대한 것이 아니라 그 안에 표현된 느낌과 사상 때문임을 강조한다. 그렇기에 그는 "인간적 관심사, 즉 한 사건, 어떤 개인적 성격, 어떤 행위가 얽히고설켜 있는 중에 갖는 정신적 가치는 예술작품 속에서 포착되고, 여타의 비예술적인 현실의 기반 위에서 가능한 것보다 더욱 순수하고 투명하게 부각된다. 이를 통해 예술작품은 정신을 통과하는 이러한 과정을 겪지 못한 일체의 자연 산물보다 높이 위치하게 된다"고 말한다(Ä I, 48f.). 물론 우리는 자연 대상에서도 우리가 정신적이라 할 수 있는 어떤 심오한 느낌을 경험할 수 있다고 헤겔의 입장을 반박할 수 있다. 그러나 이러한 경험에서도 바로 우리는 우리 자신의 정신적이고 의식적인 차원을 자연 대상에 투사하는 것이며 그런 한에서 이런 특수한 경험의 대상은 그저 물질적인 현상으로서의 자연, 필연적인 법칙에 지배되는 자연은 아니다. 우

리는 어떤 의미에서 자연보다 정신이, 그리고 자연미보다 예술미가 더 우월하다고 헤겔이 주장하는지를 제1장에 대한 해설에서 고찰했기에, "모든 정신적인 것은 일체의 자연적 산물보다 우월"하다는(Ä I, 49) 헤겔의 기본적인 철학적 입장을 한 번 더 명시하고 다음 논의로 넘어가기로 한다.

그런데 예술을 인간의 작품으로, 자연은 신의 작품으로 여기는 견해가 있을 수 있겠는데, 이 견해는 헤겔의 주장을 논박할 수 있을 것처럼 보인다. 이에 대해서도 우리는 제1장의 해설에서 간략히 고찰한 바 있지만 한 번 더 헤겔이 주장하는 바의 요체가 무엇인지를 살펴보도록 하겠다. 그는 의식적인 것이 의식적이지 않은 것보다, 자유가 필연성보다 우월하다는 입장을 가지고 있다. 그렇기에 그는 일단 위의 견해에 대하여 신은 자연에서뿐만 아니라 인간과 인간의 활동 속에서도 작용한다고 말한다. 그리고 신은 자연 속에서보다도 인간의 활동과 인간이 만들어 내는 것들 속에서 더욱 신에 걸맞은 방식으로 작용한다고 주장한다. 헤겔에 따르면 신 역시 정신, 무한한 정신으로서 자연 일반이 아니라 유한한 정신으로서의 인간 속에서만 더 고차적인 방식으로 자신을 드러낸다. 그렇기에 그는 자연이라는 매체는 "무의식적, 감성적, 외적인 것"으로서 "신적인 것"의 본질을 드러내는 데에 적합하지 않다고 말한다(Ä I, 50).[12]

12 "자연"이란 말이 갖는 다의성이라는 측면에서 보면 "자연"과 인간의 관계에 대한 헤겔의 주장이 곧바로 설득력 있게 들리지 않을 수도 있으며 계속 논란거리를 낳을 수도 있다. 그렇지만 이러한 문제는 헤겔 철학 전체를 놓고 그 입장의 정당성을 규명하는 것과 같은 매우 포괄적인 접근방식을 요구한다. 그렇기에 우리는 여기서 헤겔이 표방하는 미학적 주장들이 어떻게 그의 기본적인 철학적 입장으로부터 나오

4) 위에서 설명한 바와 같이 예술 작품이 정신의 소산이자 인간 활동의 결과라고 할 때에, 헤겔은 예술을 산출하려는 욕구가 무엇에 기인하는가, 간단히 말하면 인간은 왜 예술을 만들어내고자 하는가 하는 질문을 던진다. 그는 이러한 질문에 대한 답변으로서 통상적인 견해를 소개하는 것으로 시작하지만 결국은 그 자신이 마련한 답변을 우리에게 알려준다. 단, 그것이 아직은 충분한 답변일 수는 없다는 단서 조항과 함께 말이다. 즉 그는 『미학강의』의 〈서론〉 단계에서는 아직 이 질문에 대한 답변이 충분히 이루어질 수 없다고 말하는 것인데, 그럼에도 우리는 그의 이 잠정적인 답변에서도 이미 많은 것을 발견할 수 있다. 그에 따르면, 예술이 심심풀이나 유희를 찾고자 하는 데에서 비롯한다고 생각하는 경우가 있는데, 이때에는 예술제작의 욕구나 충동도 우연적이고 사소한 것처럼 간주될 수 있다. 그러나 헤겔이 말하고자 하는 바는 예술제작에 대한 "우연적이 아니라 절대적인 욕구"가 있다는 것이며, 그런 욕구로부터 "모든 시대와 민족들의 가장 보편적인 세계관 및 종교적인 관심들"과 결합된 예술작품들이 출현했다는 것이다.

헤겔에 따르면 예술을 산출하려는 "보편적이고 절대적인 욕구의 원천은 인간이 **사유하는** 의식이라는 점"에 있다(같은 곳). "인간이 사유하는 의식"이라는 것을 그는 인간이 자기 자신 및 세계 속에 현존하는 것 일체를 대자화하는 존재라는 식으로 설명한다. 즉 인간은 자기 자신과 세계를 그리고 세계 속에 있는 것 일체를 대상으로 만

는 것인지를 확인하는 정도로 우리의 논의를 정리하고자 한다.

드는 존재인데, 그것은 인간이 생각하는 존재이기에 가능하다. 이렇듯 대자화하는 작업을 인간은 이중으로 수행하는데, **그 하나**는 이론적인 것이다. 이것은 인간이 자신의 내면에 존재하는 것을 자신의 대상이자 대상화된 자기로 의식하는 것이다. 대자화하는 작업의 **다른 하나**는 실천적인 것이다. 이것은 인간이 자신의 실천적인 활동을 통해 자신의 내면에 있는 것을 외적인 현존재로 만들어내고 또 직접적으로 주어진 것 속에 자신을 투영하여 그것을 변형시킴으로써 자신의 존재를 새겨 넣어 그렇게 변형된 사물들 속에서 대상화된 자기 자신을 발견하는 것이다. 헤겔에 따르면 바로 이렇게 이중적으로 스스로를 대자화하는 작업을 수행하는 것은 인간의 본성에 속한다. 그리고 헤겔은 이러한 작업의 일환으로 예술을 거론하는 것이다. 그렇기에 예술은 생각하는 존재로서의 인간 본성으로부터 출현할 수밖에 없는 필연적인 것이다. 그런 의미에서 헤겔은 다음과 같이 말하고 있다. "예술을 향한 보편적 욕구는 그러니까 인간이 내적 · 외적 세계를 정신적 의식으로 고양하여 대상으로 만들어야 한다는 이성적 욕구로서, 이 대상 속에서 인간은 자신의 고유한 자아를 재인식하는 것이다."(Ä I, 52)

2. 인간의 감각을 위해 감각적인 것에서[13] 도출된 예술작품

헤겔이 두 번째로 소개하는 예술에 대한 통념은 예술이 본성적으로 그 산출의 면에서나 그 향유의 면에서나 인간의 감각적인 측면과 관련되어 있고, 이성적인 면이나 사유 활동과는 별 관계가 없다는 것이다. 여기서 헤겔이 감각이나 감각적인 것이라고 말하는 것은 인간의 외적 감각으로서의 오감과 느낌, 정서 등을 포괄하는 것으로서 흔히 정신적이고 지적인 것과는 대척점에 있다고 여겨지는 것을 뜻한다. 이러한 통념은 오늘날에도 여전히 사람들의 예술관을 상당 부분 지배한다고 해도 과언이 아니다. 예술에 대한 우리의 직접적인 경험은 일단 감각적이기 때문이다. 그리고 예술이 주는 효과의 강렬함을 말할 때에도 그것은 대개 정서적 효과일 가능성이 높다. 또 사람들은 흔히 예술작품이란 이성이나 사유 활동으로부터가 아니라 감정과 상상력으로부터 산출된다고 생각한다. 그래서 예술가의 활동에서는 이렇듯 감정, 상상력, 감각과 같은 비합리적인 측면이 결정적인 역할을 한다고 간주된다. 헤겔은 이런 식의 통념으로부터 발생한 여러 견해를 차례로 소개하고 이를 비판하면서 예술의 본질에 대한 좀 더 개신된 견해가 어떤 것일 수 있는지를 비교적 상세히 논하고 있다.

13 여기서 "감각"과 "감각적인 것"은 각각 "Sinn"과 "Sinnliches"의 번역어들인데, 이 번역어들은 맥락상 가장 적절하기는 하지만 원어의 의미를 모두 살리지는 못한다. 즉 실제로 헤겔은 "감각"과 "감각적인 것"에 국한되지 않은 더 포괄적인 의미를 "Sinn"과 "Sinnliches"라는 표현에 부여하고 있다. 이러한 사정에 대해서는 192-193쪽의 미주 23을 참조하시오.

1) 헤겔은 우선 위와 같은 통념이 사람들로 하여금 예술을 연구할 때 느낌에 초점을 맞추게 하는 동기를 부여했다고 말한다. 그리하여 예술이 유발하는 정서적 효과의 관점에서 예술의 본질을 찾고자 하는 시도들이 존재했다는 것이다. 고대에서는 대표적으로 아리스토텔레스가 시문학이 주는 효과를 공포와 연민이라는 감정으로 규정한 바 있었는데, 헤겔에 따르면 근대에 들어와 모제스 멘델스존(Moses Mendelssohn)은 좀 더 포괄적으로 예술에서 우리가 경험하게 되는 감정을 중심으로 예술을 연구하였다. 헤겔은 이러한 연구경향의 문제점을 다음과 같이 서술한다. 우선 느낌이라는 것은 확정적이지 않고 주관적인 것이어서 어떤 사태를 명확히 규정하는 데에 별반 도움을 주지 않는다는 것이다. 헤겔은 여기서 예술을 느낌의 관점에서 고찰하는 것 자체가 전적으로 잘못되었다는 견해를 피력하는 것이 아니라, 예술의 본질을 느낌의 관점에서 추적하는 한에서는 불확실하고 애매한 결과에 이를 수밖에 없다고 주장하고 있다. 게다가 어떤 특정한 내용과 관련해서도 다양한 감정이 결합될 수 있는데, 감정을 중심으로 하는 한에서는 그저 개별적이고 특수한 감정을 기술하는 것에 머물 뿐 주관적인 차원에서 벗어나 보편적인 원리를 이끌어내는 데까지는 이르지 못하게 된다는 것이다. 그리하여 학문적 고찰이란 그런 특수하고도 주관적인 정서적 상태에 대한 서술에 그쳐서는 안 된다는 것이다.

2) 그다음 헤겔은 예술에 대한 근대의 학문적 고찰이 단지 예술이 유발하는 온갖 느낌들을 서술하는 것에 머물지 않고 예술의 원리인 미와 연관된, 그리고 미에 고유한 느낌을 찾아내는 방향으로 선회했다고 말한다. 그리고 이러한 맥락에서 미를 위한 특별한 감각에 대

한 고찰에 이르게 되었다고 한다. 미를 위한 특별한 감각, 미를 판정하는 감각은 다름 아니라 사람들이 흔히 취미라고 부르는 것이다. 이러한 취미에 관한 이론은 근대 미학사에서 하나의 중요한 학문적 경향을 이루고 있는데, 허치슨이나 흄 또는 심지어 칸트까지도 취미론적 계열에 포함되는 사상가들이라고 할 수 있다. 미를 발견하고 판정하는 능력으로서의 취미는 대체로 자연적 능력이라기보다는 도야와 교양을 통해 형성되는 능력으로 여겨졌다. 그리하여 좋은 취미를 가진 사람은 미추를 더 잘 판별할 수 있고 미묘하고도 섬세한 차이도 잘 분별해낼 수 있는 사람으로 간주되었다. 그럼에도 헤겔은 취미가 결국 일종의 감각인 한에서는 심오한 정신 및 내면적 깊이와 결부된 것을 포착함에 있어 한계를 지닐 수밖에 없으며 피상적인 성격을 벗어나기 어렵다고 주장한다. 사실상 취미라는 것은 주관적인 것으로서 확고한 기준을 찾기 어렵다. 흄은 『취미의 기준에 관하여』(*Of the Standard of Taste*)에서 그러한 어려움을 상세히 논파한 바 있다. 또 헤겔에 따르면 혹 취미의 보편성을 설명할 수 있는 방식이 발견된다 할지라도, 취미 자체는 예술의 외면적인 것에 집착하기 쉽고 예술이 표현하는 내용에 대해서 판단을 내리기에는 역부족이라고 주장한다.

3) 헤겔에 따르면 위에서 말한 바와 같은 취미론의 결함 때문에 사람들은 취미에 의존하는 것, 좋은 취미를 지닌 사람들에 의존하는 것에서 벗어나 예술에 대한 전문적 지식을 갖추는 방향으로 다시 선회하였다. 그리하여 예술에 관한 다양하고도 세밀한 지식을 갖춤으로써 예술에 대한 이해를 심화시키는 경향이 나타나게 되었다는 것이다. 그런데 예술에 대한 이러한 박식함이나 역사적 지식의 축적은

물론 예술에 대해 많은 것을 알려주기는 한다. 그렇지만 헤겔은 이런 지식이 예술작품의 참된 본성에 대해 말해 줄 것을 기대해서는 안 된다고 말한다. 우리가 예술에 대한 잡다한 정보를 아무리 많이 수집했다고 하더라도 예술작품을 평가하는 우리의 안목이 반드시 높아지는 것은 아니며 예술에 표현된 정신의 깊이를 알아볼 수 있는 통찰을 얻는 것도 아니기 때문이다.

4) 헤겔은 예술작품이 인간의 감각적인 측면과 본질적으로 관련된 것이라는 통념에 대한 논의를 계속하면서, 이를 대상으로서의 예술작품과 예술 생산의 주체로서의 예술가라는 두 관점에 따라 전개시킨다.

4-1) 예술작품이라는 관점으로 접근해 볼 때, 위의 통념에 따르면 예술작품은 단지 우리의 감각적 대상일 뿐이다. 그렇지만 헤겔의 분명한 입장은 그것이 우리의 감각적 지각에 주어지기는 하지만, 그러한 것에 그치는 대상이 아니라는 것이다. 즉 예술작품은 동시에 본질적으로 정신의 대상으로서 우리의 정신적 측면을 만족시킨다는 것이다. 헤겔은 이러한 그의 분명한 입장을 결론으로 제시하기에 앞서, 우리가 경험하는 대상들이 어떤 방식으로 우리와 관계를 맺는지를 설명한다. **첫째로**, 우리가 외적인 대상을 그저 감각적인 대상으로 볼 때, 우리는 이를 우리의 감각을 통해 지각하기도 하지만 우리의 감각적인 욕구를 실현하는 대상으로 삼기도 한다. 그리하여 우리는 이 대상들을 사용하고 소비하며 자신의 감각적 만족을 위한 수단으로 삼는다. 그렇기에 이러한 수단으로서의 개별적인 대상들은 현실적으로 실존하는 것들이어야 한다. 또한 당연하게도 욕구의 실현을 위해 이 대상들은 독립적으로 자유롭게 존재하게 되는 것이 아니라 흔히 파

괴되고 소모된다. 그런데 예술작품은 이런 식의 감각적 욕구의 충족을 위한 수단이 아니다. 우리는 예술작품을 변형하거나 파괴하지 않고 그냥 있는 그대로 놔두며, 관조와 감상의 대상으로 삼는다. 그렇기에 예술작품은 감각적인 대상이지만, 구체적으로 실존하는 대상일 필요는 없다. 즉, 사과의 그림은 실물로서의 사과가 아닌 것처럼 말이다. 그렇기에 실용적이고 실천적 욕구의 측면에서 보면 예술작품은 쓸모없는 것이다.

둘째로 우리는 외적인 대상을 순수한 이론적 고찰의 대상으로 삼는 경우도 있다. 이때 우리는 대상이 갖는 보편성을 규정하고자 하고, 그 내적인 본질과 법칙을 발견하고자 한다. 이러한 작업은 이성의 활동을 기반으로 삼는 학문적 작업인데, 여기서 대상이 갖는 개별적인 감각성은 더 이상의 관심거리가 아니다. 왜냐하면 이러한 이론적인 작업은 개별적인 것에서 시작할지라도 보편성, 법칙, 개념을 향해 나아가기 때문이다. 그러나 예술적 활동은 여전히 대상의 감각적 · 구체적이고 개별적인 측면을 떠나지 않으며, 학문적 작업과는 달리 이를 추상적이고 보편적인 개념으로 변모시키지 않는다.

이제 **셋째로** 헤겔은 앞서의 두 가지를 종합하면서 하나의 결론을 이끌어낸다. 예술작품은 일단 자연적인 사물들처럼 직접적으로 현존하는 대상은 아니지만 일종의 감각을 위한 대상으로 존재하면서 가상적인 성격을 갖는다. 즉 예술작품은 그저 자연적인 돌이나 식물이나 여타의 유기체가 아니라 그러한 외관을 지닐 뿐이며 감상자에게서 그러한 현실적인 존재인 것으로 표상되는 것이다. 그렇기에 헤겔은 예술작품에 존재하는 감각성을 "관념적 감각성"이라고 부르며, 예술작품을 "직접적 감각성과 관념적 사상의 중간에 있는 것"으로 규정한다(Ä I, 60). 이러한 감각성이 표출되는 형태나 음향과 같은 것들은 단순히 외적이고 피상적인 것에 그치지 않고, "보다 높은 정신적 관심을" 만족시키고 "정신 속에 공명과 반향을 불러일으키는" 힘을 지닌다. 그런 의미에서 헤겔은 예술에서 감각성이 "**정신화되어**"(*vergeistigt*) 있고, "**정신성**이 예술에서 감각화되어(versinnlicht) 현상한다"고 말한다(Ä I, 61).

4-2) 헤겔은 예술 생산의 주체로서의 예술가라는 관점에서 예술의 감각적 측면에 대한 논의를 이어가면서 예술가의 활동이 어떤 성격을 갖는지를 규정하고자 한다. 헤겔이 궁극적으로 주장하고자 하는 바는 "예술의 생산에서 정신적인 것과 감각적인 것의 측면들은 하나가 되어야 한다"는 것이다.(Ä I, 62) 이는 우선은 예술가의 활동이 그저 감각적이고 무의식적인 숙련으로서의 활동이거나 단순한 기계적 노동도 아니며, 또는 추상적 표상이나 사유 속에서 일어나는 학문적 활동도 아니라는 것을 뜻한다. 그다음으로 예술가의 활동이란 감각적 차원과 정신적이고 이성적인 측면을 통일적으로 결합하는 활동이라는 것이다. 이렇듯 두 가지를 결합하는 활동이란 것이 정확히 무슨 뜻인지를 설명하는 것은 쉽지 않지만, 적어도 다음의 두 가지를 말할 수 있다. 첫째, 그러한 결합의 활동이란 "정신적 내용을 지니되 이를 감각적으로 형상화하는" 활동이라는 것이다. 둘째, 이러한 활동에서 정신적 요소, 이성적 내용이라는 측면과 감각적 형상화의 측면이 분리되어 존재하고 이 두 가지의 기계적 결합이 발생하는 것이 아니라는 것이다. 이와 관련하여 헤겔이 드는 예는 시를 짓는 활동인데, 표현되어야 할 것이 어떤 산문적 사상으로 존재하고 그다음에 이미지와 각운과 같은 감각적 요소들이 덧붙여지는 식으로 산출된 시

는 조악한 수준을 벗어나지 못한다는 것이다. 즉 예술적 활동이란 처음부터 두 가지를 분리할 수 없는 방식으로 일어난다는 것이다. 이러한 맥락에서 그는 예술적 "판타지"를 언급한다.[14] 여기서 "판타지"라고 헤겔이 부르는 것은 생산적인 상상력을 뜻한다. 우리의 맥락에서 이를 좀 더 구체적으로 설명해 보자면, 우선 "생산적" 상상력은 그 성격상 대조적인 것인 "재생산적" 상상력과의 비교를 통해서 보다 쉽게 이해될 수 있다. 재생산적 상상력이 이미 수용된 이미지나 표상을 머릿속에 다시 떠올려 만들어내는 능력을 뜻한다면, 생산적 상상력이란 이미지와 표상들을 자유롭게 결합하고 형상화하며 보편적인 것과의 연관성을 만들어내는 상상력을 뜻한다. 헤겔은 판타지의 활동 속에서 정신에 고유한 것과 외적으로 주어진 것, 내적인 것과 외면적인 것이 하나로 통일되어 산출된다고 말한다.[15] 이러한 산출의 능력으로서 판타지는 예술가의 생산 활동에서 중추적인 역할을 하는 것이다.[16] 그런데 헤겔이 판타지에 대해 말할 때, 그것은 흔히 사람들이 예술가의 활동을 상상력으로 환원시키는 것과는 다르다는 점을 상기할 필요가 있다. 대개 사람들은 예술에서 자유로운 상상력의 활동이 결정적이라고 주장하면서 이를 이성적 활동과 분리시킨다. 즉 그들은 예술가의 활동이 이성의 활동과는 무관한, 오로지 상상력만의 작업인 것으로 간주한다. 그러나 헤겔은 판타지를 이성과 분리하

---

14 "판타지"에 대한 더 상세한 설명은 〈용어설명〉 참조.

15 Enz Ⅲ, § 457.

16 헤겔은 판타지, 즉 생산적 상상력이 "예술의 형식적인 면(das Formelle)을 이룬다"고 말하면서 이 능력이 "보편과 특수, 내면적인 것과 외면적인 것, 표상과 직관의 통일을 산출해낸다"고 주장한다. Enz Ⅲ, § 456, Zus.

지 않는다. 예술적인 생산적 능력으로서의 판타지는 이성의 능력과 연관되어 있다. 심지어 그는 판타지를 "이성적인 것"(das Vernünftige)이라고까지 말한다(Ä I, 62). 헤겔에 따르면 이성이란 본래 보편과 특수, 외면과 내면을 통일시켜 파악하는 능력이기도 한데, 판타지는 형식적 측면에서 보면 이러한 통일의 활동을 한다는 점에서 이성적인 능력이라고 불릴 수 있다는 것이다.[17] 그렇지만 판타지는 그것이 진리로서의 정신적 내용을 스스로 제공하고 규정하는 능력이 아니라는 점에서 이성 자체는 아니다. 그런데 판타지가 예술을 생산해내는 능력으로 활동할 때에 이성 자체와 분리되어 활동하는 것이 아니기에, 이러한 활동에서 이미 그것은 마구잡이의 이미지와 형상들을 만들어내는 것이 아니라 이성적 내용, 진리를 감각적으로 형상화하고 있다는 것이다. 그렇기에 헤겔은 "예술적이고 생산적인 판타지는 위대한 정신과 심정의 판타지이며, 표상과 형상을 파악하고 산출하는 것, 그것도 가장 심오하고 가장 보편적인 인간적 관심사를 이미지를 통해, 아주 규정적인 감각적 표현 속에서 파악하고 산출하는 것이다"라고 말한다(Ä I, 63).

3. 예술의 목적

헤겔은 예술의 목적과 관련하여 사람들이 통상적으로 주장하는 견해

---

17 Enz Ⅲ, § 457.

들을 소개하고 비판하는데, 이를 통해 그는 자신이 생각하는 참된 예술 개념에 이르는 방향으로 논의를 이끌어 간다. 헤겔이 정리하는 바에 따르면 사람들이 흔히 생각하는 예술의 목적이란 다음의 세 가지, 즉 1) 자연의 모방, 2) 모든 인간적 경험의 표현, 3) 욕망과 열정이 지닌 야만성의 완화, 열정의 정화 및 도덕적 개선이다.

1) 자연의 모방

헤겔은 우선 "자연의 모방"을 예술의 원리이자 목적으로 삼는 견해에 대해 고찰한다. 이러한 견해는 잘 알려져 있듯이 흔히 '모방론'으로 일컬어지는 것인데, 이 이론은 서양에서 예술을 규정함에 있어 오랫동안 거의 독보적인 위치를 점해 왔다. 역사적 기원을 따져 보면 플라톤과 아리스토텔레스 모두 모방론을 표방했던 대표적 인물들이며 이들이 후대에 끼친 영향력 또한 지대하다. 그런데 헤겔은 이 모방론을 세 가지의 관점에서 비판하고 있다. **첫째**, 외적으로 존재하는 자연적 형상들을 있는 그대로 모사하는 것이 예술의 목적이라고 가정할 때, 예술은 살아있는 진정한 현실로서의 자연에 비해 가짜 이미지와 눈속임에 불과한 것이 된다. 또한 이때에 자연은 원본이 되고 예술은 이를 모사하는 것이 되는데, 어쨌거나 자연을 기준으로 삼게 되므로 예술이 아무리 최고의 완성도를 보여준다 하더라도 모사품으로서의 예술작품이 원본을 능가할 수는 없을 것이다. 그렇기 때문에 예술 활동이란 불필요한 수고가 되거나 일시적이고 헛된 유희로 전락하게 된다. 게다가 모방이 문제라면, 우리가 예술에서 발휘된다고 여기는 인간의 자유로운 산출능력은 들어설 자리가 없게 된다.

둘째, 헤겔에 따르면 모방이 예술의 목적이 될 때, 그것은 외형적인 것을 얼마나 정확히 모사하는가 하는 것만을 문제로 삼게 되기 때문에 모방되어야 할 본질에 대한 고려가 사라질 수밖에 없다. 따라서 무엇이 모방할 만한 가치가 있는지에 관한 논의도 별 의미가 없어지고, 결국 아름다움의 대상과 내용 자체를 논하는 것은 예술과 별 관련이 없는 것처럼 되어버린다. 그러나 예술이 무엇을 표현하며 또 표현해야 하는가 하는 물음이 생략되어도 좋다면, 즉 예술의 대상과 내용이 그저 임의적으로 선택되거나, 또 예술의 과제가 그때그때 우연적인 필요에 따라 요구되는 대상을 정확하게 모방하는 것에 그친다면, 예술이란 그저 흥미를 유발하는 유희나 재주부리기 정도에 머무를 뿐 진지한 성찰의 대상이 될 수 없다. 그렇기에 예술에 대한 철학적 고찰도 불필요한 것이 되고 만다. 그러나 우리가 이미 제1장과 2장에서 보았던 헤겔의 주장들, 즉 예술철학의 필요성과 정당성에 대한 헤겔의 주장들을 통해 이해한 바처럼 예술은 적어도 인간이 추구하는 최고의 가치와 관련된 내용을 담고 있는 문화적 형식이다. 그렇기에 그것은 결코 단지 숙련된 재주를 구사하고 흥미를 끄는 유희에 불과한 것이 아닌 것이다. 그런데 헤겔에 따르면 이렇듯 예술을 단지 모방활동으로 보는 입장은 예술에서 드러나야 할 객관적 아름다움이라는 것에 대한 논의를 무가치하게 만들어 아름다움이라는 것을 단순히 주관적 취미의 문제로 바꿔 놓는다. 헤겔은 계속해서 아름다움을 인간에게 구비된 어떤 특정한 감각, 그것도 주관적인 것에 불과한 감각, 즉 취미로 환원시켜 설명하는 것에 반대한다. 주관적 감각으로서의 취미가 최후의 판단 기준이 될 때에도 역시 예술에서 모방할 가치가 있는 것을 따지는 문제는 전혀 논의의 대상이 될 수 없고 모든 자연적 대상이 모방의 대상이 될 자격을 갖추게 되는 것이다.

셋째, 헤겔은 모방론의 타당성을 어느 정도 인정해 준다고 하더라도 어차피 그것의 적용 범위는 제한되어 있을 수밖에 없다고 비판한다. 즉 회화나 조각에서는 자연을 모델로 삼는 경우가 있을 수 있지만, 예컨대 건축이나 시문학은 처음부터 단순히 자연의 모방이라는 규정을 가지고는 설명될 수 없다는 것이다. 그렇기 때문에 모방의 원리를 시문학과 건축에도 적용시키려 하면 여러 조건을 붙이거나 이 원리를 약화시킬 수밖에 없으며, 이렇게 제한적으로 적용하더라도 예컨대 시문학에서 모방으로는 설명되지 않는 요소들을 예술에 비본질적인 것으로 배제할 수는 없다는 것이다. 결국 헤겔은 모방론을 비판하기는 하지만 모방의 측면이 예술에 존재하지 않는다거나 존재해서는 안 된다고 말하는 것이 결코 아니다. 다만 그는 모방이라는 원리로 예술의 본질을 규정하려는 시도에 반대하는 것이다. 실제로 헤겔은 "예술작품은 외적인, 따라서 동시에 자연적이기도 한 현상의 형식으로 표현되기 때문에, 자연형상을 근거로 삼는다는 사실은 예술작품에 본질적인 한 계기"라고 말하고 있다(Ä I, 69).

그러나 우리는 헤겔의 비판에도 문제점이 자리 잡고 있음을 간과해서는 안 된다. 그는 자신의 비판적 고찰에서 모방의 이론이 곧 자연적 대상의 외적 모방을 주장하는 것으로 상정하고 있다. 실제로 모방론은 그 역사가 오래된 만큼 이렇듯 한정된 의미만을 지니는 것이 아니라 복합적인 의미를 포함하면서 발전되어 왔는데, 이를테면 있는 그대로의 자연의 모사가 아닌 교정된 것으로서의 자연을 모방한다는 관념이나, 자연의 보편적이고 완전한 면을 모방한다는 관념들도 모방론에 내포되어 있다. 또한 원근법과 해부학에 기초하여 작품 활동을 하면서 재현의 대상을 이상화했던 르네상스기의 화가들도 자연의 모방이란 관념을 가지고 있었으며, 시문학에서도 모방이라는 원리는 18세기 중반까지도 사라지지 않았는데, 이때 이 원리는 단지 외적인 자연 대상의 모방만을 뜻하지 않았다. 그러나 헤겔은 처음부터 모방론을 두고 "자연형상들을 현전하는 모습 그대로 일치하도록 모사하는 숙련으로서의 모방이 예술의 본질적 목적을 이루는 것이며, 자연에 일치하는 이러한 표현이 성공할 때 완전한 만족이 달성된다"라는 식의 설명을 통해 모방론의 입장을 단순하게 한정시켰다(Ä I, 65). 이 점은 확실히 모방론을 지나치게 협소화시킨 것으로 비판받을 여지가 있다. 그렇지만 이러한 문제점이 존재한다고 해도, 우리가 헤겔의 주장, 즉 예술을 규정하는 원리로서의 모방은 불충분할 수밖에 없다는 주장과 그것의 근거를 이해할 때 곤란을 겪는 것은 아니다.

2) 모든 인간적 경험의 표현

자연의 모방이라는 원리가 예술이 드러내야 할 내용의 문제를 뒷전으로 밀어 놓았다고 한다면, 헤겔이 두 번째로 검토하는 견해는 예술의 목적을 그것의 내용과 관련하여 규정하고 있다. 즉 이 견해에 따르면, 예술의 목적은 인간의 정신을 채우는 것이라면 무엇이든지 감성적으로 표현하는 데에 있다. 그래서 이 견해가 주장하는 예술의 목적이란 다음과 같이 더 구체적으로 표현될 수 있다. 예술은 "온갖 종류의 잠재해 있는 감정, 경향성 및 열정을 일깨워 활성화하고", "인간 심정의 가장 내밀한 부분이 지니고 경험하며 산출할 수 있는 모든 것, 인간 가슴의 심연과 그 다양한 가능성 및 측면들을 움직이고 자극할 수 있는 모든 것을 절절히 느끼도록" 한다. 그리고 예술은 우리로 하여금 "고귀하고 영원하며 참된 것의 찬란함을 느끼고 직관하면서 향유하도록" 한다. 또 예술은 "불행과 비참 그리고 악함과 죄를 파악할 수 있게 하고 일체의 공포와 참담 및 일체의 즐거움과 열락을 가장 깊은 내면에서 알게 하며", 상상의 나래를 펼치도록 하고, "감각적으로 우리를 사로잡는" 이미지들과 표현들의 "유혹적인 마력"에 탐닉하도록 한다(Ä I, 70-71). 헤겔에 따르면 이러한 견해에는 잘 알려진 다음의 문장에서 엿보이는 태도가 반영되어 있다. "나는 인간적인 어떤 것도 나와 무관하다고 생각하지 않는다"(Ä I, 70). 자연의 모방이라는 예술 원리가 외적인 대상을 모사하는 데에 치중한 것이어서 인간 내면의 정서와 사상의 표현과 관련해서는 만족할 만한 설명을 내놓지 못했다고 한다면, 헤겔이 다루는 이 두 번째 견해는 바로 그러한 결함을 보완해 주는 것처럼 보인다. 또한 이 견해는 예술만이 야기할 수 있는 정서적 효과에 주목함으로써 예술이 갖는 탁월한 힘을 잘 포착했다고 할 수도 있다. 그런데 온갖 종류의 다양한 내용을 감성적으로 표현함으로써 인간을 풍부한 정서적 경험에 이르게 하고 또 인간의 심정에 만족을 주는 데에 예술의 목적이 있다고 보는 이 견해에서 헤겔은 하나의 문제점을 발견하고 있다. 이 견해는 내용의 측면에서 예술이 인간의 내면세계와 관련된 온갖 종류의 것을 모두 표현한다고 주장함으로써, 예술을 그 자체로는 이런 온갖 내용을 담는 형식에 불과하게 만들고 있다. 그런 의미에서 이 견해는 예술에 대한 단지 형식적인 규정을 내놓는 데에 그치고 만다.

3) 욕망과 열정이 지닌 야만성의 완화, 열정의 정화 및 도덕적 개선

우리가 회화라는 형식, 드라마라는 형식에 대해 말을 하는 것처럼 예술은 일종의 형식으로 불릴 수 있으며, 그렇기에 예술이 다양한 소재와 재료들을 수용하여 가공된 결과를 제시하는 일종의 형식이라는 생각이 물론 전적으로 틀린 것은 아니다. 그러나 헤겔에 따르면 예술은 여러 가지 내용을 그리고 심지어 서로 대립하고 모순되기까지 하는 내용들을 수용하여 이것들을 무질서 속에, 그리고 표현되는 감정들의 갈등과 무절제 속에 뒤죽박죽으로 모아놓는 것이 아니라 궁극적인 목적에 따라 정돈하고 통일성 속에 펼쳐 놓는다. 이와 관련하여 헤겔은 예술의 궁극적 목적을 욕망과 열정의 정화와 교화(Belehrung) 그리고 도덕적 개선에서 찾는 세 번째 견해에 대해 언급한다. 즉, 예술가는 이런 목적에 따라 갖가지 내용들을 선택하고 구성하며, 전체적인 것을 통일적으로 고려하면서 질서화하는 작업을 수행한다는 것이다.

이 세 번째 견해는 그 내용에 따라 세 가지의 측면으로 나뉘며, 헤겔은 이 견해를 이렇듯 보다 구체화하여 소개하면서 마지막에 도덕적 개선의 측면을 논할 때까지 순차적으로 설명해 나간다.

3-1) 헤겔은 예술이 욕망과 열정의 야만성을 완화하는 역할을 한다는 측면에서 이 견해에 대한 논의를 시작한다. 즉 예술은 인간이 개별적이고 자연적인 욕망과 열정에 사로잡혀 있는 상태로부터 벗어나게 해주고 그러한 정서적 상태의 무분별한 표출을 제어할 수 있게 해준다. 이러한 일을 가능케 하는 예술의 힘을 헤겔은 다음과 같이 설명한다. 즉 예술작품을 보면서, 특히 드라마처럼 인간의 행위를 소

재로 삼는 예술 장르에 대한 체험 속에서, 인간은 자신이 평소에 실제로 경험할 수도 있는 충동과 욕망과 열정들을, 또 이것들에 사로잡힌 인간의 모습을 자신의 대상으로 바라보게 된다. 보통의 경우 인간을 휘몰아가는 광폭한 열정과 욕망도 이처럼 거리를 두고 보게 되면 그런 강력한 힘을 발산하지 못한다. 그리고 이 과정에서 인간은 자기 자신의 모습을 반성적으로 고찰하게 됨으로써 그러한 정서 상태로부터 거리를 두게 된다. 이러한 설명이 예술 감상자의 입장에서 고찰된 예술의 효과라면, 예술을 생산하는 사람에게도 이와 유사한 일이 발생한다. 즉 고통과 슬픔에 사로잡혀 있을 때 그러한 감정이 예술로 표현되면 그것의 강도가 약화되는 일이 발생하는 것이다. "눈물 속에도 이미 위안이" 있다는 말처럼 말이다(Ä I, 74). 예술적 표현을 통해서 인간은 어떤 느낌에 직접적으로 사로잡힌 상태에서 벗어나 그 느낌을 자신의 외부에 있는 것으로 바라볼 수 있게 되며, 그렇기에 예술에 의한 감성적 경험 속에서 동시에 그 감성적인 것의 강력한 힘에서 해방될 수 있는 것이다. 따라서 예술은 본능적인 욕망과 열정 등의 강렬함을 완화시킴으로써 인간을 자연적이고 야만적 상태의 조야함에서 벗어나게 하는 것이다.

3 2) 헤겔은 이와 더불어 예술의 목적을 열정의 정화 및 인간의 교화로 규정하는 입장에 대해 설명한다. 이러한 입장은 예술이 원초적인 욕구와 열정을 완화한다는 입장보다 구체적이고 명확하다는 장점을 지닌다. 우선 열정의 정화라는 것은 바로 앞에서 말한 열정의 완화와 관련되지만 좀 더 발전되고 세련된 단계의 것이라고 할 수 있다. 즉 예술은 인간이 지닌 온갖 열정을 자연 그대로 분출하고 발산하게 하는 것이 아니라 이를 더 높은 차원으로 고양하고, 보다 고

상한 성격을 지닌 열정과 그렇지 않은 것을 구별하게 해주는 효력을 지닌다는 것이다. 즉 사랑의 열정을 표현하는 예술은 사랑에 사로잡힌 인간이 경험하는 온갖 감정들의 충돌과 변화와 갈등들, 갖가지의 본능적인 욕망들과 광기와 폭력성, 자신과 사랑의 대상에 대해 갖는 원망과 기대와 혐오와 그리움 등을 보여줌으로써 그 열정이 가질 수 있는 다양한 요소와 양상들을 제시할 뿐 아니라, 참된 사랑이 지향해야 할 바를 보여주고 통찰하게 해준다. 그렇기에 예술은 열정이 가질 수 있는 비속함뿐 아니라 위대함까지 경험하게 함으로써 우리가 지니는 열정을 더 고양하고 순화할 수 있도록 우리를 인도하는 것이다. 그리고 예술은 이러한 효력을 낳을 수 있도록 아무런 내용이나 다 수용하는 것이 아니라 그러한 목적에 적합한 내용을 필요로 하게 되는 것이다. 그러한 내용들이란 일종의 가르침을 주는 내용이 될 수 있는데, 그런 의미에서 예술은 또한 인간을 교화하는 역할을 하게 되는 것이다.

예술이 갖는 교화의 역할이란 이미 역사적으로 입증된 것으로서 헤겔은 이를 "예술은 사실상 여러 민족들에게서 최초의 **교사**가 되었다"는 말로 표현하고 있다(Ä I, 76). 그런데 이와 관련하여 제기되는 물음은 도대체 그러한 가르침의 내용이 예술작품에 직접적으로 드러나야 하는가 하는 것이다. 이에 대한 헤겔의 답변은 교화라는 목적이 너무도 명시적으로, 다시 말해서 "구체적 예술형상 속에 함축되어 있는 것이 아니라", 그 자체로서 곧바로 추상적 문장의 형태와 일반적 교훈의 방식으로 노골적으로 드러나게 되는 경우, "예술작품을 비로소 예술작품이게끔 만드는 감각적이고 이미지적인 형상은" 그저 "**외피**"이자 "들러리"처럼 부차적인 것이 되고 만다는 것이다(Ä I, 77). 그에 따르면 이 경우에 예술작품의 본성 자체가 왜곡되어 버리는데, 왜냐하면 예술작품에서 보편적인 내용은 개별적이고 감각적인 직관적 요소와 통일적으로 결합되어야 하는 것이기 때문이다. 그리하여 그런 왜곡의 결과로 교훈적인 보편적 내용과 외적인 감성적 표현의 측면이 분리되어 버리게 된다. 그렇게 되면 교화와 교육이라는 목적을 위해 이에 적합한 내용만이 본질적인 것으로서 취급되어 예술 밖에서 주어지고, 감각과 느낌 그리고 만족과 흥겨움과 같은 요소는 비본질적인 것으로 여겨지게 될 뿐이다. 이때 예술은 자신의 궁극적 목적을 자신 속에 지니게 되는 것이 아니라, 교훈적인 내용을 효과적으로 전달하기 위한 하나의 수단으로, 다시 말해서 그런 목적을 수행하는 유용한 수단들 중 하나로 전락하게 된다.

우리는 앞서 예술이 자신의 외부에서 주어진 목적을 위한 수단이 아니라 자신 안에 목적을 지닌, 그런 의미에서 자유로운 인간의 활동임을 주장하고 논증적으로 서술하는 헤겔의 시도를 충분히 고찰한 바 있다. 그리고 그런 의미에서의 예술만이 철학적 고찰의 대상이 될 수 있다는 사실에 대해서도 살펴본 바 있다. 그렇기에 이제 헤겔은 예술을 수단으로 전락시키는 통념적인 설명을 벗어나서 예술의 궁극적인 목적을 다른 방식으로 설정하는 입장을 찾고자 한다. 그리하여 그는 이미 예술의 목적인 것으로 고찰된 바 있는 열정의 순화와 인간의 교화 자체가 지향하는 것으로서의 궁극적인 목적이 무엇일 것인가에 대해 논한다.

3-3) 헤겔에 따르면 이러한 궁극적인 목적이 요청되는 것은 우리가 나시금 열정의 순화와 인간의 교화라는 것이 무엇을 위해 필요한 것인지를 묻게 되기 때문인데, 그는 이러한 궁극목적으로 당시에

흔히 거론되던 도덕적 개선에 대해 고찰한다. 도덕적 개선을 예술의 궁극적인 목적으로 간주하는 입장은 예술이 참된 도덕적 선을 통찰하게 하여 인간을 도덕적 완성으로 이끌고 또 그런 의미에서 인간을 개선시켜야 한다는 생각을 바탕으로 한다. 그런데 헤겔은 여기에서도 예술의 목적을 인간의 교화로 설정했을 때와 동일한 문제가 발생할 수 있다고 주장한다. 즉 어떤 도덕적 가르침이 추상적이고 보편적인 규범으로서 이미 정해져 주어지고 예술이 단지 이를 감성적인 방식으로 포장해 전달하는 역할을 하는 것이라면, 예술은 다시금 수단으로 전락하게 될 수 있는 것이다. 게다가 도덕적인 것과 그렇지 않은 것이 엄격히 정해져서 예술이 도덕적 개선이라는 목적에 따라 도덕적인 대상들, 성격들, 행위만을 묘사해야 한다는 식의 극단적인 경우에까지 이르게 되면, 예술은 더욱더 수단이자 한낱 장식에 불과할 뿐, 헤겔이 처음부터 주장해 온 인간의 자유로운 정신 활동으로서의 예술 개념은 들어설 여지가 없게 된다. 요컨대 그는 도덕적 개선에 예술이 기여해야 한다는 점은 충분히 인정하지만, 예술이 수단으로 전락하는 것에, 그리고 이러한 전락을 조장하는 이론에 명백히 반대한다.

이 대목에서 헤겔은 예술의 목적에 대한 논의의 연장선상에서 인간이 추구하는 궁극적인 실천적 목표로서의 도덕성 또는 도덕적 선과 관련하여 근대적 의미에서의 "도덕성의 입장"에 대해 비판적으로 고찰한다. 이러한 근대적 의미에서의 "도덕성의 입장"을 말할 때(Ä I, 79), 헤겔은 사실상 칸트를 염두에 두고 있다. 이러한 비판적 고찰 속에서 헤겔은 예술의 궁극목적이자 참된 개념에 대한 자신의 입장을 본격적으로 상세히 서술하지는 않지만, 그것이 무엇인지를 우리가 이해하게 될 정도로 충분히 내비치고 있다. 그는 만약 예술의 목적을 인간의 도덕적 개선으로 상정하고, 도덕성의 개념을 그가 지금 비판하고자 하는 근대적 "도덕성의 입장"으로부터 도출하게 되면, 예술의 참된 목적과 개념에 부합하지 않는 방식으로 예술을 설명하는 결과에 이르게 됨을 밝히고 있다. 헤겔에 따르면 이런 "도덕성의 입장"이라는 것은 이성적이고 자율적 주체의 확신과 양심으로부터 도덕적 선을 구현할 의무를 법칙적으로 규정하는 것이고, 이때 이러한 의무는 일종의 행위규범으로서 제시된다. 그런데 도덕성의 입장에서 이러한 행위규범이라는 것은 인간의 자연적 측면이나 감각성, 열정 등에 대립하고 이것들을 배제한다. 도덕성의 입장에 대해 논하면서 헤겔이 염두에 두고 있는 칸트의 도덕 이론은 이성의 자율적이고 자기입법적인 원리에 기초하는 것으로서 온갖 유형의 자연적 충동과 감각적 욕구, 열정 등을 배제함으로써 성립한다. 왜냐하면 칸트에 따를 때 이러한 것들에 근거하는 행위란 외적 원인에 의거하는 것으로서 타율적이며 그런 한에서 이성적 의지의 순수한 자율성을 훼손하기 때문이다.[18] 그리하여 이러한 도덕성의 입장은 인간 내부에 존재하게 되는 대립적 상황에서, 즉 이성의 명령을 따를 것인가 아니면 나의 감각적 욕구를 따를 것인가 하는 선택의 상황에서 전자를 따르는 것을 도덕적인 것으로 언명한다.

---

18 칸트는 모든 도덕적 행위 규범의 원리가 되는 실천이성의 "자율성"과 자연적 경향성 및 감각적 욕구와 같은 외적 원인에 따르는 "타율성"을 대립시키며 자유와 도덕에 대해 논하고 있는데, 이에 대해서는 다음을 참조하시오 I. Kant, *Grundlegung zur Metaphysik der Sitten*, WS, Bd. IV, pp. 81-82; *Kritik der praktischen Vernunft*, WS, Bd. IV, pp. 144, 247.

이제 헤겔은 자신의 논의를 좀 더 확장하여 이러한 대립의 양상들은 그리고 대립 항들 중 한쪽만이 옳은 것으로 간주되거나 우선시되는 경향들은 사실상 도덕적 행위의 차원에만 등장하는 것이 아니라고 주장한다. 즉 보편적인 것으로 간주되는 행위 규범과 특수하고도 개별적인 감성적 욕구 간의 대립, 추상적 법칙과 개개의 특유한 현상 간의 대립, 정신성과 감각성 간의 대립, 정신과 육체 간의 대립, 내적 자유와 외적 필연성 간의 대립, 공허한 이론과 구체적 경험 간의 대립 등을 열거하면서, 헤겔은 이러한 것들이 우리의 삶과 의식의 기저에 놓여 있음을 강조한다. 즉 그는 이러한 대립 심지어 모순의 양상들이 새롭게 인류사에 등장한 것은 아니지만 어떤 특정한 시대의 지배적 문화는 이러한 것들을 극단화시키고 첨예화시킨다고 주장한다. 그의 진단에 따르면 바로 근대의 문화가 이러한 극단화와 첨예화를 야기하는데, 이것의 특징적인 한 예는 그가 앞에서 설명한 도덕성의 입장이란 것이다. 그리하여 근대의 문화는 인간을 경직된 대립과 분열의 상태로 몰고 간다. 즉 예컨대 도덕성의 입장이 대립 항 중 하나만을 택하도록 요구하더라도 다른 한쪽은 사라지지 않으며, 그런 한에서 대립과 모순은 해소되거나 제거되지 않기 때문이다.

이러한 문화 속에 놓인 인간을 헤겔은 "서로 모순되는 두 세계에서 살아야만" 하는 "양서류"로 묘사한다. 그리하여 인간의 의식은 "이러한 모순 속에서 방황하며 한 측면에서 다른 측면으로 던져진 채 어느 측면에서도 그 자체로 만족할 수 없는" 상태에 처하는 것이다. 그러나 헤겔에 따르면 인간은 이러한 대립과 분열 속에 찢겨진 채 "만족할 수 없는" 상태에 머물러 있지 않으며, 이를 극복하고 해소할 것을 스스로에게 요구하는 존재이다. 이 대목에서 헤겔은 진정한 철학의 과제를 언급한다. 진정한 철학의 과제는 “대립관계에 놓인 어느 한쪽도 그것의 추상성 속에서는 그리고 그것의 일면성 속에서는 진리를 가질 수 없으며”, 진리는 대립하고 있는 “양자의 화해와 매개에서 비로소 성립한다는 사실”을 제시하는 데에서 성립한다(Ä I, 80-81). 즉 헤겔은 도덕성의 입장처럼 대립하는 것들 중의 한쪽만을 참된 것으로 선택하여 다른 쪽은 도외시하는 그런 방식에서가 아니라, 양쪽 모두를 통일적으로 파악하는 데에서 인간과 세계에 대한 참된 통찰에 이를 수 있다고 주장하고 있다. 그리고 이를 위해서는 도덕성의 입장보다 높은 단계의 사상적 관점이 필요하며, 그러한 관점에 설 때에만 철학은 진리를 제시하는 자신의 소명을 수행할 수 있다는 것이다. 요컨대 헤겔에 따르면 진정한 철학은 그러한 대립들을 무시하는 것이 아니라 오히려 대립하는 것들의 통일과 화해라는 역동적 구조 속에 인간과 세계의 본질이 놓여 있음을 제시함으로써 우리로 하여금 진리를 인식하게 한다. 그리고 진정한 철학은 이러한 통일과 화해라는 것이 단지 요청되고 추구되는 것이 아니라 계속적으로 성취되는 과정 속에 있음을 알려준다. 말하자면 대립과 대립의 해소라는 과정은 세계와 인간사의 심층 구조에서 늘 발생하고 있다는 것이다. 진리와 철학의 과제에 대한 헤겔의 이러한 설명은 물론 충분히 구체적이라고 할 수는 없으며, 그러한 주제에 대한 본격적인 논의는 『미학강의』가 아닌 다른 텍스트에서 이루어지지만, 그럼에도 우리는 진리에 도달하기 위한 관점이 어떤 것이어야 하는지에 대한 그의 주장을 이해할 수는 있다.

헤겔은 앞서 예술의 목적으로 상정된 도덕적 개선을 구체적으로 논하기 위해 근대적인 도덕성의 입장을 비판적으로 고찰하면서,

이보다 높은 단계의 입장 또는 관점에 설 때에만 우리는 진리에 대한 통찰에 이를 수 있다고 주장했다. 또 그는 바로 이러한 보다 높은 단계에서 우리에게 그러한 통찰을 제공하는 것이 진정한 철학의 과제라고 역설하였다. 그렇다면 이것은 도대체 우리의 본래의 주제인 예술의 목적과 어떤 관계가 있는가?

여기에서 우리는 헤겔이 앞서 예술의 과제가 종교 및 철학과 근본적으로는 동일하다고 언급했음을 상기할 필요가 있다(Ä I, 20-21 참조). 즉 그에 따르면 예술의 과제는 진리를 드러내는 데에 있으며, 그런 까닭에 예술은 자신의 외부에서 주어진 어떤 다른 목적을 실현하기 위한 유용한 도구가 아닌 것이다. 따라서 이제 우리는 헤겔의 설명에 따라 도덕적 개선이란 예술의 효과나 작용이 될 수는 있으나 그것 자체가 예술의 목적은 아니며, 게다가 도덕성의 입장이란 것은 오히려 진리 파악을 위해서는 매우 불충분한 입장에 불과하다는 것, 그리고 예술은 철학과 마찬가지로 이보다 높은 입장 또는 관점에서 진리를 드러내는 과제를 갖는다는 결론에 이르게 된다. 물론 예술은 철학과는 달리 자신의 고유한 방식으로 이러한 과세를 수행하는데, 그렇기에 헤겔은 다음과 같이 말한다. "예술이란 감각적 예술형상의 형식으로 **진리**를 드러내고 앞서 말한 화해된 대립을 표현하는 소명을 지니며 따라서 자신의 궁극목적을 자신 내에, 이러한 표현과 드러냄 자체 속에 갖는다."(Ä I, 82)

[Ⅲ-2] 참된 예술 개념의 역사적인 연역

제3장 1부[III-1]의 말미에서 헤겔은 대립적인 것들의 화해와 통일이라는 보다 높은 관점에 설 때 진정한 철학과 예술의 사명이 수행될 수 있음을 주장하면서, 예술의 참된 개념이 어떤 것이어야 할지에 대해 언급하였다. 이제 그는 이런 예술 개념의 "역사적인 연역"을 하고자 하는데 이것의 목적을 그는 두 가지로 말하고 있다. 하나는 말 그대로 "역사적인" 것들에 대한 설명을 위해서이고, 다른 하나는 이 "연역" 속에서 고찰되는 입장들이 헤겔이 도달하고자 하는 진정한 예술 개념을 위한 "토대"를 형성함을 보여주기 위해서이다. 그리고 이 토대란 헤겔에 따르면 "내적인 추상성 속에서 존립하는 정신과 자연 간의 — 외적으로 현상하는 자연이든 주관적 감정과 심정이라는 내적 자연이든 — 앞서 말한 대립과 모순을 해소하여 통일로 환원시키는 중심점들 중의 하나로서 예술미"를 "인식"하는 것이다(Ä I, 83). 그리하여 칸트에서 시작하여 실러, 빙켈만, 셸링 그리고 낭만주의자들에 이르기까지 헤겔이 다루게 되는 예술철학적 입장들은 모두 예술미에 대한 이러한 인식을 — 정도의 차이는 있지만 그리고 불충분할 수는 있지만 — 공유하고 있는 것이다. 그는 이러한 입장들을 차례대로 고찰하면서 진정한 예술 개념이 산출되는 맥락을 설명함과 동시에 자신의 입장의 정당성을 제시하고자 한다.

1. 칸트 철학

1) 칸트 철학 전반에 대한 헤겔의 고찰 및 평가

예술과 미에 대한 칸트의 사상, 달리 말하면 『판단력비판』이 담고 있는 칸트의 미학 이론에 대한 본격적 논의에 앞서, 헤겔은 우선 칸트 철학을 개략적으로 고찰하면서 자신의 해석과 더불어 그것을 평가하고 있다.

헤겔에 따르면, 칸트는 그가 앞에서 소개했던 대립들, 예컨대 정신과 자연 간의 대립을 해소하고 이를 통일시킬 필요성을 감지하고 의식했을 뿐 아니라, 그러한 통일의 학문적 실현을 시도하기도 했던 인물이었다. 또한 이성 또는 사유를 철학의 궁극적인 기반으로, 절대적인 원리로 이해함으로써 "철학의 전환점을 야기한" 인물이기도 했다. 헤겔은 이성을 이러한 통일의 원리로 설정하는 "절대적 출발점"이 "반박될 수 없는 것"이라고 평가하면서 칸트로부터 새로운, 보다 높은 입장에 선 철학이 시작되었음을 주장한다. 그렇기에 이러한 보다 높은 입장에서의 예술철학 또는 미학 역시 칸트로부터 시작되는 것이고, 헤겔이 지금 전개하고 있는 "참된 예술 개념의 연역"의 출발점에 자리하는 철학자 역시 칸트가 되고 있는 것이다. 그러나 칸트는 헤겔에 따르면 그가 이룩한 학문적 공로에도 불구하고 자신이 시작한 것을 충분히 발전시킬 수 없었다. 즉 칸트는 "주관적 사유와 객관적 대상들의, 의지의 추상적 보편성과 감각적 개별성의 경직화된 대립으로 다시 되돌아가" 버렸으며, "앞서 다루었던 도덕성에서의 대립을 최상의 것으로 부각시킨 인물이" 되고 말았다. 결국 칸트는 자신의 철학을 통해 "절대적 출발점"을 선포하고, 그리하여 "화해된 모순을 표상하기는 했으나, 그것의 참된 본질을 학문적으로 발전시킬 수도, 참되며 유일하게 현실적인 것으로 제시할 수도 없었다."(Ä I, 83-84)

여기까지가 칸트 철학에 대한 헤겔의 개략적인 평가인데, 이에 대해서 더 자세히 고찰할 필요가 있다. 일반적으로 말하면, 헤겔은 칸트가 대립적인 것들의 통일을 "표상하기는 했으나" 결국은 이원론적 입장에서 탈피할 수 없었다고 생각한다. 즉 칸트는 주관과 객관의 대립, 보편과 특수의 대립, 오성과 감성의 대립을 극복하지 못했다는 것이다. 이러한 극복이 이루어졌다면 헤겔은 아마도 칸트가 이성의 "절대성"을 학문적으로 발전시키고 구현해냈다고 평가했을 것이다. 헤겔은 이론철학적인, 또는 인식론적인 측면과 실천철학적인 측면으로 나누어 칸트의 업적과 한계를 지적한다. **우선** 이론철학적인 측면에서 볼 때, 칸트는 오성과 감성, 주관과 객관의 대립을 극복할 수 없었다는 것이다. 주지하다시피 칸트는 인간의 인식이 두 상이한 인식능력인 감성과 오성이 만들어내는 표상들이 결합하여 이루어진다고 주장한다. 그리하여 감성은 직관이라는 표상을, 오성은 개념이라는 표상을 낳는다. 직관이라는 표상은 우리에게 감각적으로 주어지는 것을 수용함으로써 우리 속에서 생겨나는 것으로서, 인식의 내용을 형성한다. 즉 직관이란 우리가 시간과 공간 속에서 감각적으로 지각하는 내용들을 뜻한다. 또 개념이라는 표상은 오성이 자발적으로 형성해내는 표상으로서 인식의 형식을 이룬다. 칸트는 또 직관을 개별적 표상으로 개념을 보편적 표상으로 특징짓는다. 인식이 바로 이러한 두 이질적인 표상들의 결합 또는 통일로부터 산출되므로, 그에게 인식이란 형식과 내용의, 개별적 표상과 보편적 표상의, 감성과 오성의 결합이기도 하다.

그런데 칸트에 따르면 직관과 개념 중에는 모두 경험으로부터 독립적인 순수한 표상들이 존재하며, 즉 순수 직관과 순수한 오성 개념이 존재하며, 우리의 인식이 갖는 객관성과 보편적 타당성은 이러한 순수한 표상들을 통해 가능하게 된다. 그에 따르면 바로 이러한 순수한 표상들이 보편타당한 인식을 가능하게 하는 조건들이 된다. 그리하여 예컨대 우리가 하나의 고양이를 고양이로서 인식한다고 할 때에도, 시간과 공간 속에 있는 개별적 지각의 내용과 고양이라는 보편적 개념이 결합되고 있을 뿐 아니라 이것이 객관적으로 타당한 인식이라면 이미 순수 직관과 순수 오성 개념이 그러한 인식의 기반에서 결합되고 있는 것이다. 여기서 순수 직관이란 공간과 시간 속에 존재하는 어떤 개별적 대상의 표상이 아니라 시간과 공간 자체의 표상들이다. 또한 순수 오성 개념이란 성질, 분량, 관계, 양상과 같은 모든 인식의 근저에 놓여 있는 근본개념들이다. 그런데 인식에 대한 이러한 이론에서 헤겔이 문제로 삼는 것은 도대체 진적으로 이질적인 것으로 간주된 두 가지 종류의 표상, 즉 직관과 개념이 어떻게 결합할 수 있는가 하는 것이다. 칸트는 『순수이성비판』의 「순수오성개념의 도식성에 관하여」(Von dem Schematismus der reinen Verstandesbegriffe)라는 장(章)에서 상상력의 산물인 도식이라는 개념으로 이러한 결합의 문제를 해결하고자 하였다.[19] 상상력의 역할 및 지위와 관련하여

19 I. Kant, KrV, A 137/B 176 - A 147/B 187.

사실상 칸트의 설명은 모호한 측면을 지니고 있으며, 헤겔은 이러한 모호함을 지적하면서 칸트가 결국 오성과 감성의 결합 내지 통일의 문제를 해결하지 못했다고 평가한다.[20]

칸트는 또한 순수 오성 개념들이 어떤 의미에서 객관적으로 타당한지를 논증하고, 인식에서의 객관성을 보증하는 것이 결국 사유가 산출하는 개념들이 갖는 보편성과 필연성임을 확고히 규명하였다. 즉 칸트는 우리의 인식 활동을 통해서 인식의 대상 자체가 구성되며, 이때 인식의 객관성은 궁극적으로는 직관이 제공하는 감각적 내용에서가 아니라 사유로부터 나오는 것임을 주장하고 설득력 있게 제시했던 것이다. 그리하여 이제 칸트에 따르면 우리의 객관적 인식이란 주관의 사유 활동을 통해 가능한 것이 되는데, 이렇게 본다면 사유는 주관에 의한 것이라는 의미에서 주관적이면서 동시에 객관성을 보장하는 것으로서 객관적인 것이 된다. 이 지점에서 헤겔은 주관과 객관의 통일을 엿보지만, 그는 칸트에게서 이러한 통일은 다시 주관적인 것으로 그치고 만다고 평가한다. 왜냐하면 사유를 통해 보장되는 객관적인 인식은 직관의 대상이 될 수 있는 것에만 제한됨으로써, 즉 칸트가 말하듯이 우리의 인식 대상은 현상에만 국한됨으로써 이 현상의 배후에 존재하는 것으로 상정되는 물 자체와 우리의 인식은 분리된 채로 남아 있게 된다는 것이다. 즉 우리가 인식하는 것은 우리의 인식능력에 의해 구성되는 것이 될 뿐, 그 지편에는 인식 불

20 이러한 칸트의 인식론에 대한 헤겔의 비판 및 도식과 상상력의 활동에 관한 칸트의 서술이 지니는 문제점에 대해서는 다음을 참조하시오. 졸고, 「칸트의 인식론적 이원론에 대한 헤겔의 비판」, 『헤겔연구』 제29집, 2011, 97-122쪽.

가능한 것으로 상정된 대상 자체가 존재하게 된다는 것이다. 우리가 현상만을 인식하며 그 배후에 있는 물 자체로서의 대상을 인식하지 못하는 한에서는 진정한 의미에서의 객관적 인식은, 주관과 객관의 통일은 달성되지 않는다는 것이다.

다음으로 실천철학적인 측면에서 보면, 헤겔은 칸트가 개념화한 실천 이성이 그리고 그것에 입각한 그의 도덕 철학 내지는 윤리학 역시 앞에서 지적된 결함을 극복하지 못하고 있다고 생각한다. 즉, 헤겔의 판단에 따르면 칸트는 실천철학적 영역에서도 대립적인 것들의 진정한 통일에 도달하고 있지 못하다는 것이다. 칸트에게서 실천 이성이란 어떤 실천적 행위가 마땅히 이루어져야 하는가에 대한 법칙을 스스로 규정하는 자기입법적인 능력이다. 그리고 이러한 자기입법에 인간 자유의 요체가 존재한다. 칸트는 오직 초감성적인 영역에만 해당하는 것으로서의 자유의 원리가 감성적이고 자연적인 것에 의해 침해되지 않아야만 오로지 순수하게 자율성에 기초한 의무론으로서의 윤리 이론이 가능하다고 보았고 이를 명증하게 제시하기는 했다. 그러나 헤겔은 칸트의 의무론이 결국 내용을 규정하지 못함으로써 공허한 형식주의에 빠진다고 비판하면서[21] 여전히 이분법을 극

---

21 헤겔이 칸트의 윤리학적 입장을 "도덕성의 입장"이라고 부르면서 이를 공허한 형식주의로 비판하는 것과 관련하여 여러 논란들이 있는데, 이에 대한 자세한 논의에 대해서는 다음을 참조하시오. A. W. Wood, "The Emptiness of the Moral Will", *Monist* 72, 1989, pp. 454-483; S. Sedgwick, "On the Relation of Pure Reason to Content: A Reply to Hegel's Critique of Formalism in Kant's Ethics", *Philosophy and Phenomenological Research*, Vol. 49, 1988, pp. 59-80; T. O'Hagen, "On Hegel's Critique of Kant's Moral and Political Philosophy", in S. Priest(ed.), *Hegel's Critique of Kant*, Oxford, 1987, pp. 135-159.

복하지 못하고 있다고 평가한다. 이것은 곧 이미 앞에서 계속 논의되어 왔던 "도덕성의 입장"에 대한 헤겔의 비판에 맞닿아 있는 것이다. 칸트 자신이 말하고 있듯이 도덕적인 것이란 자연적인 경향성과 감성적 측면과 무관한, 오로지 순수하게 이성이 부여하는 보편적인 법칙에만 따르는 것이다.[22] 헤겔의 주장은 경험적인 구체적 상황 속에서 자유를 실현해야 할 인간이 감정과 감각적 욕구, 경향성과 무관한 방식으로 도덕적 삶을 구현하는 존재로 이해되어서는 안 된다는 것이다. 그리하여 헤겔은 도덕성을 이성의 자율성에 기초하는 칸트의 방식에 대해 원리적으로 반대하는 것이 아니라, 칸트가 분리하여 대립시켜 놓은 두 측면을 종합하고 통일하는 방식으로 도덕적 실천과 자유의 실현이라는 문제를 파악하고자 하는 것이다.

도덕적 실천이 지향하는 궁극적 목적으로서의 최고선 개념과 관련해서도 헤겔은 칸트를 비판하고 있다. 도덕적 주체로서의 인간이 실현해야 할 최고선이라는 개념과 그것의 실재성 양자 간의, 주관과 객관 간의 대립이 드러나 있고 이를 극복할 방법이 제시되고 있지 않다는 것이다. 즉 헤겔의 비판에 따르면 칸트에게서는 우선 그 최고

---

22 실천적인 차원에서 감각, 감성적 욕구, 자연적 경향성 등과 이성적인 도덕 법칙을 대립시키고 후자만을 택하는 것과 관련된 칸트의 언명들을 다음과 같다. "욕구와 경향성들은 물리적[자연적] 원인들에 기초해 있어서, 전혀 다른 원천을 가진 도덕 법칙과는 애초부터 맞지 않으므로 [...]", "의지는 자유 의지로서, 그러니까 감성적 충동이 함께 작용하지 않을 뿐 아니라, 감성적 충동 일체를 거부하고, 모든 경향성과 [...] 절연함으로써 순전히 법칙에 의해 규정된다는 것이다", "자유 의식은 우리의 욕구를 적어도 규정하는 운동인인 경향성들로부터의 독립성이다", "경향성은 선량한 것이든 그렇지 않은 것이든 맹목적이고 노예적이다". I. Kant, *Kritik der praktischen Vernunft*, WS, Bd. IV, pp. 206, 192, 247, 248.

선을 이루는 내용이 무엇인지가 분명히 규정되지 않고 있으며, 또 그러한 최고선이 피안에서나 실현되고 어차피 현세에서는 객관화될 수 없는 일종의 이상적 목표로서만 전제됨으로써 다시금 주관과 객관은 분리된 채로 남아 버린다는 것이다. 칸트에 따르자면 우리에게는 마땅히 최고선을 추구할 의무가 있지만, 그것의 실현이란 유한한 이성적 존재자로서의 우리에겐 원칙적으로 불가능하며 오로지 영원 속에서만 가능한 것이다. 즉 최고선의 이념은 우리가 반드시 생각하지 않을 수 없고 추구하지 않을 수 없는 것이지만, 그것의 객관화와 실현은 유한하고 감성적이기도 한 존재자인 우리에게는 불가능하며 우리는 그것을 단지 희망할 수 있는 것이다. 그러나 다른 한편 칸트에 따르면 최고선의 실현은 필연적으로 요구되는 것이며, 그것의 실현을 위해서는 이를 향한 우리 이성적 존재자의 "무한한 전진"이 필연적으로 요청된다. 그러나 이러한 무한한 전진은 이성적 존재자의 "무한히 지속하는 실존과 인격성"을 전제로 삼는다. 그리하여 칸트는 이러한 의미에서 영혼의 불멸성이 전제되어야만 한다고 하면서 이러한 불멸성을 실천 이성의 "요청"이라고 부른다. 또한 최고선의 실현을 보장하는 최종적인 근거이자 그러한 최고선의 구현체로서의 궁극적 존재가 있어야만 할 것이므로 칸트는 이러한 최종적 근거로서 신의 현존을 요청한다.[23]

이에 대한 헤겔의 비판의 요점은 영혼 불멸이나 신의 현존과 같은 실천 이성의 요청이 결국 최고선이라는 것을 주관적인 것으로 만

23 I. Kant, *Kritik der praktischen Vernunft,* WS, Bd. IV, pp. 252-256, 264-266, 249.

들고 객관과 분리시켜 버린다는 것이다. 즉 칸트를 따르면 최고선이라는 것은 결국 어차피 피안에서나 객관화될 수 있는 것이 되며 도덕적 실천과 자유의 실현 속에서 가능한 주관적인 것의 객관화, 주관과 객관의 통일은 영원히 유예되는 어떤 것, 즉 마땅히 실현되어야 하지만 이승에서는 결코 실현될 수 없는 단지 주관적인 이념이 되고 만다는 것이다. 헤겔은 최고선이 일종의 목표로서 설정되고 있는 것 자체에 반대하는 것이 아니라 그러한 이념과 그것의 현실성을 분리시켜 버리는, 또한 그것의 실현이 추구되는 세계와 궁극적으로 도달되는 세계를 분리시켜 버리는 칸트의 방식을 비판하는 것이다.

헤겔이 가하는 비판의 요지는 결국 칸트가 이론철학적, 실천철학적 면에서 주관과 객관의 대립이든 아니면 보편과 특수 또는 자연필연성과 자유의 대립이든 간에 여러 방식으로 등장하는 대립들, 또는 이것이 더욱 극화된 형태로 나타날 때의 모순들을 해소하고 화해시키는 단계에 이르지 못한 채 이원론으로부터 벗어나지 못하고 있다는 것이다. 그렇기에 헤겔은 — 이미 인용되었던 헤겔의 문장을 다시 한 번 인용하자면 — 다음과 같이 말하는 것이다. "칸트는 화해된 모순을 표상하기는 했으나, 그것의 참된 본질을 학문적으로 발전시킬 수도, 참되며 유일하게 현실적인 것으로 제시할 수도 없었다."(Ä I, 84)

이러한 헤겔의 평가와 관련하여 이제 그가 고찰하고자 하는 칸트의 『판단력비판』은 그의 표현을 빌리자면 "교훈적이면서도 특별하다"(Ä I, 85). 왜냐하면 『판단력비판』의 문제의식 자체가 대립의 해소와 통일이라는 것과 직결되어 있기 때문이다. 이 저작의 서론에서 칸트는 자연개념과 자유개념의 대립에 대해, "감성적인 것인 자연개념의 영역과 초감성적인 것인 자유개념의 영역"[24] 사이에 놓인 거대한 "심연"에 대해 말하고, 이 두 영역을 지배하는 법칙들이 갖는 원리적 상이성에 대해 언급한다. 그다음 칸트는 이러한 대립에도 불구하고 이 두 영역을 근본적으로 "통일"하는 "근거"에 대해 말한다. 이러한 통일이 문제시되는 이유는 다음과 같다. "자유개념은 자기의 법칙에 따라 부과된 목적을 감성계에서 실현해야만 하고", 그렇기에 자연개념에서의 합법칙성 역시 감성계에서의 자유의 실현 가능성과 "합치"하는 것으로 생각되어야 하는 것이다. 다시 말해서 이 두 영역과 그것들 각각을 지배하는 법칙은 이질적이고 대립적이지만 이 두 영역은 사실상 우리 인간이 인식작용을 하고 삶을 영위하는 하나의 세계에서 구현되고 있는 것이기에 양자가 어떻게 하나로 결합되고 통일되어 있는가가 설명되어야 하는 것이다.[25] 칸트는 이 두 영역을 매개하고 이러한 통일을 설명할 수 있게 하는, 그럼으로써 이를 이해할 수 있게 하는 근거를 판단력과 그것의 원리인 합목적성에서 찾고 있다.[26] 즉 우리는 판단력과 그것의 원리에 의거하여 감성계의 대상들을 어떤 궁극적인 목적에 부합하는 대상들인 것으로 판정한다. 그렇게 함으로써 이성이 규정하는 목적을 원리로 삼는 자유의 영역과 필연적 법칙에 의해 지배되는 자연의 영역 양자의 결합과 통일적 연관

24 여기서 칸트가 말하는 "감성적인 것인 자연개념의 영역"(Gebiet des Naturbegriffs, als dem Sinnlichen) 또는 "감성계"(Sinnenwelt)는 모두 시간과 공간의 구조 속에서 우리가 경험하고 인식하는 영역으로서 현상계를 뜻한다고 할 수 있다. I. Kant, KU, p. XIX.

25 KU, pp. XIX-XX.

26 칸트는 "이론철학과 실천철학이라는 철학의 두 부문을 하나의 전체로 결합시키는 매개수단"으로서 "판단력"을 지칭하기도 한다. KU, p. XX.

이 설명되는 것이다. 그리하여 칸트는 『판단력비판』에서 우리가 합목적적인 것으로 판정하는 대표적인 대상들을 논의의 주제로 삼고 있다. 이 대표적인 대상들은 한편으로는 자연의 아름다운 대상과 예술들이며, 다른 한편으로는 유기적 자연 또는 유기체이다. 그렇기에 『판단력비판』은 전자에 대한 판단을 다루는 제1부 「미감적 판단력비판」과 후자에 대한 판단을 다루는 제2부 「목적론적 판단력비판」 두 부분으로 구성되어 있다. 따라서 제2부는 미학에 속하는 것이 아니라 일종의 자연철학적인 성격을 지니고 있다. 그리고 여기서 판단력이란 사실상 판단력 일반을 뜻하는 것이 아니라 반성적 판단력을 뜻한다. 왜냐하면 합목적성은 반성적 판단력의 원리이기 때문이다. 그렇기에 미감적 판단력과 목적론적 판단력 모두 반성적 판단력에 속한다.

우리의 논의는 미와 예술을 주제로 삼아 전개되는 미학적인 또는 예술철학적인 것이지만, 헤겔은 칸트가 도입하고 있는 반성적 판단력과 그것의 원리가 적용되는 대상들인 예술과 유기적 자연 모두를 염두에 두면서 "참된 예술 개념의 역사적인 연역"의 첫 번째 역사적 인물인 칸트의 미학을 다루고 있다. 그 이유는 우선 반성적 판단력의 원리인 합목적성이 적용되는 대상들이 두 가지 종류의 대상들 모두라는 사실에 있기도 하지만, 무엇보다도 헤겔이 칸트가 고찰하는 유기적 자연대상과 헤겔 자신이 생각하는 예술작품 양자가 상호 유사한 구조적 성격을 지닌다고 간주하기 때문이다. 이에 대해서는 헤겔이 칸트의 미학이론을 본격적으로 검토할 때 다시 한 번 논의될 것이다.

헤겔이 반성적 판단력과 그것의 원리인 합목적성을 고찰하면서 이를 특별하고도 높이 평가하는 것은 이 원리가 보편과 특수의 대립, 오성과 감성의 대립, 또는 개념과 직관의 대립을 넘어서서 이것들의 통일을 표상하는 고찰방식을 제시하기 때문이다. 즉 유기체에 대한 목적론적 판단에서 보편자로서의 목적은 특수자로서의 각 부분들의 성질을 내적으로 규정하는 것으로 표상된다. 다시 말해서 유기체에서 각 부분들의 성질은 전체로서의 목적과 단지 외적으로 연관되는 것이 아니라 목적으로서의 보편자에 부합하도록 규정되며 또한 이 보편자는 그렇게 규정된 부분으로서의 특수한 것들을 통해 유지될 뿐 아니라 특수한 것들에 내재한다. 예컨대 어떤 생명체에서 각 기관은 그 생명체의 유지라는 목적에 부합하도록 기능하고 이를 통해 생명체 전체가 유지되며, 또 이 생명체는 바로 이러한 목적에 따라 각 기관의 활동과 유지를 규정한다. 이러한 방식으로 전체가 부분을 또는 보편자가 특수자를 내적으로 규정한다는 의미에서 헤겔은 보편자와 특수자가 외적으로 결합하는 것이 아니라 전자가 후자를 포함한다고 말한다. 즉 합목적성의 원리는 보편자가 특수자를 포함하는 것을, 또는 이런 의미에서 보편자와 특수자의 통일을 생각할 수 있게 하고 또 그런 방식으로 대상을 고찰할 수 있게 하는 원리인 것이다. 그런데 칸트는 이러한 원리는 우리가 자연을 목적 개념에 부합하는 것으로 고찰함으로써 "기계적 법칙들에 따르는 것과는 다른 탐구방식을 덧붙여, 자연의 모든 특수한 법칙들을 경험적으로 찾아내는 데서조차 기계적 법칙들에 따르는 탐구방식이 불충분함을 보완하기 위한 것"일 뿐, 자연에 대한 객관적 인식을 낳는 "구성적 원리"가 아니라, 순전히 판정만을 위한 "규제적 원리"라고 주장한다. 그렇기에 칸트는 자연의 합목적성 개념이 "대상들 자체의 규정에는 관계하지 않는 개념"이라고 말하며,[27] 헤겔은 이를 두고 이러한 원리에 따르는 반성적 판단을 통해서는 "여전히 대상의 객관적 본성이 인식되지 않으며 단지 주관적인 반성의 방식만이 언표될 뿐이다"라고 말하고 있다(Ä I, 85).

헤겔에 의하면 합목적성의 원리에 따르는 미감적 판단에서도 보편자와 특수자의 통일이, 그리고 오성과 감성적 직관의 내적 결합이 표현되고 있다. 이와 관련하여 헤겔은 "이 판단이 개념들의 능력으로서의 오성 그 자체나 혹은 감성적 직관과 그것의 다채로운 다양성 자체로부터가 아니라, 오성과 상상력의 자유로운 유희로부터 출현한다"고 말하고 있는데(같은 곳), 이제 이러한 판단, 더 정확히 말하면 미에 대한 판단인 취미판단을 중심으로 하여 헤겔이 칸트의 미학을 전반적으로 어떻게 해석하고 평가하는지 좀 더 상세히 고찰하고자 한다.

2) 칸트 미학에 대한 헤겔의 해석과 비판

칸트는 그의 『판단력비판』 제1부 「미감적 판단력비판」의 제1권에 해당하는 〈미의 분석론〉에서 미에 대한 판단인 취미판단을 성질, 분량, 관계, 양상의 네 계기에 따라 설명함으로써 그것의 개념을 명확히 규정하고 이를 통해 미가 무엇인가에 대한 그의 입장을 밝히고 있다. 헤

27 I Kant, KU, pp. 308, 269-270, 344. 여기서 "구성적 원리"라는 것은 대상들을 규정하여 개관적 인식을 산출하고 근거 지우는 원리를 뜻하며, "규제적 원리"는 경험의 계속적인 확장을 위한 규칙들을 제공하지만 그 자체로 객관적 인식을 낳지는 않는 원리를 뜻한다. 이에 대해서는 KrV, B 596-597 참조.

겔은 본문에서 이러한 네 계기에 따르는 칸트의 설명을 자신의 해석과 더불어 요약하여 제시하는데, 우리는 이를 차례대로 살펴볼 것이다.

2-1) 헤겔은 우선 취미판단에서 아름다운 대상은 무관심적인 만족의 대상이라는 칸트의 주장을 요약적으로 고찰하고 있다. 칸트의 이른바 무관심적 쾌를 해석하면서 헤겔은 취미판단에서 판단의 주체가 개인적인 욕망이나 관심에서 벗어나 자유롭게 대상을 판단하며, 이때 판단의 주체는 대상 역시 자유롭게 존재하도록 둔다는 것을 강조한다. 그런데 칸트는 우리가 이러한 쾌의 감정, 즉 무관심적인 쾌에 의거하여 대상을 아름답다고 판정하며 그렇기에 취미판단이란 기본적으로 주관적이라고 말한다.[28] 그리고 이때 이러한 쾌의 감정은 무관심적이란 말이 뜻하듯이 그저 대상을 그 자체로 순수하게 경험할 때 발생하는 것으로서, 그것을 소유하거나 사용하고자 하는 우리의 사적인 목적이나 관심과는 무관한 것이다. 헤겔은 이러한 측면에 주목하여 여기서의 쾌는 대상 자체가 갖는 내재적인 목적과 관련된 것이라고 해석한다. 칸트는 아름다운 대상의 합목적성에 대해 언급하기는 하지만, 미의 판정과 관련하여 그 대상이 갖는 내재적인 목적을 주장하지는 않는다. 그렇기에 이러한 헤겔의 해석은 칸트의 생각을 정확히 반영한 것으로 볼 수는 없다. 우리는 헤겔이 칸트와 달리 예술을 주된 대상으로 삼고 있으며 예술이 갖는 내재적인 목적을 명시적으로 제시하는 미학적 입장을 가지고 있기에 이러한 방식으로 칸트를 해석한다고 보아야 한다.

---

28 I. Kant, KU, p. 4.

2-2) 헤겔은 둘째로 미가 개념 없이 보편적 만족의 대상으로 표상되는 것이라는 칸트의 주장을 검토한다. 이 주장에서 중요한 것은 미가 보편적인 성격을 지니되 개념과는 무관하다는 것이다. 칸트는 우리가 미를 판정할 때 그 근거가 되는 것은 우리의 감정이라고 거듭 강조하면서, 감정에 의거하는 판단이 주관적인 것임에도 불구하고 보편적일 수 있음을 증명하고자 한다. 헤겔은 아름다운 대상에서 우리가 경험하는 쾌의 감정 자체에 주목하기보다는 이러한 주관적인 마음의 상태가 보편적일 수 있다는 칸트의 주장을 부각시킨다. 그리하여 미에 수반되는 이러한 감정이 그저 자연적인 것에 불과하지 않고 어느 정도의 교양과 도야가 전제된 감정이라고 생각하는데, 그것은 자연적으로 발생하는 만족감이나 즐거움은 개인적인 관심이나 욕망과 관련된 것이어서 그 자체로는 보편성을 보장하기 어렵기 때문이다. 그래서 그는 "미의 진가를 평가하기 위해서는 소양을 갖춘 정신이 요구된다"라고 말하며 이것이 곧 칸트의 입장과 일치한다고 본다(Ä I, 86). 칸트 역시 이미 지적한 바대로 개인적 관심사에 따르는 욕망에서 벗어난 무관심적인 쾌를 주장한다거나, 그리하여 감각적 쾌락과 고통에 좌우되는 판단, "감동"과 "자극"에 따르는 미감적 판단에서 그 취미란 언제나 "야만적이고" "보편타당한 만족을 요구할 수 없다"고 말한다거나, 미와 도덕성, 예술과 도덕적 이념을 연결시킨다거나, 아름다운 예술의 향수와 감상에 수반되는 쾌의 감정이 갖는 "도야"의 차원을 강조할 때에,[29] 이러한 헤겔의 해석과 부합

29 KU, pp. 38, 256-259, 214, 164.

되는 면모를 보여준다. 즉 취미판단과 이때의 쾌의 감정은 우리가 단지 자연적이고 개인적인 차원에 머물러 있는 존재가 아니라 개별적인 차원과 보편적 차원을 결합하고 있는 존재임을 알려 주는 것이다. 특히 취미판단에서 우리는 이러한 두 가지 차원의 결합을 직접적으로 쾌의 감정을 통해 의식하는 것이다.

2-3) 이제 셋째로 헤겔은 미를 합목적성의 형식으로 규정하는 칸트의 입장에 대한 자신의 설명과 해석을 제시한다. 헤겔과 칸트에게서 공통적인 것은 둘 다 모두 아름다운 대상을 내적으로 합목적적인 대상으로, 미를 합목적적인 것으로 간주한다는 것이다. 이것은 둘 다 모두 미가 외적으로 합목적적인 것과는 무관하다는 입장을 갖는다는 것을 뜻한다. 외적인 합목적성이란 목적과 수단이 분리되어 외적으로 연관될 때의 합목적성을 말한다. 그리하여 아름다운 대상 또는 예술이 자신 바깥에 있는 어떤 목적을 위한 수단으로 간주된다면 이때의 합목적성은 외적인 것이다. 칸트와 헤겔 모두 이런 식의 합목적성을 통해 아름다운 대상 또는 예술을 설명하는 것에 명백히 반대한다. 그런데 칸트가 미를 "한 대상의 합목적성의 형식"이라고 말할 때의 합목적성은 주관적 합목적성이다.[30] 여기서 "주관적"이라는 표현이 뜻하는 바는 이 합목적성과 결부된 목적의 표상이 전혀 개념적으로 규정되지 않아, 아름다운 대상에서 우리는 이 합목적성을 느낄 뿐이고 이 대상이 무엇이어야 하며 또 어떻게 조직되어 있기에 합목적적인가를 객관적으로 설명할 수 없기 때문이다. 그렇기에 칸트에

30 KU, p. 61.

따르면 이러한 합목적성은 그리고 이에 대한 판단으로서의 취미판단은 전혀 우리의 대상 인식에 기여하는 바가 없다.

그런데 헤겔은 칸트 자신이 『판단력비판』의 제2부 「목적론적 판단력비판」에서 자연의 유기체에서 발견되는 합목적성에 대해서는 객관적 합목적성이라는 표현을 쓰고[31] 아름다운 대상에 대한 판단은 주관적 합목적성과 관련된 것임을 밝힘으로써 이 두 가지 합목적성의 유형을 엄밀히 구별한 것에 별 주의를 기울이지 않고, 아름다운 대상과 유기적 생명체 양자에서 나타나는 합목적성을 매우 유사한 것으로 설명한다. 즉 그는 칸트가 주관적 합목적성과 객관적 합목적성을 구분하는 것보다, 아름다운 대상과 유기적 생명체 모두 내적 합목적성을 드러내는 대상으로 간주하는 것에 훨씬 큰 중요성을 부여하고 있다. 그리하여 헤겔은 미의 합목적적인 성격을 설명하면서 유기체의 합목적적인 내적 구조를 예로 들고 있다. 즉 그는 "미는 그 자체 내적으로 합목적적으로 현존하며, 수단과 목적이 서로 상이한 두 측면으로 분리되어 나타나는 일이 없다. 예를 들어 유기체의 지절들의 목적은 생명성으로서, 이것은 지절들 자체 속에 현실적인 것으로 실존한다"고 쓴다(Ä I, 87). 다시 말해서 유기적 생명체의 목적인 생명성 자체는 각 부분들로서의 지절들의 기능을 통해 유지되며 그런 의미에서 이 지절들은 그러한 목적을 위한 수단들이지만, 이 수단

31 칸트는 『판단력비판』의 제2부 「목적론적 판단력비판」에서 자연의 객관적 합목적성을 논하면서 반성적 판단력으로서의 목적론적 판단력이 행하는 판정은 자연의 연구에 적용되는 것으로서 "객관적"이기는 하지만 이때의 합목적성은 "형식적" 합목적성이어서 실질적이지 않고 그런 의미에서 자연의 객관적 인식에 기여하는 것이 아니라고 말한다. KU, pp. 267-271, 274-275.

들은 목적과 분리되어서는 자신의 정체성을 상실하며 그런 의미에서 목적과 내적으로 결합되어 있다. 또한 여기서의 목적은 이 수단들 속에 내재하는 것으로서, 겉으로 드러나는 것이 아니라 각 부분들인 이 수단들의 기능을 통해서만 달성된다. 이러한 유기적 생명체의 합목적성을 헤겔은 미와 예술에도 적용하여 마치 유기체처럼 예술작품의 각 부분들과 질료들이 내적인 목적에 부합하는 방식으로 구성되어 있다는 식으로 주장한다. 그리하여 다시 한 번 헤겔의 말을 인용하자면, "생명체에서는 목적과 목적을 위한 질료가 극히 직접적으로 통일되어 있어서 [...] 이러한 측면에서 보자면 [...] 아름다운 대상의 내재적 본성은 내면과 외면의 합목적적 상응에 있어야 한다"(Ä I, 87).

2-4) 헤겔은 넷째로 우리가 아름다운 대상으로부터 얻는 만족이 개념과 무관하게 필연적이라는 칸트의 주장에 대해 아주 간략히 고찰한다. 이 주장의 핵심적 내용은 미와 만족 간의 필연적 관계이다. 이러한 필연성을 칸트는 특수한 종류의 필연성이라고 칭하는데, 그 까닭은 이것이 대상을 규정하는 여하한 객관적 법칙이나 개념과도 무관한 필연성이기 때문이다. 그리하여 그는 아름다운 대상에서 우리가 얻는 필연적인 만족을 그 대상에 구현된 어떤 공식이나 규칙에 기인하는 것으로 설명하는 여하한 오성적 접근방식도 거부한다. 미에서의 필연적인 만족은 오성보다 높은 차원과 연결되어 있으며,[32] 미와 관련하여 칸트가 말하는 합목적성 역시 오성적인 차원을 넘어서는 것이다. 바로 이러한 점에서 헤겔은 칸트와 일치하지만, 그는 칸

32 칸트는 어떤 개념도 감당할 수 없는 표상으로서의 "미감적 이념"을 언급하면서 이것의 표현이 곧 미라고 주장한다. KU, pp. 194, 204.

트의 주장을 그대로 반복하고 있지는 않으며, 여기서 칸트가 말하는 필연적 관계를 자신의 해석에 따라 설명하고자 한다. 그는 필연성을 "두 가지 측면 사이의 내적으로 본질적인 관계"로 설명하면서 이 두 측면의 분리될 수 없는 연관성에 대해 말하고 있다(Ä I, 88). 이를 미와 만족의 필연적 관계에 적용해 보면, 헤겔이 말하고자 하는 바는 아름다운 대상 또는 미라는 객관적 측면과 만족이라는 주관적 측면의 직접적이고 분리될 수 없는 필연적 연관성이라고 할 수 있다. 물론 칸트는 미와 취미판단의 근거를 주관에서 찾고 있기에 미의 객관적 측면이라는 것도 다시 주관적인 것으로 설명될 수밖에 없으나, 헤겔은 칸트가 말하는 필연적 관계를 미의 경험에서의 객관적 측면과 주관적 측면의 직접적인 통일로 해석하고 있는 것이다.

이상과 같은, 칸트 미학에 대한 자신의 해석적 고찰과 서술을 마무리하며 헤겔은 다음과 같이 말하고 있다. "이제 칸트의 이러한 모든 명제들에서 발견되는 사실은, 우리의 의식에서 보통 분리된 것으로 전제되고 있는 것들의 불가분성이다. 이러한 분리는 미에서 지양되고 있는데, 왜냐하면 여기서는 보편자와 특수자, 목적과 수단, 개념과 대상이 완벽하게 상호 침투하기 때문이다."(Ä I, 88) 이러한 "불가분성"에 대한 헤겔의 언명은 그가 앞에서 칸트 철학 전반에 대한 개략적인 고찰을 시작하면서 칸트의 철학에 대해 내렸던 평가를 다시금 상기시킨다. 즉 그는 칸트 철학이 대립된 것들의 통일과 화해라는 보다 높은 철학적 관점을 "감지"하고 "생각했으며", 바로 그러한 관점에 따른 철학적 고찰을 『판단력비판』을 통해 제시했다고 주장한 바 있다(Ä I, 83ff.). 『판단력비판』에서 미는 그리고 예술미는 바로 이러한 통일과 화해의 구현이 되고 있다는 것이다. 즉 칸트가 말하는 예술미 속에는 한편으로 자연성, 감각성, 느낌 등과, 다른 한편으로 자유, 사상, 개념 등이 "**하나** 속에서" 융합된다는 것이다(Ä I, 88).

그렇지만 이것이 칸트 미학에 대한 헤겔의 최종적인 평가는 아니다. 헤겔에 따르면 "이러한 완성된 듯 보이는 화해 역시 결국은" 그가 이미 여러 번 지적했듯이 "주관적일 뿐", 동시에 객관적인, 그리하여 주관과 객관의 대립까지 넘어선 궁극적인 화해에 이르지는 못했던 것이다.[33] 그렇기에 헤겔은 끝으로 칸트의 비판적 작업이 "예술미의 진정한 개념적 파악을 위한 출발점을 이루고" 있을 뿐이라고 지적하면서, 이러한 진정한 파악은 "오로지 칸트의 결함을 극복함으로써만" 다시 말해서 "필연성과 자유, 특수자와 보편자, 감각성과 이성성의 참된 통일"을 더 "고차적"으로 "이해"함으로써만 획득될 수 있었다고 말하는 것이다(Ä I, 88-89).

2. 실러, 빙켈만, 셸링

제3장의 2부[Ⅲ-2]인 "참된 예술 개념의 역사적인 연역"에서 헤겔은 첫 번째로 칸트 철학을 비판적으로 고찰한 후, 두 번째로는 "실러, 빙켈만, 셸링"이라는 제목이 보여주는 바와 같이 이 세 사상가의 미학

33 물론 칸트는 미의 판단 및 미의 경험을 주관적인 동시에 객관적인 것으로 파악하고자 한 적이 없다. 그에게서 미의 판단은 결코 인식을 산출하는 것이 아니기 때문이다. 그러나 헤겔에게서 미란 결국은 인식의 대상인 것이고 또한 동시에 진리와도 필연적 연관성을 갖는 것이기에 단순히 주관적인 차원을 넘어서서 동시에 미의 객관성에 대한 파악을 요구하고 있는 것이다.

이론에 대해 소개하고 있다. 그러나 우리가 제목에서 기대하는 것과는 판이하게 본문의 이 절(節)에서 헤겔은 거의 실러의 미학 사상에만 집중하고 있으며, 다른 두 사상가에 대해서는 그저 스쳐지나가듯이 언급하고 있을 뿐이다. 그리고 끝에 가서 그는 다음 절을 위한 예비 작업의 성격을 갖는 내용을 서술하고 있다. 즉 다음 절의 내용을 이루는 "낭만적 반어"와의 비판적 대결 이전에, 그는 슐레겔 형제가 보여준 새로운 예술철학적인 시각을 간략히 논평하고 있는 것이다. 이 예비 작업의 성격을 띠는 부분을 제외한다면, 헤겔이 취하는 이런 서술 방식은 한편으로 그만큼 그가 다른 두 사상가보다도 실러의 미학적 작업을 중시한다는 사실의 반영이라고 할 수 있다. 그러나 다른 한편 아무래도 헤겔은 셸링과 빙켈만을 부당하게 취급한다는 비판을 피하기 어려울 것이다. 그런데 그렇다고 해서 헤겔이 실러의 미학 사상을 아주 상세히 논하고 있는 것도 아니다. 그는 "역사적 연역"이라는 기본적 틀 위에서 또 칸트 미학과의 연관성 속에서 실러를 다루고 있는데, 그의 실러에 대한 평가와 그가 실러를 고찰하는 시각은 다음과 같은 문장 속에 잘 요약되어 있다. "사유의 칸트 식 주관성과 추상성을 돌파하고 이를 뛰어넘어 통일성과 화해를 사상적으로 진리로서 파악하고 예술적으로 실현하는 시도를 감행했던 위대한 공적은 실러에게 돌아가야 한다."(Ä I, 89) 우리는 이미 헤겔이 어떤 의미에서 칸트의 철학적이고 미학적인 시도가 주관적인 것에 불과하다고 하는지, 그리고 예컨대 칸트의 도덕적 입장이 왜 일면적이고 추상적인 것으로 평가되어야 한다고 주장하는지를 고찰한 바 있다. 여기서 헤겔은 실러가 그와 같은 칸트 식의 결함을 극복할 수 있었던 인물이었다고 평가하고 있는 것이다.

실러는 자신의 대표적인 미학적 저술인 『인간의 미적 교육에 관한 서한』에서 인간에게는 감각적이고 개별적이며 물리적인 "감각충동" 또는 "질료충동"과 이성적이고 보편적이며 법칙적인 "형식충동"이 내재하고 있다고 주장한다. 그리하여 그에 따르면 전자에만 매여 있는 인간은 그저 자연적이고 물리적인 원인에 지배당하는 시간적인 존재로서 자신의 감각적 본성에만 사로잡힌 존재일 것이며, 오로지 후자의 성격만 갖는 인간이란 시간성을 떠나 오로지 순수한 사유와 자유에만 속하는, 그리고 자신의 개체성을 벗어난 인간이 될 것이다. 그러나 현실 속에서의 인간은 각 충동의 어느 하나에 의해 완전히 지배된다고 할 수 없으며, 두 충동에 따라, 또 두 충동의 상호작용에 따라 시간 속에서 살아가는 존재이다. 이 두 가지 충동은 상반되는 것이기에 상호 대립적이고 갈등 속에 있지만 다른 한편 이 두 충동의 상호작용을 통해 인간은 자기 자신과 자신의 환경을 형성해 왔는데, 이것을 우리는 문화라고 부를 수 있다.[34] 그런데 실러는 이러한 상반되는 충동들 외에 이것들을 내적으로 결합하는 세 번째 충동에 대해 언급하고 이를 "유희충동"이라고 부른다. 바로 이 유희충동이 앞서 말한 두 충동들을 결합하기에 이 제3의 충동은 물질과 형식, 자연과 자유, 개별과 보편, 느낌과 정신을 결합한다고 할 수 있다. 그리고 이 유희충동이 산출하고 또 대상으로 삼는 것은 바로 아름다움이다. 그리고 이러한 미의 최고의 이상을 실러는 유희충동을 통해 실

---

34 J. Ch. F. von Schiller, *Über die ästhetische Erziehung des Menschen in einer Reihe von Briefen* in Sämtliche Werke(이하 SW로 축약), Bd. 5, München: Carl Hanser Verlag, 1989, pp. 604-619.

현되는, 대립된 측면들의 "가장 완벽한 결합과 균형"에서 찾는다.[35] 즉 그는 이미 헤겔이 계속 언급해 온 이러한 대립적 측면들의 통일과 조화 속에 미가 존재함을 인식하고 있으며, 이렇게 파악되는 미가 예술 속에서 실현되고 있음을 주장한다.[36] 그렇기에 헤겔은 실러의 미학적 업적을 기리어 실러가 "예술미에 대한 그의 관심을 철학적 원리들과 비교하여, 이러한 원리들로부터 그리고 이 원리들과 함께 비로소 미의 더욱 심오한 본성과 개념 속으로 파고들었다"고 말하고 있는 것이다(Ä I, 89).

실러는 『인간의 미적 교육에 관한 서한』에서 단순히 미와 예술을 고찰하는 데 그치지 않고 이상적 인간상과 여기에 도달하기 위해 필요한 것이 무엇인지를 제시한다. 그는 한편으로는 "개별적 인간" 뿐만 아니라 "인류"가 거쳐 나가야 할 "발전단계"로서 세 가지 단계,

---

35 같은 책, pp. 611-622.

36 미가 우리의 주관적인 마음의 상태 속에 존재하는 것이 아니라 예술을 통해 객관적으로 실현되고 있음을 주장한다는 면에서 실러는 칸트와는 달리 미를 객관적이고 인식 가능한 것으로 간주했다고 볼 수 있다. 그리고 미를 대립적인 요소들의 화해 및 지양이라는 관점에서 파악하고 또 미의 객관성을 설파했다는 점에서 헤겔은 실러의 업적을 높이 평가하고 있다. 사실상 실러는 이미 미의 객관성이라는 관점에서 칸트 식의 견해에 불만을 가지고 있었으며, 그러한 객관성을 정당화하려는 의도를 가지고 있었다. 그는 『칼리아스 서한』(*Kallias oder über die Schönheit*)에서 "칸트도 불가피하게 생각했듯이 취미는 언제나 경험적인 것일 수밖에 없을 것입니다. 그러나 나는 바로 이 경험적인 것의 불가피성, 즉 취미에 대한 객관적인 원리의 불가능을 아직은 확신할 수 없습니다"라고 말하고 나서, 미를 설명하는 그의 이론이 칸트 식의 "감성적이고 주관적인" 것이 아니라 "감성적이고 객관적인" 것이라고 명시하고 있다. J. Ch. F. von Schiller, *Kallias oder über die Schönheit,* SW, Bd. 5, p. 394.

즉 물리적 단계, 미적 단계, 도덕적 단계를 구분하기도 하지만,[37] 한편으로는 온전한 인간성의 실현은 오로지 미적 단계에서만 가능하다고 생각한다. 그리하여 그는 인간이란 전적으로 물질적인 존재도, 전적으로 정신적인 존재도 아니며, "인간됨의 완성"은 "미"에 있음을 강조한다. 그리고 이때 미는 단지 감각충동을 대표하는 자연적 삶이나 형식충동을 대표하는 "형태"(Gestalt)에 있는 것이 아니라 양자의 조화로운 결합에 있는데, 이렇게 이해된 미를 그는 "살아있는 형태"로 지칭한다. 그는 결국 양자의 이러한 통일을 인간 자신 속에서 만들어내고 또한 예술을 통해 실현함으로써 조화로운, 그리고 이상적 인간의 육성이 가능함을 주장하고 이러한 목표를 위한 교육과 도야 전반을 "미적 문화"(ästhetische Kultur)로 지칭한다.[38] 이러한 문화에 의해 형성되는 인간과 사회가 어떻게 가능한지에 대한 구체적인 방안은 차치하고,[39] 미적 교육에 대한 실러의 사상에서 특별한 것은 참되

---

37 J. Ch. F. von Schiller, *Über die ästhetische Erziehung des Menschen in einer Reihe von Briefen*, SW, Bd. 5, pp. 645-651.

38 같은 책, pp. 614, 599, 645. 실러는 이 책『인간의 미적 교육에 관한 서한』에서 간혹 "미적 교육"(ästhetische Erziehung)과 "미적 문화"(ästhetische Kultur)라는 말을 유사한 뜻으로 사용한다. 그리하여 "미적 문화"라는 그의 표현은 문맥에 따라 미적 교육을 뜻하는 것으로 이해될 수도 있고 그런 교육으로 구현되는 상태로서의 문화를 의미하기도 한다.

39 유희충동에 의해 지배되는 미적 문화의 구현과 이상적 인간상의 실현은 어느 정도는 정치적 의미를 지니지 않을 수 없다. 왜냐하면 어떤 문화도 또 어떤 인간상도 구체적 시간과 공간 속에 존재하는 인간의 사회 · 정치적 상황 및 실천과 유리될 수 없기 때문이다. 그리하여 실러의『인간의 미적 교육에 관한 서한』에서는 정치적인, 또는 실천철학적인 용어이기도 한 "자유"나 "국가"라는 표현이 자주 등장하며, 이 책의 앞 부분은 상당한 정도로 시대 비판적인 색채가 농후하다. 그러나 실러는 이 책의 마지막 서한에서 미적 교육을 통해 진정한 자유를 구현할 이른바

고 이상적인 인간상을 미의 이념을 통해 규정했다는 데에 있다. 그리고 이러한 사상이 헤겔에게서 중요한 것은 실러에게서 미의 이념 또는 "미"가 "이성적인 것과 감각적인 것의 융합"으로 이해되며, 이것은 헤겔의 판단에 따르면 원칙적으로는 진정한 미의 개념에 도달한 것이 되기 때문이다(Ä I, 91).

그런데 헤겔은 "실러가 예술의 원리이자 본질인 것으로서 학문적으로 파악했던, 그리고 예술과 미적 교육을 통하여 현실적인 삶으로 불러내고자 끊임없이 노력했던 이러한 **통일**, 즉 보편자와 특수자, 자유와 필연성, 정신성과 자연성의 **통일**"로서의(Ä I, 91) 미의 이념을 진리와 분리된, 좁은 의미에서의 미에만 국한된 것으로 간주하지 않는다. 헤겔은 이미 철학의 과제가 이러한 통일과 화해의 본질을 통찰하고 그 속에서 진리를 파악하는 것에 있음을 주장한 바 있고, 특별한 방식, 즉 감각적인 방식으로 이러한 진리를 표현하는 것을 예술의 사명으로 언명했었다(Ä I, 81-82). 그렇기에 예술에서 구현되는 미의 이념이란 감각적인 방식으로 드러나는 진리 자체가 되는 것이다. 그리고 이러한 통일을 포착할 뿐 아니라 이러한 통일의 관점에 이르게 된 철학을 그는 "보다 높은 관점"에 선 철학으로 간주했었다(Ä I, 82-83). 그는 이제 이러한 관점을 "절대적 관점"으로 부른다(Ä I, 91). 그

미적 국가의 구체적 형태로서 현실적인 국가와는 거리가 먼 "순수한 교회나 순수한 공화국의 경우처럼 몇몇 정선된 집단들(auserlesenen Zirkeln)"을 제시하고 있다. 물론 실러는 자유의 사회적 실현을 위한 기획을 목표로 삼지 않았고, 또 그런 기획이 이 서한의 목표인 것도 아니지만, 예술과 미의 현상 속에서만 실현되는 자유란 참된 의미에서의 자유일 수는 없으며, 물론 헤겔이 생각하는 자유에 부합하지도 않는다. 같은 책, p. 669.

리고 이러한 절대적 관점에서 철학과 미학의 체계를 세우려는 본격적인 작업을 전개했던 인물로 셸링을 지목한다.[40] 그러나 그는 본문에서 셸링의 절대적 관점의 철학이 실러의 미학적 사상에 빚지고 있음을 제시할 뿐, 셸링이 전개한 예술에 관한 논의를 거의 다루고 있지 않다. 그렇지만 몇 줄 되지 않는 짧은 서술에서 헤겔은 이제 셸링에 이르러 더욱더 뚜렷하게 예술과 철학 그리고 미와 진리가 공통의 기반 위에 자리하게 되었음을 알려 주고 있다. 그리고 이러한 사정에 대해 그는 "예술이 이미 자신의 고유한 본성과 존엄을 인간의 최상의 관심사와 연관시켜 주장하기 시작했다면, 이제 예술의 **개념**과 예술을 위한 학문적 자리 역시 발견되기에 이르렀으며, 또한 예술은 [...] 자신의 높고 참된 규정 속에서 받아들여졌던 것"이라고 말하고 있다 (Ä I, 91-92).

셸링은 이미 몇몇 저술에서 헤겔의 발언에 상응하는 자신의 입장을 여실히 보여준 바 있으며, 미와 예술에 대한 헤겔의 견해와 상

---

40 헤겔은 그의 『철학사강의』에서 셸링이 이러한 절대적 관점에 선 철학 내지는 절대적 입장의 철학에 도달했다고 보면서 이러한 철학이 어떤 것이어야 하는지를 다음과 같이 압축적으로 말하고 있다. "통일 속에서 대립을 그리고 대립 속에서 통일을 파악하는 것, 이것이야말로 **절대적 앎**(das *absolute Wissen*)이다. 그리고 학문[철학]이란 이러한 통일을 학문 자체의 — 자기 자신을 통한 — 전개 과정 속에서 파악하는 것이다." 헤겔이 염두에 두었고 또 스스로 제시한 철학은 바로 이러한 그의 언명에 상응하는 것이었다. 그는 셸링이 최고의, 그리고 올바른 관점에 서기는 했지만 결국 이러한 관점에 부합하는 철학적 체계를 완성시킬 수 없었다고 말한다. "셸링은 자신의 철학적 도야의 과정을 대중 앞에 제시했다. 그의 일련의 철학적 저술들은 동시에 그의 철학적 도야 과정의 역사이기도 하다. [...] 만약 그의 철학이 가장 확정적으로 서술된 최종적인 저술이 무엇인가 하는 질문이 제기된다면, 우리는 그런 것을 지목할 수가 없다." GP Ⅲ, pp. 421, 460.

당한 정도로 유사한 주장을 펼친다. 그리하여 헤겔이 예술의 목적을 일컬어 진리의 다른 이름인 "절대자의 감각적인 표현"이라고 주장하면서(Ä I, 100), 이렇게 표현된 것을 미로 규정한다면, 셸링은 예술의 정수가 "무한자"를 "유한한 방식으로" 표현하는 것에 있으며 이렇게 표현된 "무한자"가 곧 "미"라고 말한다.[41] 여기서 무한자가 곧 절대자의 다른 이름임을 그리고 "유한한 방식"이 현상적이고 감각적인 방식을 뜻함을 감안한다면,[42] 그리고 그가 진리와 미 그리고 예술 간의 본질적 연관성을 명시하고 있음을 고려한다면, 우리는 여기서 헤겔과 셸링의 미학적 견해가 얼마나 가까이 접근해 있는지를 잘 알 수 있는 것이다. 그런데 셸링은 다음과 같은 언급에서 보듯이, 최고의 진리를 표현함에서 심지어 예술을 철학보다 더 우위에 두기도 한다. "예술은 철학의 유일하게 참되며 영원한 기관(Organ)인 동시에 자료(Dokument)이다. 그리하여 예술은 항상 끊임없이 새롭게 철학이 외적으로 표현할 수 없는 것들을 알려준다."[43] 물론 이것이 셸링의 최종적인 입장은 아니었으나, 그는 어떤 경우에도 철학과 예술의 공통적

41 F. W. J. Schelling, *System des transzendentalen Idealismus*, Hamburg: F. Meiner, 1962, p 289.

42 F. W. J. Schelling, *Philosophie der Kunst*, Unverand. reprograf. Nachdr. d. aus d. handschrftl. Nachlaß hrsg. Ausg. von 1859, Darmstadt: Wissenschafliche Buchgesellschaft, 1980, p. 26.

43 F. W. J. Schelling, *System des transzendentalen Idealismus,* p. 297. 또 셸링은 같은 책의 299쪽에서 다음과 같이 언급하기도 한다. "철학은 가장 높은 것에 도달하기는 한다. 그러나 철학은 말하자면 인간의 한 부분만을 그것에로 데려간다. 예술은 있는 그대로의 온전한 인간을 기기고, 즉 가장 높은 것의 인식에로 이끌어간다. 그리하여 철학과 예술의 영원한 차이와 예술의 기적은 바로 여기에서 비롯된다." 그의 이러한 언급은 상당한 정도로 실러적인 색채를 띠고 있다고 할 수 있다.

인 사명, 즉 절대적 진리를 파악하고 표명하는 사명을 부정한 적이 없다. 이렇듯 셸링은 동일성철학으로 알려진 절대적 관점의 철학 속에서 미와 예술에 관한 이론을 전개했고, 헤겔 역시 이러한 절대적 관점에 입각하여 자신의 미학을 발전시켰다. 그러나 결국 두 인물은 서로 다른 길을 걷게 된다. 헤겔이 미의 이념을 예술의 역사적 전개 속에서 발전적으로 파악하는 방식으로 나아갔다면, 셸링은 이념의 역사적 전개와 예술을 결합하는 방식을 거부했다. 그리하여 헤겔이 고대의 고전적 예술과 근대의 낭만적 예술을 비교하면서 전자가 더 아름답기는 하지만 보다 심원한 진리의 표현이라는 점에서는 후자가 더 높은 단계에 있음을 주장한 반면, 셸링은 고대와 근대의 예술을 그런 식의 발전적 관점에서 고찰하지 않았다. 또 셸링이 예술을 철학과의 관계에서 동등하거나 심지어 우위에 있는 것으로 자리매김했던 반면에, 헤겔은 이 두 가지를 모두 절대 정신의 영역에 위치시키기는 했지만 절대적 진리를 인식함에 있어 철학에 우위를 부여했다.[44]

헤겔은 예술의 진정한 개념 및 이에 대한 학문적 파악과 관련하여 셸링의 업적을 인색하다 할 정도로 간략하게 설명한 후, 역시 빙켈만에 대해서도 몇 줄 안 되는 분량만을 할애하고 있다. 그는 빙켈만이 "예술의 이론과 학문적 인식에 대해 끼친 영향은 거의 없었다"는 식의 평가를 내리고 있기는 하지만, 그럼에도 불구하고 빙켈

---

44 헤겔과 셸링의 미학에서 나타나는 공통점과 차이점에 대한 상세한 설명으로는 다음을 참조하시오. R. Zuckert, "The Aesthetics of Schelling and Hegel", D. Moyar(ed.), *The Routledge Companion to Nineteenth Century Philosophy*, London: Taylor & Francis, 2012, pp. 165-193.

만이 고대 예술에 대한 연구와 관찰을 통해 "예술고찰을 위한 새로운 시각을" 찾아냈다는 점과 "범속한 목적이나 한갓 자연모방이라는 관점에서 탈피"하여 더 높은 관점에서 예술을 고찰할 것을 촉구한 인물이었다는 점을 강조한다(Ä I, 92). 빙켈만을 일약 유명인사로 만들어준 저술 『회화 및 조각에서 그리스 미술품의 모방에 관한 고찰』(*Gedanken über die Nachahmung der griechischen Werke in der Malerei und Bildhauerkunst*, 1755)에는 고대 그리스 세계와 문화에 대한 그의 동경과 찬양 또 고대 그리스의 예술작품에 이상적이고 고전적인 성격을 부여하는 그의 표현들이 숱하게 등장한다. 즉 그는 "좋은 취미는 원래 그리스 창공 아래서 형성되기 시작했다"고 말하면서 고대 그리스인들이 걸어간 길이 "보편적인 미와 이상적인 형상"을 추구하고 발견하는 길이었음을 명시한다. 또 그는 "우리가 위대하게 되는 길은 [...] 고대인을 모방하는 것"이라고 하거나 "나는 그리스인들의 작품을 모방함으로써 우리들이 훨씬 빨리 현명하게 될 수 있다는 것을 믿는다"고 말한다.[45]

이렇듯 그는 고대 그리스인들이 만들어낸 미의 이상과 그것의 고전적이고 규범적인 성격을 강조했고 완전한 미에 대한 탐구와 추구를 중시함으로써 이른바 고전주의자의 면모를 보인다. 다른 한편, 예술에 관련된 역사적이고 문화적인 자료들을 풍부하게 수집하고 관찰함으로써 한 민족의 삶의 방식과 특수성을 탐색하는 그의 연구는

45 Johann Joachim Winckelmann, *Reflections on the Imitation of Greek Works in Painting and Sculpture*, Complete German Text, with a new English translation by E. Heyer & R. G. Norton, La Salle: Open Court, 1987, pp. 20, 2, 4.

예술사라는 학문에 새로운 시각을 가져온 것으로 평가받을 만하다. 그리고 이 점을 헤겔 역시 그냥 지나치지 않고 높이 평가하고 있다. 그런데 고대인들을 모방하라는 빙켈만의 주장은 사실상 단지 그들을 모방하는 것이 당대 예술의 목표라는 선언이 아니었다. 왜냐하면 그는 예술가가 독자적이고 창조적인 면모를 갖추어야 함을 마찬가지로 강조하기 때문이다. 그렇기에 그는 예술가의 수련과정에서, 이상적 미를 구현한 고대의 예술작품을 모방하는 것이 필수적이라고 생각하지만, 그가 더욱 중시하는 것은 오히려 완벽한 미의 이상을 창조해낸 고대 그리스 예술가들의 방법과 위대성을 모방하는 것이라고 할 수 있다. 또한 그는 예술이 특정한 시간과 공간 속에서 이룩된 문화의 정수를 드러내는 것으로 간주하고 그런 면에서 예술이 지니는 독자적 가치를 강조했으며, 그의 연구 활동의 핵심은 미의 본질 자체에 대한 탐구에 있었다고 할 수 있다.[46] 그런 의미에서 헤겔이 보기에 빙켈만이 예술을 탐구하는 방식은 "범속한 목적이나 한갓 자연모방이라는 관점에서 탈피"한 것이었다(Ä I, 92). 헤겔은 본문에서 빙켈만의 이론적 작업에 대해 그리고 그가 끼친 영향에 대해 상세한 설명을 하고 있지 않지만, 적어도 고대 그리스 예술에서 이상적인 미가 구현되고 있음을 주장한다는 점에서는 헤겔 자신도 빙켈만의 후예라고 불릴 수 있을 것이다.[47]

---

46 빙켈만의 미학 이론에 대한 상세한 설명을 위해서는 다음을 참조하시오. F. C. Beiser, *Diotima's Children: German Aesthetic Rationalism from Leibniz to Lessing*, New York: Oxford University Press, 2011, pp. 156-195.

47 다음 장의 해설에서 상세히 다루겠지만, 헤겔은 예술의 역사를 세 단계로 설정하고 이를 각각 상징적, 고전적, 낭만적 예술로 부르는데, 빙켈만이 모방의 대상으로

끝으로 헤겔은 독일 낭만주의 운동, 특히 초기 낭만주의 운동의 대표적 두 인물인 슐레겔 형제의 역할을 예술철학적인 맥락에서 개략적으로 평가하고 있다. 헤겔은 예술과 철학에 대한 낭만주의적 이론을 그리고 새로운 세계관과 사유방식을 제시했다는 점에서 항상 동생인 프리드리히 슐레겔을 더욱 중요한 인물로 꼽고 있다. 그리하여 다음에 이어지는 절의 주제인 '낭만적 반어'를 다룰 때에는 오로지 프리드리히 슐레겔의 견해를 집중적으로 소개하면서 비판하고 있다. 그러니까 여기서 헤겔은 반어에 대한 본격적 서술에 앞서 슐레겔 형제에 공통되는 사항들을 설명하면서 다음 절에 대한 배경을 마련하고 있다고 할 수 있다. 슐레겔 형제는 물론 비평가이자 작가 또는 문학이론가의 면모가 강하지만, 특히 동생인 프리드리히 슐레겔은 상당히 철학적인 인물이라고 할 수 있다. 그러나 헤겔은 이 형제가 "대체로는 철학적이지 않고, 본질적으로 **비평적인**" 특성을 지녔다고 평가한다(같은 곳). 그들은 절대자에 대한 이성적 인식이 가능하며 이것은 체계적인 철학을 통해 가능하다는 헤겔 식의 견해와는 대조적인 관점에 서 있기는 했지만, 나름의 철학적 입장과 이론을 가지고 있기는 했다. 그러나 철학과 시를 하나로 결합하고자 한다거나 엄격한 방법론에 대해 의심을 품는다거나 절대적인 것에 이르기 위해 개념적 언어보다 예술적 언어를 더 우위에 두는 입장은 헤겔의 입장과는 양립할 수 없는 것이었다. 헤겔이 본문에서 이 형제의

삼도록 추구한 예술이 바로 고전적 예술에 해당한다. 헤겔은 고대 그리스 시대의 고전적 예술에 대해 "미의 왕국의 완성"이자 "더 아름다운 것은 있을 수도 없고 생겨날 수도 없다"고 서술하고 있다. Ä II, 127-128.

철학적 견해나 업적을 진지하게 다루지 않고 심지어 폄하하기까지 하는 것은 실제로 그들이 일관되고 논리적으로 정연한 자신들만의 이론을 전개하지 못했기 때문이기도 하지만, 이른바 낭만주의적 철학에 대한 헤겔의 비판적 시각에 기인한다고 할 수 있다.

3. 반어[48]

헤겔은 예나를 중심으로 전개된 이른바 초기 낭만주의의 핵심인물인 프리드리히 슐레겔의 반어 개념을 중심으로 낭만주의에 대한 자신의 비판적인 입장을 서술하고 있다. 그는 반어를 주제로 삼는 이 절(節)의 뒷부분에서 짤막하게 졸거와 티크의 반어 개념을 고찰하기는 하지만 그의 관심은 거의 슐레겔에 집중되어 있다. 이 세 명의 이론가 또는 작가들은 모두 근대적인 낭만적 반어 개념을 그들의 예술론의 최고 원리로 삼고 있는데, 그렇게 본다면 이 절의 제목은 정확하게 말해서 "반어"가 아니라 '낭만적 반어'가 되어야 할 것이다. 헤겔의 비판적 고찰은 대체로 슐레겔의 반어 개념과 낭만주의적 천재 개념을 겨냥하고 있는데, 실제로 헤겔이 슐레겔의 반어 개념을 비판할 때면 이 두 가지 비판 대상이 한데 결합되어 등장하기도 한다. 그는 슐레겔을 반어의 "창시자"로 칭할 뿐 아니라,[49] 반어적 인간형 또는 반

48 "반어"의 일반적 의미에 대한 보다 상세한 설명을 위해서는 이 책 203-205쪽의 미주 47을 참조하시오.

49 G. W. F. Hegel, BS, pp. 233-234.

어적 예술가를 구현하고 있는 인물로 평가하고 있다. 헤겔은 반어의 철학적 기반이 피히테 철학에 있다고 주장하는데,[50] 그에 따르면 슐레겔은 특히 피히테의 주관성 또는 주체 개념을 자기 식으로 해석하고 발전시켰으며 또 반어 개념의 토대로 삼았다(Ä I, 93). 그리하여 헤겔에 따르면 슐레겔은 말하자면 피히테의 주관성 철학을 미학적 영역에 적용한 인물이 된다.

헤겔은 본문에서 피히테의 절대적 주관성의 원리인 자아(das Ich) 개념과 반어 개념을 연결시켜 서술하고 있다. 피히테가 말하는 자아가 절대적인 이유는 그것이 모든 인식과 실천의 궁극적인 근거로 설정되기 때문이다. 이러한 자아는 스스로를 정립할 뿐 아니라 비아(das Nicht-Ich), 즉 객관적 세계 또한 정립한다는 의미에서 본원적이고 무제약적이며 초월적인 원리이다. 그런데 헤겔은 자아를 절대적 원리로 내세운 피히테의 철학 역시 주관과 객관, 보편과 특수, 유한과 무한의 대립을 통일하는 과제를 성공적으로 해결하지 못했다고 비판한다. 헤겔에 따르면 피히테 철학은 단적으로 말해 모든 인식과 행위 그리고 우주 자체를 단 하나의 근본 원리인 자아의 절대성에서 도출하려는 시도였지만, 객관 세계가 어떻게 주관을 통해 규정되고

---

50 슐레겔은 "프랑스 혁명, 피히테의 학문론, 괴테의 빌헬름 마이스터는 이 시대를 드러내는 가장 커다란 경향들"이라고 쓸 정도로 피히테 철학이 갖는 중요성을 높이 평가하였고 이 철학이 그의 미학이론의 형성에 끼친 영향은 지대하다고 할 수 있다. 물론 그가 피히테 철학의 일관된 추종자였던 것은 아니었으며 또 피히테 철학을 충분히 이해하고 있었는가 하는 것도 문제 삼을 만하지만, 헤겔은 슐레겔이 피히테 철학을 자기 식으로 해석했으며 이러한 해석이 그의 반어 개념의 형성과 밀접히 연관되어 있음을 강조한다. F. Schlegel, *Athenäums-Fragmente*, KA, Bd. 2, p. 198.

근거 지워질 수 있는지를 충분히 해명하지 못한 채 주관적인 입장의 철학을 벗어나지 못했다. 우리는 여기서 헤겔의 피히테 비판을 주제로 삼고 있지 않으므로 피히테 철학에 대해 상세히 논하지 않고, 단지 피히테의 자아 개념을 헤겔의 슐레겔 비판의 맥락에서 고찰하게 될 것이다.

헤겔은 우선 피히테가 말하는 절대적 자아 개념의 의미를 몇 가지 측면에 따라 서술하면서 피히테의 자아 개념이 어떤 식으로 해석되어 슐레겔의 반어 개념의 형성에 영향을 끼치고 있는지를 제시하고 있다. 그리고 그는 슐레겔의 반어 개념 속에서 피히테의 자아 개념의 어떤 특성들이 발전되어 나타나며 이런 특성들이 어떤 식의 세계관과 삶의 태도를 만들어내는지를 말해 주고 있다. 헤겔은 피히테 철학에서 절대적 자아는 추상적이고 형식적이며 어떤 실체적인 객관적 내용도 규정하지 않는다고 말한다. 사실상 이 자아는 그 어떤 내용이라도 스스로 정립하고 또 부정한다는 점에서 절대적이라고 불릴 수 있지만, 바로 이렇듯 자유로운 정립과 부정의 활동 속에서 이 자아의 대상이 되는 여하한 내용도 필연성과 참된 객관성을 가질 수 없다. 그렇기에 이 절대적 자아의 관점으로는 그 어떤 대상도 확고한 실체적 존재일 수 없으며, 여기서 자아가 누리는 자유는 그 어떤 고정된 형태나 특정한 내용과도 무관하게 떠도는 공허한 자유이다. 이에 대해 헤겔은 "모든 사태가 이러한 추상적 자유와 통일성으로 매몰"되고, "존재하는 것은 오로지 자아를 통해 존재하며, 그리고 나를 통해 존재하는 것을 나는 또한 마찬가지로 다시 폐기할 수도 있는 것"이라고 서술한다(Ä I, 93). 그렇기에 이러한 절대적 자아에게는 객관적이면서 그 자체로 가치가 있는 것이란 따로 존재하지 않는다. 만약 그런 것이 있다면 그것은 가상에 불과하며, 이 말은 곧 그것이 참되거나 현실적인 것이 아니라 절대적 자아에 의해 임의적으로 정당화될 수도 지양될 수도 있는 그런 것에 불과함을 뜻한다. 그런데 그렇게 되면 "윤리성, 합법성, 인간성과 신성, 속됨과 성스러움의 영역 어디에서도 자아를 통해 비로소 정립되지 않았다 할 어떤 것도 없게 되며, 그래서 마찬가지로 자아에 의해 파기될 수 없는 그 어떤 것도 없게 된다."(Ä I, 94)

이러한 자아가 특정한 개인으로 출현한 모습을 헤겔은 낭만주의적 예술가로 상정하고 있는데, 그는 여기서 사실상 슐레겔을 염두에 두고 있다. 헤겔이 앞에서 묘사한 절대적 자아는 모든 것 위에 군림하는, 그 어떤 것에 의해서도 고정되지 않고 그 어떤 것도 진지하게 여기지 않으며 자유롭게 부유하는 자아인데, 이러한 자아의 태도 또는 특성이 반어이며, 헤겔에게는 이러한 태도를 체현한 반어적 인물이 바로 낭만주의적 예술가 슐레겔인 것이다. 그리하여 그는 본문에서 다음과 같이 쓴다.

> 그런데 이것은 미와 예술이라는 관점에서 보자면 예술가로서 살며 자신의 삶을 **예술적으로** 형상하한다는 **그런** 의미를 얻는다. 그러나 위의 원리에 따른다면, 나의 모든 행동과 표현 일반이 — 그것이 그 어떤 내용과 관련되고 있는 한에서는 — 나에 대해 오로지 **가상**으로만 머물고 또한 전적으로 내 재량에 맡겨져 있는 형태를 취하는 경우에야 나는 예술가로서의 삶을 사는 것이다. 그렇게 되면 이때 이 내용이라는 것도 그것의 표현이나 실현도 나에게는 도대체 참된 **진지함**의 성격을 갖는 것이 아니다. [...] 모든 것을 자신으로부터 정립하고 해체하는 자아가 곧 예술가라는 관점을 취한다면 [...] 그러한 진지함은 도대체 자리 잡을 수 없는 것이다.(Ä I, 94–95)

즉 이러한 반어적 예술가에게 일체의 참된 진지함은 사라지고 그는 삶을 오직 유희와 장난으로 대하는 것이 된다.[51] 이러한 평가를 뒷받침하듯 슐레겔은 다음과 같이 쓰고 있다.

> 아주 대중적인 예술들, 예컨대 연극에서조차도 우리는 반어를 요구한다. 우리는 사건들, 인간들 요컨대 삶이라는 유희 전체가 실제로 또한 유희로서 간주되고 표현되기를 요구하는 것이다.[52]

간혹 헤겔의 반어 비판이 매우 과격하게 들리기도 하지만, 적어도 이 인용문을 놓고 보면 헤겔은 슐레겔이 강조하는 반어에 대해 적절한 지적을 하고 있는 것으로 보인다.

헤겔은 이어서 반어적 예술가가 스스로에게 부여하는 또는 종종 다른 이들에 의해서 예술가에게 부여되곤 하는 천재성이라는 것에 대해 논한다. 대체로 낭만주의 예술운동에서 예술가의 이상이란 어떤 규칙에도 구애받지 않고 오히려 규칙을 만들어내며 무한한 자

---

51 헤겔은 그의 『법철학』에서 반어적인 입장과 태도에 대해 다음과 같이 쓰고 있다. "[객관적인] 사태가 대단한 것이 아니라 자아가 대단한 것이며, 자아가 법칙과 사태의 지배자라는 것이고, 그리하여 이 자아는 그것들과 자기 임의대로 **오로지 유희할 뿐이다**. 그것도 다음과 같은 반어적 의식, 즉 자아 스스로가 최고의 것(das Höchste)을 파괴시키며 오직 자기 자신을 즐길 뿐이라는 의식 속에서 말이다." GPR, § 140. 한편, 『철학사강의』에서도 헤겔은 이와 같은 맥락에서 다음과 같이 말하고 있다. "반어는 모든 것과의 유희이다. 이러한 주관성은 그 어떤 진지함과도 관계가 없다. 이러한 주관성이 진지함을 내세우기도 하지만, 다시금 이를 폐기하며 모든 것을 농담으로 변모시킬 수 있다. 모든 고귀하고 신적인 진리도 아무것도 아닌 것(천박함)으로 해소되어 버린다." GP I, p. 460.

52 F. Schlegel, *Gespräch über die Poesie*, KA, Bd. 2, p. 323.

유를 누리는 창조적인 능력의 소유자로서의 천재인데,[53] 헤겔은 이러한 측면을 “신적 천재성”이란 말로 표현한다. 헤겔이 보기에 천재적 예술가로서의 반어적 예술가는 특별하고도 특권적인 존재로서, 모든 것을 자신으로부터 정립하고 해체하는 피히테 철학의 자아가 예술가라는 형태로 구현된 것이다. 그런데 물론 이러한 천재적이고 반어적인 예술가는 보통사람들과 다를 수밖에 없으며, 이들 보통사람들은 이 예술가의 반어적 유희를 유희로서가 아니라 진지하게 받아들일 수도 있고 또 그것을 이해하지 못할 수도 있다. 또한 이들은 이런 반어적 예술가들만큼, 삶의 모든 진지하고도 가치 있으며 신성한 것들을 단지 자의적으로 산출된 것으로 또 임의적으로 폐기될 수도 있는 것으로 여길 만큼 그렇게 자유롭지 않다. 이들이 반어적 예술가의 예술적 유희에 의해 기만당하거나 이러한 유희를 이해하지 못할 때 반어적인 천재적 예술가는 자신의 수준에 이르지 못하는 이 보통사람들을 무시하면서 그 자신의 특권적 지위를 다시금 확인한다. 이에 대해 헤겔은 다음과 같이 말하고 있다.

> 이러한 천재성에게는 모든 것이 그리고 누구라도 단지 비본질적인 피조물일 뿐이며, 스스로를 그러한 일체의 것들로부터 떨어져 홀로 있는 것으로 이는

53 칸트 역시 예술에 규칙을 부여하는 천부적 능력으로서 천재를 말한 바 있고, 셸링에게서도 절대적 진리를 예술을 통해 객관화시키는 존재로서의 예술가는 천재에 다름 아니다. 그렇기에 예술가는 보통사람과 구별되는 아주 특별한 존재로 간주될 수밖에 없다. 예술사에서 어떤 규칙이나 관습으로부터 그리고 학습으로부터 벗어나 자신의 자유로운 상상력과 독창성을 통해 그리고 영감을 통해 무한한 것을 유한한 방식으로 실현하는 천재적 예술가의 상이 가장 부각되었던 시기는 바로 낭만주의 예술운동기라고 할 수 있다.

자유로운 창조자는 자신이 그런 피조물을 창조한 것처럼 폐기할 수도 있다는 점에서 그것에 매이지 않는다. 그리하여 신적 천재성이라는 그런 관점에서 있는 사람은 여타의 모든 사람들을 고자세로 멸시하는데, 그는 이 사람들이 법, 윤리성 등등을 여전히 확고하고 의무적이며 본질적인 것으로 여기는 한에서 제약되어 있고 진부하다고 말한다.(Ä I, 95)

이렇듯 자만에 차고 자기만족적이며 현실을 초월했다고 자부하는 유아독존적인 예술가의 태도로서의 반어를 헤겔은 슐레겔이 "고안한" 것이며 다른 많은 사람도 이를 모방했다고 주장한다. 그런 후에 헤겔은 이러한 반어가 어떤 세계관 내지는 삶의 태도를 가져올 수 있는지에 대해 설명하면서 계속해서 다음과 같이 반어를 비판하고 있다.[54]

즉, 모든 사실적이고 윤리적이며 객관적인 것들을 "허무하고 공허한" 것으로 여기는 반어적 자아에게 일단 그 자체로 타당한 것은 오로지 자신의 "주관성", 자기의식뿐이라는 것이다. 그러나 자기 자신을 제외한 모든 것을 무가치하고 허무한 것으로 여기는 이 자아에게는 어떤 확고한 내용으로도 채워지지 않는 자기 자신조차도 공허

54 지금까지의 그리고 앞으로도 이어지는 헤겔의 반어에 대한 설명은 온통 부정적인 서술로 가득 차 있어 지나치게 일방적이라는 인상을 주기도 하지만, 시에 대한, 다시 말해서 슐레겔이 추구하는 시에 대한 그리고 반어에 대한 슐레겔 자신의 다음과 같은 언급을 보면 헤겔의 서술이 갖는 타당한 면을 부정할 수 없다. "오직 시만이 또한 이런 측면으로부터 철학의 높이까지 스스로를 고양시킬 수 있다. [...] 과거의 그리고 현대의 시들 중에는 그 전체에서 철두철미하게 반어의 신적인 입김을 발산하는 것들이 존재한다. 거기에는 진정으로 초월적인 해학이 살아 있다. 그 내면에서 모든 것을 굽어보고 모든 제약된 것들 위로 스스로를 무한히 고양시키며 또한 자기 자신의 예술, 덕성, 또는 천재성까지 자기 발아래 두는 그런 분위기가 살아 있는 것이다." F. Schlegel, *Lyceums-Fragmente*, KA, Bd. 2, p. 152.

한 것이 되어 버린다. 그리하여 이 무내용적이고 허무한 자아는 자기 속에서의 유희와 자기향락에 만족하지 못한 채 좀 더 본질적이고 실체적이며 객관적인 어떤 것에 대한 갈망을 느낀다. 그러나 절대적이고 모든 것으로부터 떨어져 이를 초월해 있다고 여기는 이 자아, 그리고 통속적인 현실에 진지하게 임하기에는 너무도 고고하고 탁월한 이 자아는 결국 자기 내면의 추상성과 "고독"으로부터 벗어나지 못하고 현실에서 충족되지 않는 영원하고 무한한 것을 "동경"하면서 무기력함 속으로 빠져버린다(Ä I, 96). 즉 헤겔이 보기에 이러한 반어적 자아는 자기 속에 함몰된 병적이고 비현실적인 자아인 것이다.

헤겔은 이제 예술 속에서 구현되는 반어를 희극적인 것과의 비교를 통해 한층 노골적으로 비판하면서 자신의 슐레겔 비판을 마무리한다. 그가 반어와 슐레겔에 대한 서술을 거의 비판 일색으로 채우는 것은 그가 그만큼 반어와 반어적 의식이 갖는 파장과 영향력을 중시했기 때문이고 또 그것을 위험하다고 보았기 때문이라고 할 수 있다. 헤겔이 보기에 예술 속에서 구현되는 반어적인 것은 "훌륭함, 위대함, 탁월함"이 스스로 파괴되도록 하며 "사람들에게 가치와 존엄을 갖는" 모든 것을 스스로 파괴되는 "허무한 것으로" 보여준다. 또 반어적 원리 속에서는 "지고지선(至高至善)한 그 어떤 것도 그것이 개인, 성격, 행위들 속에서 현상하면서 스스로를 반박하고 무화"시킴으로써 "결국 아무것도 아닌 것"이 되어버린다. 진지한 것들을 허무하고 무가치한 것으로 만들어버린다는 점에서 반어라는 형식은 희극적인 것(das Komische)과 유사할 수도 있겠지만, 헤겔은 반어적인 것과 희극적인 것을 분명히 구별한다. 즉 희극적인 것에서는 "그 자체로 아무것도 아닌 것, 즉 거짓되고 모순적인 현상, 예컨대 변덕, 고집이거나 또는 강렬한 열정에 대항하는 별난 억지스러움이거나, 아니면 기껏해야 확실한 원칙과 확고한 격률이라고 사칭되는 것"이 파괴되고 무화되는 반면에, 반어적인 것이 구현된 예술에서는 "윤리적인 것과 참된 것, 즉 내적으로 실체적인 내용 일반이" 사건과 등장인물들을 통해 파괴된다. 그리하여 헤겔은 내용의 확고함도 없고 그것을 견지하는 굳건함도 없는 반어적인 것이 "예술적 표현의 기조"가 될 때, "그것은 가장 비예술적인 것이 예술작품의 참된 원리로서 받아들여짐을" 의미한다고 주장한다. 왜냐하면 "그러한 표현들은 진정한 관심사를 환기할 수" 없으며, 또 이런 반어적 예술에서는 "실체적인 것을 무가치한 것으로 보여주는" 또 해소되지 않은 모순들을 그냥 안고 가는 불안정하고 불분명한 성격의 인물들이 불확실성 속에서 부유하고 배회하며 끝없는 동경에 사로잡혀 있을 뿐이기 때문이라는 것이다(ÄI, 97-98).

"자기 창조와 자기 파괴의 지속적인 교차"로서의 반어를 구사하는 반어적 예술가의 자유 속에서 낭만적 시의 요체를 발견하고 있는 슐레겔의 입장에서 보면[55] 이러한 헤겔의 비난에 가까운 비판은 부당해 보일 수 있다. 그러나 시를 철학과 대등하거나 그 이상의 위치로까지 끌어올려 그것에 절대적이고 무한한 것으로서의 진리에 접근하는 과제를 부여하고 있는 슐레겔이 바로 그러한 진리를 계속해서 끝없는 동경의 대상으로만 설정하고 객관적 현실에 대해서는 반어적인 태도를 취하면서 혼자만의 세계에 탐닉하는 것으로 보일 때,

---

55 F. Schlegel, *Athenäums-Fragmente*, KA, Bd. 2, p. 172.

이를 헤겔은 인정할 수 없었던 것이다. 또한 슐레겔의 방식은 절대적 관점의 철학에서 달성되고 있는 무한과 유한, 자연과 필연, 주관과 객관의 통일을 실질적 내용을 통해 제시하는 것과는 거리가 멀기도 했다. 물론 슐레겔 또한 이러한 통일이라는 문제의식을 지니고 있었고 자신이 표방한 낭만적 시 역시 이러한 문제의식과 깊은 관련이 있는 것이었지만, 헤겔이 보기에 슐레겔이 내세운 반어라는 원리는 결코 이러한 통일 속에서 진리가 존재함을 보여주는 방식이 될 수 없었다.

이제 헤겔은 슐레겔과 마찬가지로 반어를 예술의 최고의 원리로 설정한 다른 두 인물인 졸거와 티크에 대한 간략한 역사적 고찰을 행한다. 우선 헤겔은 슐레겔 형제를 평가할 때와는 달리 졸거가 대단히 철학적이고 사변적인 성향의 인물이었음을 강조한다. 헤겔에 따르면 졸거는 헤겔 자신이 "무한한 절대적 부정성"이라고 부르는 "이념의 변증법적 계기"에까지 도달할 정도로 사변적인 깊이를 지니고 있었으나(Ä I, 98), 이러한 부정성을 고수하는 것에 그치고 말았다. 즉 그는 헤겔처럼 긍정적이고 이성적인 통일로서의 이념에까지 도달하여 이를 부정적 계기와 더불어 체계적으로 서술하지는 못했던 것이다. 헤겔은 졸거가 "철학적 이념의 구체적 서술에 도달하기에는 유감스럽게도 너무 일찍 요절했다"고 생각한다. 그리하여 헤겔에 따르면 졸거는 "그는 규정적인 것의 그리고 내적으로 실체적인 것의 반어적 해소와 유사한 부정성의" 측면에 머물러 이러한 "부정성" 속에 "예술적 활동의 원리"가 존재한다고 생각했다.[56] 이런 식의 부정성을 예

56 실제로 졸거는 이념이 지니는 부정적 계기와 관련하여 예술의 원리로서의 반어에 대해 다음과 같이 말하고 있다. "이러한 이행의 순간, 즉 이념 자체가 필연적으

술의 원리로서 고수하는 졸거는 슐레겔과 유사해 보일 수도 있으나, 헤겔은 졸거가 슐레겔과 같은 "반어적 예술가도 아니었고" 또 "진정한 예술작품들에 대한 그의 심오한 감각"은 "반어적 본성을 갖지도 않았다"고 주장하면서, "삶과 철학 그리고 예술의 관점에서" 볼 때 졸거는 슐레겔 식의 반어를 표방한 사람들과는 구분되어야 함을 강조한다(Ä I, 99).

헤겔이 반어와 관련하여 마지막으로 다루는 인물은 티크이다. 헤겔은 티크와 더불어 초기 낭만주의의 중심 도시 예나를 언급함으로써 자신의 서술이 특별히 초기 낭만주의의 반어 개념과 연관되어 있음을 알려준다. 그렇지만 헤겔은 티크에 대해 몇 줄 안 되는 분량으로 짧게 서술하고 있기 때문에 그가 티크의 반어 개념을 어떻게 평가하고 있는지가 확실히 드러나지는 않는다. 그럼에도 졸거의 경우와는 달리 헤겔의 티크에 대한 평가가 거의 부정적으로 들리는 것은 분명하다. 그는 티크를 비롯한 낭만주의자들이 "매우 익숙하게 사용했던 표현들이 있었는데, 그들은 자신들이 쓰는 표현들이면서도 그것들이 무엇을 의미하는지 말하지도 않았다"고 말하면서 그들의 불명료한 언어 사용을 비판할 뿐 아니라, 예술 비평가로서의 티크의 능력에 대해서도 의문시한다. 그리하여 헤겔은 티크가 반어를 예술의

로 파괴되어 버리는 순간이 바로 예술이 마땅히 있어야만 하는 자리인 [...] 것이다. 그렇기에 여기서 예술가의 정신은 모든 방향들을 하나의 — 온갖 것을 굽어보는 — 시선으로 조망하여 한데 모아야 하는 것이다. 그리하여 바로 이런, 모든 것 위에서 부유하는, 모든 것을 파괴하는 시선을 우리는 반어라고 부르는 것이다." K. W. F. Solger, *Erwin. Vier Gespräche über das Schöne und die Kunst*(Berlin 1815), neu hrsg. und eingeleitet von R. Kurtz, Berlin, 1907, p. 387.

원리로 주장하고 도처에서 "반어를 요구"하고 나선 나머지, 반어와 별 관계가 없는 셰익스피어의 〈로미오와 줄리엣〉과 같은 작품조차도 반어적인 성격을 갖는다는 식의 그릇된 판정을 내리고 있다고 비꼬면서 티크에 대한 서술을 끝내고 있다(같은 곳).

우리는 이제 제3장의 2부인 "참된 예술 개념의 역사적인 연역"에 대한 해설을 마무리하는 지점에 와 있다. 헤겔은 자신이 말하는 참된 또는 진정한 예술 개념이 도출되는 과정을 "역사적인 연역"이라는 이름으로 서술하면서, 첫 번째로는 칸트 철학을, 그다음으로는 실러, 빙켈만, 셸링의 미학 이론들을, 그리고 끝으로 낭만적 반어 개념을 고찰하였다. 그는 여기서 이러한 이론적 입장들에 대한 비판뿐만 아니라 이것들의 긍정적인 측면도 서술함으로써, 어떻게 이러한 입장들이 진정한 예술 개념을 이루는 계기들로서 자리 잡을 수 있는지를 설명했다. 그런데 세 번째 부분인 낭만적 반어는 앞선 두 부분의 서술과는 달리 거의 비판적인 내용으로만 이루어져 있다는 인상을 준다. 그렇다면 이 세 번째 부분이 왜 "역사적 연역"에 포함되어야 했는지에 대한 의문이 생겨나게 된다. 그가 반어 개념의 부정적인 측면을 상세히 다루고 낭만주의에 대해 거의 일방적인 공격에 가까운 언사까지 사용했다 하더라도, 그가 만약 낭만주의와 반어 개념에서 오로지 부정적인 면만을 보았다면 이를 "연역"에 포함시키지 않았을 것이다. 사실 낭만주의는 헤겔 자신도 경험한 당대의 커다란 문화적 운동이기도 했지만, 헤겔이 특히 주목하는 슐레겔을 비롯한 초기 낭만주의자들의 예술 그리고 철학에 대한 입장은 헤겔의 그것과 공통되는 측면도 존재한다. 초기 낭만주의자들은 근대 사회가 가져온 병폐들, 즉 소외와 내적 분열 및 대립의 심화, 노동 분업에 따른 인간의 파편화, 개인과 공동체의 분리 등과 같은 문제들에 대한 예리한 의식을 가지고 있었으며, 이를 극복하고자 하는 열망을 지니고 있었다. 그리하여 그들은 새로운 방식의 예술과 철학을 통해 이성과 감성, 특수와 보편, 주관과 객관의 대립을 지양하려는 노력을 기울였던 것이고 바로 여기에 낭만주의가 갖는, 단순히 예술운동의 차원을 넘어서는 의의가 존재한다. 그리고 그들이 지녔던 문제의식과 그들이 기울인 노력이라는 측면에서 보면 그들과 헤겔과의 거리는 그다지 멀어 보이지 않는다. 그들 모두 헤겔처럼 칸트와 실러, 피히테 등에게서 매우 깊은 영향을 받았으며 특히 셸링은 상당한 정도로 이 낭만주의자들과 친화적이기도 했다. 그렇지만 이러한 그들의 문제의식이 아무리 예리했고 헤겔과 유사했다고 하더라도 반어와 같은 방식이 위에서 언급한 바와 같은 대립의 진정한 통일과 화해를 가져올 수는 없다는 것이 헤겔 자신의 확고한 입장이었다. 그에게 반어는 오히려 분열과 대립을 심화시키고 이를 절대적인 주관적 자아의 내면성 속으로 해소시킴으로써 단지 관념적이고 비현실적인 해결책을 제시하는 것이었다. 그렇긴 해도 낭만주의자들이 취한 입장, 예술을 자기목적적인 것으로 이해하고, 절대적 진리가 추구되는 장소가 곧 예술이라고 생각하며 결국 그 진리는 무한과 유한, 정신과 자연, 자유와 필연과 같은 대립들의 화해와 통일에 있는 것이라는 입장 — 우리가 이 진리에 완전히 도달하지는 못할지라도 — 은 헤겔이 셸링에게서 발견했던 절대적인 관점과 맥을 같이하는 것이었다. 이러한 맥락에서 헤겔은 그가 제시하는 진정한 예술 개념의 도출을 위한 "역사적 연역"의 일부로서 낭만주의와 반어 개념을 다루고 있는 것이다.

[IV] 주제의 구분

헤겔은 제4장에서 앞의 장에서와는 다르게 본격적으로 "대상 자체"에 대한 개괄적인 고찰을 행한다고 명시한다. 이 대상은 헤겔 미학 전체의 주제가 되는 것으로서의 미의 이념 또는 예술미의 이념이다. 헤겔에게서 이념이란 개념과 그것이 스스로를 전개시켜 실현된 객관적 현실성 이 두 가지의 통일임을, 그것도 결국 사유를 통해 파악된 통일임을 고려해 본다면,[57] 이제 헤겔은 〈서론〉의 이 마지막 장에서 미 또는 예술미의 개념이 어떻게 스스로를 전개시켜 자신을 실현하는지를 개괄적으로 제시하고자 하는 것이다. 그렇기에 이 4장의 제목인 "주제의 구분"은 포괄적인 하나의 주제 즉 미의 이념이 우선은 개념으로서 작은 주제들로 구분되어 다루어지는 것을 뜻하는데 이 작은 주제들은 그저 단순히 열거되는 것이 아니다. 헤겔 식으로 말하자면 포괄적인 큰 주제인 미의 이념은 스스로를 특수한 주제들로 구분하며, 또한 이 주제들을 발전적으로 전개시킨다. 이것들은 상호간에

57 헤겔이 말하는 "이념"의 의미에 대해서는 〈용어설명〉 참조.

필연적 연관성을 지니며 이것들의 결합으로서의 전체는 결국 다시금 하나의 통일된 주제 즉 미의 이념 자체를 뜻하게 된다. 즉 포괄적이고 통일적인 주제이자 대상으로서의 예술미의 이념은 특수한 주제들로 구분되고 이것들의 서술 전체가 헤겔 미학의 내용을 이루는 것인데 〈서론〉의 제4장은 이러한 구조를 개괄적으로 제시하는 역할을 맡고 있는 것이다. 그래서 헤겔은 이 장에서 "절대적인 것의 표현으로서의 예술미 일반의 개념으로부터 어떻게 특수한 부분들이 도출되어 나오는지가 적어도 일반적으로는 드러나도록 해야만 한다"고 말한다(Ä I, 100).

헤겔은 우선 예술의 내용과 형식을 다시 한 번 분명하게 언급한다. 그에 따르면 예술의 "내용"이 되는 것은 "이념"이며, 예술의 "형식"은 "감각적이고 구상적인 형상화"이다(같은 곳). 그러니까 예술이란 이념이 감각적이고 구상적으로 형상화된 것으로서 내용과 형식의 결합인 것이다. 여기서 이념이란 정신, 절대자, 진리, 신적인 것 등으로도 표현될 수 있다. 헤겔에 따르면 정신 또는 절대자로서의 이념은 고정되어 있거나 피안의 어느 곳에 머물러 있는 것이 아니라 자신의 본질상 스스로를 전개시켜 일종의 과정으로서 존재한다. 그리하여 예술현상 속에서 이러한 이념은 단계적으로 전개되며 이러한 전개과정 전체가 결국 예술 속에서 나타나는 통일적 이념을 이루는 것이다. 그리고 예술을 통해서 나타나는 이념이 곧 예술미의 이념으로서 미학의 대상이자 주제가 되는 것이다.

그리하여 헤겔이 『미학강의』를 통해 제시하는 그의 미학은 스스로를 전개시키는 예술미의 이념에 대한 철학적 고찰이 되는 것이고, 이 이념은 예술을 통해 드러나므로 동시에 예술에 대한 철학적 고찰이 되기도 하는 것이다. 그런데 헤겔에게서 철학적 고찰이란 곧 개념적인 고찰을 뜻하며, 개념적 고찰이란 개념의 계기들인 보편성, 특수성, 개별성에 따르는 고찰을 말한다. 그렇기에 철학적 학문으로서의 미학은 그의 대상인 예술미의 이념을 이 계기들에 따라 고찰하며, 이를 통해서 예술미의 이념은 구체적이며 통일적으로 파악되는 것이다. 그리하여 헤겔은 "우리의 학문은 세 개의 주요부분으로 나누어진다"고 말하면서 세 부분들을 언급하는데 이들은 각각 개념의 계기들에 상응한다(Ä I, 104). 즉 첫째 부분은 보편성에 상응하는 것으로 보편적인 것으로서의 예술미의 이념 자체를 고찰한다. 둘째 부분은 특수성에 상응하는 것으로, 여기서는 예술의 특수한 단계들 및 형식들에 대한 고찰이 이루어진다. 셋째 부분은 개별성에 상응하는 것으로, 여기서는 개별적인 예술 장르에 대한 고찰이 이루어진다. 이제 헤겔은 각 부분들이 어떤 내용을 다루게 되는지를 개괄적으로 제시한다.

1. 예술미의 이념으로서의 이상(das Ideal)

우선 헤겔은 보편적인 것으로서의 예술미의 이념을 고찰하는데, 이것은 『미학강의』의 제1부를 이루는 내용에 대한 개관이라는 성격을 갖는다. 예술미의 이념은 모든 예술들을 포괄하고 이것들을 통일한다는 의미에서 보편적이다. 먼저 헤겔은 "형이상학적인 논리학"에서 절대적인 진리 내지는 절대자로서 파악해야 하는 "**이념 그 자체**"와 "**예술미**로서의 이념"을 구분한다. 그리고 그는 후자의 이념을 "현실성으로 형상화되고 또한 이러한 현실성과 직접적으로 상응하는 통일성을 얻은 이념"이라고 말하면서 이를 "이상(das Ideal)"이라고 명명한다(Ä I, 104). 즉 예술미는 예술과 분리되어 존재하지 않으며 예술은 감각적 형상화라는 형식과 분리되어 존재하지 않는다. 그렇기에 예술미의 이념은 개별적인 현상 속에서 구현되는 이념으로서 이상이라고 불리며, 이는 다른 말로 하면 "자신의 개념에 적합하게 형상화된 현실성으로서의 이념"인 것이다(Ä I, 105). 그리하여 이렇게 이해된 이상은 "이념과 구체적 현실성으로서의 이념의 형상화가 서로 완전히 일치해야 한다는 요구"를 충족시키는 것으로 설정되며, 이제 예술은 이러한 이상에 도달한 것과 그렇지 못한 것으로 구분되게 된다. 즉 예술미의 이념을 완전히 실현한 것으로서의 예술과 그렇지 못한 것으로서의 예술이 구분되는 것이다. 달리 말하면 이상은 내용과 형식의 완벽한 상응과 조화에 이른 예술에서 발견되며, 이러한 척도에 따라 예술의 완전성과 불완전성도 평가될 수 있다. 그리하여 헤겔은 내용과 형식이 맺는 관계에 따라 예술의 여러 유형들이 존재하게 됨을 주장하며 이를 특수성의 계기에 따라 서술한다.

2. 특수한 예술형식들로의 전개

예술미의 이념은 단지 보편적인 것으로 존재하는 것이 아니라 특수한 형식들로 분화된다. 즉 이러한 이념은 역사를 통해 스스로를 단계별로 전개시키며 이 단계들이 곧 특수한 예술형식들인 것이다. 이 형식들을 헤겔은 각각 상징적, 고전적, 낭만적이라고 부른다. 이러한 예술형식들의 발전적인 전개에 대한 서술이 『미학강의』의 제2부를 이루며, 〈서론〉의 제4장에서는 이에 대한 개괄적 고찰이 이루어진다. 헤겔은 이 형식들이 "내용으로서의 이념을 파악하는 상이한 방식에서 도출"된다고 말하는데(Ä I, 107), 이것은 곧 내용으로서의 이념과 그것의 형상화 또는 형식이 맺는 관계들에 상응하는 세 가지 유형의 예술들이 존재함을 의미한다. 이러한 특수한 예술형식들을 헤겔은 특수한 "세계관"과 관련시킨다. 즉 상징적, 고전적, 낭만적 예술형식들에는 "자연적, 인간적, 신적인 것에 대한" 특수하고도 "포괄적인 의식"으로서의 세계관이(Ä I, 103) 대응한다는 것이다. 문명의 총아로서 탄생한 예술 속에는 당연히 그 예술을 만들어낸 민족의 세계관 또는 진리의식이 투영되어 있는 것이지만, 여기에 헤겔은 특별히 종교적인 의미를 부여하고 있다. 즉 예로부터 예술은 종교와 밀접한 관계를 맺어 왔으며 헤겔 역시 이를 강조하고 있는데,[58] 실제로 그가 말하고 있는 세 가지 예술형식에는 각각 범신론적, 다신교적, 기독교적 세계관이 상응하며, 이러한 세계관과 또 이를 낳은 종교와 전혀 무관한 예술은 존재하지 않는다는 것이 헤겔의 입장이다. 이는 예술의 내용을 이루는 것인 "신적인 것(das *Göttliche*), 인간의 가장 심오한 관심사, 정신의 가장 포괄적인 진리들"이(Ä I, 21) 궁극적으로는 종교와 무관할 수 없기 때문이라고 할 수 있다. 이제 헤겔은 "이념과 그것의 형상화"가 맺는 "세 가지 관계"로서 세 가지 예술형식들에 대해 서술하는데, 이것들은 예술의 체계를 이루는 특수한 형식들일 뿐만 아니라 인간의 역사를 통해 발전적으로 등장하게 되는 예술형식들이

58 『미학강의』뿐만 아니라 헤겔은 『철학 대계』에서도 예술과 종교의 밀접한 연관성에 대해 상술하고 있다. Enz Ⅲ, § 562.

기도 하다.

1) 상징적 예술형식

헤겔이 첫 번째로 다루는 예술형식은 "상징적" 예술형식이다. 앞에서 말한 세 가지 예술형식들이 그 내용과 형상화 또는 형식이 맺는 관계들에 따라 규정되는 것이라면 상징적 예술이란 그중 하나의 특수한 관계에 상응하는 예술형식이 될 것이다. 그리하여 헤겔에 따르면 상징적 예술이란 내용으로서의 이념이 아직 충분히 구체적으로 규정되지 않아 이념에 걸맞은 개별적이고 적절한 표현에 이르지 못한 예술형식을 뜻한다. 그렇기에 헤겔에 따르면 이 예술형식은 구체적이고 명료한 표현을 위한 "탐색"에 머물러 있는 상태로 존재한다(Ä I, 107). 다시 말해서 이념은 절대적이고 무한하며 신적인 것인데 그것에 적합한 형상화가 아직 발견되지 않아, 상징적 표현은 이러한 이념의 암시에 머물러 있다는 것이다. 헤겔은 이러한 상징적 예술형식의 예로 고대 동방의 예술들, 즉 고대 이집트와 인도, 페르시아의 예술들을 들고 있다. 이러한 예술들은 이념의 표현을 위해 자연의 산물들에서 그 형상들을 가져오고 또 변형시키기도 하는데, 이런 형상들이 곧 이념의 상징으로서 기능하는 것이다. 상징이란 어떤 보편적 의미를 표현할 수 있는 측면을 지니고 있는 형상을 뜻한다. 그러나 상징은 그런 보편적 의미를 완전하고도 적절히 표현할 수 없으며 또 그러한 의미와 필연적인 연관성을 지니는 것도 아니다. 예컨대 고대 힌두교의 신들은 그들의 권능과 지배력을 나타내기 위해 많은 머리를 가지고 있거나 많은 팔을 가지고 있는 것으로 묘사되는데, 이것들이 자연적인 것을 넘어서는 신적인 것 그리고 무한한 능력을 표현하기 위해서 사용되는 것이기는 하지만 반드시 이러한 방식으로 묘사되어야 하는 것은 아니며, 이러한 묘사를 통해 이 신들의 무한성과 절대성이 적절히 드러나는 것도 아니다. 그저 이 신들은 자연적이고 인간적인 한계를 초월한 존재로서 한편으로는 신비롭고도 불가해하게, 다른 한편으로는 기괴하게 묘사되고 있는 것이다(Ä I, 437). 또 스핑크스와 같은 고대 이집트의 예술작품은 사자의 몸과 인간의 머리를 결합시킨 괴물 같은 거대한 구조물로서 그 자체로 숨겨진 의미를 지닌 수수께끼 같은 성격을 지닌다. 그리하여 이것의 종교적이고도 정신적인 의미는 여러 가지로 해석해 볼 수는 있으나 결국 충분히 파악할 수는 없는 것으로 남아 있다. 헤겔에 따르면 이러한 예술들은 동방의 범신론과 결합되어 있는 것으로서, 이 범신론은 "극히 저급한 대상들에조차 절대적 의미를 주입했는가 하면, 다른 한편 자신의 세계관을 표현하도록" 자연 현상들을 변형시켜 "기이하고도 괴상하며 몰취미"한 형상들을 산출하였다.

상징적 예술형식이 갖는 결함은 우선 정신적인 내용과 의미를 드러내는 감각적인 형상이 바로 그러한 내용과는 다른 어떤 것을 의미할 수 있다는 사실이다. 즉 헤겔이 드는 예를 가지고 말하사면 "사자"는 "강인함"의 상징으로서 표현되지만, 사자는 강인함 외에도 다른 속성들을 지니는 것으로 간주될 수 있다. 상징적 예술형식이 갖는 또 다른 결함은 정신적 내용과 그것의 형상화의 결합이 단지 우연적이라는 것이다. 다시 위의 예를 들어 말하자면 "강인함"은 사자가 아니라 다른 형상들을 통해서도 표현될 수 있다는 것이다. 두 가지 결함 모두 결국 내용과 형상화 또는 형식 사이의 불일치를 뜻한다고 할 수 있다. 이에 대해 헤겔은 “여기서 이념은 자신에 걸맞은 형식을 아직 내적으로 찾아내지 못했으며, 따라서 그것을 위해 그저 분투하고 노력하는 상태에 있다”고 말한다. 이를 통해 헤겔은 왜 고대 동방의 예술들에서 표현된 자연현상들이 과장되거나 왜곡되며, 거대하고 기괴한 형태를 띠고 있는지를 설명한다. 말하자면 이러한 노력은 무한하고 절대적인 것으로 상정된 정신적 내용에 적합한 형태를 찾으려는 분투이자 탐색인 것이다(Ä I, 107-108).

2) 고전적 예술형식

두 번째의 특수한 예술형식인 “고전적” 예술형식은 헤겔에 따르면 의미와 형상, 내용과 형식의 완전한 상응과 일치에 도달한 예술로서, 앞에서 언급했던 이상(das Ideal)을 실현한 것이다. 그렇기에 고전적 예술형식은 미와 관련하여 예술이 실현할 수 있는 최고도의 수준에 도달한 예술이다. 이러한 예술형식을 위해서는 이념으로서의 내용이 예술이 갖는 감각적인 형상화의 방식에 가장 적합하게 구체적인 성격을 지니고 있어야 한다. 다시 말해서 내용이 감각적인 것 속에서 드러날 수 없는, 또는 오직 불충분하게 표현될 수밖에 없는 성격을 지닐 때에는, 이러한 내용으로서의 이념은 고전적 예술형식에 적합하지 않다. 헤겔은 오직 고대 그리스의 세계관에 상응하는 정신적 내용을 지닌 것으로서의 이념만이 예술을 통해 가장 적절하게 제시될 수 있다고 주장하면서, 이 시대의 예술을 고전적 예술형식의 전형으로 언명한다. 그래서 그는 그리스의 신으로 대표되는 정신적 내용과 이것의 예술적 표현에 대해 다음과 같이 말한다. “고전적 예술에서는 그 구체적 내용이 **즉자적으로** 인간적 본성과 신적 본성의 통일인데, 이 통일은 바로 **직접적**이고 **즉자적**으로 존재하는 까닭에 역시 직접적이며 **감각적인** 방식으로 적절히 구현된다." 그리스의 신은 "추상적이 아니라 개별적이며" 또한 "소박한 직관과 감성적 표상의 대상으로 존재하며, 따라서 그의 형상은 인간의 육체적 형상으로" 존재한다는 것이다(Ä I, 111f., 102). 헤겔은 정신적인 것으로서의 이념을 시간적 현상 속에서 가장 잘 드러내는 형상은 "인간의 형상"이라고 주장한다(Ä I, 110). 즉 정신은 인간의 육체를 통해서만 충분하게 감각적으로 현상한다는 것이다. 그렇기 때문에 예술이 정신적 이념을 "감각적 형상 속에서 직접적인 직관의 대상으로서 표현해야 하는 과제"를 갖는다고 할 때(Ä I, 103), 예술은 이를 인간의 형상을 통해서만 가장 잘 수행하는 것이다. 그리하여 인간의 형상 속에서 "완벽하게 표현될 수 있는" 정신적 내용, 신적인 것의 내용을 지니는 그리스 예술, 고전적 예술형식에서 예술은 정점에 이른다는 것이다(Ä I, 110f.).[59] 그리고 이러한 예술형식에 이르러 인간의 육체가 나타내는 자연성 그리고 정신적인 것 양자가 개별적 형상을 통해 완벽한 조화에 이르게 된다는 것이다. 헤겔은 여기에서 무엇보다도 그리스 예술 중 개별적 신들의 형상을 인간의 모습으로 만들어낸 조각을 염두에 두고 있으며, 그렇기에 그는 조각을 고전적 예술형식을 대표하는 예술장르로 간주

---

59 이것은 만약 외적 자연형상, 인간의 육체적 형상의 방식으로는 구현될 수 없을 정도로 깊이 있는 정신적 내용이 존재할 경우, 이 내용은 고전적 예술형식을 통해서는 충분히 표현될 수 없음을 의미하는 것이기도 하다. 낭만적 예술형식이 바로 이러한 깊이에 도달한 이념을 내용으로 가지는 형식이 되며, 그런 까닭에 상징적 예술형식에서처럼 다시 내용과 그것의 감각적 형상화는 불일치하게 된다.

한다. 그런 의미에서 고대 그리스의 조각은 미의 이상을 대표적으로 실현한 장르가 되는 것이다. 조각에 의해 대표되는 고전적 예술형식에서 구현되는 정신은 인간화된 정신, "인간적 정신"이며, 이런 의미에서 헤겔은 "인간적인 것이 진정한 미와 예술의 중심점을 이루고 또한 내용이 된다"고 말하기도 한다(Ä Ⅱ, 19).

3) 낭만적 예술형식[60]

헤겔은 고전적 예술형식에 대한 서술의 말미에 "단적으로 절대적이고 영원한 정신으로 규정되는" 정신, "오직 정신성 자체로 자신을 알리고 표현할 수 있는 그런" 정신에 대해 언급한 바 있다(Ä I, 110). 바로 이러한 정신, 또는 이러한 정신으로서의 이념을 내용으로 삼는 예술형식이 곧 낭만적 예술형식이다. 즉 더욱더 풍부해지고 깊어진 정신, 정신이란 것의 개념에 더욱 적합한 정신은 헤겔의 말을 다시 인용하자면 "정신성 자체로 자신을 알리고 표현할 수 있는" 것이지 감각적 형상화 속에서 적절히 표현될 수 있는 것이 아니다. 이러한 정신에게는 예술이라는 형식 자체가 제한이자 속박이 되는 것이다. 그렇기에 낭만적 예술형식은 절대자이자 이념인 정신을 충분히 표현해

60 여기서 다시 한 번 유의할 것은 낭만적 예술형식과 헤겔이 〈서론〉 제3장의 2부에서 비판의 한 대상으로 삼고 있는 낭만주의 예술이 동일한 것이 아니라는 점이다. 낭만적 예술형식은 기독교적 세계관에 기반하고 있는 예술 전반을 가리키는 것으로서 시대적으로 보아 고대 그리스와 로마의 몰락 이후의 모든 예술을 포괄한다. 그렇기에 헤겔 당대의 예술운동으로서의 낭만주의는 헤겔 당대에서 가장 진전된 예술적 경향을 대표한다고 할 수 있으나, 낭만적 예술형식의 일부에 해당할 뿐 이 예술형식과 일치하는 것이 아니다.

낼 수 없다는 스스로의 한계를 인식하는 예술이라고 할 수 있다. 헤겔에 따르면 정신은 본래 그 개념상 "절대적 내면성"으로서(Ä I, 111) 고전적 예술형식에서처럼 육체적 형상 속에서 온전히 드러날 수 있는 것이 아니다. 말하자면 고전적 예술이 표현하는 정신이란 아직 스스로를 충분히 발전시키지 않은 상태의, 또는 자신의 개념을 충분히 실현하지 못한 정신이며, 이제 낭만적 예술형식이, 좀 더 역사적으로 진전된 형식이 표현해야 할 정신은 더욱 발전된, 진정한 의미에서의 정신인 것이다. 낭만적 예술형식의 내용을 이루는 정신은 더 이상 감각적 형상화에 적합할 수가 없기 때문에, 이 예술형식은 고전적 예술형식이 도달한 내용과 형상화의 통일을 지양하게 되고, 낭만적 예술형식에 이르러 고전적 예술형식이 획득했던 완벽한 조화는 깨지게 된다. 이러한 사정을 헤겔은 낭만적 예술의 기반에 놓인 기독교적 세계관과의 연관 속에서 기독교의 신과 그리스의 신을 예로 삼아 설명하고 있다. 고전적 예술형식이 고대 그리스의 다신교적 세계관을 반영하고 있다면 낭만적 예술형식의 내용을 이루는 것은 기독교적 세계관과 분리될 수 없다.

> 그리스의 신은 추상적이 아니라 개별적이며 또한 자연형상에 근접해 있다. 기독교의 신도 역시 구체적 인격성인 것은 사실이지만, **순수한** 정신성으로 존재하며 정신으로서 그리고 정신 속에서 알려져야 하는 것이다. 따라서 그의 현존의 기본 요소는 본질적으로 내면적 앎이지 외적 자연형상이 아니다. 이러한 외적 자연형상에 의해서라면 그는 다만 불완전하게, 그것도 그의 개념의 온전한 깊이에 걸맞지 않게 표현될 수밖에 없다.(Ä I, 102f.)

그리하여 기독교에서도 "인간적 본성과 신적 본성의 통일"로서의 진리내용 또는 이념을 말할 수 있지만 이러한 통일은 "오로지 **정신적** 앎을 통해, 그리고 **정신 속에서** 실현될 수 있는 통일이다." 그런 까닭에 "이를 통해 획득된 새로운 내용은 그에 상응하는 표현으로서 감각적 표현에 매이지 않으며" 또한 이 내용에 전적으로 상응하는 감각적 형상화가 있을 수 없기에 이러한 감각적 표현으로부터 자유로워지는 것이다. 그리하여 낭만적 예술형식은 예술에 고유한 감각적 형상화를 통해서는 달성될 수 없는 내용을 지시하게 되는, 그리고 정신적 내면성의 깊이를 다양한 방식으로 표현하고자 하는 예술이 된다. 고전적 예술형식에서 내면과 외면, 정신성과 자연성, 주관과 객관의 화해와 통일이 이상적으로 이루어졌다면, 이제 낭만적 예술형식은 그러한 화해를 좀 더 높은 내적인 차원에서 이룩하고자 한다. 그렇기에 낭만적 예술형식에서 문제가 되는 것은 외적인 감각성이 아니라 느낌과 의식이며, 정신에 걸맞은 자유로움과 깊이이다. 헤겔은 이에 대해 "이 내면의 세계가 낭만성의 내용을 이루는 것이며, 따라서 그 세계는 이러한 내면적인 것으로서 그리고 이러한 내밀함의 가상 속에서 표현되어야만 한다. 내면성은 외면적인 것에 대한 자신의 승리를 구가하고 [...] 이러한 승리로 인해 감각적으로 현상하는 요소는 무가치한 것으로 격하된다"고 말한다(Ä I, 112-113). 그렇지만 모든 예술이 그렇듯 낭만적 예술형식도 외면적인 감각성을 필요로 하기는 한다. 그러나 다른 한편 이러한 외면적 감각성이 이제 비본질적인 것으로 격하되기 때문에, 낭만적 예술형식에서 외적인 표현은 내용과의 관계에서 우연적인 지위를 갖게 되며 그런 한에서 더욱 다채롭고도 자유로운 방식의 표현이 생겨나게 된다. 낭만적 예술형식에서 보이는 정신적 내용과 형상화의 불일치, 부적합성 또는 분리는 일면 상징적 예술형식에서 나타나는 것과 유사할 수도 있다. 그러나 헤겔은 그럼에도 두 예술형식 간에 "본질적 차이"가 존재함을 분명히 밝히고 있다. 즉 상징적 예술형식에서는 불충분하게 규정된 이념의 불완전성으로 인해 그에 적합한 형상화가 발견될 수 없었다면, 낭만적 예술형식에서는 충분히 발전된 정신성으로서의 이념이 외면적인 감각성과의 통일을 벗어나게 됨으로써 내용과 감각적 표현과의 불일치가 발생한다는 것이다.

마지막으로 헤겔은 위에서 고찰한 상징적, 고전적, 낭만적 예술형식 각각을 예술미의 이념으로서의 "이상"을 "추구하고", "달성하며", "초월하는" 것으로 규정하면서 특수성의 계기에 따르는 고찰을 마무리하고 있다(Ä I, 114).

3. 개별적 예술들의 체계

헤겔은 제4장의 세 번째 부분에서 개별성의 계기에 따라 개별적인 예술 장르에 대해 고찰하고 있다. 이 부분은 앞에서도 언급한 것처럼 〈서론〉의 성격상 『미학강의』의 제3부에 해당되는 내용에 대한 개괄적인 서술이라는 기능을 갖는다. 헤겔에 따르면 『미학강의』의 제3부는 "특정한 감각적 질료 속에서" 앞서 말한 특수한 "예술형식들이 실현되는 것을" 서술하게 된다(Ä I, 114). 그래서 이 제3부는 결국 특수한 형식들로 구분되어 전개되는 예술미의 이념이 어떻게 특정 장르를 통해 예술현상들로 실현되는지를 서술하게 되는 것이다. 그리고 헤겔은 바로 이러한 "일반적인 예술형식들이"[61] 특정한 장르로 전개되는 "개별 예술들의 분류와 확정을" 위한 "근본규정"을 이룬다고 말한다. 이 말은 개개의 예술장르들을 구분하는 기준이 특수한 예술형식에서 도출된다는 것을 의미하는 것이고, 그렇기에 각 장르들은 특수한 형식들과 필연적인 관계를 맺게 된다. 이것은 또 달리 말하면 특수한 예술형식을 가장 잘 실현할 수 있는 특정한 장르가 존재함을 뜻한다. 즉 어떤 예술형식을 대표하는 전형적인 장르가 존재한다는 것이다. 그렇기에 헤겔은 예술 장르들이 "일반적 예술형식들 중 **하나에** 특유하게 속하여 그것의 **적합한** 외적인 예술적 현실성을 형성"한다고 말한다(Ä I, 115).

헤겔은 앞서 제3부가 "특정한 감각적 질료 속에서" 특수한 예술형식들의 실현을 서술한다고 말한 바 있지만, 이 외에도 그는 설명의 편의를 위해 종교적인 차원을 도입한다. 즉 앞서 특수한 예술형식들을 설명하면서 이를 특수한 세계관들과 연관시키고 이것들의 기반에 종교가 놓여 있음을 지적했던 것처럼, 그는 예술과 종교적 차원을 연결시키고 있다. 특히 그가 상징적 예술형식으로 분류하는 고대 동방의 예술이나 고전적 예술형식으로 분류하는 고대 그리스의 위대한 예술들은 다분히 종교적인 성격을 갖고 있기에 그의 이러한 설명방

---

61 헤겔은 본문에서 앞서 고찰했던 상징적, 고전적, 낭만적 예술형식이라는 특수한 예술형식들을 언급하면서 이를 다른 한편으로는 "일반적 예술형식들"(die allgemeinen Kunstformen)이라고 지칭하기도 한다. 이러한 언어사용은 우리를 혼란시킬 수 있는데, 우리는 이를 다음과 같이 이해할 필요가 있다. 즉 앞에서 언급한 예술형식들은 미 이념의 특수한 전개라는 면에서 보면 특수한 형식들이지만, 각 형식이 다양한 유형의 예술들을 포괄하고 통칭한다는 의미에서는 보편적이고 일반적인 성격을 갖기에 "일반적인" 예술형식들이라고도 불릴 수 있는 것이다.

식은 그다지 놀랍지 않다. 앞서 살펴본 바와 같이 이상(das Ideal)으로서의 예술미가 실현된 고전적 예술형식에서는 자연적이고 객관적인 외적 대상성의 측면과 주관적인 내면성, 정신성의 측면이 완벽한 조화와 일치를 이루었다면, 상징적 예술형식과 낭만적 예술형식은 모두 이 두 가지 측면의 불일치와 부적합성을 드러낸다. 그러나 상징적 예술형식에서는 정신성이 대상 속으로 삼투해 들어가지 못했다는 점에서 정신성의 측면이 지니는 결함이 그런 불일치의 원인이라면, 낭만적 예술형식에서는 정신성의 측면이 외적 형태로서의 대상성의 측면을 압도함으로써 그런 불일치가 나타난다. 이를 종교적 관점에서 바라보면 상징적 예술형식에서는 신 또는 신성이 자연적이고 객관적인 측면 속에서 자신의 외면적 표현을 얻지 못한 채 은폐되어 있고, 고전적 예술형식에서 신은 이 두 가지 측면의 일치와 조화 속에서 등장하며, 낭만적 예술형식에서는 주관적 측면이 우세한 가운데 신은 내면적인 인간의 의식 속에서 현존한다. 헤겔은 이러한 구분을 실마리로 삼아 개별적인 예술장르들을 고찰한다.

1) 건축

헤겔에 따르면 건축의 과제는 "외적, 비유기적 자연을" 가공하여 정신성을 드러내는 예술로서의 외적 세계를 만들어내는 것이다. 그런데 건축은 "육중한 덩어리로서 직접적 외면성을 갖는 물질"을 질료로 사용하며 그 형식의 면에서 보면 "대칭이라는 추상적 오성관계들에 따라" 구소화되는 예술이다. 그렇기에 건축은 예술 장르 중에서 가장 외면적이고 추상적이며 역학적인 특성을 지니면서 물질적인 면에 대한 의존도가 가장 높은 장르이다. 그렇기에 헤겔에 따르면, "이러한 질료와 형식"의 결합으로 이해될 수 있는 장르로서 건축이라는 예술에서는 "구체적 정신성으로서의 이상이 실현되지" 않는다. 이 장르에서 이념은 불분명한 채로 은폐되거나 암시되며 물질적 형상과 외적으로 결합되어 있다. 그렇기 때문에 건축은 상징적 예술형식을 대표하는 예술이 된다. 헤겔은 건축을 설명하면서 종교적인 차원을 결합시켜, 이 예술이 "신의 외적 환경을 형성"하며, "신의 사원"을 건설한다고 말한다. 고대의 위대한 건축들이 대체로 종교적 성격을 지녔던 점, 또는 그 자체로 신전이었던 점을 상기한다면 헤겔의 이러한 설명이 이상할 것은 없다. 그리하여 건축은 신성 또는 신적인 것 자체에 적합한 물질적 형상이 되지는 못하며, 그런 형상을 위한 외적 환경을 형성하여 신성을 암시하는 것이다. 그런데 이러한 건축이 스스로 신적인 것, 신성 자체에 적합한 예술적 형상으로 존재하고자 한다면, 즉 거대한 구조물이되 그것 자체로 정신성에 적합한 형상물이 되고자 한다면, 이것은 건축이 이미 자신의 고유한 영역을 넘어서 조각으로 이행하고자 동요하고 있는 현상이라는 것을 헤겔은 지적하고 있다(Ä I, 116-117). 이러한 현상의 예로 우리는 고대 이집트의 스핑크스나 오벨리스크 같은 작품들을 들 수 있다(Ä Ⅱ, 281ff.).

2) 조각

헤겔은 건축에 대한 설명의 연장선상에서 그리고 역시 종교적 맥락에서 벗어나지 않은 채, 조각이라는 장르에 대해 설명하고 있다. 즉 건축이라는 예술이 "신의 사원"을 세우면, 이 안으로 "신 자신이 들어서게" 된다는 식으로 말이다. 이것은 정확히 말하자면 신이 육체성을 지닌, 그리고 개별적으로 형상화된 모습으로 들어선다는 것인데, 이러한 형상화가 곧 조각의 과제이다. 헤겔은 고전적 예술형식을 설명했던 것과 유사한 방식으로 조각에 대해 서술하고 있다. 즉 "조각에서는 정신적 내면성이 — 이를 건축은 그저 암시만 할 수 있을 뿐인데 — 감각적 형상과 그 외적 질료 속으로 들어와 머무르며, 이 두 측면은 어느 한쪽도 우세하지 않게끔 **그렇게** 상호 침투의 방식으로" 형성된다는 것이다. 그렇기 때문에 바로 조각이 고전적 예술형식을 대표하는 장르가 된다. 달리 말하자면, 고전적 예술형식의 개념을 가장 전형적으로 드러내는 장르는 조각이라는 것이다. 그렇기에 헤겔은 조각을 설명하면서 위에서 말한 두 측면의 "상호 침투의 방식"과 관련하여 "감각적인 것에는 정신적인 것 자체의 표현이 아니라 할 어떠한 표현도 그 자체로서 더 이상 남아 있지" 않다고 말한다. 또한 건축에서와는 달리 조각에서는 "외적인 감각적 질료 역시 더 이상 단순히 무거운 덩어리로서의 그 역학적 특질에 따라서만 다루어지거나 비유기적인 것의 형식들 속에서 취급되지 않고 [...] 인간적 형상의 이상적 형식들 속에서," 삼차원적 공간에서 다루어진다(Ä I, 117-118). 그리하여 헤겔이 고전적 예술형식에 대해 "고전적 예술에서는 그 구체적 내용이 **즉자적으로** 인간적 본성과 신적 본성의 통일인데, 이 통일은 바로 **직접적**이고 **즉자적**으로 존재하는 까닭에 역시 직접적이며 **감각적인** 방식으로 적절히 구현된다"고 말했을 때(Ä I, 111), 이것은 바로 조각에 가장 잘 적용될 수 있는 발언이 되는 것이다. 헤겔은 그리하여 고대 그리스의 조각을 염두에 두면서, 인간의 육체적 형상 속에 표현된 신성이 개별적이고 독립적이며 불변하는 신적 속성을 드러낸 채 그리스의 푸른 하늘 아래 찬연히 빛나는 모습으로 서 있는 것을 상기시키듯, 조각에서 "내면성과 정신성의 영원한 고요와 본질적 독립성이 현상한다"고 말하고 있다(Ä I, 118).

3) 회화, 음악, 시문학

이제 헤겔은 종교적인 맥락과의 연관성을 계속 유지하면서 회화, 음악, 시문학이라는 예술 장르들을 고찰한다. 그는 "건축이 신전을 짓고 조각의 손길이 신의 조상(彫像)을 그 속에 세웠다면, **셋째로** 자신의 집의 넓은 회당에서 이렇듯 감각적으로 현존하는 신에게 **신앙공동체**가 마주선다"고 말한다. "신앙공동체"란 용어가 어색할 수는 있으나 헤겔은 이러한 용어를 통해 이제 이러한 공동체 속에, 또는 이러한 공동체에 속하는 사람들의 의식 속에 현존하는 신, 외적인 형상에서 벗어나 내면성과 주관성 속에서 살아 있는 신을 표현하게 되는 예술을 말하고자 하는 것이다. 그리하여 앞으로 다루게 될 예술 장르들은 건축과 조각에 비하면 외면적이고 물질적인 요소에 대한 의존도가 매우 낮으면서, 내면적 요소를 훨씬 풍부하게 표현할 수 있는 예술들이다. 헤겔에 따르면 이러한 공동체 안에서 "신은 [...] 육체성으로의 직접적 침잠에서도 벗어나 있으며, 또한 정신성과 앎으로 [...] 고양되어" 있는데 "이를 통해 정신적인 것은 이제 한층 고차적인 내용을 지니는 것으로, 그것도 절대적인 정신성으로 존재한다." 그런데 이러한 공동체 안에서 신에 대한 의식은 보편적인 동시에 공동체의 구성원들의 내면에 존재하는 것으로서 개별화되고 분산되어 있기도 하다. 이를 헤겔은 "개별화된 다수의 내면성으로 분할"된다고 말한다. 그리하여 이와 같은 "분열을 통해 이러한 정신적인 것은 동시에 **특수한** 정신성, 개별화된 심정으로 현상한다."(Ä I, 119) 그렇기에 신앙공동체의 의식에 현존하고 다수의 의식에 개별화되어 현상하는 신성에, 공동체 구성원 개개인의 의식과 심정 속에 특수하고 다양하게 현상하는 신성에 상응하는 예술은 이렇듯 좀 더 고차적인 정신적 내용을 담을 수 있을 뿐 아니라 이를 매우 다채롭고도 풍부한 방식으로 구현할 수 있는 것이어야 한다. 헤겔은 이러한 특성을 지니는 예술 장르를 회화, 음악, 시문학으로 보고 있는 것이며, 또 그는 이들 장르가 낭만적 예술형식을 가장 적절히 실현할 수 있는 예술들로 간주하고 있다. 이러한 예술 장르들은 외적이고 감각적인 질료에 의한 제약에서 상대적으로 자유로우며, 또한 이러한 장르들에서는 건축과 조각에서보다 정신적 내용과 그 표현 재료 간의 연관성이 더욱 내면적이고 주관화됨으로써 조각에서 달성되었던 내면과 외면, 주관과 객관의 통일과 조화가 더 이상 가능할 수 없게 된다.

이제 **첫째로** 헤겔은 회화에 대해 설명하면서, 이 장르의 특성을 가시적인 것에서 찾는다. 그는 "회화에서는 가시성(Sichtbarkeit) 그 자체가 회화의 내용과 그 형상화를 위한 질료로서 사용"된다고 말하는데(Ä I, 120), 이것은 회화가 근본적으로 시각적인 것을 그 내용과 형식의 측면에서 가장 많이, 전형적으로 활용한다는 것을 뜻한다. 음악이 청각적인 것을 질료로 사용한다고 볼 때 가시성과 회화를 연결시키는 것은 이상할 바 없지만, 예컨대 조각 역시 가시성과 무관할 수 없기에 이러한 헤겔의 수상에 대해서는 약간의 설명이 필요할 것이다. 조각에서 가시적인 면은 삼차원 공간에서 드러나는 외면성과 결합되어 있는 반면에, 회화에서는 이러한 공간성이 2차원 평면으로 축소되기 때문에 자연적 공간성으로부터 벗어나 오로지 가시적인 것에 집중해야 하며 공간성도 시각적 효과를 통해 표현해야 한다. 그런 까닭에 회화는 빛과 색채의 효과에 몰두하며 이러한 효과들을 통해서 외적인 형태와 그것에 결부된 내용을 내면적으로, 표상의 세계로 전환시킨다. 그리하여 건축과 조각에 비하여 외적인 질료로부터 상대적으로 자유로워진 회화는 "인간의 가슴 속에서 느낌, 표상, 목적으로서 자리 잡을 수 있는 것, 인간의 가슴이 행위의 양태로 형상화해 낼 수 있는 것, 이러한 일체의 다양한 것들"을 그것의 내용으로 삼을 수 있다. 그리하여 헤겔은 회화에서 비로소 "정신의 최상의 내용에서부터 지극히 개별화된 자연대상에 이르기까지" 온갖 특수한 대상들이 표현될 가능성이 열린다고 주장한다(Ä I, 121).

둘째로 헤겔은 음악에 대해 논하고 있다. 그는 회화에 대한 설명에서와 마찬가지로 우선 음악의 질료에 관한 설명에서부터 자신의 논의를 시작한다. 회화가 건축과 비교하여 볼 때 공간성을 평면으로 지양했으나 여전히 공간성을 가상의 방식으로, 시각적 효과를 통해 유지하는 반면에, 음악은 공간성 자체를 지양하여 "점(點)"으로 응축시킴으로써, 이를 내면화하고 관념화한다. 이에 대해 헤겔은 "우리는 음악을 통해 감각적인 것이 관념적으로 정립됨을 발견할 수 있다"고 말한다. 그런데 여기서 점이란 사실 물질적인 질료성을 떠나 내면의 울림으로 등장하는 음향을 말한다. 다시 말해서 음악은 헤겔에 따르면 점으로 지양된 물질성인 음향을 그 질료로 갖는 예술이다. 이러한 질료, 즉 음향은 공간성에서 벗어나 오직 시간성 속에서 현상하며, 더 이상 시각적이지 않고 오직 청각적이다. 더 이상 외면적이지 않고 내면화된 공간 속에서 움직이는 질료인 음향은 음악에게 회화보다도 더욱 자유롭고 내밀하며 다채로운 표현가능성을 선사한다. 그리하여 헤겔은 이렇듯 내면적이고 주관적이며 심정에 강렬한 울림을 제공할 수 있는 음악이라는 장르를 낭만적 예술형식의 전형적인 세 장르 중 "중심점"에 위치시킨다(Ä I, 121-122).

셋째로, 헤겔은 시문학을 낭만적 예술형식의 전형적인 장르 중에서 가장 "정신적인" 예술로 칭하면서 이에 대한 서술을 시작한다. 이것은 곧 시문학이라는 장르가 질료의 감각적인 요소로부터 가장 높은 정도로 해방되어 있는 예술임을 뜻한다. 그렇기에 헤겔은 이에 대해 "시문학을 특징짓는 고유성은 감각적 요소를 정신과 그 표상들 아래 종속시키는 힘에 놓여 있다"고 말한다(Ä I, 122). 시문학의 질료인 음운은 음악의 질료인 음향 자체가 갖는 감각적 성격과 그것이 주는 느낌을 위해서가 아니라, 결국 정신적이고 심정에 작용하는 구체적인 내용을 전달하기 위해서 사용될 뿐이다. 물론 음운이 어느 정도 음악적 성격을 지니기도 하지만 그럴 때에도 시문학에서는 음운 자체가 갖는 감각성과 그것의 느낌이 본질적인 것이 되지는 않는다. 또한 나아가서 음운들이 모여 단어로서 등장하게 되면 더욱더 음악적인 요소는 위축되어, 질료로서의 단어는 정신적 내용과 구체적인 표상을 표현하기 위한 수단이 될 뿐이며 "그 자체로서는 가치와 내용을 갖지 않는 기호"로서 기능한다(Ä I, 123).

그런데 헤겔은 외적인 질료에 매이지 않고 순수하게 의식과 표상 속에서 구체화된 것, 정신적으로 가시화된 것 자체가 "시적 표현의 고유한 요소"라고 말하며, 이렇듯 의식 속에서 형상화되는 것 자체는 모든 예술에 공통적인 요소이므로 시문학이야말로 모든 예술 속에 어느 정도는 구현되어 있는 것이라고 주장한다. 그런 의미에서 그는 시문학이 "외적인 감각적 질료에 얽매여 실현되는 것이 아니라, 내적으로 자유롭게 된 정신의, 오로지 표상과 느낌이라는 내적 공간과 내적 시간 속에서 움직이는 정신의 보편적 예술"이라고 말한다. 시문학에 대한 서술을 마치면서 헤겔은 시문학에서 예술은 "최고의 단계"에 도달한 것이고 "이제 예술은 자신을 넘어서서 나가게" 된다고 말하고 있는데(같은 곳), 이것은 다음과 같이 설명될 수 있다. 예술은 그 개념에 따라 보자면 절대적 진리, 정신, 이념으로서의 내용을 감각적으로 형상화하고 표현하는 형식인데, 예술이 점점 높은 단계에 이를수록 그 내용은 더욱 정신적이고 심오하며 풍부하게 되고 그 표현방식에서는 점점 감각성을 상실하게 된다. 그리하여 이념으로서의 정신적 내용을 이제 감각성을 통해서가 아니라, 내적인 표상과 개념적 사유를 통해서만 제시할 수 있고 제시해야 하는 수준에 이르게 되면 예술은 더 이상 자신의 역할을 제대로 수행하지 못하게 되고, 절대적 진리를 표현하는 역할을 종교와 철학에 넘겨주게 된다는 것이다. 그리하여 헤겔은 자신의 당대에 이미 예술은 최고의 진리를 표현하는 역할을 더 이상 할 수 없게 되었다고 주장하면서, "우리의 오늘날의 세계정신은 [...] 예술이 [그 표현을 위한] 최고의 방식이 되는 그러한 단계를 넘어서서 절대자를 의식하는 것으로 보인다. 예술생산과 그 산물들에 고유한 방식은 더 이상 우리의 가장 높은 욕구를 충족시키지 못한다"고 말하고 있다(Ä I, 24).[62]

62 이러한 내용은 헤겔의 유명한 "예술의 과거성 테제" 또는 "예술의 종언 테제"와 직접 관련된 것인데 이에 대한 더 상세한 설명을 위해서는 이 책의 해제를 참조하

헤겔은 『미학강의』의 제3부에 해당하는 "개별적 예술들의 체계"에 대한 〈서론〉에서의 개괄적인 서술을 마무리하면서, 이러한 예술 장르의 구분이 단지 그 감감적인 질료의 종류를 기준으로 하여 또는 공간성과 시간성을 기준으로 하여 이루어진 것이 아니라 좀 더 고차적인 원리에 따르는 것이었음을 강조한다. 즉 특수성의 계기에 따라 전개된 상징적, 고전적, 낭만적 예술형식들이 예술 장르의 구분을 위한 원리로 작용했다는 것이다. 그렇기에 각 예술형식에는 그것을 전형적으로 대표하는 장르가 속했던 것이다. 다시 한 번 언급하자면 상징적 예술에는 건축이, 고전적 예술형식에는 조각이, 낭만적 예술에는 회화, 음악, 시문학이 대표적인 장르였던 것이다.[63]

이제 끝으로 헤겔은 예술미의 이념으로부터 전개되는 특수한 예술 형식들이 개별적인 예술 장르들과 개별적인 작품들 속에서 실현되는 것이며, 바로 이렇게 발전적으로 전개되고 실현되는 과정의 통일적인 총체가 바로 예술미의 이념임을 주장하면서 여기서의 그의 학문적 서술이 바로 이러한 이념을 대상으로 하고 있음을 명시하고 있다.

시오.

63 물론 헤겔은, 다른 한편, 본문에서 이미 언급되었듯이 시문학을 "보편적 예술"로 칭하면서, 시적 표현의 요소가 다른 장르에서도 또 여하한 형식들에서도 구현되고 있음을 주장하고 있기는 하나. 시문학이 회화와 음악과는 달리 이렇듯 특별한 지위를 갖게 되는 것은, 헤겔에 따르면, 시문학의 고유한 요소가 외적인 질료에 구애받지 않는, 오로지 내적으로 구체화된 상상적 표상이고 이러한 표상은 어떤 형식의 그리고 어떤 장르의 예술에서도 반드시 요청되는 것이기 때문이다(Ä I, 124 참조). 즉 예술가가 어떤 장르와 어떤 형식 속에서 작품 활동을 하든, 그의 내면에는 상상적 표상 및 이러한 표상과 관련된 활동이 반드시 수반되기 때문이다. 이렇게 본다면 시문학이라는 장르는 가장 높은 단계에 이른 예술 장르인 동시에, 그것의 특징적인 요소는 모든 장르와 형식의 예술에 공통적인 것이라고 말할 수 있을 것이다.

용어설명*

가상(Schein) 동사 scheinen의 명사형인 Schein(가상)은 기본적으로는 두 가지 의미를 지니고 있다. 하나는 비침, 빛, 나타남, 드러남 등의 의미이며, 다른 하나는 가짜, 환상, 기만, 겉모습 등의 의미이다. 따라서 후자의 의미로 쓰일 때는 부정적인 함축이 들어 있다고 할 수 있다. 모든 예술 작품은 어떤 면에서는 후자의 의미로서 가상이라고 할 수 있을 텐데, 그것은 모든 예술이 사실상 기만적 성격을 지니기 때문이다. 그려진 꽃은 실제 꽃이 아니고, 배우가 표현하는

---

* 헤겔 독자들은 때론 헤겔 철학에 특유한 개념들 때문에, 때론 헤겔이 특별한 의미를 부여하는 개념들 때문에 그의 철학에 접근하는 데 있어 많은 어려움을 겪는다. 이 〈용어설명〉란은 이러한 개념들을 선별해서 설명함으로써 독자들이 헤겔 철학 및 미학에 보다 용이하게 접근할 수 있도록 도움을 주고자 한다. 물론 이 주해서의 성격에 맞게 헤겔 미학을 이해하는 데에 필요한 기본 개념들을 주로 선별하긴 했으나, 그렇다고 해서 이 개념들이 꼭 미학에 국한된다고 볼 수는 없다. 다른 한편, 이 개념들을 아주 상세히 설명하자면 새로운 한 권의 책이 필요할 정도로 분량이 늘어날 수 있기에 헤겔의 『미학강의』 〈서론〉을 이해하는 데에 필수적인 개념들을 선정한다는 기준에 따라 그 분량을 조정하였다. 이 〈용어설명〉란을 작성하는 데에는 헤겔 저작들뿐 아니라 다음과 같은 문헌들을 참고했음을 밝혀둔다. Michael Inwood, *A Hegel dictionary*, Oxford/Cambridge, Mass.: Blackwell, 1992; Glenn Alexander Magee, *The Hegel Dictionary*, New York: Continuum, 2010; Paul Cobben(Hrsg.), *Hegel-Lexikon*, Darmstadt: Wissenschaftliche Buchgesellschaft, 2006.

슬픔은 단지 연기일 뿐이며, 2차원 평면에 그려진 집이 마치 3차원처럼 보이는 것과 같은 예에서처럼 말이다. 그러나 헤겔이 예술과 미에 대해서 가상이란 말을 쓸 경우에는 전자의 의미가 강조된다. 그가 바로 "미는 이념의 감성적 드러남"이라고 할 경우에(Ä I, 151), 그는 가상을 전자의 의미로 사용하는 것이다. 그가 가상 개념을 별도로 다루는 대목은 그의 『논리학』(*Wissenschaft der Logik*)의 제2권 『본질론』(*Die Lehre vom Wesen*)에 등장하는데 거기서 그는 본질과 가상의 관계에 대해 논하는 가운데, 나타나지 않는, 비추지 않는, 가상으로서 자신을 드러내지 않는 본질은 본질이 아니라는 주장을 펼친다. 『미학강의』에서도 그는 "가상은 본질에 본질적"이라고 말함으로써(Ä I, 21) 이와 같은 맥락의 주장을 하고 있다.

개념(Begriff) 헤겔이 말하는 개념이란 우리가 흔히 생각하는 것과 아주 동떨어진 것은 아니더라도 그 의미상 상당한 차이가 있다. 우리는 일상적으로 개념을 생각의 기본적인 단위이자 어떤 것에 대한 우리의 생각으로 간주하면서, 어떤 대상이 무엇인지를 규정하는 일종의 형식이라고 여긴다. 예컨대 사과라는 개념은 개별적인 사과들에 공통되는 성질들만을 포함하는 것으로서 개별적 사과들에 특유하게 속하는 구체적 성질은 제거된 일종의 틀로 여기는 것이다. 그런 의미에서 사과라는 개념은 보편적이며 모든 개별적 사과들에 적용될 수 있다. 칸트 역시 개념이란 보편적 표상이면서 추상적이며 우리의 인식에서 형식적인 측면을 담당한다고 생각한다. 헤겔에게서 개념이란 대상이 무엇인지를 밝혀 주고 규정하는 우리의 사유인 것이지만, 그는 그것이 단순히 우리의 주관에만 속한다고 보지 않고 객관적인 것이라고 주장한다. 왜냐하면, 우리는 그렇게 개념을 통해 밝혀지고 인식된 대상이 바로 개념을 통해 이해한 바대로 존재한다고 여기기 때문이다. 또 헤겔에게서 개념이란 단순히 보편적이고 추상적인 것이 아니라 보편성의 계기, 특수성의 계기, 개별성의 계기를 모두 포함하는 사고의 통일체이다. 즉 예술의 개념에 대해 말하자면, 그것은 예술 일반을 규정함으로써 모든 예술에 적용되고 또 모든 예술을 포괄한다는 의미에서 보편적이며, 그 안에 예술 유형들을 전체적으로 구분할 수 있는 특수한 규정들을 포함한다는 의미에서 특수성의 계기를 지니며, 또 앞의 보편적 측면과 특수한 규정들이 단순히 기계적으로 결합되어 있는 것이 아니라 일종의 유기적인 결합을 이룸으로써, 이 전체가 하나의 통일체로 여겨진다는 의미에서 개별성의 계기를 지닌다. 헤겔이 말하는 개념의 본성에 대해 본격적인 논의가 이루어지는 곳은 그의 『논리학』(*Wissenschaft der Logik*)의 제3권 『개념론』(*Die Lehre vom Begriff*)이다.

계기(Moment) 이것은 일종의 역학적 의미를 지니는 용어로서 우선 어떤 대상이나 상태를 형성하는 요소로 이해할 수 있다. 우리는 흔히 하나의 전체가 부분들로 이루어진다고 말하는데, 헤겔에게서 "계기들"이란 마치 여기서 말하는 부분들처럼 전체를 구성하기는 하지만 서로 분리될 수 없이 긴밀히 결합되어 있는 요소들을 뜻한다. 예컨대 헤겔은 개념을 구성하는 세 가지 계기들을 말하는데 그것은 보편성, 특수성, 개별성이다. 즉 개념의 구성 요소는 이 세 가지 계기들로서, 이것들은 구분하여 생각될 수는 있지만 서로 분리되지 않으며 통일된 전체를 이루고 있다. 앞에서 계기라는 용어가 일종의 역학적 의미를 갖는다고 한 것은, 이것이 공간을 점하는 부분이나 부품과 같은 물리적 성격을 지니는 것이 아니라, 마치 에너지나 힘처럼 작용하는 것으로 생각되기 때문이다.

반성(Reflexion) 독일어 'Reflexion'은 철학적 용어로는 대개 '반성'으로 번역하지만 '반영', '성찰', '숙고'로 번역될 수 있고, 'Reflexion'이란 이러한 번역어들이 지니는 의미를 모두 포함한다고 할 수 있다. '반성'이 포함하는 의미를 헤겔 철학의 맥락에서 몇 가지로 정리해 보면 다음과 같다.

1) 반성이란 우선 우리 눈에 직접적으로 나타나는 것을 그대로 받아들이는 것이 아니라 그것의 본질 또는 그것의 근거에 대해 숙고하는 것을 말한다. 그렇기에 대상을 반성적으로 고찰한다고 하는 것은 대상의 직접적 인상을 넘어서서 그것의 배후에 또는 근저에 놓여 있는 것을 고찰하는 것이다. 이러한 반성적 고찰 내지는 반성이라는 관점에 입각하여 사유의 규정들의 논리적이고도 발전적인 연관성을 서술한 것이 헤겔의 저술인 『논리학』(*Wissenschaft der Logik*)의 제2권 『본질론』(*Die Lehre vom Wesen*)이다.

2) 반성 또는 반성적 사유를 행하는 사람은 반성하는 자신(주관)과 반성의 대상을 분리시킨다. 예를 들어 나의 감각적 지각이나 내가 겪는 감정에 대해 반성한다는 것은 바로 그 감각적 지각이나 감정으로부터 나 자신(주관)을 분리시켜 그것을 대상으로서 고찰하는 것이다. 그렇기에 반성적 태도는 직접적 지각이나 어떤 감정 상태에 몰입하거나 사로잡힌 것에서 벗어나 이를 고찰하고 또 이러한 직접적 지각 또는 경험의 근거를 찾는 태도이므로, 이 직접적 경험의 생생함으로부터 멀어지게 되고 그런 의미에서 추상적이 된다고 할 수 있다.

3) 이러한 반성 또는 반성적 사유에 대해 헤겔은 종종 폄하적인 의미를 부여하기도 하는데, 그것은 반성적 사유가 아직 최고의 단계에 이르지 못한 중간 단계의 사유방식이기 때문이다. 그러나 이러한 자리매김이 반드시 부정적 의미를 지니는 것은 아닌데, 그 이유는 반성적 사유가 아직 충분히 발전되지 못한 사유이면서 동시에 반드시 거쳐야 하는 사유의 한 단계이기 때문이다. 반성적 사유의 한 특징은 대상을 대립적인 사유규정들에 따라 고찰하면서 이러한 대립 쌍의 한쪽에 대상을 고정하는 것이다. 즉 반성적 사유는 대상을 예컨대 무한과 유한, 원인과 결과, 주관과 객관과 같은 대립적인 사유규정들에 따

라 고찰하면서 이것들의 분리를 고착시키고 유한한 것은 무한하지 않은 것으로, 원인인 것은 결과가 아닌 것으로 주관은 객관이 아닌 것으로 고정한다. 또한 이 사유규정들 자체에 대해서도 이러한 분리와 구분을 고수한다. 이러한 식의 사유는 오히려 특별한 방식의 사유가 아니라, 우리가 행하는 통상적이고 일반적 의미에서의 사유로 보이는데 바로 이런 방식의 사유, 즉 반성적 사유를 그는 종종 '오성'의 사유 내지는 오성적 사유로 칭하기도 한다. 그리고 실제로 이러한 사유는 일상적으로 우리가 행하는 또 대개의 학문적 활동에서도 통용되는 사유방식이기도 하다. 헤겔은 이러한 오성적 사유에 기초한 철학을 '반성철학'이라고 칭하는데, 여기에도 역시 폄하적인 의미가 포함되어 있다. 그는 이러한 오성적 사유가 극복되어야만 진정한 철학이 가능하다고 생각하는데 바로 이러한 단계의 사유를 극복한 보다 높은, 최고의 단계의 사유란 '이성적 사유'이며, 이러한 이성적 사유를 기반으로 하는 철학이 그가 말하는 '사변철학'이다. 이성적 사유란 오성적 사유가 분리시켜 고정시킨 대립적인 사유규정들을 통일적으로 파악할 수 있는 사유를 뜻한다. 이성 또는 이성적 사유에 대한 보다 상세한 설명을 위해서는 〈용어해설〉 "이성" 항목 참조.

보편과 특수(보편성과 특수성, Allgemeinheit und Besonderheit) 헤겔에게서 보편과 특수의 관계는 사람들이 흔히 생각하는 것과 다르다. 통상적인 이해에 따르면 보편은 특수와 대립하는 것이면서 양자는 서로를 배제한다. 즉 보편인 것은 특수가 아니며, 특수인 것은 보편이 아니다. 그런데 헤겔식 사유방식의 특징적인 면은 보편이 특수를 포함한다는 것이다. 이것은 두 가지 의미로 이해할 수 있다. 그 하나는 보편으로부터 특수가 도출된다는 의미이다. 즉 보편적인 것은 단순히 보편적이기만 한 것이 아니라 자기 자신을 특수화한다는 것이다. 이것은 예컨대 여하한 보편적인 유(類)도 특수한 종(種)들을 갖는다는 것으로부터 설명될 수 있다. 즉 사과에는 다양한 품종들이 있는 것처럼, 보편적인 것으로서의 사과라는 개념은 특수한 종들을 포괄하는 것으로서 보편적인 개념이라는 것이다. 다른 하나의 의미는 헤겔 식으로 말해서 보편이 보편인 동시에 특수라는 것이다. 또 그런 의미에서 보편이 특수를 포함한다는 것이다. 즉 진정으로 보편인 것은 보편인 동시에, 특수에 대해 상대적이면서 특수와 구분된다는 점에서 또 다른 특수이기도 하다. 다시 말해서 진정한 보편은 보편이면서 자기가 특수가 되기도 한다는 것인데, 그런 의미에서 진정한 보편은 보편이면서 특수이기도 한 것이다. 예컨대 신과 인간의 관계를 놓고 보자면 우선 신은 보편적 존재이다. 신과 인간은 서로에 대해 특수하다. 인간은 신이 아니고 신은 인간이 아니다. 그러나 모든 것은 신에게서 나오므로 신의 이 특수한 성격이 신이란 존재의 보편성을 손상시키지 않는다. 그런 의미에서 신은 특수한 존재인 동시에 보편적 존재이다.

오성(Verstand) 오성과 이성은 둘 다 사유의 능력을 지칭할 수 있다는 점에서 유사하다고 생각할 수 있지만, 헤겔은 오성을 이성과 뚜렷하게 구분하고 있다. 이성과 비교해 볼 때 오성은 사유의 규정들을 확정하고 구별하는 분석적 활동에 종사하며 추상적이다. 이와는 달리 이성은 오성이 구분해 놓은 것들을 통일시켜서 전체를 파악하는 사유 능력이라고 할 수 있다. 이성과 오성의 보다 상세한 관계 및 이성 자체에 대한 설명을 위해서는 〈용어해설〉 "이성" 및 "반성" 항목 참조.

이념(Idee) 헤겔의 설명에 따르면 이념이란 개념과 그것의 실재성의 통일이다. 개념은 우선 그 자체로만 놓고 보면 단지 내적으로 사유된 것으로서 그것이 실제로 실현되어 있는 것과는 별도의 것으로 생각될 수 있다. 그러나 헤겔이 말하는 진정한 개념은 객관적으로 실현되어 있는 것이며, 개념이 스스로를 실현시켜 객관화되고 이러한 객관화된 전체로서 통일적으로 파악된 것이자 그렇게 존재하는 것이 곧 이념이다. 헤겔이 사용하는 비유를 들자면 예컨대 참나무의 씨앗에는 앞으로 실현될 참나무의 계기들이 맹아적으로 들어 있다. 그러나 아직 그것은 실현되지 않은 것인데 이 단계를 우리는 단순한 개념의 단계로 여길 수 있다. 그러나 참나무는 자신의 개념에 맞게 싹을 틔우고 줄기와 잎을 만들며 꽃을 피우고 열매를 맺는다. 이렇듯 자신을 실현한 참나무의 개념이 그 실현된 내용과 함께 통일적으로 파악된 것이 이념이다. 그러나 이렇게 파악되었다는 것은 이념 역시 사유된 것임을 말하는 것이기 때문에, 이념은 또한 사유의 대상이자 내용인 한에서 개념으로 지칭될 수 있다. 그렇기 때문에 헤겔은 이념을 "자신의 실재성 속에서 현존하면서 이 실재성과 통일을 이룬 개념이 이념"이라고 말하기도 한다(Ä I, 145). 다른 한편 이념은 단지 고정된 것으로서의 사유 내용이나 사유 대상이 아니라, 그 자체 과정으로 파악되어야 하며, 또 그렇게 과정으로 존재하는 동적인 것이다. 이러한 측면을 강조하면서 헤겔은 이념을 "주체" 내지는 "정신"으로 칭하기도 한다. Enz I, § 213 참조.

이상(Ideal) 미의 이념(Idee)을 헤겔은 별도로 "이상(Ideal)"이라고 부르기도 하는데 — 그는 "이상"을 "특정한 형식으로 존재하는 이념"으로 칭한다(Ä I, 145, 104 참조) — 이는 우선 개별성 속에 완벽히 구현된 이념을 뜻한다고 할 수 있다. 다른 이념들과는 구분되는 것으로서 미의 이념이 갖는 특별한 점은 그것이 개별성의 측면, 그것도 감각적 개별성의 측면과 결합되어 있어야 한다는 것이다. 진리를 담은 철학적 내용은 그 자체로 사유로서 꼭 감각적으로 현상해야 할 필요는 없다. 그러나 감각적으로 현상하지 않는 미를 생각하기란 어렵다. 적어도 헤겔은 미를 감각적, 감성적 차원과 분리해 생각하지 않는다. 헤겔은 미를 "이성적인 것과 감성적인 것의 합일됨"(Ä I, 91) 또는 "이념의 감성적 드러남"(Ä I, 151) 등 여러 가지로 표현하지만 항상 감성적, 감각적 요소를 미의 한 본질적인 측면으로 간주한다. 그렇기에 미란 이념으로 지칭되더라도 단순히 사유되는 것으로 파악되지 않고 감각적 개별성과 결합된 것으로 파악되며, 그런 의미에서 미의 이념을 특별히 이상이라고 지칭하는 것이다.

이성(Vernunft) 헤겔은 근대의 대표적인 이성주의자로 지칭될 정도이므로 그의 철학에서 이성이라는 용어는 각별하고도 중요한 의미를 지닌다. 그의 이성 개념에서 특별한 점은 첫째로, 그가 이성을 인간에게 구비된 합리적 사유와 판단의 능력이라는 의미에서의 이성, 즉 주관적 차원의 이성으로만 보지 않는다는 것이다. 즉 그에게 있어서 이성은 사유하고 판단하는 주관에 속한 능력일 뿐 아니라, 세계의 근본에 존재하는 원리라는 의미에서 객관적인 성격까지 갖는다. 두 번째로, 헤겔에게서 이성은 역시 사유의 능력인 오성과 한편으로는 구분되면서 이보다 우위에 있는 능력이다. 헤겔에 따르면 오성은 구별하고 분석하며 추상화하는 사유의 능력으로서, 대립적인 개념들을 만들어 내고 이것들을 이분법적으로 사유한다. 예컨대, 유한과 무한, 보편과 특수, 내용과 형식, 원인과 결과와 같은 대립적인 개념들에서 오성은 각각 한쪽이 맞을 때 한쪽은 틀리다는 식으로 생각한다. 더 구체적으로 말하자면 오성은 보편에 해당하는 것은 특수가 아니며, 원인에 해당하는 것은 결과가 아니라고 생각한다. 헤겔에게 있어 이러한 사고방식은 제한적으로만 올바르다. 그에 따르면 더 근본적이고 포괄적인 진리는 대립된 것들, 대립된 개념들의 통일 속에 존재하며, 이러한 통일을 파악할 수 있는 능력이 이성이다. 그리고 헤겔이 이성을 오성보다 우위에 놓는다는 것은, 이성이 보다 고차적인 능력이기에 오성은 배제되어도 좋다는 것이 아니다. 오히려 이성은 오성을 자신의 한 계기로서 포괄한다. Enz I, §§

80-82; Enz III, § 467 참조.

자유(Freiheit) 흔히 자유는 타자의 간섭에서 벗어나 있는 것, 또는 타자에 의존하지 않고 스스로 결정할 수 있는 것으로 이해되는데, 헤겔에게서 자유 개념은 이러한 의미를 포함하면서 그것 이상을 뜻한다. 우선 첫째로, 자유로운 존재는 자신의 사유와 행위의 원인을 자신에게서 발견한다는 의미에서 자율적인 존재이며, 둘째로 타자와의 연관성 속에서도 자신을 잃지 않는, 타자에 의해 제약되지 않는 존재이다. 헤겔은 칸트와 마찬가지로 자유를 자연필연성과 대립시키지만 이러한 대립에 그치지 않는다. 즉, 그는 자유가 자연필연성을 포괄한다고도 말하는데 이것은 칸트와 분명히 구분되는 점이다. 그가 말하는 자유는 필연성을 뛰어넘는 것으로서 후자보다 우월하며, 단순히 후자, 즉 필연성과 대립하는 것이 아니다. 예컨대 자유로운 자는 자연필연성에 굴복하지 않고 자율적인데 그것은 자신의 사유와 행위의 원인이 자기 안에 있음을 의미하는 것인 동시에 자연필연성을 통해 자신의 자유를 실현한다는 의미를 갖는 것이기도 하다. Enz I, § 23, § 24 Zus. 2; Enz III, § 382 Zus. 참조.

절대자(das Absolute) 헤겔에게서 절대자란 반드시 종교적인 의미에 국한한다고 할 수는 없지만 기독교적 신의 개념과 유사한 면을 지니고 있다. 그렇기에 신이 진리이자 진리의 원천이라고 불릴 수 있다는 의미에서 절대자 역시 진리로 간주될 수 있으며 헤겔 역시 그런 용법을 사용한다. 절대자란 완전하고 자신 이외의 어떤 것에 제약되거나 의존하지 않으며 그렇기에 상대적이지 않다. 그것은 절대적이지 않은 모든 것, 그러니까 유한하고 상대적인 것과 다르지만 그렇다고 해서 그러한 것들을 초월하여 또 그러한 것들과 분리된 채 별도로 존재하는 것이 아니다. 절대자는 오히려 유한하고 상대적인 모든 것들을 포괄하며, 이러한 것들을 통해 자신을 드러낸다.

정신(Geist) 헤겔에게서 "정신"이란 그의 철학의 가장 핵심적인 개념이라고 해도 무방할 정도의 중요성을 지니는 개념으로서, 단순히 정의내리기에 곤란한, 매우 복합적인 의미를 지니고 있다. 그러나 우리는 대체로 그 의미를 다음과 같이 정리할 수 있을 것이다. 첫째, 정신은 우리가 흔히 정신과 육체, 정신과 자연 등의 대립쌍을 말할 때의 그 정신의 의미를 지닌다. 둘째, 정신은 좁은 의미에서 볼 때, 주관의 심리적 활동과 내용 전체를 말하며, 이러한 활동과 내용 전체의 본질적 성격은 사유이다. 셋째, 정신은 필연성의 원리에 지배되는 자연과는 대조적으로 자유를 그 원리로 삼는다. 여기서 자유란 자신의 활동의 원인이 자신 속에 있는 것을 말한다. 넷째, 정신은 자유로운 활동성으로서 스스로를 시 · 공간 속에서 실현 또는 객관화한다. 다섯째, 정신은 그것의 존재를 자기 자신 외의 어떤 것에도 의존하지 않는다는 점에서 실체이며, 자발적인 활동성으로서 주체이다. 여섯째, 정신은 넓은 의미에서 보면 주관의 심리적 활동 및 내용 전체뿐만 아니라 그것이 객관화된 형식들 모두를 포함하며, 정신의 타자인 자연 바깥에 있는 것이 아니라 자연을 자신의 한 계기로서 포괄한다.

즉자적(an sich)/ 대자적(für sich)/ 즉자대자적(an und für sich) 이 세 가지 표현은 문맥에 따라 여러 의미로 사용되기에 독자들은 매번 이 표현들이 등장할 때마다 그 문맥을 잘 살펴야 할 필요가 있다. 이 세 표현의 의미는 대체로 다음과 같이 정리될 수 있다.

1) "즉자적/대자적"이라는 표현이 서로 대조적인 의미로 쓰일 경우, 어떤 대상이나 사태에 대해 즉자적이라고 칭한다면 이는 그것의 가능성이 아직 발현되지 않은 상태를 뜻하며, 대자적이라는 표현은 그 반대로 가능성이 실현

된 상태로서의 대상이나 사태를 뜻한다. 예를 들어 참나무의 씨앗인 도토리는 즉자적으로 참나무일 뿐이지만 그것이 뿌리와 줄기를 지니는 나무로 성장하면 참나무로서의 본래적인 가능성을 실현한 것이 되므로 대자적이라고 칭할 수 있다. 또는 모든 인간이 이성적이라고 할 때, 갓난아이는 이성적인 능력이 아직 제대로 발전되지 못했으므로 즉자적으로 이성적인 존재라고 할 수 있다.

2) "즉자대자적"이란 즉자적인 것과 대자적인 것의 통일인데 어떤 대상이나 사태에 내재한 본래적인 가능성이 실현되고 전개되어 완결된 전체로서의 통일이 이루어진 단계에 대해 쓰는 표현이다.

3) "즉자적"이라는 표현과 꼭 대조적이라고 할 수는 없는 의미에서 "대자적"이라는 표현은 어떤 대상이나 사태의 독자적이고 자기충족적인 상태를 나타내기도 한다. 그런데 즉자적이라는 표현 역시 어떤 대상이나 사태가 다른 것과의 관계를 떠나 그 자체로서 고찰될 때 사용되기도 한다. 그럴 경우에 "즉자적"과 "대자적"은 별 차이가 없이 쓰일 수 있다. 또한 독일어의 일상 용법에서 '즉자대자적'이라는 표현 역시 '즉자적'을 단순히 강조한 의미로 사용되기도 한다.

추상적(abstrakt)/ 구체적(konkret) 흔히 "추상적"이란 말은 개별적 사태나 사례 또는 감각될 수 있는 개별적 사물이 아니라 막연한 생각이나 관념, 또는 내용이 없는 형식 등을 서술할 때 사용되며, 이와는 대조적으로 "구체적"이란 직접 경험할 수 있고 감각될 수 있는 사물이나 현실적인 사례 또는 상세한 내용을 지니는 것을 지칭할 때 쓰는 말이다. 그리하여 예컨대 눈에 보이는 어떤 개별적인 대상으로서의 사과를 구체적이라고 칭한다면, 사과의 개념은 추상적이라고 칭할 수 있다. 그런데 헤겔은 이런 식의 "추상적"과 "구체적"이라는 통상적인 구분을 적용할 때도 있지만, 그 나름의 독특한 의미로 이 두 표현을 사용하기도 한다. 그렇기에 헤겔 독자들은 헤겔의 용법과 상식적인 용법 간의 차이 때문에 당혹스러워할 수도 있다. 이 두 표현에 대한 헤겔의 용법을 정리해 보면 다음과 같다.

1) 어떤 사물이나 사태든지 그것의 일면성만이 부각되거나 일면적, 부분적으로만 고찰될 때 이것은 추상적이며, 이와는 달리 어떤 사물이나 사태의 전체가 고려되며 다양한 측면이 고찰되고 파악될 때 이것은 구체적이다. 그렇기에 한 사과에 대한 직접적인 지각과 경험도 그것의 성질들에 대한 다각적인 고찰이나 다른 품종의 사과와의 비교 또는 다른 과일과의 연관성이 전혀 고려되고 있지 않을 때에는 추상적인 경험으로 불릴 수 있다.

2) 내용이 결여되었거나 불충분한 이해방식 또는 그런 사유는 추상적이다.

3) 대상에 대한 감각적인 경험, 또는 그렇게 경험되는 대상에 비해 흔히 추상적이라고 불리는 개념이나 사유도 헤겔적인 의미에서는 구체적이라고 불릴 수 있는데, 이때 그 개념이나 사유는 그것의 대상이 갖는 본질적인 측면을 모두 포함하면서 전체적인 내용을 그 내적 연관성과 더불어 담고 있어야 한다. 그런 의미에서 헤겔은 개념이나 사유를 "구체적인 것" 또는 "내적으로 구체적"이라고 칭한다. Enz I, §§ 14, 33, 164 참조.

판타지(Phantasie) 헤겔에게서 "판타지"란 엄격히 말하면 상상력의 일종이다. 그가 간혹 이 두 가지를 구별하지 않고 쓰기도 하지만, 판타지는 특별한 성격을 지니는 상상력을 뜻한다. 우리의 일상 용법에서 판타지는 환상이나 환상을 만들어 내는 능력으로 이해되어 비현실적인 심상(心象)과 연관되어 있다. 헤겔에게서 판타지는 특별히 비현실적이라기보다는 생산적인 상상력이라는 의미로 사용된다. 즉 그것은 이미 의식 속에 존재하는 내용들을 재생하거나 이를 단순히 결합하여 형상화하는 능력이 아니라, 새로운 형상을 산출한다는 의미에서 생산적 또는 창조적 상상력이다. 인간의 예술 활동이 상당 부분 이런 생산적 상상력의 작용에 힘입는 까닭에, 헤겔은 이러한 유형의 상상력을 뜻하는 말로 특별히 판타지라는 말을 사용한다. 이렇듯 특별한 의미를 살리기 위해 본문에서 필자는 "환상"이나 "상상력" 대신 "판타지"라는 번역어를 선택했다. 헤겔에게서 상상력 일반과 판타지의 관계에 대해서는 Enz III, §§ 455-460 참조.

표상(Vorstellung) 영어로는 'representation'으로 번역되기도 하는 "표상"이란 넓은 의미에서는 인식적 가치를 지니는 모든 의식 내용을 뜻하는 것으로서, 사실상 영어의 idea와 유사한 의미를 지닌다. 따라서 이런 의미에서 표상이란 사유, 지각, 직관, 감각내용 등을 모두 포괄한다. 칸트에게서도 표상이란 사유(개념)와 직관 모두를 지칭하는 것으로 사용된다. 그렇기에 표상이란 반드시 보편적이거나 또는 반드시 개별적일 필요가 없다. 좁은 의미에서 표상이란 한편으로는 보편적인 성격을 지니는 사유나 개념과 구분되고, 다른 한편으로는 직관 또는 직접적인 감각적 내용과 구분되면서 이 두 가지의 사이에 위치한다. 따라서 표상은 어느 정도 보편성을 지니면서 동시에 직관이 갖는 이미지로서의 성격까지 포함한다. 이것이 바로 헤겔이 표상이란 용어를 사용할 때의 주된 의미이다. 따라서 그에게서 표상이란 아직 개념에 도달하지 못한 일종의 불완전하고도 불충분한 인식을 뜻한다고 할 수 있다. 즉 우리가 참나무의 표상을 갖는다고 한다면 대체로 참나무가 무엇인지에 대한 상(像)과 그 성격을 어느 정도 마음속에 떠올린다는 것을 뜻하며, 그것은 객관적이고 명확한 인식으로서의 참나무의 개념에는 아직 도달하지 못한 단계의 인식이 되는 것이다.

참고문헌

권대중, 「헤겔의 "예술의 종언" 명제가 지니는 다양한 논의 지평들」, 『미학』 제33집, 2002, 75-143쪽.

_____, 「헤겔의 "예술의 과거성" 명제의 해석과 비판을 위한 예비적 고찰」, 『헤겔연구』 제27집, 2010, 117-143쪽.

김문환·권대중 편역, 『예술의 죽음과 부활: 헤겔의 '예술의 종언' 명제와 관련하여』, 서울: 지식산업사, 2004.

박배형, 「인식능력들의 자유로운 유희 — 칸트미학의 한 문제」, 『미학』 제53집, 2008, 27-60쪽.

_____, 「이성과 감성의 조화 또는 통일이라는 관점에서 본 근대미학: 칸트와 헤겔의 경우」, 『미학』 제62집, 2010, 81-123쪽.

_____, 「단토의 헤겔주의와 헤겔 미학의 현대성」, 『현대미술학 논문집』 제14집, 2010, 82-118쪽.

_____, 「이성적인 것의 감성적 표현: 헤겔미학의 '표현주의'」, 『인문논총』 제66집, 서울대학교 인문학연구원(편), 2011, 33-66쪽.

_____, 「칸트의 인식론적 이원론에 대한 헤겔의 비판」, 『헤겔연구』 제29집, 2011, 97-122쪽.

_____, 「직관에서 표상으로: 헤겔의 정신철학에서 예술로부터 종교로의 이행 문제」, 『헤겔연구』 제34집, 한국헤겔학회, 2013, 1-28쪽.

이창환, 「근대미학의 발생론적 근거에 대한 고찰 (1): A. G, 바움가르텐의 미학 사상을 중심으로」, 『미학』 제20집, 1995, 263-309쪽.

_____, 「바움가르텐 미학의 성립 배경과 영향」, 김진엽, 하선규 편, 『미학』, 서울: 책세상, 2007, 113-156쪽.

디키(Dickie, G.), 『미학입문: 분석철학과 미학』, 오병남, 황유경 공역, 서울: 서광사, 1983.

벤첼(Wenzel, Christian H.), 『칸트 미학: 판단력 비판의 주요 개념들과 문제들』, 박배형 옮김, 서울: 그린비, 2012.

비어즐리(Beardsley, Monroe C.), 『미학사』, 이성훈, 안원현 공역, 서울: 이론과 실천, 1989.

아리스토텔레스, 『詩學』, 천병희 역, 서울: 문예출판사, 1992.

플라톤, 『국가·政體』, 박종현 역, 서울: 서광사, 2005.

Adorno, T. W., *Ästhetische Theorie*, hrsg. v. R. Tiedermann, Frankfurt a. M.: Suhrkamp, 2003.

Baumgarten, A. G., *Ästhetik*. Lateinich-Deutsch in zwei Bänden. Teil I: §§ 1-613, Hamburg: F. Meiner, 2007.

Beiser, F. C. (ed.), *The Cambridge companion to Hegel and nineteenth century philosophy*, Cambridge/ New York: Cambridge University Press, 2008.

_____, *Diotima's Children: German Aesthetic Rationalism from Leibniz to Lessing*, New York: Oxford University Press, 2011.

Behler, E., *Irony and the discourse of modernity*, Seattle: University of Washington Press, 1990.

Bradl, B., *Die Rationalität des Schönen bei Kant und Hegel*, München: Fink, 1998.

Bungay S., *Beauty and Truth: A Study of Hegel's Aesthetics*, New York: Oxford University Press, 1987.

Cobben, P.(Hrsg.), *Hegel-Lexikon*, Darmstadt: Wissenschaftliche Buchgesellschaft, 2006.

Croce, B., *Aesthetic*, trans. by D. Ainslie, New York: The Noonday Press, 1965.

Danto, A. C., *After the End of Art: Contemporary Art and Pale of History*, Princeton, N.J.: Prinston University Press, 1997.

Donough, M., "Art and History: Hegel on the End, the Beginning, and the Future of Art", in S. Houlgate(ed.), *Hegel and the Arts*, Evanston, Ill.: Northwestern University Press, 2007, pp. 179-215.

Forster, M. N., "Hegel and Some Contemporaries: Narrow or Broad Expressivism?" in W. Welsch u. K. Vieweg(Hrsg.), *Das Interesse des Denkens: Hegel aus heutiger Sicht*, München: Fink, 2003.

Gethmann-Siefert, A.(Hrsg.), *G. W. Hegel: Vorlesungen über die Philosophie der Kunst*. Berlin 1823. *Nachgeschrieben von Heinrich Gustav Hotho*, Hamburg, F. Meiner, 1997.

_____, *Einführung in Hegels Ästhetik*, Munich: Wilhelm Fink, 2005.

Gethmann-Siefert A. & Pöggeler, O., *Welt und Wirkung von Hegels Ästhetik. Hegel-Studien Beiheft* 27, Bonn: Bouvier, 1986.

Gombrich, E. H., "'The Father of Art History'. A Reading of the Lectures on Aesthetics of G. W. Hegel(1770-1831)", *Tributes: Interpretations of our cultural tradition*, Ithaca, New York: Cornell University Press, 1984.

Henrich, D., "The Contemporary Relavance of Hegel's Aesthetics", in R. Stern(ed.), *G. W. F. Hegel: Critical Assessments*, vol. 4, London/ New York, 1993. pp. 419-426.

Hilmer, B., *Scheinen des Begriffs: Hegels Logik der Kunst*, Hamburg: F. Meiner, 1997.

Hofstadter, A., "Die Kunst: Tod und Verklärung", in *Hegel Studien*, Beiheft 11, Bonn, 1974, pp. 271-285.

Houlgate, S.(ed.), *Hegel and the Arts*, Evanston, Ill.: Northwestern University Press, 2007.

Inwood, M., *A Hegel dictionary*, Oxford/Cambridge, Mass.: Blackwell, 1992.

Kaminsky, J., *Hegel on Art*, New York: State University of New York Press, 1962.

Kant, I., *Kritik der reinen Vernunft*(=KrV), hrsg. Raymund Schmidt, Hamburg: F. Meiner, 1956.

_____, *Kritik der praktischen Vernunft*, in Bd. IV: Werke in sechs Bänden(= WS), hrsg. von W. Weischedel, Darmstadt, Wissenschafliche Buchgesellschaft, 1956-64 (Nachdruck, 1983).

_____, *Kritik der Urteilskraft*(=KU), hrsg. von Karl Vorländer, Hamburg: F. Meiner, 1974.

_____, *Grundlegung zur Metaphysik der Sitten*, WS, Bd. IV.

Karsten, H., "Hegel on the Future of Art", *Review of Metaphysics* 27, 1973-74, pp. 677-696.

Kristeller, Paul O., "The Modern System of the Arts: A Study in the History of Aesthetics (I)", *Journal of the History of Ideas* 12, 1951, pp. 497-527.

_____, "The Modern System of the Arts: A Study in the History of Aesthetics (II)", *Journal of the History of Ideas* 13, 1952, pp. 17-46.

Kudielka, R., "According to What: Art and the Philosophy of the 'End of Art'", *History & Theory*, vol. 37, 1998, pp. 87-101.

Kuhn, H., "Die Gegenwärtigkeit der Kunst nach Hegels Vorlesungen über Ästhetik", *Hegel Studien. Beiheft* 11, Bonn, 1974, pp. 251-269.

Magee, G. A., *The Hegel Dictionary*, New York: Continuum, 2010.

Maker, W.(ed.), *Hegel and Aesthetics*, Albany: State University of New York Press, 2000.

Oelmüller, W., "Hegels Satz vom Ende der Kunst und das Problem der Philosophie der Kunst nach Hegel", *Philosophisches Jahrbuch* 73, 1965-6, pp. 75-94.

O'Hagen, T., "On Hegel's Critique of Kant's Moral and Political Philosophy", in S. Priest(ed.), *Hegel's Critique of Kant*, Oxford: Clarendon, 1987, pp. 135-159.

Pinkard, T., "Symbolic, Classical, and Romantic Art", in Stephen Houlgate(ed.), *Hegel and the Arts*, Evanston, Ill.: Northwestern University Press, 2007, pp. 3-28.

Pöggeler, O., *Hegels Kritik der Romantik*, München: Wilhelm Fink Verlag, 1999.

Roche, M. W., *Tragedy and comedy: a systematic study and a critique of Hegel*, Albany: State University of New York Press, 1998.

Rosenkranz, K., *Ästhetik des Häßlichen*, Leibzig: Reclam Verlag, 1996.

Schelling, F. W. J., *System des transzendentalen Idealismus*, Hamburg: F. Meiner, 1962.

_____, *Philosophie der Kunst*, Unverand. reprograf. Nachdr. d. aus d. handschrftl. Nachlaß hrsg. Ausg. von 1859, Darmstadt: Wissenschafliche Buchgesellschaft, 1980.

Schiller, J. Ch. F., *Über die ästhetische Erziehung des Menschen in einer Reihe von Briefen* in Sämtliche Werke(=SW), Bd. 5, München, Carl Hanser Verlag, 1989.

_____, *Kallias oder über die Schönheit*, SW, Bd. 5.

Schlegel, F., *Lyceums-Fragmente/ Athenäums-Fragmente*, in *Kritische Friedrich Schlegel Ausgabe*(=KA), hrsg. von E. Behler & H. Eichner, Bd. 2, Paderborn: Ferdinand Schöningh Verkag, 1958ff.

_____, *Gespräch über die Poesie*, KA, Bd. 2.

Sedgwick, S., "On the Relation of Pure Reason to Content: A Reply to Hegel's Critique of Formalism in Kant's Ethics", *Philosophy and Phenomenological Research*, Vol. 49, 1988, pp. 59-80.

Smith, J. V. & McGinnis, R., *Encyclopedia of Aesthetics*, M. Kelly(ed.), vol. 2, New York: Oxford University Press, 1998.

Solger, K. W. F., *Erwin. Vier Gespräche über das Schöne und die Kunst* (Berlin 1815), neu hrsg. und eingeleitet von R. Kurtz, Berlin: Wiegandt & Grieben 1907.

Szondi, P., *Poetik und Geschichtsphilosophie I*, Frankfurt a. M.: Suhrkamp, 1974.

_____, *Poetik und Geschichtsphilosophie II*, Frankfurt, a. M.: Suhrkamp, 1974.

Wicks, R., "Hegel's Aesthetics: An Overview", in F. C. Beiser(ed.), *The Cambridge Companion to Hegel*, New York: Cambridge University Press, 1993, pp. 348-377.

Williams, R. R., "Hegel's concept of Geist", in R. Stern(ed.), *G. W. F. Hegel: Critical Assessments*, vol. 3, London/ New York: Routledge, 1993, pp. 538-554.

Winckelmann, Johann J., *Reflections on the Imitation of Greek Works in Painting and Sculpture*, Complete German Text, with a new English translation by E. Heyer & R. G. Norton, La Salle: Open Court, 1987.

Wood, A. W., "The Emptiness of the Moral Will", *Monist* 72, 1989, pp. 454-483.

Zuckert, R., "The Aesthetics of Schelling and Hegel", D. Moyar(ed.), *The Routledge Companion to Nineteenth Century Philosophy*, London: Taylor & Francis, 2012, pp. 165-193.

찾아보기

[ㄷ]

[ㄹ]

[ㅁ]

[ㅂ]

[ㅅ]

[ㅇ]

[ㅈ]

[ㅊ]

[ㅋ]

[ㅌ]

[ㅍ]

[ㅎ]

박배형

서울대학교 경제학과와 같은 대학교 미학과 대학원을 졸업하고, 독일 빌레펠트 대학교(Universität Bielefeld)에서 철학박사학위를 받았다. 근대 독일철학을 중심으로 하여 주로 형이상학과 인식론, 미학과 사회철학의 주제들에 대해 연구하고 있으며, 현재 서울대학교 인문학연구원 HK연구교수로 재직 중이다. 주요 논문으로「칸트의 라이프니츠 비판」,「칸트의 인식론적 이원론에 대한 헤겔의 비판」,「이성적인 것의 감성적 표현: 헤겔 미학의 '표현주의'」,「인식능력들의 자유로운 유희 ― 칸트미학의 한 문제」,「헤겔의 자유주의 비판」 등이 있으며, 지은 책으로는『미학과 그 외연』(공저), 옮긴 책으로는『칸트 미학: 〈판단력 비판〉의 주요 개념들과 문제들』이 있다.

문명총서 발간사

서울대학교 인문학연구원은 2007년 11월 한국연구재단의 인문한국(HK) 사업을 수탁하여 HK문명연구사업단을 출범시켰다. 한국과 아시아, 세계를 향한 문명연구의 허브를 구축하기 위해 '한국 인문학'의 정립을 목표로 인문학 제 분야는 물론 인근 분야의 전공자들까지 한 지붕 아래 모였다.

인문학연구원이 한국 인문학의 도약을 위해 핵심과제로 주목한 것은 문명에 대한 새로운 이해이다. 문명이란 장구한 세월 동안 인류가 일구어낸 정신적·물질적 성과들의 종합이며, 타 문명들과 서로 영향을 주고받으며 진화해 온 복합적 실체이다. 이에 대한 심층적인 이해가 선행되지 않는다면, 현재와 미래에 대한 유효적절한 준비와 대응은 불가능하다.

'문명텍스트총서'는 인문학 안팎의 다양한 전공을 가진 우리 연구원의 연구자들이 자신의 영역에서, 과거와 현재 문명의 정수와 그에 대한 인식을 담은 중요한 텍스트를 선정하여 번역하고 주해한 결과물이다. 이는 긴 시간의 노동을 요하면서도 성취가 더디기에 가시화되지 않는 우직한 작업이지만, 인류의 유산을 한국화하는 이 같은 작업이 주체적으로 세계문명을 사유하고 새로운 문명을 개척하는 데 발판이 되리라고 믿는다. 문명텍스트총서가 현재와 과거를 엮는 씨줄 놓기 작업이라면, 문명공동연구총서는 인간과 세계를 총체적으로 이해하려는 날줄 엮기라고 할 수 있다. 오랫동안 자신의 분야에서 전문화를 추구했기에 공동연구가 쉬운 일은 아니지만, 문명 이해의 융합적 시각뿐만 아니라 한국 인문학의 새로운 전망을 써 내려가는 방법론을 제시할 수 있기를 희망한 결과물이다. 또한 문명지평총서는 연구원 안팎의 연구자들이 참여한 연구서와 교양서를 아우르고 있다.

아무쪼록 문명총서 시리즈가 동서고금의 문명을 더 깊고 더 넓게 이해하는 창발의 효과를 가져오길 기대하며, 국내외의 학자들이 참여하고 교류하는 열린 연구공간이 되길 바란다.

2014년 4월

서울대학교 인문학연구원 원장